# Veranstaltungskommunikation

Christoph Groneberg

(Hrsg.)

# Veranstaltungs-
# kommunikation

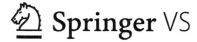 Springer VS

*Hrsg.*
Christoph Groneberg
Universität Siegen
Siegen, Deutschland

ISBN 978-3-658-11724-5          ISBN 978-3-658-11725-2    (eBook)
https://doi.org/10.1007/978-3-658-11725-2

Die Deutsche Nationalbibliothek verzeichnet diese Publikation in der Deutschen National-
bibliografie; detaillierte bibliografische Daten sind im Internet über http://dnb.d-nb.de abrufbar.

Springer VS

Springer VS ist ein Imprint der eingetragenen Gesellschaft Springer Fachmedien Wiesbaden GmbH
und ist ein Teil von Springer Nature.
Die Anschrift der Gesellschaft ist: Abraham-Lincoln-Str. 46, 65189 Wiesbaden, Germany

# Inhaltsverzeichnis

V

# Autorenverzeichnis

**Dr. Frank Altenbrunn**
Referatsleiter Einsatz, Bundesanstalt Technisches Hilfswerk, Landesverband
Nordrhein-Westfalen

**Dr. Maik Boltes**
Mitarbeiter der Division Civil Security and Traffic der Forschungszentrum Jülich
GmbH.

**Antonia Buchmann**
Referentin beim Landesbeauftragten für den Datenschutz und die Informations-
freiheit Rheinland Pfalz.

**Toni Eichler**
Arbeitete als wissenschaftlicher Mitarbeiter in unterschiedlichen Projekten am In-
stitut für Medienforschung der Universität Siegen und ist aktuell hauptamtlich am
Ministerium des Inneren und für Sport des Landes Rheinland-Pfalz.

**Ramian Fathi**
Arbeitet als wissenschaftliche Mitarbeiter unter der Leitung von Univ.-Prof. Dr.-
Ing. Frank Fiedrich an der Bergischen Universität Wuppertal am Lehrstuhl Bevölkerungsschutz, Katastrophenhilfe und Objektsicherheit. Hr. Fathi leitet darüber
hinaus gemeinsam mit Hr. Martini das erste deutsche Virtual Operations Support
Team (VOST) bei der Bundesanstalt Technisches Hilfswerk (THW). Das Team
unterstützt in einer Einsatzlage mithilfe von z. B. Informationsgewinnung, -ver-
arbeitung, und -darstellung aus (öffentlich) zugänglichen Informationsquellen
oder der Identifikation von „Fake News" (Desinformationen) und Gerüchten den
Einsatzstab.

**Prof. Dr. Frank Fiedrich**
Inhaber des Lehrstuhls für Bevölkerungsschutz, Katastrophenhilfe und Objektsicherheit an der Universität Wuppertal.

**Dr. Christoph Groneberg**
Assoziiertes Mitglied des Instituts für Medienforschung der Universität Siegen und hauptamtlich Referent im Referat I.2 Warnung der Bevölkerung im Bundesamt für Bevölkerungsschutz und Katastrophenhilfe.

**Matthias Heilmann**
Risk Engineer bei Leue & Nill.

**Dr. Stefan Holl**
Mitarbeiter der Division Civil Security and Traffic der Forschungszentrum Jülich GmbH.

**Christiane Link**
Referentin für Group Communications & Public Affairs bzw. Senior Brand Manager bei der RWE AG.

**Stefan Martini**
Arbeitet als wissenschaftliche Mitarbeiter unter der Leitung von Univ.-Prof. Dr.-Ing. Frank Fiedrich an der Bergischen Universität Wuppertal am Lehrstuhl Bevölkerungsschutz, Katastrophenhilfe und Objektsicherheit. Darüber hinaus leitet er gemeinsam mit Hr. Fathi das erste deutsche Virtual Operations Support Team (VOST) bei der Bundesanstalt Technisches Hilfswerk (THW). Das Team unterstützt in einer Einsatzlage mithilfe von z.B. Informationsgewinnung, -verarbeitung, und -darstellung aus (öffentlich) zugänglichen Informationsquellen oder der Identifikation von „Fake News" (Desinformationen) und Gerüchten den Einsatzstab.

**Prof. Dr. Gebhard Rusch**
Akademischer Direktor am Institut für Medienforschung der Universität Siegen.

**Jun.-Prof. Dr. Simon Runkel**
Juniorprofessor für Sozialgeographie am Institut für Geographie der Universität Jena.

**Robert Schwerdtner**
Projektleiter bei Rola Security Solutions GmbH (T-Systems).

**Anna K. Schwickerath**
Wissenschaftliche Mitarbeiterin am GESIS – Leibniz Institut für Sozialwissenschaften.

**Prof. Dr. Armin Seyfried**
Leiter des Lehr- und Forschungsgebiets Computersimulation für Brandschutz und Fußgängerverkehr und Leiter der Division Civil Security and Traffic der Forschungszentrum Jülich GmbH.

**Dennis Vosteen**
Sachbearbeiter im Direktorium der Landeshauptstadt München und Sicherheitsberater bei PSC Private Security Company GmbH.

# Einleitung

## Christoph Groneberg

Festivals, Sportereignisse, Konzerte oder Volksfeste mit zum Teil mehreren tausend Besuchern sind fester Bestandteil in nahezu allen Kulturen. Insbesondere in den westlichen Zivilisationen identifizierten jedoch verschiedene Autoren einen zunehmenden Trend der „Eventisierung", der Zunahme derartiger Veranstaltungen mit immer größeren Publika. Beispielsweise Gerhard Schulze (2005) prägte hierfür den Begriff „Erlebnisgesellschaft". Wenn vielleicht auch die Zahl der Großveranstaltungen zunehmen mag, so ist das Phänomen keineswegs neu. Schon in der Antike gab es immer wieder Veranstaltungen, die auch für die heutige Zeit als Großveranstaltungen angesehen werden können – man denke nur einmal an die in Olympia, Ephesos oder Delphi stattfindenden Sportwettkämpfe. Ebenso berichtet bereits der römische Chronist Sueton von Gedränge bei Großveranstaltungen, wie Theateraufführungen oder Veranstaltungen im Kolosseum in Rom. Gerade das Kolosseum war architektonisch schon auf die Aufnahme und Entfluchtung großer Menschenmengen ausgerichtet (vgl. Birkhäuser, Fiedrich 2013).

Heutige Multifunktionsarenen und -stadien, in denen Konzerte, Versammlungen und Sportveranstaltungen abgehalten werden, können mehrere zehntausend Menschen aufnehmen. Aber auch eine Sportveranstaltung wie der Berlin Marathon und sein Rahmenprogramm zieht schon allein über 40.000 Läufer und tausende Besucher an. Kirmesveranstaltungen, wie die rund eine Woche dauernde Dürener Annakirmes locken bis zu einer Million Besucher und auch der fünftägige Pützchens Markt in Bonn gilt mit ca. 1,3 Millionen Besuchern als eine Großveranstaltung. Dies ist jedoch wenig im Vergleich zu einem der größten Volksfeste, dem Münchner Oktoberfest, das jährlich rund fünf bis sechs Millionen Besucher anzieht. Eine Art Großveranstaltung, die sich besonders in den letzten Jahrzehnten

© Springer Fachmedien Wiesbaden GmbH, ein Teil von Springer Nature 2019
C. Groneberg (Hrsg.), *Veranstaltungskommunikation*,
https://doi.org/10.1007/978-3-658-11725-2_1

immer größerer Beliebtheit erfreut sind Festivals. Zu diesen häufig mehrtägigen Konzertveranstaltungen kommen ebenfalls mehrere zehntausend Besucher.[1] Während bei den zuvor genannten Veranstaltungen häufig bereits Verkehrs- und Sicherheitsinfrastrukturen in einem gewissen Rahmen vorhanden sind, finden Festivals zum Teil auf Wiesen und Feldern statt, wo entsprechende infrastrukturelle Rahmenbedingungen erst geschaffen werden müssen.

Bei zahlreichen Großveranstaltungen kam es in der Vergangenheit aber auch zu tragischen Unglücken, die, sofern es bereits durch offizielle Stellen festgestellt werden konnte, nicht selten auf Missstände bei der Vorbereitung und Durchführung, auf externe Einflüsse oder auf Schwierigkeiten bei der Kommunikation zurückzuführen waren.

Die identifizierten veranstaltungsbezogenen Kommunikationsprobleme können sowohl den Feldern der Risikokommunikation als auch der Krisenkommunikation zugeordnet werden und fallen damit in das Gebiet der Sicherheitskommunikation. Bevor auf einige tragische Unglücke genauer geblickt wird, sollen zunächst die Begriffe „Risiko-", „Krisen-" und „Sicherheitskommunikation" erörtert werden, um anschließend auch den Gegenstand „Veranstaltungskommunikation" in diese Reihe einordnen zu können.

Covello, von Winterfeldt und Slovic (1986: 172) definieren Risikokommunikation wie folgt:

> Risk communication is defined as any purposeful exchange of information about health or environmental risks between interested parties. More specifically, risk communication is the act of conveying or transmitting information between parties about (a) levels of health or environmental risks; (b) the significance or meaning of health or environmental risks; (c) decisions, actions, or policies aimed at managing or controlling health or environmental risks. Interested parties include government agencies, corporations and industry groups, unions, the media, scientists, professional organizations, public interest groups, and individual citizens." Risikokommunikation ist inzwischen jedoch nicht mehr auf die Bereiche der Gesundheits- und Umweltrisiken fokussiert, die in dieser Definition hauptsächlich angesprochen werden, sondern inzwischen auch in zahlreichen weiteren Disziplinen und gesellschaftlichen Bereichen als Thema beheimatet (vgl. Ruhrmann 2003: 539). So wird Risiko in den Wirtschafts-, Ingenieur-, Naturwissenschaften oder auch verschiedenen sozialwissenschaftlichen Disziplinen behandelt. Die Darstellung drohender Schäden und die Wahrscheinlichkeiten ihres Eintritts stehen dabei im Vordergrund. Der Risikokommunikation geht es dabei „nicht um die einseitige Herstellung von Akzeptanz, sondern um ein beiderseitiges Vertrauensverhältnis" (Ruhrmann, Kohring

---

1    Zum Beispiel kamen im Jahr 2016 zu Bochum Total ca. 100.000, Rock am Ring ca. 92.500, Wacken Open Air ca. 75.000 oder Rock im Park ca. 70.000 Besucher (vgl. Röttgerkamp 2017).

1996: 38). Darüber hinaus ist die Wahrnehmung von Risiken niemals unabhängig von einem Beobachter und über alle Beobachter hinweg gleichwertig (vgl. ebd.: 20). Covello, McCallum und Pavlova (1989: 4) betonen daher neben anderen Punkten die gleichberechtigte Einbeziehung einer möglicherweise betroffenen Öffentlichkeit im Sinne eines Dialogs. Auch Renn (1991) lässt sich mit seinem Vorschlag zu einer rational-diskursiven Risikokommunikation direkt daran anschließen. Sein Streben liegt in der Berücksichtigung und Vereinigung des verfügbaren Sachwissens mit den „Werten und Interessen der betroffenen Bevölkerungsgruppen" (Renn 1991: 207). Entsprechend findet sich in einem Leitfaden zur Krisenkommunikation des Bundesministeriums des Inneren (BMI) (2014) der Bundesrepublik Deutschland zur Bestimmung von Risikokommunikation neben den Grundsätzen Offenheit, Transparenz und Glaubwürdigkeit auch Dialogorientierung.

Wenn also Risikokommunikation *vor* dem Eintritt eines Schadensereignisses betrieben wird, dann ist Krisenkommunikation diejenige Kommunikation, die vor allem *während* einer Lage zur Anwendung kommt. Ganz allgemein kann eine Krise als ein „ungeplanter, ungewollter Prozess von begrenzter Dauer und Beeinflussbarkeit mit ambivalentem Ausgang" (Töpfer A., Leffler P. 2017: 991) verstanden werden. Entsprechend lautet die Definition für Krisenkommunikation des Bundesamtes für Bevölkerungsschutz und Katastrophenhilfe (BBK) auch: Krisenkommunikation ist ein „Austausch von Informationen und Meinungen während einer Krise zur Verhinderung oder Begrenzung von Schäden an einem Schutzgut." (BBK 2011: 17). Krisenkommunikation beabsichtigt also demgemäß, einen Prozess in einem gewünschten Sinne zu beeinflussen, so dass die Ambivalenz des Ausgangs handhabbar wird. Krisenkommunikation ist insbesondere im Feld der Public Relations bzw. der Markenkommunikation (z.B. Deg 2017; Nolting, Thießen 2008) zu finden sowie im Bevölkerungsschutz in Zeiten von z.B. Naturkatastrophen (z.B. Garnett, Kouzmin 2007; Gallagher u. a. 2007) oder technikinduzierten Krisen (z.B. Utz u. a. 2013; Rudy, Ackermann 2008). Was aber sowohl dem Krisen- als auch dem Risikokommunikationsbegriff zu eigen ist, ist eine tendenziell negative Sichtweise auf Risiken und Krisen. Dem soll unter anderem mit dem Begriff „Sicherheitskommunikation" begegnet werden.

„Sicherheitskommunikation" erscheint dabei als eine Art Metabegriff. Unter ihm werden Begriffe wie Risikokommunikation, Krisenkommunikation aber auch Katastrophen-, Ereignis- oder Störfallkommunikation subsumiert, was zwei Folgen nach sich zieht (vgl. Groneberg, Rusch 2015). Einerseits erfolgt eine Umstellung auf ein positives Verständnis von Kommunikation, was andererseits praktische Folgen für die präventive, proaktive und reaktive Kommunikation in Krisen und Katastrophen zur Folge hat. Ausformuliert wird mit dem Konzept Sicherheitskommunikation der Fokus auf Kommunikation als sicherheitsförderndes Instrument gelegt. Entsprechend sind Domänen der Sicherheitskommunikation z.B.

a) Information, Instruktion, Beratung, b) Warnung und Alarmierung, c) psycho-soziale Intervention d) Informationsgewinnung, e) Einsatzkommunikation, f) politische Krisenkommunikation oder auch g) mediale Berichterstattung (vgl. Rusch 2015: 18). Eine Ausrichtung auf Verständigungs- und Wirkmächtigkeit sowie Robustheit sind entsprechende Voraussetzungen von Sicherheitskommunikation. Die mittels Kommunikation verfolgten Orientierungsziele von Kommunikationspartnern sind daher sowohl durch Kontrolle der Wirkungen der Kommunikation als auch durch die Kommunikation unterstützende Maßnahmen (z.b. Nutzung redundanter Medien, Sicherstellung der Wahrnehmung) zu begleiten. Das Konzept von Sicherheitskommunikation ist somit ein umfassenderes, mit dem sowohl die an der Kommunikation beteiligten Akteure als auch die genutzten Medien sowie die ausgetauschten Informationen und Phasen, in denen kommuniziert wird, in den Blick genommen werden.

Veranstaltungskommunikation (vgl. Rusch 2016: 308) nimmt dieses Verständnis von Kommunikation auf und appliziert es auf Großevents. Dies erlaubt eine Konzentration auf unterschiedlichste (Kommunikations-) Prozesse und organisationale Ebenen, die durch ein Netzwerk von Akteuren (Veranstalter, Sicherheitsdienstleister und andere Unterauftragnehmer, Behörden und Organisationen mit Sicherheitsaufgaben, Verwaltungen, Besucher etc.)[2] (vgl. Funk 2016: 21) über verschiedenen Phasen (Ideenphase, Planungsphase, Umsetzungsphase, Durchführungsphase, Nachbereitungsphase) (vgl. Altenbrunn 2016: 65) und an unterschiedlichen Orten beobachtet werden können. Veranstaltungskommunikation beginnt somit nicht erst mit dem Öffnen der Tore zu einem Veranstaltungsgelände, sondern bereits mit den ersten Ideen und der folgenden Planung und reicht bis zur Nachbereitung eines Events, an denen stets unterschiedlichste Akteurskonstellationen beteiligt sind.[3] Blickt man nun auf Kommunikation und den Austausch von Informationen stehen zum Beispiel sicherheitsrelevante Aspekte zum Crowd Management[4] neben organisatorischen, finanziellen, programmlichen, technischen, personellen oder auch datenschutzrechtlichen[5]. Diese Themen werden wiederum unter Zuhilfenahme verschiedenster Medien bearbeitet.[6] So kommen neben umfangreichen digitalen Dokumenten (z.B. Sicherheitskonzepte), handschriftliche

---

2    Siehe hierzu z.B. die Beiträge von Rusch und Eichler.
3    Siehe hierzu z.B. den Beitrag von Schwickerath, Fiedrich und Heilmann.
4    Siehe hierzu z.B. die Beiträge von Runkel oder auch Holl, Boltes und Seyfried.
5    Siehe hierzu z.B. den Beitrag von Buchmann.
6    Siehe hierzu z.B. die Beiträge von Altenbrunn oder Vosteen.

Notizen, Videokonferenzen, Social Media-Inhalte[7], Beschilderungen, Flyer, Videos, Audiodurchsagen und vieles mehr zum Einsatz. Mit dem hier vorgestellten Konzept von Veranstaltungskommunikation rückt somit die gesamte Kommunikation einer Großveranstaltung ins Blickfeld, die sich nun in verschiedenen Einzelaspekten und mit jeweiligen Schwerpunkten beobachten, analysieren und auswerten lässt. Dass eine derart umfassende Perspektive auf die Kommunikation von Veranstaltungen sinnvoll sein kann, zeigen die nachfolgenden beispielhaft ausgewählten Schilderungen von tragisch verlaufenen Großveranstaltungen. Die Ergebnisse der Analysen zeigen fast immer auch einen Mangel an offener Kommunikation[8], dem man anschließend versuchte, mit neuen Praktiken, Regeln, Richtlinien und Gesetzen zu begegnen.

Als erste exemplarische Großveranstaltung mit tragischem Ausgang soll das The Who-Konzert in Cincinnati aus dem Jahr 1979 angeführt werden. Zahlreiche Menschen hatten sich bereits vor Konzertbeginn vor den Türen der Arena gesammelt, in der das Konzert stattfinden sollte. Ein letzter Soundcheck der Band löste bereits erste Tumulte aus. Als schließlich Türen am Rand des Haupteingangs geöffnet wurden, strömte die wartende Menge ungeduldig auf diese Türen zu, wodurch einige Besucher niedergetrampelt wurden oder durch die Enge keine Luft mehr bekamen. Eine Kommunikation der Verantwortlichen mit den wartenden Besuchern fand quasi nicht statt. Insgesamt verloren 26 Personen bei diesem Ereignis ihr Leben (vgl. Johnson 1987).

Im Jahr 1989 kam es zu 96 Toten und mehreren hundert Verletzten, als bei einem Fußballspiel im Hillsborough-Stadion zu viele Zuschauer in einen Besucherblock eingelassen wurden. Dies führte dazu, dass Fans an den Zaun am Spielfeldrand gepresst, niedergedrückt oder niedergetrampelt wurden. Zu spät – erst nachdem erste Fans die Sicherheitszäune überkletterten – wurde das Spiel unterbrochen und eine Deeskalation der Situation eingeleitet. Der Untersuchungszwischenbericht zum Unglück hebt u.a. auch in diesem Fall die fehlende Kommunikation mit den Fans und Fehlinformation der Öffentlichkeit durch verantwortliche Akteure hervor (vgl. Taylor 1989: 16f).

Auf dem Roskilde-Festival im Jahr 2000 verloren neun Menschen bei einem Konzert ihr Leben. Bei diesem Unglück kamen Besucher der Veranstaltung auf rutschigem Untergrund zu Fall und wurden von der nachdrängenden Menge erstickt. Als die Sicherheitskräfte vor der Bühne von dem Unglück Notiz nahmen und die Musik gestoppt wurde, war es für die Betroffenen bereits zu spät. Der

---

7   Siehe hierzu z.B. die Beiträge von Link und Schwerdtner sowie Fathi, Martini und Fiedrich.
8   Siehe hierzu z.B. den Beitrag von Groneberg.

Polizeibericht (vgl. Roskilde Police 2000: 16) zum Unglück erkennt ebenfalls unter anderem Kommunikationsprobleme und unklare Entscheidungswege, die zu dem tragischen Geschehen beigetragen haben.

Ausgelöst durch ein Unwetter kam es 2011 auf der Indiana State Fair zu einem Unglück. Unklare Absprachen und Verantwortlichkeiten führten auch bei dieser Veranstaltung dazu, dass keine Entscheidung über die Fortsetzung eines Konzertes auf der Hauptbühne des Veranstaltungsgeländes gefällt wurde. Stattdessen wurde der Beginn des geplanten Konzertes lediglich um fünf Minuten verschoben. In dieser Zeit brach ein Sturm über das Veranstaltungsgelände herein, der zum Zusammenbruch der Dachkonstruktion der Bühne führte und den Tod von sieben Menschen und 58 Verletzte zur Folge hatte (vgl. Witt Associates 2012: 50).

Die Loveparade, die zwischen 1989 und 2006 in Berlin stattfand und zwischen 2007 und 2010 an unterschiedlichen Orten veranstaltet wurde, gehörte mit über einer Million Besuchern bis zu ihrem Ende zu einer der größten Musikveranstaltungen Deutschlands. 2010 fand die Loveparade in Duisburg statt. Im Eingangsbereich zum Veranstaltungsgelände, einer Rampe, kam es am späten Nachmittag zu einem Gedränge, in dessen Folge 21 Menschen starben und über 500 Verletzte geborgen wurden. Die offiziellen Untersuchungen laufen noch immer, doch scheinen verfügbare Dokumente auch bei dieser Veranstaltung auf massive Kommunikationsprobleme hinzuweisen sowie auf einen Ausfall der Funk- und Mobilfunknetze, die jedoch für die Kommunikation dringend benötigt worden wären (vgl. Helbing, Mukerji 2012; Polizeipräsidium Essen 2010). Des Weiteren verweist dieses Beispiel aber auch auf Möglichkeiten des Internets zur nachträglichen kommunikativen Verarbeitung des Geschehenen in geschlossenen und offenen Foren und Sozialen Medien.

Eine durch externen Einfluss herbeigeführte Katastrophe auf einer Sportgroßveranstaltung stellt der Terroranschlag auf den Boston Marathon im Jahr 2013 dar. Durch die Explosion von Sprengsätzen, die in abgestellten Rucksäcken auf der Zielgeraden der Marathonstrecke versteckt waren, verloren drei Menschen ihr Leben und über 260 wurden verletzt. In Folge dieses Ereignisses brachen die Mobilfunksysteme aufgrund von Überlastung zusammen, so dass keine Kommunikation mehr möglich war (vgl. Mattise 2013).

Schließlich soll noch ein Unglück auf einer der weltweit größten Veranstaltungen, der Haddsch 2015, der islamischen Pilgerfahrt nach Mekka angesprochen werden. Die Gründe für das Unglück sind bis heute nicht vollständig geklärt. Man nimmt unter anderem an, dass Pilgerzüge aus unterschiedlichen Richtungen aufeinandertrafen und sich gegenseitig behinderten. Zusätzlich führten Hitze und Erschöpfung zu einer Verschärfung der Lage. Offizielle Stellen geben zudem an, dass Verantwortliche sich nicht an Anweisungen der Sicherheitsverantwortlichen gehalten hätten. Bei diesem Unglück verloren nach Angaben der saudi-arabischen Regierung 769 Menschen ihr Leben. Nach Angaben verschiedener Nachrichtenagenturen kann sich die Zahl jedoch sogar auf über 2400 Menschen belaufen, was es zum größten Unglück in der Geschichte der Pilgerfahrt werden ließe.

Diese Beispiele zeigen sehr eindrücklich, dass Katastrophen auf Großveranstaltungen immer wieder auch auf Probleme in der Kommunikation zurückzuführen sind. So können zum Beispiel fehlende oder unzulängliche Absprachen, ungeklärte Verantwortlichkeiten, fehlende Einweisung in die zu nutzende Kommunikationstechnik oder der Ausfall derselben die Krisen noch verstärken. Mit verschiedenen Bestrebungen auf nationaler wie internationaler Ebene versucht man daher seit einigen Jahren, die Sicherheit auf Großveranstaltungen zu verbessern. Dazu gehören beispielsweise verschiedene Richtlinien und Ratgeber von offiziellen Stellen (z.B. der Purple Guide aus Großbritannien, der Event Starter Guide des New South Wales Government oder der Event Safety Guide aus Schweden) sowie verschiedene Forschungsprojekte (vgl. Birkhäuser, Fiedrich 2013), die Maßnahmen, Strukturen und Prozesse untersuchen und weiterentwickeln sollen.

Eines dieser Forschungsvorhaben ist das zwischen 2012 und 2015 durchgeführte BMBF-geförderte Projekt BaSiGo – Bausteine für die Sicherheit von Großveranstaltungen. Ziel des Forschungsprojektes war es, die heterogenen Sicherheitsvorgaben zur Planung und Durchführung von Großveranstaltungen zu evaluieren, zu verallgemeinern und mit Hilfe der aus der Grundlagenforschung gewonnenen Erkenntnisse in praxisorientierte Vorschläge umzuwandeln. Für eine möglichst umfassende Betrachtung arbeitete ein interdisziplinäres Konsortium zusammen und entwickelte gemeinsam die folgenden Ergebnisse: Der „BaSiGo-Guide" stellt eine Sammlung von Erkenntnissen und Handlungsempfehlungen zu verschiedenen Sicherheitsaspekten von Großveranstaltungen dar, das „BaSiGo-Training" ist ein Ausbildungskonzept für Akteure der Veranstaltungsbranche, „BaSiGo Simulation" meint ein Werkzeug zur computerbasierten Simulation von Personen- und Verkehrsflüssen und das „BaSiGo-Support System" stellt einen konzeptionellen Demonstrator mit Webservices und Verknüpfungen zum BaSiGo-Guide dar.

Die Verbundpartner[9] haben in verschiedenen Modulen kooperiert, von denen das Modul Teilnehmerkommunikation in der Verantwortung des Instituts für

---

9   An dem Projekt waren die folgenden Partner beteiligt: Bergische Universität Wuppertal mit den Fachgebieten: Bevölkerungsschutz, Katastrophenhilfe und Objektsicherheit, Methoden der Sicherheitstechnik/Unfallforschung, Straßenverkehrsplanung und Straßenverkehrstechnik; Universität Siegen mit dem Institut für Medienforschung, die Deutsche Hochschule der Polizei, das Forschungszentrum Jülich mit dem Jülicher Supercomputing Centre, das Bundesamt für Bevölkerungsschutz und Katastrophenhilfe mit der Akademie für Krisenmanagement, Notfallplanung und Zivilschutz, die

Medienforschung, der Universität Siegen lag. Einen Ausschnitt der Arbeiten, die in diesem Modul mit den Projektpartnern geleistet wurden, soll in diesem Band vorgestellt werden. Wenn auch im Titel des Moduls von „Teilnehmern" gesprochen wird, so meint dies nicht ausschließlich Besucher sondern, wie im Kontext der Ausführungen zum Konzept der Veranstaltungskommunikation ausgeführt, alle an einer Großveranstaltung beteiligen Akteure und die sich zwischen ihnen vollziehenden Kommunikationsflüsse. Der Band versammelt damit sowohl theoretische Reflexionen, qualitative und quantitative Ergebnisse verschiedenster Forschungsarbeiten als auch praktische Perspektiven im Sinne von Erfahrungen und Empfehlungen zum Thema Veranstaltungskommunikation.

Das Thema einleitend stellt Gebhard Rusch die theoretischen und konzeptionellen Grundgedanken für die Arbeiten des Instituts für Medienforschung vor. Er blickt aus einer prozessanalytischen Perspektive auf Großveranstaltungen und versucht die Potentiale von Medien und Kommunikation zur Verbesserung der Sicherheit auf Großveranstaltungen zu evaluieren. Einleitend stellt er unter anderem eine Definition des Begriffes Großveranstaltungen vor, mit der es ihm gelingt, die engen Grenzen rein quantitativer oder deskriptiver Bestimmungen zu überwinden und die Ressourcenabhängigkeit bei der Realisierung einer Großveranstaltung zu berücksichtigen. Im weiteren Verlauf entwickelt er ein Verständnis von Großveranstaltungen als fluiden und flexiblen sozio-technischen Systemen und hebt in diesem Zusammenhang einen Kommunikations- und Mediennutzungswandel im Zuge der Mediatisierung (vgl. Krotz 2007) hervor, der auch vor Großveranstaltungen nicht Halt gemacht hat. Damit einher geht eine lose Kopplung der an einer Veranstaltung beteiligen Komponenten, der kognitiven Systeme nach innen und außen.[10]

Rusch beschreibt und analysiert Großveranstaltungssysteme mittels einer multimethodischen Mehrebenen-Systemanalyse, die es ihm gestattet, Events in verschiedene Phasen und auf unterschiedliche Ebenen zu differenzieren sowie die beteiligten Teilsysteme auf ihre Grenzen, essentiellen Prozesse und (Re-)Aktionen hin zu untersuchen. Dabei identifiziert er Stressoren, die eine Herausforderung für die Handlungsfortsetzung eines Systems bedeuten und zu Störungen, Krisen oder gar katastrophischen Verläufen führen können. Als Instrument zur Identi-

---

Vereinigung zur Förderung des Deutschen Brandschutzes und die Praxispartner, die Berliner Feuerwehr, die Berufsfeuerwehr Münchner, die IST GmbH und die die PTV Group.

10 An dieser Stelle sei bereits auf den Artikel von Toni Eichler in diesem Band verwiesen, der Großveranstaltungen ebenfalls als sozio-technische Systeme versteht, dieses Verständnis jedoch auf die Akteur-Netzwerk-Theorie ausweitet und damit wertvolle Impulse für eine umfassende Berücksichtigung unterschiedlichster Einflussfaktoren bietet.

fikation von Stressoren und Vorbereitung auf krisenhafte Ereignisse schlägt Rusch eine Vulnerabilitätsanalyse vor, die zur Robustheit des Systems beitragen soll. Aus der Analyse leitet Rusch ein Prozessmodell von Großveranstaltungen ab, das eine Untersuchung der Kritikalität bestimmter Prozesse vorzunehmen gestattet bzw. Anstöße zur Reflexion darüber bietet, wie die Prozesse mittels Medien- und Kommunikationseinsatz robuster gemacht werden können.

Toni Eichler schließt thematisch an die Arbeit von Rusch an und ergänzt diesen mit seinem Vorschlag, die Akteur-Netzwerk-Theorie (ANT) als Analyseinstrument für Großveranstaltungen zu nutzen. Ausgehend vom Konzept einer Sicherheitskultur zeigt Eichler mit der Diskussion sowohl des Sicherheits- als auch des Kulturbegriffes, dass sich sinnvoll nur im Plural von Sicherheitskultur sprechen lässt, da diese immer nur innerhalb verschiedener Gruppen, Institutionen, Regionen, unter verschiedenen zeitlichen, räumlichen und organisationalen Bedingungen existieren. Insofern sind auch Großveranstaltungen spezifischen sicherheitskulturellen Bedingungen unterworfen.

Daraufhin entwirft Eichler ein Verständnis von Großveranstaltungen als Projekten. Die damit einhergehenden Eigenschaften lassen Großevents als einen Komplex aus sozialen und technischen Systemen erscheinen, für dessen Analyse Eichler die Verwendung der ANT vorschlägt. Dazu führt er zunächst die zentralen Begriffe und Konzepte der ANT ein. Im Zuge der Übertragung der ANT auf Praxisbeispiele der Veranstaltungskommunikation (z.B. über Smartphones, Sprache oder Soziale Medien) wird deutlich, dass das Ziel absolut sicherer Veranstaltungen nie erreicht werden kann, da dies durch die Pluralität der Sicherheitskulturen verhindert wird. Jedoch fordert Eichler abschließend, dass die damit einhergehenden Verständnisse, Wissensbestände, Konzepte und Erfahrungen expliziert bzw. diskursiviert werden sollten.

Die Forderung Eichlers nach Diskursivität innerhalb der Netzwerkteilnehmer leitet über zum Beitrag von Christoph Groneberg. Zur Herstellung resilienter Großveranstaltungen wählt Groneberg einen Ansatz, der auf Jaspers' Konzept der offenen Kommunikation aufbaut. Die darin beschriebenen Regeln offener Kommunikation (z.B. offen über eigene Fähigkeiten sowie Grenzen des eigenen Wissens und Könnens sprechen) gelten zugleich für verschiedene Formen des Austausches. In jedem Falle aber, so führt Groneberg weiter aus, ist für eine offene Kommunikation die Befolgung dreier kommunikativer Prinzipien (Transparenz, Gleichberechtigung und Partizipation) ausschlaggebend, deren Verständnis er im Weiteren ausführt.

Auf diesen konzeptionellen Überlegungen zur offenen Kommunikation aufbauend führt Groneberg im Anschluss an Schmidt (1991) und Rusch (2002) sein Verständnis von Kommunikation und der Rolle der Medien aus. Weiterhin unter-

scheidet Groneberg folgende Dimensionen erfolgreicher offener Kommunikation:
biologisch-kognitiv, sozial-kulturell, technisch und raum-zeitlich. Anhand der
Großveranstaltungskatastrophen in Roskilde im Jahr 2000, dem Indiana State
Fair 2011 und der Loveparade 2010 führt er die positiven wie negativen Effekte,
der jeweils unterschiedlichen Berücksichtigungen der Dimensionen aus. Sein ab-
schließendes Plädoyer für den Mehraufwand einer offenen Kommunikationskultur
im Kontext von Großveranstaltungen begründet Groneberg mit einem Sicherheits-
gewinn für Veranstalter, Mitarbeiter und vor allem Gäste.

Simon Runkel betrachtet in seinem Artikel ebenso verschiedenste Großveranstaltungen. Er widmet sich dem Gegenstand dieses Bandes jedoch aus der Perspektive der historischen Entwicklung des Crowd Managements. Ausgehend von
der griechischen und römischen Antike und den ersten Großveranstaltungen (z. B.
in Theatern, Stadien und Arenen), attestiert Runkel für das Mittelalter eine Verschiebung der Verantwortlichkeit für Großveranstaltungen. Von der Kirche wan-
dert diese zu politischen Herrschern, die mit funktionalen Veränderung einerseits
und nach verschiedenen Unglücken mit neuen Sicherheitstechniken andererseits
einhergehen.

Unter Rückgriff auf Le Bon schildert Runkel im Weiteren das Aufkommen des
„Zeitalters der Massen". Von der sich entwickelnden Gestalt des Panopticums ist
der Schritt zu den Stadien der Faschisten nicht mehr weit, deren neu entwickelte
Strategien der Veranstaltungskommunikation auch für spätere Stadionarchitekturen wegweisend waren. In den Stadien der Nachkriegszeit treten jedoch,
so Runkel im Anschluss an Bale (1993), unter dem Vorwand der Verbesserung
der Sicherheit, Phasen der Einschränkung der Bewegungsfreiheit auf, die aber
häufig mit wirtschaftlichen Absichten der Stadienbetreiber einher gehen. Aktuell
erkennt Runkel im Anschluss an Boyne (2000) das postpanoptische Paradigma
vorherrschend. Insbesondere die damit verbundenen Praktiken der Vorhersage
und Prävention mittels Simulation bedeuten für den Autor eine Veränderung
des Crowd Managements, das nun verstärkt auf die Modulation von Gefühlen,
Intensitäten und Atmosphären wirkt und somit zu einer umfassenden Medientechnik wird.

Crowd Management wird bei einigen Großveranstaltungen inzwischen auch
aktiv über soziale Medien betrieben. Christiane Link und Robert Schwerdtner widmen sich daher dem Einsatz von Social Media und Social Media Monitoring im
Kontext von Großveranstaltungen. Den Trend zur digitalen Vernetzung und Veränderung der Kommunikationskultur[11] haben auch die Veranstalter aufgenommen

---

11  Erinnert sei an dieser Stelle an die Ausführungen im Beitrag von Rusch zu den Effek-
    ten der Mediatisierung.

und verstärken ihn wiederum durch eigene Aktivitäten in Sozialen Netzwerken.
Für einen Einsatz von Social Media bei Großveranstaltungen entwickeln Link
und Schwerdtner daher verschiedene Leitfragen und weisen anschließend auf
die Vorteile einer aktiven Social Media-Nutzung hin.[12] Die dargestellten Herausforderungen der Veranstaltungskommunikation über Soziale Medien verdeut-
lichen die Verfasser exemplarisch an den Ereignissen um den Terroranschlag
während des Boston Marathons.

Im darauffolgenden Abschnitt stellen Link und Schwerdtner die Ergebnisse
eines Social Media Monitorings verschiedener Großveranstaltungen im Rahmen
von BaSiGo vor. Als drei gangbare Verfahren schildern sie die Arbeit mit Schlagworten, Geodaten, Wort-Mustern oder Kombinationen aus den drei Optionen. Für
die eigene Analyse haben sie eine Verknüpfung aus Geodaten und Schlagworten
zur Auffindung sicherheitsrelevanter Social Media-Inhalte gewählt. Als zentrale
Erkenntnisse ziehen Link und Schwerdtner aus ihrer Forschung, dass Social Media
Monitoring Schadensereignisse nicht verhindert, sehr wohl aber bei der Identifikation von Problemstellen dienlich sein kann.

Zu einem ähnlichen Ergebnis kommen auch Ramian Fathi, Stefan Martini und
Frank Fiedrich in ihrem Beitrag zur Nutzung Sozialer Medien in der Großver-
anstaltungskommunikation. Die Autoren wählten für ihre Analyse jedoch eine ex-
plorative Methode. Nach Darstellung ihrer theoretischen Verständnisse von Risi-
ko- und Krisenkommunikation bzw. des Kommunikationskreislaufs untersuchen
Fathi u. a. die Risikokommunikation via Social Media im Rahmen des Hurricane
Festivals 2013. Die Ergebnisse stellen den Festivalverantwortlichen nicht nur ein
durchaus positives Zeugnis aus, sie empfehlen den Ausrichtern von Großveranstaltungen – ähnlich wie Link und Schwerdtner – mit Blick auf die Risiko- und
Krisenkommunikation dringend Soziale Medien einzubeziehen, da die Vorteile
überwiegen.

Im zweiten Teil ihres Aufsatzes gehen Fathi u. a. auf das Monitoring von Großveranstaltungen am Beispiel des Langen Tisches 2013 in Wuppertal ein. Hier
wurde ein exploratives Monitoring der Sozialen Medien Facebook, Twitter und Instagram vorgenommen. Die Ergebnisse zeigen einen deutlichen Mehrwert für Einsatzleitungen der Behörden und Organisationen mit Sicherheitsaufgaben (BOS).
Somit stellen Fathi u. a. einen doppelten Nutzen Sozialer Medien fest, einerseits
zur Risiko- und Krisenkommunikation und andererseits zur Ergänzung der Erstellung eines Lagebildes.

---

12  Zu den Betriebsarten und Phasen einer Großveranstaltung und ihren Auswirkungen
    auf die Veranstaltungskommunikation siehe z. B. die Beiträge von Rusch oder Vosteen
    in diesem Band.

Die Perspektive auf die Verantwortlichen einer Großveranstaltung nimmt auch Antonia Buchmann ein. Sie widmet sich in ihrem Beitrag vor allem der Veranstaltungskommunikation im Kontext der Veranstaltungssicherheit und geht dabei schwerpunktmäßig auf datenschutzrechtliche Fragen ein. Buchmann widmet ihre Aufmerksamkeit zunächst den datenschutzrechtlichen Grundlagen der Bundes- und Landesgesetze. Dabei erkennt sie, dass die Zweckbindung einmal erhobener Daten, die auch eng mit den Grundsätzen der Datenvermeidung und -sparsamkeit verbunden ist, eine Kommunikationsobligation für Veranstalter gegenüber den Besuchern darstellt. Buchmann rät daher, dass erhobene Daten zum Zweck der statistischen Auswertung oder für andere Verwendungen möglichst einer Anonymisierung zugeführt werden sollten.

Datenerhebungen gibt es aber nicht nur beim Anmeldeverfahren oder Kauf eines Tickets im Onlineshop, sondern auch im Zuge der zunehmenden Installation neuer Überwachungsmedien. Im dritten Abschnitt reflektiert Buchmann daher die datenschutzrechtlichen Risiken und Potentiale von Videoüberwachung und Ortungsdiensten. Sie erkennt auch hier die Notwendigkeit eines sensiblen Umgangs mit erhobenen Daten zum Schutz der Persönlichkeitsrechte der Besucher. Gerade Ortungsdienste bedeuten einen weitreichenden Eingriff in die Grundrechte der Veranstaltungsbesucher. Die Verantwortung sieht Buchmann aber auch bei Besuchern von Großveranstaltungen, die ihr Selbstbestimmungsrecht über die Verwendung ihrer Daten wahrnehmen sollten.

Im Artikel „Evaluation im Kontext von Großveranstaltungen" wird der Fokus der Autoren Anna K. Schwickerath, Frank Fiedrich und Matthias Heilmann auf den kommunikativen Aspekt der Nachbereitung eines Events gelegt. Im Anschluss an eine theoretische Reflexion des Evaluationsbegriffes beschäftigen sich die Autoren mit den methodischen Verfahren der Evaluation und schlagen schließlich eine standardisierte Dokumentation vor, die auch die Qualität der Ergebnisse einer anschließenden Evaluation verbessert.

Darüber hinaus schildern Schwickerath u. a. die Ergebnisse einer qualitativen Untersuchung verfügbarer Guidelines zur Durchführung von Großveranstaltungen sowie verschiedener Sicherheitskonzepte mit Blick auf Hinweise zur Nachbereitung von Events. Die Autoren stellen beispielsweise fest, dass Dokumentationsarbeit in den Richtlinien als grundlegend angesehen wird und optimaler Weise breit angelegt sein sollte, um ein möglichst umfassendes Bild vom Ablauf einer Großveranstaltung zu bekommen. Schwickerath u. a. kommen darüber hinaus aber zu dem Ergebnis, dass der nachträglichen Betrachtung einer Großveranstaltung kein ausreichender Raum gewidmet wird. Zur Überwindung dieses Problems entwickeln die Autoren schließlich Vorschläge, zur phasenabhängigen, erfolgreichen Integration von Evaluationsmaßnahmen bei Großveranstaltungen.

Stefan Holl, Maik Boltes und Armin Seyfried widmen sich in ihrem Beitrag dem Thema der Berechnung und Lenkung von Personenströmen auf Großveranstaltungen und entwickeln ein neues Konzept für Fußgängerverkehre in derartigen Szenarien. Das Thema stellt im Kontext der Veranstaltungskommunikation ein besonderes Tätigkeitsfeld dar, da die Handhabung von Personenströmen mit zahlreichen kommunikativen Herausforderungen, wie z. B. der Art und dem Ort der Ansprache oder den verwendeten Medien einhergeht. Die Entwicklung des Themenfeldes der Proxemik führt forschungshistorisch zum Level-of-Service-Konzept nach Fruin (1970). Holl u. a. offenbaren jedoch einige Mängel dieses Konzepts, zu deren Überwindung sie das Level-of-Safety-Konzept vorstellen.

Darüber hinaus geben Sie einen Einblick in Laborexperimente in den Düsseldorfer Messehallen, die im Rahmen des Forschungsprojektes BaSiGo, in Zusammenarbeit mit der IBIT GmbH und dem Institut für Medienforschung der Universität Siegen durchgeführt wurden. Holl u. a. gehen dabei insbesondere auf den medienwissenschaftlichen Versuchsaufbau zur Veranstaltungskommunikation über Hinweisschilder und Lautsprecherdurchsagen mit den Besuchern ein. Gleichzeitig wurden mit Brillenkameras und Tonaufzeichnungsgeräten die direkten Interaktionen der Probanden während der Versuche aufgezeichnet. Bei den Experimenten mit Medieneinsatz konnte zumindest ein reaktives Verhalten der Probanden auf die Beschilderung festgestellt werden.

Aus einer praktischen Perspektive blickt Frank Altenbrunn auf den Einsatz von Kommunikation und Medien bei der Vorbereitung und Durchführung von Großveranstaltungen in Berlin. Aufbauend auf einem Leitfaden für die Planung und Durchführung von Großveranstaltungen in Berlin hebt der Autor in seinem Beitrag immer wieder die Bedeutung einer transparenten Kommunikations- und Informationskultur hervor.[13] Entsprechend sitzen Veranstalter und Vertreter der polizeilichen und nicht-polizeilichen Gefahrenabwehr sowie Vertreter des Sanitätsdienstes gemeinsam in einer Koordinierungsstelle, die mit modernster Medientechnik einen zeitnahen Eingriff im Fall einer Krise gestattet.[14] Ebenso betont werden von Altenbrunn die Vorbereitungen und Arbeiten der Leitstelle und Einsatzkräfte sowie ihre Kommunikationsverbindungen, die über Funk, Verbindungskräfte oder die Bereitstellung von Informationen auf einem zentralen und für alle Einsatzkräfte verfügbaren Server liegen. Weiterhin versucht die Berliner Feuer-

---

13  Zur Etablierung einer offenen Kommunikationskultur auf Großveranstaltungen siehe den Beitrag von Groneberg in diesem Band.

14  Zum datenschutzrechtlichen Für und Wider von Überwachungstechniken siehe den Beitrag von Buchmann sowie zur Etablierung von weiteren Maßnahmen zum Crowd Management auch Runkel in diesem Band.

wehr ein aktives Engagement der Besucher durch den Einsatz Sozialer Medien zu erreichen, indem sie beispielsweise Nachrichten und aktuelle Informationen über Twitter und Facebook verbreitet.[15] Alle beschriebenen Maßnahmen stellen nach Altenbrunn eine transparente Kommunikation auf Großveranstaltungen sicher, die er als Schlüsselelement einer erfolgreichen Veranstaltungskommunikation versteht.

Dennis Vosteen thematisiert ebenfalls den Einsatz von Medien und Kommunikation für die Sicherheit von Großveranstaltungen aus einer praxisorientierten Perspektive. Der Autor schildert vor allem die Praktiken in der bayerischen Landeshauptstadt München und reflektiert deren Übertragbarkeit auf die Bundesebene. Vosteen stellt in diesem Zusammenhang heraus, dass der Einsatz von Kommunikation und Medien ein entscheidender Faktor für die Sicherheit von Großveranstaltungen ist.

Aufbauend auf einem Verständnis von Großveranstaltungen als Netzwerken beschreibt Vosteen unter anderem die Aufgaben und Tätigkeiten sowohl des Sicherheitskreises als auch des Koordinierungskreises, die sich in Abhängigkeit von den von ihm ausgeführten Verständnis dreier Betriebsarten[16] von Großveranstaltungen strukturell und prozessual verändern, was er unter anderem anhand des Einsatzes von Kommunikation und Medien im Koordinierungskreis verdeutlicht. Einsatzbedingte Herausforderungen für die Gefahrenabwehr liegen aber auch in der hierarchischen Struktur und Kommunikation im Befehlston, der gegenüber Akteuren, die nicht dem Bevölkerungsschutz zugeordnet sind, nur schwer anwendbar ist. In diesem Zusammenhang geht Vosteen auch auf nachträgliche Evaluationen einer Großveranstaltung bzw. sogar einer Krisensituation ein und benennt Vorgehensweisen, die zu einer erfolgreichen Nachbetrachtung führen können. Zudem betont er die Offenheit der Kommunikation[17], insbesondere im Hinblick auf eine Informationsweitergabe an die Öffentlichkeit in Krisensituationen.

Auf die thematisch-inhaltliche Bandbreite der hier versammelten Aufsätze zurückblickend erkennt man, dass dieser erstmalig theoretisch-konzeptionelle Beiträge, Ergebnisse qualitativer und quantitativer Untersuchungen bis hin zu praktischen Schilderungen aus dem Alltag der Gefahrenabwehr zum Themengebiet Veranstaltungskommunikation vereint. Kommunikation und Medieneinsatz sind, wie alle Beiträge zeigen, eine essentielle Komponente für das Gelingen von Großver-

---

15   An dieser Stelle sei auf die Beiträge von Link und Schwerdtner sowie Fathi, Martini und Fiedrich in diesem Band aufmerksam gemacht.

16   Zu den Betriebsarten vergleiche auch den Beitrag von Rusch in diesem Band.

17   Zum Konzept der offenen Kommunikation im Kontext von Großveranstaltungen siehe auch den Beitrag von Christoph Groneberg in diesem Band.

anstaltungen. Nicht nur eine möglichst frühzeitige und ebenenübergreifende Einbeziehung aller an einer Großveranstaltung beteiligten Personenkreise, einschließlich der Gäste, in die Prozesse und Strukturen der Veranstaltungskommunikation, sondern auch in allen anschließenden Phasen erscheint unbedingt ratsam. Die in den Beiträgen vielfach angesprochenen Kriterien einer redundanten, offenen und nachhaltigen Kommunikation sind zwar kein Garant für die Sicherheit von Großveranstaltungen können aber einen wertvollen Beitrag dazu liefern. Insofern sollen die hier versammelten Beiträge dem praxisorientierten Leser als instruktive Hinweisgeber dienen, die Kommunikation auf Großveranstaltungen entsprechend zu gestalten und dem wissenschaftlichen Rezipienten Anregungen für weitere Forschungsarbeiten liefern.

Bonn, im September 2017
Christoph Groneberg

*Der vorliegende Band entstand im Rahmen des durch das Bundesministerium für Bildung und Forschung geförderten Forschungsvorhabens BaSiGo – Bausteine für die Sicherheit von Großveranstaltungen (Förderkennzeichen 13N12043). Die Beiträge in diesem Band entsprechend den Meinungen der Autoren und geben nicht die Sichtweise einzelner Organisationen oder Arbeitgeber der Autoren wider.*

## Literaturverzeichnis

Altenbrunn, Frank (2016): *Veranstaltungsphasen*. In: Bundesamt für Bevölkerungsschutz und Katastrophenhilfe (Hg.): *Bausteine für die Sicherheit von Großveranstaltungen*. Bonn, S. 64–66.

Bale, John (1993): *Sport, Space and the City*. London: Routledge.

BBK (2011): *BBK-Glossar. Ausgewählte zentrale Begriffe des Bevölkerungsschutzes*. Bonn.

Birkhäuser, Benedikt; Fiedrich, Frank (2013): *Sicherheit bei Großvreanstaltungen – Ein Strukturierungsbeitrag und Forschungsüberblick*. In: Hoffmann, Reinhard; Schweigkofler, Uwe; Thomann, Klaus-Dieter (Hg.): *Katastrophen und Großereignisse bewältigen*. Gefahren erkennen und abwehren. Rettung und medizinische Notfallversorgung. Versicherung und Entschädigung. Frankfurt am Main: Referenz, S. 17–41.

BMI (2014): *Leitfaden Krisenkommunikation*.

Boyne, Roy (2000): *Post-Panopticism*. In: Economy and Society 29 (2), S. 285–307.

Covello, Vincent T.; McCallum, David B.; Pavlova, Maria T. (Hg.) (1989): *Effctive Risk Communication. The Role and Responsibility of Government and Nongovernment Organizations*. New York: Plenum Press.

Covello, Vincent T.; Winterfeld, Detlof von; Slovic, Paul (1986): *Risk communication: a review of the literature*. In: Risk Abstracts (3), S. 171–182.

Deg, Robert (2017): *Basiswissen Public Relations. Professionelle Presse- und Öffentlichkeitsarbeit*. Wiesbaden: Springer VS.

Fruin, John J. (1970): *Designing for Pedestrians: A Level of Service Concept*. Dissertation. Polytechnic University of Brooklyn.

Funk, Sabine (2016): *Ausgewählte Akteure*. In: Bundesamt für Bevölkerungsschutz und Katastrophenhilfe (Hg.): *Bausteine für die Sicherheit von Großveranstaltungen*. Bonn, S. 20–63.

Gallagher, A. H.; Fontenot, M.; & Boyle, K. (2007): *Communicating during Times of Crises: An Analysis of News Releases from the Federal Government before, during, and after Hurricanes Katrina and Rita*. In: Public Relations 33, S. 217–219.

Garnett, James L.; Kouzmin, Alexander (2007): *Communicating throughout Katrina: Competing and Complementary Conceptual Lenses on Crisis Communication*. In: Public Administration Review 67 (1), S. 171–188.

Groneberg, Christoph; Rusch, Gebhard (Hg.) (2015): *Sicherheitskommunikation… Perspektiven aus Theorie und Praxis*. Berlin: Lit (Zivile Sicherheit. Schriften zum Fachdialog Sicherheitsforschung, 12).

Helbing, Dirk; Mukerji, Pratik (2012): *Crowd Disasters as Systemic Failures: Analysis of the Love Parade Disaster*. In: EPJ Data Science 7 (1).

Johnson, Norris R. (1987): *Panic at the 'Who Concert Stampede': An Empirical Assessment*. In: Social Problems (34), S. 362–373.

Krotz, Friedrich (2007): *Mediatisierung. Fallstudien zum Wandel von Kommunikation*. Wiesbaden: Springer VS.

Mattise, Nathan (2013): *Boston cellular networks flooded, but service was not cut off. Heavy usage after marathon bombings—not an intentional shutdown—degraded service*. ars Technica. Online verfügbar unter https://arstechnica.com/information-technology/2013/04/boston-cellular-networks-flooded-but-service-was-not-cut-off/, letzter Abruf:19.09.2017.

Nolting, Tobias; Thießen, Ansgar (Hg.) (2008): *Krisenmanagement in der Mediengesellschaft. Potenziale und Perspektiven der Krisenkommunikation.* Wiesbaden: VS Verlag für Sozialwissenschaften.

Polizeipräsidium Essen (2010): *Vorläufiger Abschlussbericht der Nachbereitung des polizeilichen Einsatzes der Veranstaltung „Loveparade" am 24.07.2010 in Duisburg.* Polizeipräsidium Essen, Direktion GE/Ständiger Stab – 60.11.01 -.

Renn, Ortwin (1991): *Risikokommunikation: Bedingungen und Probleme eines rationalen Diskurses über die Akzeptabilität von Risiken.* In: Schneider J. (Hg.): *Risiko und Sicherheit technischer Systeme. Proceedings of the Centro Stefano Franscini Ascona.* Monte Verità. Basel: Birkhäuser, S. 193–209.

Roskilde Police (2000): *Report on the accident at Roskilde Festival on 30 June 2000.* Roskilde Police. Roskilde.

Röttgerkamp, Anne (2017): *Die größten Festivals in Deutschland. Musik, Freiheit, Ekstase – Festivalzeit in Deutschland! Netzsieger präsentiert: Die größten Festivals 2017.* Online verfügbar unter https://www.netzsieger.de/ratgeber/die-groessten-festivals-in-deutschland, letzter Abruf:22.09.2017.

Rudy, Martina; Ackermann, Sebastian (2008): *„Blackout im Münsterland" – Krisenkommunikation bei Stromausfällen im RWE-Netz.* In: Roselieb, Frank; Dreher, Marion (Hg.): *Krisenmanagement in der Praxis: Von erfolgreichen Krisenmanagern lernen.* Berlin: Erich Schmidt Verlag, S. 15–28.

Ruhrmann, Georg (2003): *Risikokommunikation.* In: Bentele, Günter; Brosius, Hans-Bernd; Jarren, Otfried (Hg.): *Öffentliche Ko.mmunikation.* Handbuch Kommunikations- und Medienwissenschaft. Wiesbaden: Westdeutscher Verlag, S. 539–549.

Ruhrmann, Georg; Kohring, Matthias (1996): *Staatliche Risikokommunikation bei Katastrophen – Informationspolitik und Akzeptanz.* In: Bundesamt für Zivilschutz (Hg.): *Zivilschutz-Forschung – Neue Folge.* Bonn.

Rusch, Gebhard (2002): *Kommunikation.* In: Rusch, Gebhard (Hg.): *Einführung in die Medienwissenschaft : Konzeptionen, Theorien, Methoden, Anwendungen.* Wiesbaden: Westdt. Verl., S. 102–117.

Rusch, Gebhard (2015): *Sicherheitskommunikation – Grundlagen und Praxisfelder.* In: Groneberg, Christoph; Rusch, Gebhard (Hg.): *Sicherheitskommunikation…* Perspektiven aus Theorie und Praxis. Berlin: Lit (Zivile Sicherheit. Schriften zum Fachdialog Sicherheitsforschung, 12), S. 11–102.

Rusch, Gebhard (2016): *Kommunikationskonzept.* In: Bundesamt für Bevölkerungsschutz und Katastrophenhilfe (Hg.): *Bausteine für die Sicherheit von Großveranstaltungen.* Bonn, S. 303–321.

Schmidt, Siegfried J. (1991): *Grundriss der empirischen Literaturwissenschaft.* Frankfurt am Main: Suhrkamp.

Taylor, Peter (1989): *The Hillsborough Stadium Disaster. Inquiry By The RT HOn Lord Justice Taylor. Interim Report.* Home Office. London.

Töpfer A., Leffler P. (2017): *Prozess des Krisenmanagements und Grundsätze der Krisenkommunikation.* In: Albrecht, D.; Töpfer, A. (Hg.): *Handbuch Changemanagement im Krankenhaus.* Erfolgskonzepte Praxis- & Krankenhaus-Management. Berlin, Heidelberg: Springer, S. 989–1005.

Utz, S.; Schultz, F.; Glocka, S. (2013): *Crisis communication online: How medium, crisis type and emotions affected public reactions in the Fukushima Daiichi nuclear disaster.* In: Public Relations 39, S. 40–46.

Witt Associates (2012): *An Independent Assessment of the August 13, 2011 Indiana State Fair Collapse Incident*. Witt Associates. Washington, D.C.

Büttner, Torsten.; Fahlbruch, Babette; Wilpert, Bernhard (2007): *Sicherheitskultur: Konzepte und Analysemethoden*. 2. Aufl. Heidelberg: Asanger.

# Kommunikationsmanagement von Großveranstaltungen – Eine system- und prozessanalytische Perspektive

Gebhard Rusch

Die Geschichte zahlreicher tragischer Unglücksfälle und Katastrophen bei Großveranstaltungen – der tragische Verlauf der Loveparade in Duisburg am 24. Juli 2010 ist in wacher Erinnerung – zeigt nicht nur, wie dringend der Bedarf für leistungsfähige Sicherheitslösungen ist. Sie lehrt auch, und darauf hatte Wolf Dombrowsky einmal in einer Diskussion zum Thema Krisenkommunikation hingewiesen, dass in vielen solcher tragischen Fälle ursächlich organisatorische und Managementfehler am Anfang kritischer Lagen standen, die dann im Verlauf und am Ende überkritischer Eskalationen auch durch noch so viele Kommunikationsbemühungen nicht mehr „eingefangen" und korrigiert werden konnten. Oft verdecken „Kommunikationsprobleme" initiale Fehler an anderen Stellen und frühen Zeitpunkten der Planung, Umsetzung und Durchführung von Großveranstaltungen. Dabei stellen Unterlassungen, Versäumnisse oder übermäßige Verkürzungen rechtzeitiger präventiver verständigungsorientierter Kommunikation unter den beteiligten Personen, Unternehmen oder Organisationen ein wiederkehrendes und grundlegendes Problem dar. Es kommt deshalb aus sicherheitskritischer Perspektive und im Interesse der Sicherheit aller Beteiligten insbesondere darauf an, die jeweils gängige Praxis im Organisieren und Managen von Großveranstaltungen, in der Planung und Durchführung der Aufgaben des Veranstalters, in der behördlichen Beteiligung und im Einsatz von BOS-Kräften im Normal-, Krisen- oder Schadensbetrieb und nicht zuletzt auch aus der Sicht der Veranstaltungsbesucher zu analysieren und die in jedem dieser Zusammenhänge gebotenen kommunikativen und organisatorischen Maßnahmen und Instrumente zu ergreifen und einzusetzen.

Die Beobachtung von zahlreichen großen Volksfesten, Festivals und Sportveranstaltungen hat gezeigt, dass es *die perfekte Großveranstaltung* (noch) nicht gibt. Veranstalter und Behörden haben aber in den letzten Jahren für die Veranstaltungssicherheit sehr viel getan und viel erreicht. Trotzdem sind immer noch deutliche und nachhaltige Verbesserungen schon mit vergleichsweise geringem Aufwand möglich. Das Potenzial für weitergehende Verbesserungen der Sicherheit ist im Veranstaltungsmanagement und in der Veranstaltungskommunikation immer noch sehr groß.

## 1 Zum Verständnis von Kommunikation und Kommunikationsmanagement

Klarerweise ist für das Kommunikationsmanagement das Kommunikationsverständnis der Kommunikationsmanager grundlegend und daher auch immer folgenreich. Mit welchem Begriff von Kommunikation geht man ins Rennen? Wie kommuniziert man – auch unter Stress – erfolgreich? Was sind überhaupt die Aufgaben des Kommunikationsmanagements? Was genau wird hier gemanagt? Und vor allem: Wie?

Am besten sollten die Antworten auf solche Ausgangsfragen nicht allein den Intuitionen oder dem „gesunden Menschenverstand" der Manager in den beteiligten Unternehmen und BOS überlassen bleiben, sondern unter den Verantwortlichen ernsthaft und explizit gestellt und auch tatsächlich (z.B. im Sicherheits- und Kommunikationskonzept) beantwortet und für alle verantwortlichen Akteure verbindlich gemacht werden. Denn es geht dabei um viel mehr als „bloß Theorie". Es macht nämlich einen gewaltigen praktischen Unterschied, also einen Unterschied in der Problemanalyse, im Entscheiden und im konkreten Handeln, ob z.B. ein Stimulus-Response-Modell von Kommunikation oder ein konstruktivistisches Kommunikationskonzept zugrunde gelegt wird. Während das erste Modell die Kommunikationspartner lediglich dazu „verpflichtet" sich überhaupt und nach eigenem Ermessen verständlich zu äußern, „verlangt" das konstruktivistische Modell, dass sich jeder Kommunikationspartner aktiv um das Verständnis seiner Worte beim Adressaten bemühen und darum kümmern muss, ob er wie beabsichtigt vom Anderen verstanden worden ist. Mit dem Übergang zum konstruktivistischen Kommunikationsmodell werden die Verhältnisse auf einmal deutlich komplizierter. Man erkennt aber auch, dass man durch eigenes Tun, das Verständnis beim Adressaten nachhaltig verbessern und im Sinne gegenseitiger

Verständigung sichern kann. Dadurch kann Kommunikation besser und zuverlässiger gelingen.

Schon diese kurze Überlegung zeigt, dass es für die Kommunikationspartner ganz praktischen Nutzen hat, über ein angemessen komplexes Verständnis von Kommunikation zu verfügen. In diesem Sinne fassen die folgenden Ausführungen (vgl. dazu ausführlich Rusch 2015b) ganz knapp zusammen, wie ein solcher, angemessen komplexer Kommunikationsbegriff zu explizieren wäre.

Dabei ist anzusetzen mit der simplen Tatsache, dass jeder Kommunikationspartner seinen eigenen Kopf hat. In den Kognitionswissenschaften spricht man hier von kognitiver Autonomie. Man könnte auch von strikter Subjektivität sprechen. Daher gewinnen Wahrnehmungen und Handlungen ihre Inhalte und Bedeutungen, Zielsetzungen, Zwecke und ihren Sinn auch nur in und aus den Zusammenhängen, in denen sie jeder Einzelne in seinem Denken und Tun zu erleben vermag.

In diesem Sinne ist auch das Kommunizieren ein Handeln, und zwar ein Handeln, das die Orientierung eines anderen (oder mehrerer anderer) zum Ziel hat. Kommunizieren ist also abkürzend gesprochen: Fremdorientierung. Weil jeder der Beteiligten seinen eigenen Kopf hat, kann solche Fremdorientierung nur gelingen, wenn sie es dem Adressaten (also dem Hörer, Leser, Betrachter) ermöglicht, sich auf der Basis seines eigenen Wissens und seiner Erfahrungen, und angestoßen durch das, was er hört, sieht, liest oder ertastet, so zu verhalten, dass der Kommunikator aufgrund seiner eigenen Wahrnehmung dieses Verhaltens den Eindruck gewinnt, dass er verstanden worden ist.

Der gesamte Verständigungsprozess besteht also aus zwei eigenständigen Prozess-Einheiten: einerseits dem Handeln von Kommunikatoren (also z.B. Sprechern, Autoren schriftlicher Texte) und andererseits dem Handeln von Rezipienten, also denjenigen, die Kommunikatoren beobachten (Zuhörer oder Zuschauer). Genau genommen orientieren die Beobachter bzw. in diesem Fall die Rezipienten von Kommunikationsangeboten sich selbst, angestoßen durch ihre eigenen Wahrnehmungen, Gedanken, Stimmungen, Wünsche, Ziele usw. Es verbindet kein direkter Kommunikations-Kanal die beteiligten Akteure. Jeder handelt für sich allein – wenn auch bezogen auf den anderen. Jeder agiert im Rahmen seines eigenen autonomen Managements von Stimmungen, Bedürfnissen, Wissen, Einstellungen und Erwartungen. Jeder Akteur verfolgt – obzwar mit Blick auf den anderen – seine eigenen Ziele als Sprecher oder Autor, als Beobachter, Zuhörer oder Zuschauer (vgl. Rusch 1992).

Dieses Kommunikationsverständnis hat für die praktische Verständigung ganz klare Konsequenzen: verständigungsorientiertes Kommunizieren muss sich ausdrücklich darum kümmern, das wichtige Dinge ausgesprochen werden, dass die Adressaten zuverlässig erreicht werden, dass aufgeklärt wird, wie sie das Gehörte auffassen oder begreifen, und dass klargemacht wird, was die Inhalte für das zukünftige Handeln bedeuten. Erfolgreiches Informieren verlangt vom Kommunikator also wesentlich mehr als nur den bestätigten Vollzug einer Äußerung, auch viel mehr als nur das Einholen einer Empfangsbestätigung (wie bei einer eingeschriebenen Postsendung). Erfolgreiches *Informieren* verlangt vom Kommunikator, dass er sich auch noch darum kümmert, (1) wie seine Botschaft vom Empfänger aufgefasst und interpretiert wird, und (2) bei erkennbaren Abweichungen von seinen Intentionen oder seinem eigenen Verständnis die diskursive Aufklärung dieser Unterschiede betreibt, bis Einvernehmen im Sinne eines gemeinsam geteilten Verständnisses hergestellt ist. Werden diese Bedingungen beachtet und im Kommunikationshandeln umgesetzt, kann man von adressaten- oder zielgruppen- und verständigungsorientiertem Kommunizieren sprechen.

## 2      Großveranstaltungen im Kontext von Erlebnisgesellschaft und Eventkultur

Gerhard Schulze (2000) hat den Befund, dass das Leben heutzutage mehr denn je geprägt sei von Vergnügungs- und Erregungssuche und einem entsprechend progressiven Überbietungsmodus der Ereignisproduktionen, schon vor bald zwei Jahrzehnten auf den Begriff der Erlebnisgesellschaft[18] gebracht. Betrachtet man die seitherige Entwicklung, so wird man – auch mit Blick auf die Rolle der Medien, vor allem der Sozialen Medien – feststellen müssen, dass Erlebnissuche und Ereignisproduktion für die Einzelnen und die Gesellschaft in den letzten zwei Jahrzehnten zunehmend wichtiger geworden sind. Das neudeutsche Buzzword der „Eventisierung"[19] bezeichnet dabei einen auch in Werbung und Marketing reflektierten Trend zur Inszenierung und Zelebrierung nicht mehr nur des Außergewöhnlichen oder Seltenen, sondern selbst des Alltäglichen. Erlebnisorientierung und Erlebnisrationalität gründen dabei einerseits auf subjektiven persönlichen Voraussetzungen wie Wissen, Einstellungen, Wünschen, andererseits auf sozialen bzw. kulturellen Prägungen, die als Erwartungen, Gewohnheiten oder Gepflogenheiten den konventionalen und normativen Rahmen des Handelns der Einzelnen in der Gesellschaft konstituieren. „Das Projekt des schönen Lebens entpuppt sich als etwas Kompliziertes – als Absicht, die Umstände so zu manipulieren, daß man darauf in einer Weise reagiert, die man selbst als schön reflektiert." (Schulze 2000: 35).

---

18   Vgl. Schulze 2000
19   Vgl. dazu auch Hitzler 2010

In diesem Sinne ist die Erlebnisgesellschaft das Resultat solchen kollektiven Strebens nach gemeinsamer individueller persönlicher Erfüllung oder Beglückung. Dazu verhelfen die mobilen Medien, allen voran Smartphones, auch noch zu den mit aller Welt zu teilenden Foto- und Video-Dokumenten zur Beweissicherung (vom Selfie, über die Bildergalerie bei Instagram bis hin zur Facebook-Page). In der Veranstaltungswelt hat diese Orientierung eine „Eventkultur" (Pühl und Schmidtbauer 2007, Gebhardt u. a. 2000) oder auch „Spaßkultur" (Hitzler 2010: 401) befördert, die einerseits traditionelle Veranstaltungsformen (z. B. Märkte, Kirchfeste) zu neuen massenkulturellen Erlebniswelten, zu Volksfesten transformiert, andererseits völlig neue Eventformen wie Erlebnis- und Freizeitparks oder Festivals geschaffen hat, die ein Millionenpublikum mit extraordinärem Ambiente und dem Potenzial für Grenzerfahrungen begeistern. Die i.d.R. mehrtätigen Events werden als „Urlaub vom Alltag" geplant und erlebt, und – wie z. B. das Fusion-Festival in Deutschland oder das Burning Man Festival in den USA – gewissermaßen als extraterrestrische Locations inszeniert, die als „Großangriff auf die Sinne" (vgl. Kirchner 2011) angelegt sind. Events, die diesen massenkulturellen Zeitgeist treffen, sind deshalb eigentlich zwangsläufig auch immer große Veranstaltungen, und zwar sowohl mit Blick auf die Besucherzahlen als auch hinsichtlich der Ausdehnung des Veranstaltungsgeländes.

## 3  Was sind Großveranstaltungen?

Der Wort „Großveranstaltung" verführt zu quantifizierendem Denken: Wie groß ist „groß"? Wie viele Teilnehmer müssen es für eine Großveranstaltung mindestens sein? Wie groß bzw. ausgedehnt oder wie weit räumlich verteilt muss das Veranstaltungsgelände sein? Wie viele Parkplätze müssen vorhanden sein, wie viele Rettungs- oder Ordnungskräfte?

In diesem Sinne erfolgt die Definition des Begriffs der Großveranstaltung also wesentlich über die Bestimmung der Größenordnung, z. B. so:

„Großveranstaltungen im Sinne dieses Orientierungsrahmens sind Veranstaltungen,

1. zu denen täglich mehr als 100.000 Besucher erwartet werden, oder
2. bei denen die Zahl der zeitgleich erwarteten Besucher ein Drittel der Einwohner der Kommune übersteigt und sich erwartungsgemäß mindestens 5.000 Besucher zeitgleich auf dem Veranstaltungsgelände befinden, oder
3. die über ein erhöhtes Gefährdungspotenzial verfügen." (MIK-NRW, Orientierungsrahmen: 5).

Quantitative Bestimmungen dieser Art weisen allerdings den entscheidenden Nachteil auf, die örtlichen, personellen oder sonstigen speziellen Voraussetzungen an Veranstaltungsort oder auf Seiten der Besucher gar nicht oder nur im Ansatz zu berücksichtigen. So sind 100.000 Besucher einer Veranstaltung in Großstädten wie z.B. Berlin, Hamburg oder München ein deutlich kleineres Problem als etwa in Dörfern wie Wacken (W.O.A.) oder Übersee (Chiemsee Summer). Entsprechend haben große Besucherzahlen für kleine Locations immer ein Gefährdungspotenzial, ganz gleichgültig wie die Besucherschaft zusammengesetzt ist. Allein die Relativierung der Besucherzahl auf die Einwohner des Veranstaltungsortes verweist auf ein für Großveranstaltungen prinzipiell kritisches Potenzial, nämlich die infrastrukturellen Voraussetzungen für die Aufnahme großer Besucherzahlen. Die Richtlinie der Vereinigung zur Förderung des deutschen Brandschutzes e.V. (vfdb) ist in dieser Hinsicht deskriptiv differenzierter, berührt jedoch kaum die für Großveranstaltungen tatsächlich kritischen Parameter:

„Veranstaltungen im allgemeinen Sinne sind organisierte Treffen von Menschen über eine bestimmte Zeit an einem bestimmten Ort oder mehreren Orten gleichzeitig zu einem vorher festgelegten Zweck. Veranstaltungen werden zeitlich vorher geplant.

Großveranstaltungen, neudeutsch häufig als „Event" vermarktet, sind solche Veranstaltungen mit einer sehr großen Zahl von erwarteten Teilnehmern, wobei

a) diese von unterschiedlicher Nationalität, Sprache, sozialer Schichtung, politischer Anschauung und religiösem Bekenntnis sein können und einen differenzierten kulturellen Hintergrund besitzen können,
b) die Einwohner ebenfalls besonders involviert sind,
c) die Veranstaltung von besonderer Bedeutung für die Region, national oder sogar international ist,
d) meistens im Kern der Stadt oder auf besonderen Flächen angesiedelt ist.

Großveranstaltungen erfordern eine behördliche Genehmigung sowie eine qualifizierte Zusammenarbeit der Behörden und Organisationen mit Sicherheitsaufgaben (BOS) mit den Veranstaltern und anderen Beteiligten.

Spontane oder regelmäßige Versammlungen ohne festgelegte Organisation, wie zum Beispiel unangemeldete Demonstrationen, Silvester-Feiern oder Karnevalsbräuche, erfüllen diese Anforderungen ebenfalls und werden in die folgende Einsatzplanung eingeschlossen – sie sind für die öffentliche Gefahrenabwehr schwieriger zu handhaben, da ein Veranstalter als Ansprechpartner fehlt." (vfdb-Richtlinie 03/03, Einsatzplanung Großveranstaltungen: 4)

Auch derart wortreiche Definitionsvarianten bleiben aber die *differentia specifica*, die gerade jene Eigenschaften von Großveranstaltungen bestimmt, die sie als solche auszeichnen, letztlich schuldig. Der folgende Vorschlag soll nun diesen Mangel beheben. Er betrachtet Großveranstaltungen aus einer systemischen Perspektive und erkennt ihre Problematik und Kritikalität wesentlich in der Verfügbarkeit systemischer Ressourcen für die Herstellung und Aufrechterhaltung ihres Funktionierens bzw. ihres reibungslosen Ablaufes. Damit greifen wir eine zentrale Einsicht der Operationalen Katastrophentheorie (vgl. Rusch 2015) auf, der zu Folge einerseits die *Flüssigkeit des Ablaufes* der einzelnen Vorgänge, aus denen sich das Gesamtgeschehen einer Veranstaltung zusammenfügt, und andererseits die jederzeitige *Fortsetzbarkeit dieser einzelnen Vorgänge* als entscheidende systemische Erfolgskriterien zu gelten haben. *Fluidität* und *Kontinuität* repräsentieren in diesem Sinne die übergeordneten funktionalen Zielgrößen des Veranstaltungsmanagements.

Eine *Großveranstaltung* ist

1. ein im Voraus geplantes und organisiertes *Treffen von Menschen* (*genus proximum*)
   a) mit spezifischen oder unspezifischen *Eigenschaften* (*Typisierungsmerkmal*),
   b) für eine im Voraus bestimmte *Dauer* (*Typisierungsmerkmal*),
   c) an einem im Voraus bestimmten *Ort* (z.B. Gebäude, Open Air) (*Typisierungsmerkmal*),
   d) zu einem im Voraus bestimmten *Zweck* (*Typisierungsmerkmal*),
2. das die am Veranstaltungsort für die Veranstaltungsdauer vorhandenen *räumlichen, zeitlichen, personellen, materiellen und Wissens-Ressourcen* potentiell überfordern würde, wenn nicht entsprechende spezielle *Vorkehrungen zur Kompensation von Ressourcen-Defiziten* (z.B. im Rahmen von Antrags- und Genehmigungsverfahren mit Sicherheitskonzept und Ressourcen-Nachweis) getroffen würden (*differentia specifica*).

Diese Definition relativiert das Verständnis des Wortteiles „Groß"- im Kompositum Großveranstaltung klar auf die Ressourcenverfügbarkeit am Veranstaltungsort während der Veranstaltungszeit. In ressourcenreichen Umgebungen, wie z.B. Großstädte sie darstellen, die leistungsstarke Verkehrsinfrastrukturen, große Versorgungs- und Hotelkapazitäten, zahlreiche und gut ausgerüstete Feuerwehr- und Rettungskräfte, großflächige Veranstaltungsplätze aufweisen, werden die kritischen Belastungsschwellen erst bei vergleichsweise sehr großen Besucherzahlen erreicht oder überschritten. Sind solche Ressourcen schon im alltäglichen Rahmen des kommunalen Normalbetriebes knapp, können kritische Grenzen entsprechend schnell schon bei deutlich geringerem Besucherandrang erreicht werden.

Stadien, Arenen, Messegelände, Schauspiel- und Opernhäuser stellen in diesem Sinne gewissermaßen die zu Stein gewordenen baulichen Vorkehrungen zur Bewältigung großer Besucherzahlen für bestimmte Veranstaltungsformen dar. Zusammen mit ihrem Personal und dessen Know How und mit den routinemäßig vorhandenen Hilfs-, Unterstützungs-, Ordnungs- und Rettungskräften, können solche Strukturen die üblichen hohen Anreiseverkehre, Besuchermassen und Abreiseverkehre mit einem hohen Maß an Sicherheit in allen relevanten Belangen bewältigen. Wo solche Spezialbauten inklusive ihrer Personalstruktur und ihrer verkehrstechnischen Erschließung fehlen, z.B. auf einer grünen Wiese, wo ein Festival stattfinden soll, müssen entsprechende Voraussetzungen und Ressourcen jeweils erst improvisiert (z.B. fliegende Bauten) und bedarfsabhängig herangeführt werden.

## 4    Großveranstaltungen als sozio-technische Praktiken

Betrachtet man das Geschehen, das eine Großveranstaltung wie z.B. ein Musikfestival ausmacht, einmal unter dem Vergrößerungsglas, so werden über den gesamten Verlauf – von der ersten Idee, über die Planung und Durchführung bis hin zur Abreise der Besucher und der finalen Nachbereitung durch den Veranstalter und andere Beteiligte – all die Handlungen (und darunter auch Kommunikation und Mediennutzungen) sichtbar, die in ihrem Zusammenspiel und ihren Wechselwirkungen unter Inanspruchnahme der unterschiedlichsten Gegenstände, Hilfsmittel und Werkzeuge dieses Geschehen konstituieren. Es wird eine *komplexe Prozess-Landschaft* aus Handlungen sichtbar, die Konturen und Strukturen in dem Maße und Umfang gewinnt und verändert, in dem über den Verlauf mehr und mehr einzelne Akteure, auch in Gruppen, Unternehmen und Organisationen ihr Handeln mit Blick auf die Veranstaltung planen, koordinieren und realisieren.

Unter der Lupe können wir an diesem komplexen Geschehen die einzelnen Akteure identifizieren: den Veranstalter und Mitglieder seines Teams, die Mitarbeiter der beteiligten anderen Unternehmen (z.B. Bühnentechnik, Catering, Entsorgung), die Mitarbeiter von Behörden und Organisationen mit Sicherheitsaufgaben (Ordnungsämter, Polizeien, Rettungsdienste, Feuerwehren), die Mitarbeiter der lokalen Verwaltung, die beteiligte lokale Bevölkerung, die Vertreter von Presse und Medien, und schließlich die Interessenten und Besucher, deren Freunde und Verwandte soweit sie, z.B. medial vermittelt, am Handeln und Erleben der Besucher teilhaben.

Weiterhin können wir die Handlungen dieser Akteure beobachten, die in den Interaktionen mit anderen Akteuren (hier veranstaltungsbezogene) Tätigkeitsbereiche oder Handlungsfelder beschreiben, die teils institutionalisiert (z.b. in BOS), teils professionalisiert (z.b. im Berufsbild des Veranstaltungsmeisters), teils improvisiert (z.b. im Fall von Veranstalter-Startups), in jedem Fall aber als *soziale Praktiken* (i.S.v. Reckwitz 2003) etabliert sind oder im Zusammenwirken der Akteure als solche erst entwickelt und immer wieder auch verändert werden. Wesentliche Quellen solcher Veränderungen sind neben allgemeinen Faktoren wie Generationenwechsel, kultureller Wandel und Veränderungen der sozio-ökonomischen Lage in unserer Zeit vor allem die den Alltag und das Berufsleben immer tiefer durchdringende digitale Mediatisierung (vgl. Krotz 2001).

*Digitale Mediatisierung* bedeutet in unserem Zusammenhang, dass auch das veranstaltungsbezogene Handeln aller beteiligten Akteure zunehmend den Gebrauch digitaler Medien einschließt mit der Konsequenz, dass dieses Handeln und dessen Resultate (und Folgen) mehr und mehr durch den Gebrauch digitaler Medien geprägt, bedingt oder bestimmt werden. D.h. auch, dass sich die Eigenschaften dieser Medien und ihres Gebrauchs im Handeln und Zusammenwirken der Akteure abhängig von der Qualität und Intensität ihres Einsatzes auch immer stärker mal vorteilhaft, mal nachteilig (oder problematisch) bemerkbar machen. Schon lange sind das Online-Ticketing, die Informationsangebote auf den Websites der Veranstalter, der Austausch von Festival-Fotos und Kommentaren in den Sozialen Medien, die Nutzung von Smartphones und anderen mobilen Medien und die Verwendung der einschlägigen Apps für Kurznachichten, Fotos und Videos aus der Veranstaltungswelt nicht mehr wegzudenken. Und auch bei den BOS haben mit Digitalfunk, Social Media Monitoring, digitalen Leitstellensystemen und Einsatz-Apps digitale Medien längst Einzug gehalten.

Entscheidender als die Vielzahl der einzelnen Geräte und Anwendungen ist hier aber zunächst die allgemeine theoretische Einsicht, dass die sozialen Praktiken, wie sie das Veranstaltungsgeschehen konstituieren, notwendig auch kommunikatives Handeln und den Gebrauch von Medien einschließen. Kommunikation und Mediennutzung sind als Teilhandlungen oder als Komponenten komplexer Handlungsvollzüge in die Veranstaltungs-Praktiken so fest eingewoben und für diese derart konstitutiv, dass das ganze Geschehen ohne kommunikative und mediale Leistungen schlechterdings unmöglich wäre. Dies ist freilich nicht erst den digitalen Medien zu verdanken. Soziale Praktiken sind vielmehr ganz grundsätzlich auf kommunikative und mediale Handlungen, Formen und Formate angewiesen.

Diese Ansicht ist nicht nur intuitiv überzeugend. Sie wird auch getragen von den Einsichten der Ordinary Language Philosophy von Ludwig Wittgenstein bis John Austin und John Searl. Vor allem Wittgensteins Begriff des „Sprachspiels" (vgl. Wittgenstein 2003) lässt mit den vom ihm dafür gegebenen Beispielen (etwa das der Handwerker beim Hausbau) gerade die Verflechtung von sprachlichem und nicht-sprachlichem Handeln in sozialen Praktiken (wie hier z.b. dem Bauhandwerk) deutlich werden. Sprachliches Handeln begleitet die sonstigen handwerklichen Tätigkeiten nicht einfach nur, sondern trägt durch Bezeichnung von Werkstoffen und Werkzeugen, durch Ansage von Tätigkeiten und schließlich auch durch Kommentierung und Wertung zur Ermöglichung und Koordination sowie zur Verbesserung der Zusammenarbeit bei.

Entsprechend haben sich auch in der Veranstaltungswelt in den unterschiedlichen *Sprachspielen* der beteiligten Akteursgruppen auf der Veranstalterseite, bei den Dienstleistern, den BOS und beim Publikum in ihrer fortgesetzten Veranstaltungspraxis und abhängig von ihren jeweiligen Interessenlagen, Bedürfnissen oder Anforderungen teils professionalisierte soziale und kommunikative Praktiken (vom Ticketkauf über die Einlasskontrollen bis zum Tanzen auf dem Infield) herausgebildet. Dazu gehören auch die jeweiligen fachspezifischen Terminologien und Kommunikationsstile, bestimmte kommunikationstechnische Standards, konkrete Informationsangebote und -nachfragen sowie deren entsprechende Ausspielungen in den Formen und Formaten der jeweils verfügbaren und aktuellen Medien. Für das Kommunikationsmanagement von Großveranstaltungen werden in solchen Sprachspielen die Grundlagen gelegt.

## 5     Großveranstaltungen aus system- und prozessanalytischer Sicht

Was ist eigentlich ein System? Der griech. Begriff sýstema meint ein aus Teilen bestehendes *Ganzes*, eine zusammengesetzte *Einheit*. In dieser (holistischen) Bedeutung ist der Begriff bis heute geläufig. Jüngere Entwicklungen in der Systemtheorie, z.B. Niklas Luhmann in seiner „Theorie sozialer Systeme" (Luhmann 1984) haben das Merkmal der Ganzheit bzw. Einheit wieder sehr nachhaltig betont, nachdem andere Verwendungsweisen lediglich auf das Merkmal eines Zusammenhangs von Teilen (*funktionalistischer Systembegriff*) bzw. auf das bloße Bestehen aus Einzelteilen (*strukturalistischer Systembegriff*) abgestellt hatten.

*„Ein ,System' wird üblicherweise definiert als eine endliche, geordnete Menge von miteinander verbundenen Elementen." (Harbordt 1974: 45)*

*„Usually one designates by system any aggregate of elements considered together with the relationships holding among them. It will be shown [...] that the type of connexion in a whole is very different from connexions which exist in an aggregate. The term ‚system' is used here to denote a holistic system. Further, in using this term we abstract constituents (‚elements') and refer only to the organization of the whole. Thus, ‚system' for our discussion is holistic organization."* (Angyal 1978: 20)

Während also entsprechend bereits beliebige Zusammenhänge von Teilen oder auch nur in irgendwelchen Beziehungen zueinander stehende Teile als Systeme angesprochen werden können, stellt der *holistische Systembegriff* (wie er vor allem in der Biologie und den Sozialwissenschaften Anwendung findet) höhere Anforderungen mit Blick auf die Art des Zusammenhangs zwischen den Komponenten bzw. hinsichtlich der Rolle, die einzelne Komponenten für den Gesamtzusammenhang spielen: Sie müssen nämlich einen funktionalen Beitrag leisten, ohne den der Gesamtzusammenhang nicht bestehen oder aufrechterhalten werden könnte. Auf diese Weise stellt der holistische Systembegriff ein Kriterium für die Bestimmung der einem System zugehörigen *Komponenten* zur Verfügung, nämlich die Konstitutivität der Rolle von Gegenständen, Ereignissen oder Prozessen für den Gesamtzusammenhang, der seinerseits zugleich durch den funktionalen Bezug und die konstitutiven Beiträge seiner Komponenten erst bestimmt – und vor allem *begrenzt* – wird. In solchen Systemen stehen also alle Komponenten direkt oder indirekt miteinander in Beziehung, sind miteinander *gekoppelt*. Jede Komponente trägt durch (mindestens eine ihrer) Eigenschaften bzw. Funktionen zur Konstitution des Systems bei. Komponenten, die auch noch Beziehungen oder Funktionen außerhalb des Systemzusammenhangs haben, stellen die Systemgrenzen dar, an denen Inputs in das System hinein oder Outputs aus dem System heraus gelangen. Die Art und Weise der Vernetzung, des Zusammen- oder Wechselwirkens von Komponenten in einem System bezeichnet man als System*organisation*.

## 6    Balance zwischen Rigidität (Erstarrung) und Desintegration (Zerfall)

Es ist eine schon ältere Einsicht der Allgemeinen Systemtheorie, dass sich biologische, soziale oder kulturelle Systeme als höchst instabile, geradezu flüssige Gebilde darstellen, die Stabilität nur als eine dynamische Eigenschaft kennen, die jene variable Bandbreite von System-Zuständen auszeichnet, in denen das System funktioniert, also die Systemorganisation aufrecht erhalten wird. Diese Bandbreite von System-Zuständen reicht gewissermaßen von den Extremen „funktioniert gerade eben" bis hin zu „funktioniert gerade noch". Jenseits dieser Grenzen existiert das System nicht. Solche dynamische Stabilisierung (Metastabilität) beruht auf dem Prinzip der „Makrostabilität durch Mikrovariabiltät" (Bühl 1990: 71). Metastabilität wird wesentlich erreicht durch Plastizität und Adaptionsfähigkeit, durch eine Balance von positivem und negativem Feedback, durch verteilte Kontrolle und Heterarchie, Toleranz gegenüber Ambivalenz und Inkonsistenz (sowohl – als auch; teils – teils; von Fall zu Fall), lose Koppelungen von Akteuren bzw. Subsystemen. Fluktuationen in der Systemdynamik (z.b. infolge von Störungen, endogenen oder exogenen Einflüssen) können so in ihrer Wirkung als Attraktoren für weitere Veränderungen der Systemdynamik oder -struktur, gewissermaßen in ihrer Sog- oder Treiberwirkung für Störungseskalationen, in ihren Intensitäten und Reichweiten auf einzelne Personen, auf Gruppen oder beteiligte Subsysteme (z. B. Unternehmen, Organisationen) begrenzt werden, so dass sie nur lokal oder regional zu Irritationen oder Instabilitäten führen.

Auch sozio-technische Systeme wie Großveranstaltungen befinden sich nach dieser Vorstellung zu keinem Zeitpunkt im Gleichgewicht. Im Normalfall zeigen sie vielmehr ein beständiges, möglichen (in-)stabilen Lagen mal näheres, mal ferneres Schwanken. Jenseits solcher Schwankungen liegen die für das Gesamtsystem kritischen Zustände, die bei weiterer Eskalation auch zum Kollaps und zur Katastrophe führen können. Systemzusammenbrüche, System-Desintegrationen, Abbruch oder radikale Neuordnung können aus kleinsten Schwankungen entstehen, wenn diese durch Entkopplungen von Systemeinheiten (z. B. Abspaltung sozialer Gruppen, extreme Individualisierung), durch Übersteuerungen in Gestalt übermäßiger positiver Rückkopplungen (z. B. Einlass zu vieler Besucher), durch Untersteuerungen in Gestalt übermäßiger negativer Rückkopplungen (z. B. zu viele Verbote in der Veranstaltungsordnung), durch lokal verteilte unterschiedlich lose und feste Koppelungen (z. B. ethnische Gruppen, Gangs, Fan-Blöcke) oder durch exogene Einflüsse (z. B. Unwetter, Versorgungsengpässe) unkompensierbar und unkontrollierbar verstärkt werden.

Im Gegensatz zu biologischen, lebenden Systemen (z.B. Organismen) sind soziale Systeme nämlich *operational (teilweise) offen* und sogar *organisational plastisch*, da ihre Komponenten, nämlich kognitiv autonome Systeme bzw. deren Handlungen, nur relativ *lose miteinander gekoppelt* sind. Deshalb bietet, was für biologische Systeme so gar nicht möglich ist, die strukturelle und organisationale Flexibilität sozialer Systeme nicht nur erweiterte Spielräume für die Selbstorganisation, sondern eröffnet überhaupt erst die Möglichkeit ihres Organisierens, also der Organisationsgestaltung, der Re-Organisation bzw. des Organisationsmanagements. Der Gedanke der aufgetauten, chronisch flüssigen bzw. fluiden

Organisation setzt diese Eigenschaft sozialer und sozio-technischer Systeme und ihren fundamentalen Unterschied zu biologischen Systemen grundsätzlich voraus (vgl. Hayek 1969; Weick 1977; Weber 1996; Ruegg-Stürm 2001).[20] Ungleichgewicht und Instabilität, Multistabilität und permanente Veränderung sind nämlich genau das, was man „normale" Verhältnisse nennen könnte.

Weil also Großveranstaltungen in diesem Sinne hoch dynamische Systeme sind, das Veranstaltungsgeschehen also beständig „im Fluss" ist, kommt dem Koordinieren und Organisieren ihrer Teilprozesse (d.h. der Handlungen der beteiligten Akteure, der Leistungen der eingesetzten technischen Geräte und Einrichtungen, der Zuweisung und Ausführung von Versorgungs-, Steuerungs- und Kontrollaufgaben) eine so bedeutende Rolle zu. Wie anders als durch Kommunikation und Medieneinsatz könnten diese notwendigen Koordinations- und Organisationsleistungen erbracht werden. Kehren wir noch einmal kurz zu der Vorstellung zurück, das Veranstaltungsgeschehen unter der Lupe zu betrachten, und vergegenwärtigen wir uns noch einmal diese komplexe Prozesslandschaft, dieses Orchester aus den Aktivitäten der vielen Einzelnen, in Gruppen, in Unternehmen und Organisationen, so erscheint ein dem praktischen Interesse an der Gestaltung, Leitung, Lenkung, Unterstützung und Entwicklung dieses Geschehens, kurz: ein den Managementaufgaben (Praxis) angemessenes Verständnis dieses Geschehens (die Theorie) nur möglich, wenn diese dynamische und strukturelle Komplexität in unseren Begriffen, Modellvorstellungen, Steuerungs- bzw. Lenkungs- und Regulationskonzepten für Großveranstaltungen reflektiert wird und in konkrete Interventions- und Organisierungsansätze mündet.

# 7    Systemanalyse

Ein Phänomen wird erklärt, so hatte Humberto R. Maturana (vgl. 1982: 139) festgestellt, „wenn die Prozesse, die es erzeugen, [...] begrifflich oder konkret so reproduziert werden, dass sie das zu erklärende Phänomen erzeugen".

Die Systemanalyse ist in diesem Sinne ein besonders geeignetes Verfahren, um Erklärungen zu generieren. Dabei haben diese *Erklärungen* nicht allein die Form von Beschreibungen der Komponenten, Prozesse und Beziehungen, sondern die Form *anschaulicher* graphischer Repräsentationen von Komponenten, Relationen und Funktionen, von Zeitstrukturen und Einflussstärken, schließlich auch die Form mathematischer Repräsentationen von Funktionen, Größen und ihren Wechselwirkungen. Systemanalyse zielt auf die *Konstruktion funktionierender*

---

20   Auch aus diesem Grund scheitert Luhmanns Theorie sozialer Systeme.

*Modelle* und verfügt damit über ein sehr rigides Kriterium („sanity check" i.S.v. Richmond 2003) für die Validität ihrer Konstrukte. Inkonsistenzen, Wissenslücken oder kontrafunktionale Annahmen lassen sich auf diese Weise zuverlässig identifizieren. In *Simulationen* lassen sich die jeweiligen (und nur diese) Basisannahmen und das Modelldesign testen, man kann mit dem Modell *experimentieren*, alternative Funktionalitäten und Systemdynamiken erforschen, alternative „Systemgeschichten" unter Aspekten des *System-Designs*, der Folgen- oder Risikoabschätzung oder der Kontrollierbarkeit von Veränderungen untersuchen.

Die Systemanalyse ist ein *empirisches Verfahren*, das den kombinierten Einsatz mehrerer Methoden erfordert: die *Beobachtung* von Systemkomponenten und -prozessen, die *Messung* der Häufigkeit oder Intensität von Aktivitäten als Bestimmung von Werten der betrachteten Variablen bzw. Systemgrößen, insbesondere die mündliche oder schriftliche *Befragung* der Akteure in sozio-technischen Systemen, den Einsatz von *Protokollierungsverfahren* und die *Analyse von Dokumenten* (z.B. mit inhaltsanalytischen Instrumenten). Systemanalyse ist in diesem Sinne als komplexes Mehrmethoden-Design anzusehen.

## 8    System Dynamics

Alles begann im Jahr 1956. Jay W. Forrester hatte an der Sloan School of Management am Massachussetts Institute of Technology ein kybernetisches Systemmodell zur Modellierung und Simulation von Produktionssystemen entwickelt, die „Industrial Dynamics", um Führungsprobleme zu untersuchen. Damit hatte Forrester einen bis heute gültigen Standard für die Systemanalyse und Simulation gesetzt: die „System Dynamics". Im Ansatz ging es Forrester darum, mentale Modelle komplexer Zusammenhänge in Natur, Wirtschaft oder Politik in einer anschaulichen Repräsentation zu explizieren und die spekulative Abschätzung ihrer Entwicklung durch eine Computersimulation zu ersetzen.

"It is my basic theme that the human mind is not adapted to interpreting how social systems behave. Our social systems belong to the class called multi-loop nonlinear feedback systems [...]. Until recently there has been no way to estimate the behavior of social systems except by contemplation, discussion, argument, and guesswork. To point a way out of our present dilemma about social systems, I will sketch an approach that combines the strength of the human mind and the strength of today's computers [...]. The concepts of feedback system behavior apply sweepingly from physical systems through social systems. The ideas were first developed and applied to engineering systems. They have now reached practical usefulness in major aspects of our social systems. I am speaking of what has come to be called industrial dynamics. The name is a misnomer because the methods apply to complex systems regardless of the field in which they are located. A more appropriate name would be system dynamics." (Forrester 1971: 54f.)

Mit der Veröffentlichung der Studien des Club of Rome (vgl. Meadows u. a. 1972) oder der Global 2000-Studie aus dem Jahr 1980 wurden diese Arbeiten auch einer breiteren Öffentlichkeit bekannt. Im Auftrag des Club of Rome entwickelte Forrester 1971 das Modell *World 1*. Eine Arbeitsgruppe um D. H. Meadows erweiterte und verfeinerte das Modell zu den Varianten *World 2* und *World 3*, auf denen die Analysen zu den Grenzen des Wachstums basierten.[21]

Die Grundbausteine der System Dynamics-Modelle sind Bestands- und Flussgrößen, Hilfsgrößen, Konstanten und Systemumgebung, die in Fluss-Diagrammen arrangiert werden. Die Werte und Dimensionen der Bestands- und Flussgrößen sowie deren Relationen werden dann in einer Simulationssprache repräsentiert und berechnet[22].

Mit dem Systemischen Denken hinter solchen Softwarelösungen sind allgemeine, nicht nur technologisch-naturwissenschaftliche Orientierungen verbunden, wie sich schon im Begriff des Systems Thinking oder Operational Thinking zeigt. Richmond (2003) situiert dieses Systemische bzw. Operationale Denken in einem *selbstreflexiven Lernzusammenhang* der Konstruktion mentaler Modelle, ihrer Explikation in den Begriffen der System Dynamics, der Simulation der modellierten Systeme und Prozesse, der Kommunikation mit anderen, die an vergleichbaren Problemen und Lösungen arbeiten, und schließlich der Anwendung der gefundenen Ergebnisse im Handeln.[23] Richmond (2003) benennt acht Skills, die das Systems Thinking charakterisieren[24]:

1. „10.000 Meter"-Denken: der imaginäre distanzierte Blick aus großer Höhe, der nur das Wesentliche erkennen lässt: das „big picture", der sich nicht in Details und Nebensächlichkeiten verliert.

---

21  vgl. Meadows et al 1972; für einen Ausschnitt aus dem *World 2*-Modell vgl. Rauch 1985, 122f.

22  Inzwischen stehen mehrere, z.T. formatkompatible Software-Pakete zur interaktiven und graphischen Entwicklung von Systemmodellen und zur Simulation komplexer Prozesse auf Basis des System-Dynamics-Ansatzes zur Verfügung, z.B. POWERSIM: http://www.powersim.com, STELLA: http://www.iseesystems.com oder VENSIM: http://www.vensim.com

23  vgl. Richmond 2003, 3–34

24  vgl. ebd., 11ff.

2. „System als Ursache"-Denken: das Modell soll solche und nur solche Elemente enthalten, deren Interaktionen zur Selbst-Generierung des betrachteten Phänomens führen.[25]

3. „Dynamisches Denken": den prozessualen Zusammenhang bzw. das dynamische Muster sehen, in dem Aktionen, Operationen, Interaktionen, Produktionen, etc. stehen.

4. „Operationales Denken": das Denken in Prozessen oder Ereignissen, die etwas verarbeiten und dabei ein spezifisches Ergebnis produzieren; das Denken in Begriffen von Speichern, Zuständen, Funktionen und Flüssen.

5. „Closed Loop"-Denken: gegenüber dem seriellen Ursache-Wirkungs-Denken werden hier kreiskausale, rückgekoppelte Wirkungs-Wirkungs-Schleifen betrachtet. Nicht die Summe von kausal wirkenden Faktoren bietet eine Erklärung, sondern das System ihrer Interaktionen.

6. „Nicht-lineares" Denken: durch Rückkopplungen und die Erweiterung einfacher Ursache-Wirkungs-Ketten um weitere intervenierende Variablen entsteht nicht-lineares Verhalten; ein Denken, das sich darauf einstellt kann eher unerwartete Ergebnisse antizipieren.

7. „Wissenschaftliches" Denken: das systemische Denken von der Konstruktion mentaler Modelle über ihre Explikation, Erprobung und Verbesserung durch die Simulation und ihre Anwendung auf zu lösende Probleme verkörpert das Grundmuster des wissenschaftlichen Denkens.

8. „Empathisches" Denken: Kommunikation über disziplinäre Grenzen hinweg, Kollaboration in der Suche nach den bestmöglichen Lösungen, Kooperation in der Modellentwicklung, Offenheit für Kritik und Interesse am Anderen sind grundlegend für die gegenseitige Förderung und den Lernfortschritt jedes einzelnen.

Auf dieser Basis – und vor dem konstruktivistischen Hintergrund unserer gesamten Überlegungen – ist nun auch die Feststellung von W. Edwards Deming zu verstehen: „All models are wrong, some models are useful."[26]

---

25  Dies entspricht exakt Maturanas Begriff der Erklärung, der bereits oben zitiert wurde.
26  Zit. nach Richmond 2003, 5

# 9 Vollständige Systemanalyse und ein Ansatz zur Modellierung von Großveranstaltungen

In den letzten Jahren sind Tools entwickelt worden, die diesen Anforderungen genügen. Beispielhaft soll hier kurz der Ansatz von Robertson und Robertson (1996) vorgestellt werden. Sie unterscheiden verschiedene Sichten oder Modellierungen eines Systems. Das *Physikalische Modell* enthält die wesentlichen Systemanforderungen. Es zeigt die aktiven Komponenten, die Prozesse durchführen. In dieser Sicht kommen gewöhnlich Abteilungen, Personen und Stellenprofile sowie Maschinenparks in den Blick. Hier liegt auch die Schnittstelle zu Netzwerkanalysen.[27]

Das *Ereignis-Reaktions-Modell* (eine Art Datenfluss-Diagramm) eröffnet den Blick auf die essentiellen Eigenschaften eines Systems. Das *Datenmodell* zeigt schließlich nur noch, woran sich das System erinnern können muss. Die verschiedenen Sichten führen in der genannten Reihenfolge von einer phänomenologischen Beschreibung eines Systems hin zu einer sehr abstrakten und mathematisierenden Darstellung, wie sie für die Simulation oder die Entwicklung von Computerprogrammen notwendig ist.

Auch ohne das Ziel der Simulation oder der Programmierung von Systemprozessen erlaubt die Konstruktion physikalischer und essentieller Modelle ein sehr gründliches und tiefes Verständnis systemischer Zusammenhänge. Die Systemanalyse stellt sich hier als Schnittstelle zwischen empirischen Verfahren wie z.B. Beobachtung, Befragung, Dokumentationstechniken, etc. und einer Theoriebildung dar, die auf System-Typen, Prozess-Muster (z.B. Best Patterns) oder systemspezifische Funktionsprinzipien abstellt.

In Ereignis-Reaktionsmodellen stellen Kreise bzw. Knoten Prozesse dar, die bestimmte Inputs erhalten, bearbeiten und bestimmte Outputs erzeugen. Neben den Ereignissen oder Prozessen gibt es noch durch Rechtecke dargestellte Speicher als Systemkomponenten; auch Terminatoren im Kontextdiagramm werden so dargestellt. Konstruktions-Regeln sorgen dafür, dass

1. es im System nicht zu viele Teilprozesse (z.B. die Regel der „kopfgroßen Teile" in Anlehnung am G. A. Miller's „Magical Number Seven" (vgl. Miller 1956)) gibt,
2. es keine Prozesse ohne Input oder Output gibt (Operationale Regel),
3. keine Daten im Durchgang durch verschiedene Prozesse verloren gehen (Regel der Datenkonservierung),

---

27  vgl. dazu z.B. Jansen 2003

4. jeder Prozess die Inputs erhält, die für die Erzeugung bestimmter Ausgabe-
   größen notwendig sind (Regel der Produktivität),
5. nur relevante Ereignisse mit relevanten In- und Outputs festgehalten werden
   („Ockham's Razor"-Regel).

Damit die Modellbildung übersichtlich, und damit die Abgrenzung des zu be-
trachtenden Systems durchschaubar bleibt, wird zunächst ein *Kontextdiagramm*
(Abbildung 1) entwickelt, in dem das zu modellierende System als Einheit in seinen Beziehungen zu anderen Größen dargestellt wird, die nicht selbst zum zu ana-
lysierenden System gehören. Zur Konstruktion des Kontextmodells gehört also
insbesondere die Bestimmung der Systemgrenzen.

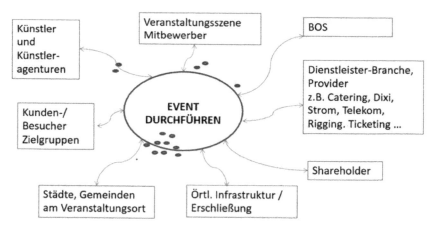

**Abbildung 1**   Vorschlag für ein Kontext-Diagramm zur Durchführung eines Festivals.
Quelle: Eigene Darstellung.

Im nächsten Schritt, auf der Ebene 0, wird dann das System nach Innen auf jene
Hauptprozesse und Hauptkomponenten hin analysiert, die bereits mit Blick auf
den Kontext betrachtet worden sind und die Leistungen des Systems generieren
(Abbildung 2). Im Beispiel sind für das System EVENT die Teilprozesse MANA-
GEN, UNTERSTÜTZEN, SOZIALISIEREN, VER-/ENTSORGEN und EIN-/
AUSLASSEN modelliert.

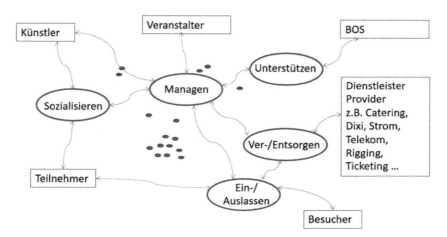

**Abbildung 2**   Essentielle Prozesse der Event-Durchführung (Ebene 0). Quelle: Eigene Darstellung.

Den Anforderungen an die Modellierung gemäß kann das System in weiteren Schritten bzw. auf weiteren Ebenen mehrstufig immer detaillierter analysiert werden. Dabei entsteht für jeden Prozess bzw. jedes Ereignis auf der höheren Ebene (z. B. Ebene 0) ein neues Ereignis-Reaktions-Diagramm auf der nächst niedrigeren Ebene (z. B. Ebene 1), usf.

## Makro-Prozesse: Veranstaltungsphasen

Betrachtet man Großveranstaltungen als temporale Systeme (mit definierter Dauer, Anfang und Ende) und unter dem Aspekt ihrer zeitlichen Strukturen, so lassen sich im Ablauf des gesamten Veranstaltungs-Geschehens verschiedene Prozess-Abschnitte oder Phasen nach den jeweils dominanten kollaborativen Handlungszielen, Interessenlagen oder Aufgaben der beteiligten Akteure unterscheiden, nämlich:

1. Ideenphase
2. Planungsphase
3. Umsetzungsphase
4. Durchführungsphase:
     4a Vorbereitungsphase
     4b Anreisephase
     4c Eventphase

4d Abreisephase
4e Abbau-/Beendigungsphase
5.   Nachbereitungsphase

Um dieses komplexe Veranstaltungsgeschehen in seinem Ablauf und seinen
einzelnen Phasen systematisch für das Sicherheitsmanagement erschließen zu
können, bedarf es eines analytischen Zugangs, der diese Komplexität zugleich empirisch adäquat abbilden, in kognitiv handhabbarer Form verfügbar und für Inter-
ventionen in das Geschehen zugänglich machen kann.

### Mehrebenenanalyse – Mehrebenensystem

Dieses Vorgehen führt nun zu einer Art *Mehrebenenanalyse*, wie sie aus der
systemtheoretischen Diskussion um das Dauerproblem der angemessenen Untersu-
chungs- und Darstellungsebenen zwischen den Vertretern handlungs- und system-
theoretischer Ansätze bekannt ist. In diesem systemanalytischen Mehrebenen-An-
satz (Abbildung 3), der z.B. die MAKRO-Ebene (des Gesamtgeschehens in seinen
Abschnitten), die MESO-Ebene der essentiellen Prozesse und MIKRO-Ebene (der
Teilprozesse essentieller Prozesse) unterscheidet, wird das Problem der „richtigen"
Analyseebene ganz einfach dadurch aufgelöst, dass die jeweils höheren Ebenen
in die jeweils tieferen hinein detailliert werden können. Umgekehrt liegt also im
Übergang zu den höheren Ebenen eine synthetische (oder generative) Beziehung.
Die Wahl der Analyseebene ist dementsprechend eine Wahl von Beobachtungs-,
Abstraktions- oder Aggregationsebenen und nicht in erster Linie eine Frage der
„Systemnatur".

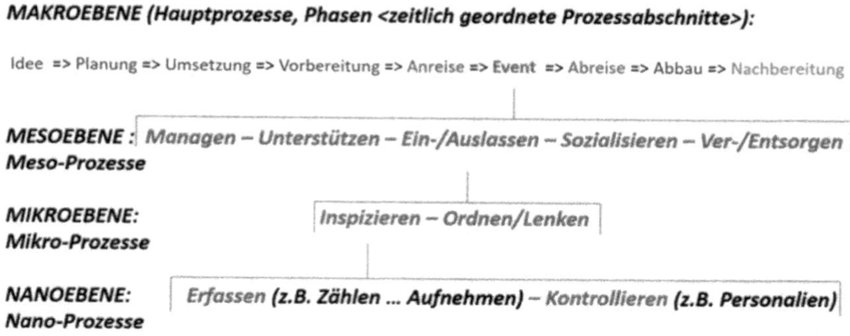

**MAKROEBENE (Hauptprozesse, Phasen <zeitlich geordnete Prozessabschnitte>):**

Idee => Planung => Umsetzung => Vorbereitung => Anreise => Event  => Abreise => Abbau => Nachbereitung

**MESOEBENE :** *Managen – Unterstützen – Ein-/Auslassen – Sozialisieren – Ver-/Entsorgen*
**Meso-Prozesse**

**MIKROEBENE:**                    *Inspizieren – Ordnen/Lenken*
**Mikro-Prozesse**

**NANOEBENE:**   *Erfassen (z.B. Zählen ... Aufnehmen) – Kontrollieren (z.B. Personalien)*
**Nano-Prozesse**

**Abbildung 3**   Kompositorische Beziehung der Analyse-Ebenen und zugeordneten Prozesse. Quelle: Eigene Darstellung.

# 10    Vernetztes Denken und systemisches Management

Auch die St. Gallener Arbeiten zum *vernetzten* und *ganzheitlichen Denken* und zum *Systemischen Management* können als außerordentlich produktiv für die Systemanalyse gelten (z. B. Ulrich und Probst 1990; Probst und Gomez 1984). Sie sind methodisch reflektiert, leicht verständlich und, weil direkt auf die Unternehmenspraxis bezogen, sehr anschaulich. Gegenüber den verbreiteten betriebswirtschaftlichen systemanalytischen Ansätzen nehmen sie systemtheoretische Arbeiten der Kybernetik Zweiter Ordnung (z. B. Maturana 1982; Glasersfeld 1981; Watzlawick 1981) und Ansätze aus der ökologischen Systemforschung, -modellierung und -simulation auf (z. B. Vester 1980; Vester und Hesler 1980; Dörner 1989).

Gilbert Probst und Peter Gomez (1984) geben die folgenden methodischen Hinweise zum Vorgehen im Rahmen des vernetzten Denkens:

1. „Beachte den Standpunkt des Beobachters bei der Abgrenzung eines Systems. Versuche, verschiedene Systemabgrenzungen vorzunehmen. Beachte das System als Teil eines größeren Ganzen" (ebd.: 180).
2. „Versuche, sowohl die Vielzahl der Teile als auch der Beziehungen und damit die Dynamik zu erfassen. Löse das System auf, ohne das Ganze aus den Augen zu verlieren. Analysiere und handle immer im Bewusstsein einer bestimmten Systemebene" (ebd.: 183).
3. „Beachte die Art der Interdependenzen, die Bedeutung der Wechselwirkungsbeziehungen und die zeitlichen Abläufe eines Systems. Beachte die Zirkularitäten über mehrere miteinander verbundene Teile. Zerschneide keine Zirkularitäten. Suche nach Wirkungen, Mehrfachwirkungen, Schwellenwerten, Umkippeffekten, möglichen exponentiellen Entwicklungen usw. im Netzwerk" (ebd.: 186).
4. „Beachte Strukturen formeller und informeller Art, Regeln im weitesten Sinne, die das Verhalten eines Systems lenken. Suche Informationen und Informationsmöglichkeiten, die für die Lenkung zentral sind. Entwickle ein Lenkungsmodell für die vorliegende Problemsituation" (ebd.: 190).

Diese Empfehlungen bringen Kontexte, Wechselwirkungszusammenhänge, Details der Interaktionsdynamik, mögliche Abhängigkeiten unter den Komponenten, Stärken, Intensitäten und Zeitverhältnisse sowie schließlich die Prinzipien des Funktionierens ganzer Systeme (und somit auch die Prinzipien der Generierung von Problemen oder kontraproduktiven ‚Lösungen') in den Blick. Auch im Rahmen dieses Ansatzes sind interaktive, graphikorientierte Softwaretools entwickelt worden zur Unterstützung der Modellkonstruktion und zur Simulation (z.B. die Sensitivitätsanalyse oder das Programm Gamma).[28]

## 11    Risiken, Krisen, Schadenslagen – Systemische und prozessuale Kritikalität

Auf organisationaler Ebene, d.h. auf der Meso-Ebene soziotechnischer Systeme zeigt sich die Güte des organisationalen Prozessierens in seiner Effektivität, also der Ziel- bzw. Zwecktreue (Validität) und Prozesstreue (Reliabilität) sowie der Effizienz, z.B. der Flüssigkeit (Fluidität) und Fortsetzbarkeit (Kontinuität), der Reibungslosigkeit der Abläufe, dem günstigen Verhältnis von Aufwand und Kosten (Effizienz) usw.

Wieder entsteht *Sicherheit* (hier im Sinne von Security und Safety) für die betrieblichen Ereignis-Reaktions-Modelle (Robertson und Robertson) bzw. Ereignis-Systeme (Ruegg-Stürm) und Prozessketten (z.B. in der Just-in-Time-Logistik) aus der dynamischen Stabilität und der Zuverlässigkeit, mit der die einzelnen Prozesse bestimmten Output generieren und das Gesamtsystem aus dem Zusammenspiel der Teilprozesse seine Leistungen erbringt. Diese Leistungen beschreiben sozusagen die System- oder *Prozess-Mächtigkeit* der Organisation, in der sich auch so etwas wie die *Prozess-Beherrschung* und schließlich so etwas wie *Organisations-Gewissheit* artikulieren, alles Ausdruck der System- oder Organisationsgüte, Ausdruck einer *organisationalen Kompetenz*, also eines organisationalen und systemischen *Know Hows*, das im Handeln des Managements und der Mitarbeiter verkörpert wird. Fluidität und Prozess-Kontinuität (Business Continuity) sind deshalb Ausdruck organisationaler Sicherheit. Deshalb stellt sie auch einen wesentlichen Faktor im Qualitätsmanagement und eine wesentliche Bedingung für Vertragsfähigkeit und Vertragstreue dar.

Und wieder entsteht Unsicherheit aus allen möglichen Irritationen der Organisationsdynamik. Dass Prozess-Sicherheit (Safety) – wie im sozialen Feld durch Konventionalisierung – im technologischen Bereich durch Standardisierung und Normung gefördert wird, liefert nur eine zusätzliche Bestätigung.

### Destabilisierungen des Veranstaltungsgeschehens
An welche Arten von Irritationen im Ablauf von Prozessen (seien es Handlungen, Interaktionen in Gruppen oder technische Dynamiken) wäre zu denken? Die fol-

---

28    Vgl. für die Sensitivitätsanalyse: Vester 2000 und http://www.frederic-vester.de; für das Software-Tool GAMMA siehe http://www.unicon.de

gende Liste ist nicht vollständig, gibt aber einen Eindruck davon, welche *Formen von Störungen* des Operierens als Quellen von Unsicherheit zu bedenken sind. Unter den möglichen Ursachen solcher Störungen ist stets ein *Mangel* an Ressourcen für die Fortsetzung von Handlungen oder die Aufrechterhaltung von Prozessen anzusetzen, ein Mangel, der seinerseits wiederum endogene oder exogene Ursachen oder Anlässe haben kann.

### *Behinderungen* der Erreichung von Zielen (Verzögerung, Erhöhung von Aufwand)

Die Handlungsausführung wird in diesem Fall ohne Unterbrechung fortgesetzt, jedoch erhöhen sich Dauer, Wegstrecken, Energieaufwände, etc. Dies ist z. B. der Fall bei Umleitungen in Verkehrsführungen oder bei der Reduzierung von Fortbewegungsgeschwindigkeiten durch hohe Personen- oder Fahrzeugdichten, aber auch bei Ablenkungen der Aufmerksamkeit für laufendes Geschehen, bei Erschwernissen der Handlungsausführung etwa durch Widerstände (wie z. B. Gegenwind, Lärm, Protest usw.). Im Veranstaltungsgeschehen kommt es sehr häufig und regelmäßig zu solchen Behinderungen, z. B. an Zufahrten zum Veranstaltungsgelände, an Einlässen durch Vereinzelung der Teilnehmer und Ticket- oder Einlassband-Kontrolle, an Ver- und Entsorgungspunkten wie Imbiss-Ständen, Toiletten, Duschen etc. Oft gehen solche Behinderungen aber auch in Stockungen und Staus über, wenn in großer Zahl nachdrängende Besucher die Abfertigungskapazitäten überfordern.

### *Stocken* von Operationen (vorübergehender Ausfall von Teilprozessen, Unterbrechung, Pause (d.h. es kommt zu Wiederaufnahme bzw. Fortsetzung))

Die Ausführung einer Handlung, der Ablauf eines Prozesses gerät ins Stocken, wenn es zu einer (wie auch immer kurzen, aber auch nicht überlangen) Unterbrechung kommt. Der Vortrag eines Künstlers stockt, wenn dieser z. B. seinen Text vergessen hat und so eine „Kunstpause" entsteht; der Einlass von Besuchern stockt, wenn Ordnungspersonal (Kontrolleur) ausgewechselt werden muss oder die Anzahl der Besucher für die Einlasskapazitäten schlicht zu groß ist; der Anreiseverkehr stockt, wenn die Verkehrsdichte zu hoch ist, sich ein Unfall ereignet oder wenn es aus anderen Gründen (z. B. Gaffen) zu Stop & Go oder zum Stau kommt. Im Bereich von Einlässen stellen Stockungen und Staus eine notorische und spezifische Herausforderung für das *Management von Warteschlangen* und das *Crowd Management* dar, weil sowohl dem Zustandekommen kritischer Personendichten als auch der Entstehung von Frust oder Ärger bei den Besuchern wirksam zu begegnen ist.

*Versagen* von Kompetenzen, Leistungen (Aus- bzw. Unterbleiben von Leistung, Abbruch)

Bleiben Leistungen vollständig (und nicht nur kurzzeitig oder vorübergehend) aus, die zuvor bereits schon erbracht wurden bzw. im Prinzip erbracht werden können, so spricht man von Versagen (bei Menschen oder Materialien) oder Ausfall (z. B. bei Defekten technischer Geräte oder Infratstukturen). Verweigert ein Künstler den Auftritt, oder verlässt den Künstler komplett die Erinnerung an die nächsten Zeilen des vorzutragenden Songs, bricht das Programm oder der Vortrag an der Stelle zunächst einmal ab. Gelangen Versorgungsgüter (z. b. Getränke) nicht in die Verkaufsstellen, kommt zunächst das Geschäft des Händlers zum Erliegen, wenngleich kurzfristig mit der Folge von Nachfrageverlagerungen zu anderen Anbietern. Bricht die Stromversorgung zusammen, kommt das betroffene Geschehen zum Stillstand. Ersichtlich sind die Gründe oder Ursachen für ein Versagen höchst unterschiedlich. Dementsprechend differenziert müssen auch die *Präventionsmaßnahmen* und das *Krisenmanagement* erfolgen. Während dem technischen Versagen von Geräten und Infrastrukturen durch Redundanz von Systemen und die Bereithaltung von Rückfallebenen begegnet werden kann, verlangt menschliches Versagen fallweise nach Ersatzpersonal, Änderungen von Programmabläufen oder Einsatzplänen oder – wenn es die Zeit erlaubt – nach einer Art Reset mit Neubeginn und Wiederholung. Als Sonderfall könnte an dieser Stelle noch das Versagen von Personal infolge unzureichender Qualifikation oder Erfahrung angeführt werden. Damit gehen als spezieller Fall von Versagen, der allerdings meistens völlig neue Verhältnisse schafft, auch Fehler einher, die. z. B. als Fehleinschätzungen, Fehlentscheidungen und Fehlhandlungen auftreten.

*Fehler* (situativ, zeitlich oder operativ unpassende, falsche Leistung, Fehlleistung)

Wird in einem situativen bzw. prozessualen Kontext eine Leistung z. B. nur unvollständig (d.h. es fehlt mindestens irgendein Prozesselement) erbracht oder werden von den in diesem Zusammenhang bekanntermaßen erfolgreichen und üblichen Leistungen abweichende Leistungen erbracht, so bleibt der Erfolg stets aus, wenn die Leistungsäquivalenz der Handlungen oder Prozesse nicht gegeben ist. In diesen Fällen spricht man von Fehlern. Ein Fehler ist also eine (1) im jeweiligen Kontext (2) mit Blick auf das erwartete Ergebnis/Resultat und (3) im Vergleich mit erfolgreichen Lösungen nicht äquivalente Leistung. In diesem Sinne werden Fehler buchstäblich gemacht. Im technischen Bereich treten Fehler als Fehl- oder Dysfunktionen von Geräten oder Bugs von Software mit der Folge von Schäden an Maschinen oder Hardware und Fehlleistungen von Programmen auf, so z. B. auch als Fehlalarm in automatisierten Kontroll- und Überwachungssystemen. Im

Bereich der personalen und organisationalen Akteure im Veranstaltungsgeschehen zeigen sich Fehler als Fehlbeträge in der Kasse, als Irrtümer oder Fehlannahmen und dementsprechende Fehlbeurteilungen, Falschaussagen oder Falschmeldungen, wenn man von vorsätzlichen oder fahrlässigen Täuschungen einmal absieht. Eine besondere Rolle spielen hier aber vor allem Fehlentscheidungen, und zwar bereits in der Planung und Umsetzung (z. B. Fehlplanung, Fehlorganisation), und dann wiederum bzw. weiterhin im Krisenmanagement und in der Krisenkommunikation.

*Verminderung* von Möglichkeiten (Blockade einzelner Operationen, Zwang zum Ausweichen, Zwang zu Alternativoperationen)
Die Verringerung von Handlungsoptionen (i.S. zielführender Alternativen zu den gewöhnlichen oder präferierten Lösungen) tritt in krisenhaften oder katastrophisch eskalierenden Lagen als Erfahrung zunehmender Ausweglosigkeit oder des in der Situation Gefangen-Seins in Erscheinung. Analog kann dies auch als Verknappung von Ressourcen (Zeit, Fluchtwege, Wissen über Gegenmaßnahmen etc.) bzw. als fortschreitende Verminderung der Ressourcenverfügbarkeit diskutiert werden.

In der Regel führen bereits endogene Irritationen wie Versagen, Ausfälle oder Fehler vor allem dann zu einer Verringerung von Handlungsoptionen, wenn für solche Fälle keine Vorsorge (z. B. in Gestalt von Krisen- oder Notfallplanungen) getroffen wurde, wenn es keinen Plan B gibt. Die Akteure werden durch solche Ereignisse nämlich in Zugzwang gebracht, ergänzend zu allen eventuell weiterlaufenden Prozessen als erstes und schnell die entsprechenden Kompensationen, Korrekturen oder Reparaturen vorzunehmen. Dann fehlen die Zeit für längeres Nachdenken und Entwickeln der bestmöglichen Reaktion, der Raum für Ausweichmanöver oder Evakuierungen, Gelegenheiten für die instantane Beschaffung von Ersatzmaterialien und Werkzeugen, Wissen über Hilfsmaßnahmen, Ad-hoc-Lösungen oder Kontakte zu kompetenten Beratern.

Exogene Ursachen für die Verringerung von Handlungsmöglichkeiten sind z. B. von Unwetterlagen, Erbeben, Großfeuern oder plötzlichen situativen Veränderungen im Straßenverkehr oder in großen Menschenmengen (z. B. spontane Fluchtreaktionen nach Schreck-Ereignissen, Crowd Quakes) hinlänglich bekannt. In derartigen Situationen sind Bewegungsmöglichkeiten physisch bereits stark eingeschränkt, stehen bestimmte oder gar alle Fluchtwege oder Fluchtrichtungen nicht mehr offen, stehen bekannte Hilfsmittel (Fahrzeuge, Schutzeinrichtungen, etc.) schon nicht mehr zur Verfügung, während der aktuelle Aufenthaltsort zugleich als höchst unsicher erscheint und sich das Handeln in derart eskalierenden Lagen schließlich mehr und mehr auf die bloße Erhaltung körperlicher Unversehrtheit bzw. das Überleben richtet. Die auf YouTube verfügbaren Videodokumente des Pukkelpop Festivals 2011, das von einem schweren Unwetter heimgesucht wurde,

vermitteln einen lebendigen Eindruck dazu. Für Großveranstaltungen bedeuten
solche Ereignisse mindestens eine Unterbrechung, abhängig von der Schwere der
Schäden und der Dauer ihrer Kompensation aber auch den Abbruch.

*Verunmöglichung von Operationen* (Blockade jeder physischen Operation;
zeitlich, räumlich, situativ und operativ nahezu maximale Beschränkung[29],
Ohnmacht i.S.v. Verlust jeglicher Handlungsmacht, völlige Alternativlosigkeit,
Zwang zur Schicksalsergebenheit)
Eine solche ultimative Zwangslage kann veranschaulicht werden am extremen
Beispiel von Verletzten oder Verschütteten, deren Lage keine Körperbewegung
mehr zulässt, oder mit Blick auf die Situation von Erdbeben-Opfern, deren ganze
Welt in einem Moment in Schutt und Asche fällt. Auch die Lage der von starken
Tsunamis Betroffenen, die angesichts der auf sie zurollenden Flutwelle ihre ver-
zweifelte Lage realisieren, kann als Beispiel solcher Ohnmacht gelten.
   Sind Großveranstaltungen flächendeckend von derart extremen Naturereig-
nissen betroffen, bedeutet das immer den Abbruch, weil dann auch mit einem
Massenanfall von Verletzten und dem Zusammenbruch der Versorgungsinfrastrukturen zu rechnen sein wird. Weniger extrem können sich großflächige Strom-
ausfälle auswirken, wenn die Versorgung kurzfristig bzw. in angemessenem Zeitraum wiederhergestellt werden kann. Dann kann eine zeitweise Unterbrechung bis
zur Wiederversorgung sinnvoll sein; eventuell können essentielle Leistungen sogar
durch Notstromversorgung aufrechterhalten werden. Ist aufgrund endogener Ursachen lokal und kleinräumig auf dem Festivalgelände nur ein bestimmter Bereich,
nur eine von mehreren Bühnen, ein Campingareal, ein Parkplatz oder ein von einer
extremen Irritation betroffen, können die Verhältnisse für die dort anwesenden
Personen in höchstem Maße bedrohlich und katastrophisch sein, während der Betrieb auf dem restlichen Festivalgelände noch normal läuft (man denke z.B. an
die Love Parade 2010 in Duisburg). Die Veranstaltungsleitung hat dann – in Abstimmung mit den BOS und abhängig von der Schadenslage und ihren möglichen
weiteren Folgen – zu entscheiden, ob die Lage lokal beherrscht werden kann oder
ob die möglichen Auswirkungen auf die ganze Veranstaltung eine Unterrechnung
oder sogar den Abbruch verlangen.

---

29   Die maximale Beschränkung entspricht dann der letalen System-Dissoziation.

# 12    Störung, Krise, Katastrophe

*Arten und Ausmaße solcher Irritationen* von laufenden oder geplanten Handlungsvollzügen (Mikroebene), organisationalen und überorganisationalen Prozessen und Operationen (Meso- und Makroebene) werden nun auch bestimmbar als *Belastungen* oder *Stressoren des sozio-technischen Systems Großveranstaltung.* Ihr Impact, gemessen in Schwere und Charakteristik ihres Auftretens, vor allem aber gemessen in den Begriffen ihrer Folgen (Wirkungen) für das weitere Operieren oder Prozessieren des Systems bzw. mit Blick auf das nachfolgende Gesamtgeschehen wird dann beschreibbar als *systemische Belastungsreaktion.* An dieser Stelle ist bereits absehbar, wohin das Ganze – katastrophentheoretisch gewendet – führt:

Abhängig von *Intensitäten, Reichweiten* oder *Systemtiefen* und abhängig von der *Art solcher Belastungen* (z.b. spezifischen Betroffenheiten) können Störungen[30], Krisen oder Katastrophen als unterschiedlich schwerwiegende (d.h. unterschiedlich tiefgreifende, energieaufwändige, kostspielige oder ressourcenbedürftige) systemische Belastungsreaktionen verstanden werden. Dabei ist es zunächst völlig gleichgültig, welche Art von Ereignis (z.b. Naturereignis, technisches Versagen, politisches Versagen) die Belastung hervorgerufen hat. Entscheidend ist, dass es allein vom System abhängt, ob und in welcher Weise es betroffen werden kann. Und es ist gerade diese systemspezifische Betroffenheit (oder auch Verletzlichkeit, neudeutsch: Vulnerabilität), die nach Art und Schwere – für das System – zum Problem werden kann. M.a.W.: nicht Unwetter sind Katastrophen, sondern die Belastungen (Verletzungen, Zerstörungen, Zusammenbrüche des gewohnten und erwarteten Ablaufs), in deren vielen Gestalten und Begriffen Menschen, Unternehmen und Organisationen das Geschehen erleben und erleiden.

Hier trifft sich die Argumentation mit der grundlegenden Einsicht der Kieler Katastrophensoziologie, dass Katastrophen immer persönliche und soziale Ausnahmezustände, stets Formen des Verlustes von „Seinsgewissheiten" (Giddens 1991: 35) oder Fälle „krassen sozialen Wandels" (vgl. Clausen 1994) sind. Die Logik dieses Ansatzes führt weiter zu den Fragen der *Belastbarkeits-* und *Irritationstoleranz,* der Empfindlichkeit und Anfälligkeit, der Verletzlichkeit oder Zerstörbarkeit von Systemen. Wieder sind auch diese Eigenschaften abhängig

---

30    Mit dem Begriff der „Störung" verhält es sich ganz genauso wie mit dem Begriff des „Reizes": das bezeichnete Ereignis oder Phänomen tritt stets und ausschließlich als Zustandsveränderung des betroffenen Systems auf. Was überhaupt ein Reiz ist, kann daher nur mit Blick die Sensitivität eines Systems festgestellt werden. Entsprechend kann von einer Störung nur mit Blick auf das Operieren, also die Dynamik und Operationsweise eines Systems gesprochen werden.

vom *Systemtyp* und von den jeweiligen *spezifischen Systemeigenschaften* zum Zeitpunkt des Eintritts und für die Dauer der Belastung. Weiterhin ist zu überlegen, wie die Vulnerabilität gemindert und die Resilienz jedes einzelnen Veranstaltungs-Systems gestärkt werden kann.

Dazu ist die Irritierbarkeit oder Verletzlichkeit des Systems auf jeder Analyseebene zu betrachten. Jede einzelne Systemkomponente, jeder Prozess zusammen mit seinen Akteuren und technischen Komponenten sind zu untersuchen sowie ihr jeweiliges spezifisches Potenzial für Resilienzsteigerungen. Entlang der bereits genannten Ressourcendimensionen ist hier zu denken z.B. an die Anpassung und Entwicklung von Wissen und Kompetenzen für alle in der Vulnerabilitätsanalyse erkannten Gefahren und unter Einbeziehung aller Akteursgruppen, an flexible und elastische Organisationsformen, präventive und präparative Maßnahmen zur Verbesserung der sozialen und technischen *Robustheit*. Aus der Abwägung der systemischen und prozessualen Stärken und Schwächen kann dann ein Konzept der Irritations-*Bewältigungskapazität* als desjenigen Vermögens gewonnen werden, Belastungen *standzuhalten* (Belastungstoleranz) bzw. diese zu *kompensieren* (Belastungsmanagement), bevor sie kritisch oder katastrophisch werden.

Im Lichte dieser Überlegungen ist Veranstaltungssicherheit dann nicht in erster Linie eine Frage des Ordnungsdienstes, des vorbeugenden Brandschutzes, des Sanitätsdienstes oder der Beteiligung von BOS (mit Genehmigungsverfahren, Sicherheitskonzept, etc.), sondern zentral eine Frage nach den Bedingungen und Möglichkeiten der Aufrechterhaltung des Veranstaltungsgeschehens unter allen Bedingungen, also die Frage nach der *System-Kontinuität* und dem *Kontinuitätsmanagement*.

## 13    Ein Festival-Prozess-Modell

Im Rahmen des BMBF-Forschungsprojektes BaSiGo wurde orientiert an der vollständigen Systemanalyse ein Festival-Prozess-Modell entwickelt, das jedoch in seiner derzeitigen Form bei weitem noch nicht vollständig ist. Wir wollen die Handlungszusammenhänge in den einzelnen Phasen und die jeweils essentiellen Prozesse als soziale, teils professionalisierte sozio-technische Praktiken im oben erläuterten Sinne begreifen.

Die folgende Liste verzeichnet die analysierten Makro-, Meso- und Mikro-Prozesse.

1    Ideenphase
1.1    Idee kreieren
1.2    Konzept entwickeln
    1.2.1    Markenidentität entwerfen
    1.2.2    Businessplan erstellen
        1.2.2.1    Marketing planen
        1.2.2.2    Finanzierung planen
        1.2.2.3    Ressourcenbedarf planen (Personal, Dienstleister, Infrastruktur)
1.3    Grobkonzept (Veranstaltung, Sicherheit, Verkehr) erstellen
1.4    Konzeptentwicklung unterstützen (BOS)
2    Planungsphase
2.1    Veranstaltungsgenehmigung beantragen
    2.1.1    Antrag einreichen
    2.1.2    Antrag nachbessern
    2.1.3    Sicherheits- und Verkehrskonzept erstellen
    2.1.4    Sicherheits- und Verkehrskonzept einreichen
    2.1.5    Sicherheits- und Verkehrskonzept nachbessern
2.2    Antrag prüfen (AGS, Koordinierungskreis)
    2.2.1    BOS beteiligen (interorganisational kooperieren)
    2.2.2    Sicherheits- und Verkehrskonzept prüfen
    2.2.3    Auflagen prüfen
    2.2.4    Bescheid erstellen (Aussicht auf Genehmigung)
3    Umsetzungsphase (hier nicht expliziert)
4    Durchführungsphase:
4.1    Vorbereitungsphase
    4.1.1    Vorbereiten
        4.1.1.1    Infrastruktur aufbauen
        4.1.1.2    Marketingmaßnahmen durchführen
        4.1.1.3    Programm finalisieren
        4.1.1.4    Anbieten und verkaufen (Tickets)
        4.1.1.5    Interorganisational kooperieren
    4.1.2    Vorbereitung managen
        4.1.2.1    Personal managen
        4.1.2.2    Dienstleister akquirieren (Ver- und Entsorger, Künstler, etc.)
        4.1.2.3    Markenidentität managen (Besucher ansprechen)
        4.1.2.4    Qualität managen

4.3.2.5    Finanzen managen
        4.3.2.5.1 Kostenplan anpassen
        4.3.2.5.2 Liquidität feststellen
        4.3.2.5.3 Konten führen
        4.3.2.5.4 Barkasse führen
        4.3.2.5.5 Forderungen bedienen
        4.3.2.5.6 Offene Posten mahnen

4.3.2.6    Aufrechterhalten von Veranstaltungsordnung (Ordnungsdienst, Brandsicherheitswache, Sanitätsdienst, Lotsendienst, Dienstleister)
        4.3.2.6.1 bereithalten
        4.3.2.6.2 sichern
        4.3.2.6.3 Präsenz zeigen
        4.3.2.6.4 taktisch kommunizieren
        4.3.2.6.5 eingreifen
        4.3.2.6.6 überwachen
        4.3.2.6.7 interorganisational kooperieren
        4.3.2.6.8 Lage konstruieren

4.3.3    4c 3. Ver-/Entsorgen (Veranstalter, Dienstleister)

4.3.3.1    Anbieten (Nahrung, Infrastruktur (Hygiene-, Kommunikation-, Strom-, Wasser), Dienstleistungen, (Ticketing))
        4.3.3.1.1 verkaufen
        4.3.3.1.2 vermieten
        4.3.3.1.3 bereitstellen
        4.3.3.1.4 werben

4.3.3.2    Nachfragen (Teilnehmer, Dienstleistungen, (Ticketing))
        4.3.3.2.1 kaufen
        4.3.3.2.2 mieten
        4.3.3.2.3 benutzen

4.3.3.3    4c 3.3 Aufrechterhalten von Service Levels (der Benutzbarkeit von Infrastruktur, Rigging)
        4.3.3.3.1 warten
        4.3.3.3.2 reinigen
        4.3.3.3.3 prüfen
        4.3.3.3.4 anpassen

4.3.3.3.5 beschaffen
4.3.3.4 Assistieren (Management-Lotsen)
    4.3.3.4.1 bereithalten
    4.3.3.4.2 transportieren
    4.3.3.4.3 empfehlen
    4.3.3.4.4 vermitteln
    4.3.3.4.5 lotsen
    4.3.3.4.6 sichern
    4.3.3.4.7 überwachen
4.3.4 Sozialisieren
  4.3.4.1 Darbieten
    4.3.4.1.1 performieren
    4.3.4.1.2. moderieren
  4.3.4.2 Rezipieren
    4.3.4.2.1 situationserleben
    4.3.4.2.2 publikumserleben
    4.3.4.2.3 selbsterleben
  4.3.4.3 Feiern
    4.3.4.3.1 sich verpflegen
    4.3.4.3.2 (harte und weiche) Drogen konsumieren
    4.3.4.3.3 kleiden
    4.3.4.3.4 kommunizieren
    4.3.4.3.5 übernachten
    4.3.4.3.6 tanzen
    4.3.4.3.7 befriedigen hygienischer Bedürfnisse
  4.3.4.4 Helfen
    4.3.4.4.1 Ausleihen
    4.3.4.4.2 Nachrichten übermitteln
    4.3.4.4.3 beistehen
    4.3.4.4.4 melden
4.3.5 Ein-/Auslassen (Eingang/Ausgang)
  4.3.5.1 Inspizieren
    4.3.5.1.1 kontrollieren
    4.3.5.1.2 erfassen
  4.3.5.2 Ordnen
    4.3.5.2.1 Zugang steuern
    4.3.5.2.2 anweisen

Mit einem solchen Prozess-Modell wird es nun möglich, den ressourcenbasierten systemischen Ansatz zum Grundverständnis von Großveranstaltungen als temporalen sozio-technischen Systemen, wie er in der Definition des Begriffs zum Ausdruck kommt, bis hinab auf die Ebene der hier spezifizierten Mirko- und Nano-Prozesse zu operationalisieren. Auf Basis eines ebenfalls ressourcenbasierten systemischen Katastrophenbegriffs (vgl. Rusch 2015a) kann und muss nun für jeden Prozess auf jeder der analysierten Ebenen nach der Ressourcenverfügbarkeit, den Bedingungen und Möglichkeiten ihrer Sicherung oder ihrer potenziellen Kritikalität gefragt werden.

Zugleich werden die einzelnen Prozesse dabei z.B. unter dem Aspekt ihrer kommunikativen/medialen Komponenten analysierbar. Man kann dann nicht nur fragen, welche Kommunikationsleistungen bzw. welcher Medieneinsatz für diesen Prozess empirisch festgestellt, also bei konkreten Festival-Veranstaltungen beobachtet werden kann, sondern auch danach, wie dieser Prozess durch (weitere, andere, veränderte) Kommunikationsleistungen funktional unterstützt, seine Effektivität im Prozess-Netzwerk verbessert oder seine Effizienz gesteigert werden kann. Damit ist nun auch als eine Aufgabe zukünftiger Forschung und Entwicklung in diesem Feld die genauere prozess- und systemanalytische Modellierung von Großveranstaltungen beschrieben, die als wesentliche Voraussetzung für die Entwicklung leistungsfähiger Organisations-, Management- und Business Intelligence Tools zu gelten hat. Für die Veranstaltungssicherheit dürfen von solchen Instrumenten in den Händen der Veranstalter und der BOS substanzielle Verbesserungen erwartet werden.

# Literaturverzeichnis

Angyal, Andreas 1978. "A Logic of Systems" In: Emery, F.E. (Ed.), *Systems Thinking*. Harmondsworth: Penguin, 17–29.

Bühl, Walter L. 1990. *Sozialer Wandel im Ungleichgewicht*, Stuttgart: Enke.

Bundesamt für Bevölkerungsschutz und Katastrophenhilfe BBK. 2016. *Bausteine für die Sicherheit von Großveranstaltungen* Bd. 1 u. 2. Band 17. Praxis im Bevölkerungsschutz. Bonn: BBK  http://www.bbk.bund.de/SharedDocs/Downloads/BBK/DE/Publikationen/ Praxis_Bevoelkerungsschutz/Band_17_Praxis_BS_Sicherheit_Grossveranstaltungen. pdf;jsessionid=9CE73961D43888B259EAC19301BA076F.1_cid320?__blob=publicationFile (18.05.2017)

Clausen, Lars 1994. Krasser sozialer *Wandel*. Opladen: Leske + Budrich

Council on Environmental Quality & US Foreign Ministry (Eds.) 1980. Global 2000 Report to the President. Washington D.C. (Dtsch. Fass. 1980. hg.v. R.Kaiser, Frankfurt/M. Zweitausendundeins.)

Dörner, Dietrich 1989. *Die Logik des Misslingens*. Strategisches Denken in komplexen Situationen. Reinbek B. Hamburg: Rowohlt.

Gebhardt, Winfried et al. Hrsg 2000. *Events. Soziologie des Außergewöhnlichen*. Opladen: Leske & Budrich

Giddens, Anthony 1991. *Modernity and Self-Identity*. Stanford, CA: Stanford University Press.

Glasersfeld, Ernst v. 1981. „Einführung in den Konstruktivismus" In: Watzlawick, P. (Hg.), *Die erfundene Wirklichkeit. Wie wissen wir, was wir zu wissen glauben?* Beiträge zum Konstruktivismus. München: Piper, 16–38

Groneberg, Christoph & Rusch, Gebhard (HG.) 2015. *Sicherheitskommunikation. Perspektiven aus Theorie und Praxis*. Münster: LIT., 299- 322.

Harbordt, Steffen 1974. *Computersimulation in den Sozialwissenschaften*. 2 Bde. Reinbek b. Hamburg: Rowohlt

Hayek, Friedrich A. v. 1969. Freiburger Studien. Tübingen: J.C.B. Mohr (Paul Siebeck)

Hitzler, Ronald 2000. „Ein bißchen Spaß muß sein! Zur Konstruktion kultureller Erlebniswelten." In: Gebhardt, Winfried et al. Hrsg.: Events. *Soziologie des Außergewöhnlichen*. Opladen: Leske & Budrich, S. 401–412.

Kirchner, Babette 2011. *Eventgemeinschaften. Das Fusion Festival und seine Besucher*. Opladen: VS

Krotz, Friedrich 2001. *Die Mediatisierung des kommunikativen Handelns*. Der Wandel von Alltag und sozialen Beziehungen, Kultur und Gesellschaft durch die Medien. Opladen: Westdeutscher Verlag.

Luhmann, Nikals 1984. *Soziale Systeme. Grundriß einer allgemeinen Theorie*. Frankfurt am Main: Suhrkamp

Maturana, Humberto R. 1977. *Biologie der Kognition*. Paderborn: FEoLL

Maturana, Humberto R. 1982. *Erkennen: Die Organisation und Verkörperung von Wirklichkeit*. Braunschweig, Wiesbaden: Vieweg

Meadows, Dennis L. et al 1972. *Die Grenzen des Wachstums*. Stuttgart: DVA

Miller, George A. 1956. „The Magical Number Seven, Plus or Minus Two: Somne Limits on Our Capacity for Processing Information". In: Psychological Reviw 63, 81 – 97

Ministerium für Inneres und Kommunales Nordrhein-Westfalen 2017. *Sicherheit von Großveranstaltungen im Freien. Orientierungsrahmen für die kommunale Planung, Genehmigung, Durchführung und Nachbereitung.* Düsseldorf: O.J. http://www.mik.nrw.de/fileadmin/user_upload/Redakteure/Dokumente/Themen_und_Aufgaben/Schutz_und_Sicherheit/sicherheitgrossveranstaltungen/Orientierungsrahmen_Druckversion.pdf (18.05.2017)

Probst, Gilbert J.B. & Peter Gomez 1984. „Systemdenken im Management" In: *Schweizerische Zeitschrift für kaufmännisches Bildungswesen,* 6, 179–193, Basel: Krebs

Pühl Harald & Wolfgang Schmidbauer (Hg.) 2007. *Eventkultur – Ereigniskonsum als Abwehr in der globalisierten Gesellschaft.* Berlin: Leutner

Reckwitz, Andreas 2003. „Grundelemente einer Theorie sozialer Praktiken. Eine sozialtheoretische Perspektive. In: *Zeitschrift für Soziologie,* Jg. 32, H. 4, 282 – 301. Stuttgart: Lucius & Lucius

Richmond, Barry 2003. An Introduction to Systems Thinking. Boston: Lebanon, NH

Robertson, James & Suzanne Robertson 1996. *Vollständige Systemanalyse.* München, Wien: Hanser

Ruegg-Stürm 2001. *Organisation und Organisationaler Wandel.* Wiesbaden: Springer

Rusch, Gebhard 2015a. Skizze einer operationalen Katastrophentheorie. In: Groneberg, Chr. & Rusch, G. (Hg.). *Sicherheitskommunikation. Perspektiven aus Theorie und Praxis* 2015. Münster: LIT., 299- 322.

Rusch, Gebhard 2015b. Sicherheitskommunikation. In: Groneberg, Chr. & Rusch, G. (Hg.). *Sicherheitskommunikation. Perspektiven aus Theorie und Praxis* 2015. Münster: LIT., 11 – 102.

Rusch, Gebhard 2016. Kommunikationskonzept. In: Bundesamt für Bevölkerungsschutz und Katastrophenhilfe BBK. 2016. *Bausteine für die Sicherheit von Großveranstaltungen Bd. 1 u. 2. Praxis im Bevölkerungsschutz Band 17.* Bonn: BBK, 150, 303 – 321. http://www.bbk.bund.de/SharedDocs/Downloads/BBK/DE/Publikationen/Praxis_Bevoelkerungsschutz/Band_17_Praxis_BS_Sicherheit_Grossveranstaltungen.pdf;jsessionid=9CE73961D43888B259EAC19301BA076F.1_cid320?__blob=publicationFile (18.05.2017)

Rusch, Gebhard 1992. *Auffassen, Begreifen und Verstehen. Neue Überlegungen zu einer konstruktivistischen Theorie des Verstehens.* Frankfurt/M. S. J. Schmidt (Hg.). Kognition und Gesellschaft. Der Diskurs des Radikalen Konstruktivismus 2. Frankfurt/M.: Suhrkamp, S. 214–256.

Schulze, Gerhard 2000: *Die Erlebnisgesellschaft.* 8. Auflage, Frankfurt/M. Campus Verlag

Ulrich, Hans & Gilbert J.B.Probst 1990. *Anleitung zum ganzheitlichen Denken und Handeln.* Ein Brevier für Führungskräfte. Bern, Stuttgart: Haupt

Vester, Frederic & Arne v. Hesler 1980. *Sensitivitätsmodell.* Bericht der UNESCO. Man and Biosphere. Project 11, Regionale Planungsgemeinschaft Untermain. Frankfurt/M.

Vester, Frederic 1980. *Neuland des Denkens.* Stuttgart: dtv

Vfdb Verein zur Förderung des Deutschen Brandschutzes e.V.: vfdb-Richtlinie 03/03, *Einsatzplanung Großveranstaltungen.* Altenberge: VdS Schadenverhütung Verlag

Watzlawick, Paul 1981. *Die erfundene Wirklichkeit. Wie wissen wir, was wir zu wissen glauben?* Beiträge zum Konstruktivismus. München: Piper

Weber, Burkhard 1996. *Die fluide Organisation. Konzeptionelle Überlegungen für die Gestaltung und das Management von Unternehmen in hochdynamischen Umfeldern.* Bern: Paul Haupt

Weick, Karl E. 1977. „Organisation Design: Organisations as Self-Designing Systems." In: *Organisational Dynamics*, Vol. 6, No. 2, 31–45. Toronto

Wittgenstein, Ludwig 2003. *Philosophische Untersuchungen*. Frankfurt/M.: Suhrkamp Verlag

# Veranstaltungskommunikation als vernetzte Praxis – Großveranstaltungen aus Sicht der Akteur-Netzwerk-Theorie

Toni Eichler

## 1 Einleitung

Die neueren Entwicklungen der Medientechnologien haben die Omnipräsenz von Kommunikation und Information zu einem integralen Bestandteil nahezu aller Facetten unseres Lebens werden lassen. Mit dieser Ausweitung medialer Verfügbarkeit wird auch die alte Frage nach dem Einfluss der Technik auf den Ablauf kommunikativer Prozesse und die Vermittlung von Inhalten erneut zu einer höchst dringlichen. Diese Frage wurde bislang verschiedentlich, jedoch keineswegs befriedigend beantwortet. Shannon u. Weaver (vgl. 1949: S. 10ff.) konzentrieren sich mit ihrem informationstheoretischen Modell vor allem auf den Vorgang der technischen Übertragung von Informationen und verstehen diese als Zeichenverteilung in einem bestimmten Verhältnis von Entropie und Redundanz[31]. Auch nach Goertz (1995: S. 484f.) beschränkt sich die Rolle der Technik auf die Bereitstellung geeigneter Infrastruktur zur Übertragung von Botschaften, deren Nut-

---

31  Entropie und Redundanz sind Größen, die den Informationsgehalt einer Nachricht statistisch bestimmen. Entropie ist das Maß für Zufallsinformation, die in einer Nachricht bzw. Zeichenfolge steckt, Redundanz das Maß für die Wiederholungen von Zeichen. Informationstheoretisch gilt: je mehr Redundanzen eine Nachricht aufweist, desto geringer ist ihre Entropie und ihr Informationsgehalt. Oder umgekehrt: Je größer die Entropie ist, desto weniger Redundanzen treten auf und desto höher ist der Informationsgehalt.

© Springer Fachmedien Wiesbaden GmbH, ein Teil von Springer Nature 2019
C. Groneberg (Hrsg.), *Veranstaltungskommunikation*,
https://doi.org/10.1007/978-3-658-11725-2_3

zung bei Kommunikatoren und Rezipienten lediglich bestimmte Kompetenzen des En- bzw. Dekodierens voraussetzen. McLuhan hingegen begreift (technische) Medien nicht als Vermittler einer Botschaft, sondern sieht die Botschaft in ihnen selbst: „das Medium ist die Botschaft"[32] (2001: 7). Benjamin zielt mit seiner *Aura* direkt auf die Möglichkeit der technischen Reproduktion ab und sieht die mit ihr implizierte, intersubjektive Beziehung zwischen Wahrgenommenem und Wahrnehmendem durch das maschinelle Herstellungs- und Verfielfältigungsverfahren bekanntermaßen als zerstört an (vgl. 1996: 221). Auch Lasswell (1971) konnte mit seiner berühmten Formel „Wer sagt was in welchem Kanal zu wem mit welchem Effekt" kaum zur Klärung der Rolle der Technik beitragen. Neben dem in ihr implizierten Missverständnis von Kommunikation als einseitigem, kanalförmigen Prozess verführt sie zu einer separaten Betrachtung der Akteure dieses Prozesses und befördert so „die Differenzierung in Medienproduktions- und Kommunikatorforschung, Inhaltsanalyse, Medienanalyse, Publikumsanalyse und Wirkungsforschung" (Wieser 2012: 104). Diese Auffächerung in kleinere, empirisch besser zu handhabende Segmente mag analytisch zwar sinnvoll sein, trägt jedoch kaum dazu bei, den Einfluss von Technik auf die Totalität kommunikativer Prozesse theoretisch zu durchdringen. Dieser wird nach wie vor kaum thematisiert.

Die mangelnde Berücksichtigung technischer Einflüsse auf Kommunikation kann sich vor allem im Kontext von Großveranstaltungen schnell als fatal erweisen. Großveranstaltungen stellen die Verantwortlichen schon aufgrund ihrer Komplexität[33] vor besondere (auch technische) Herausforderungen und sollen daher in diesem Beitrag von „normalen" Veranstaltungen getrennt als Paradigma für die Veranstaltungskommunikation betrachtet werden. Mit zunehmender Größe der Veranstaltung wächst naturgemäß nicht nur die Zahl ihrer Besucher, sondern auch die Zahl der an ihr mittel- oder unmittelbar Beteiligten. Der kommunikative Aufwand, den eine Großveranstaltung mit sich bringt, ist also schon aufgrund der höheren Zahl von Kommunikatoren ungleich höher als bei kleineren Veranstaltungen. Dementsprechend findet sich im Kontext von großen Events eine besondere Ballung verschiedener kommunikativer Prozesse und entsprechender Medien: Neben der allgegenwärtigen Face-to-face-Kommunikation, neben Durchsagen, Schildern, Kameras und der allgemeinen Berichterstattung werden zu-

---

32  Allerdings wird von McLuhan die anfängliche Differenzierung von Medien als Externalisierungen menschlicher Sinne letztlich zu einer „Vollamputation aller Sinne" (Passoth, Wieser 2012: 107) übergeneralisiert. Hierzu jedoch später mehr.

33  Die Komplexität von Großveranstaltungen resultiert vor allem aus den erforderlichen finanziellen, logistischen und organisatorischen Aufwänden, die durch die hohen Besucherzahlen erforderlich werden.

nehmend auch soziale Netzwerke für eine effektivere externe, aber auch interne Kommunikation integriert. Trotz dieser enormen kommunikativen Ballung und Vielfalt ist das Feld der Veranstaltungskommunikation bislang kaum systematisch erschlossen. Angesichts dessen, dass gelungene Kommunikation den Unterschied zwischen dem Fortgang und dem Abbruch einer Veranstaltung, zwischen vorübergehender Krise und ausgewachsener Katastrophe ausmachen kann, ist dieser Umstand höchst problematisch. Der Beitrag nähert sich dem Thema daher mit einem theoretischen Rüstzeug, das der engen Verflechtung technischer, organisationaler und nicht zuletzt sozialer Faktoren der Kommunikation gerecht werden kann: Zunächst soll in das praxeologische Konzept der Sicherheitskultur eingeführt werden, das sich für die Analyse konkreter Sicherheitspraktiken auf unterschiedlichen Ebenen eignet. Anschließend werden Projekte als die im Kontext von Großveranstaltungen relevante Ebene herausgearbeitet, was nicht nur erste Rückschlüsse auf die Art der sozialen Verflechtung von Veranstaltungsgremien erlaubt, sondern darüber hinaus perspektivisch auch den Einbezug von Erkenntnissen aus der Projektkommunikation.[34] Dies ist vor allem vor dem Hintergrund von besonderer Relevanz, dass Sicherheitskultur Sicherheitskommunikation voraussetzt (vgl. Gusy 2010: 112). Aufbauend auf der Beschreibung von Großveranstaltungen als Projekten und Projekten als „soziotechnische[n] Systeme[n]" (Rusch 2011: 56) sowie dem Fokus von Sicherheitskultur „auf die Beziehungen zwischen Menschen, Dingen und Regeln" (Rauer 2011: 67) soll schließlich die Akteur-Netzwerk-Theorie (ANT) Bruno Latours für die Analyse von Veranstaltungskommunikation vorgeschlagen werden. Sie konzentriert sich nicht nur auf die an (kommunikativen) Interaktionen beteiligten Individuen und Entitäten, sondern auch auf die Prozesse, in denen sie miteinander verbunden – vernetzt – sind. Kommunikation könnte mit ihr

> „als Zusammenkunft oder Versammlung von Menschen (Produzenten, Konsumenten, Distributoren, Instandhalter usw.), Artefakten (Kabel, Bildschirmen, Kameras usw.) und Bildern sowie Texten verstanden werden; als eine Versammlung, aus der Affekte, Intentionen und Aktionen emergieren." (Wieser 2012: 104)

Das Ziel dieses Beitrages ist es, die ANT als Analyseinstrument für Veranstaltungskommunikation zu fundieren und mit ihrer Hilfe zwei schwerwiegende Probleme der Veranstaltungspraxis zu adressieren: (1) Das nach wie vor verbreitete Verständnis von Kommunikation als linearem Prozess zwischen einem Sender und einem Empfänger und, damit zusammenhängend, (2) die „Kanalmetapher" der

---

34  Dieses Vorhaben bedarf jedoch einer gesonderten Untersuchung.

Medien(-technik), die Medien über die Distribution von Inhalten hinaus keine nennenswerte Rolle in kommunikativen Prozessen zugesteht.

## 2    Das Konzept der Sicherheitskultur

Der Begriff der Sicherheitskultur wird seit dem Reaktorunglück in Tschernobyl 1986 verwendet (vgl. Büttner u. a. 2007: 10). Von seiner anfänglichen Bindung an den Kontext der Atomenergie konnte er sich im Verlauf der letzten Jahrzehnte jedoch zunehmend lösen und findet mittlerweile in zahlreichen Bereichen der Sicherheitsforschung Anwendung[35] (vgl. Rauer 2011: 68).

Sicherheitskultur wird auf zwei verschiedene Weisen eingebracht: Zum einen werden *komparativ* die Sicherheitskulturen verschiedener Nationen, Gruppen, Systeme etc. miteinander verglichen, zum anderen wird *operativ* der Umgang mit sicherheitsrelevantem Wissen hinterfragt (vgl. Rauer 2011: 68 ff.), also Praktiken der Sicherheit. Doch bevor man sich dem Begriff und seiner Anwendung als Ganzem widmen kann, müssen zunächst seine Bestandteile genauer betrachtet werden: Was bedeutet *Sicherheit*, was *Kultur* und wie gehen die beiden zusammen?

## 2.1    Sicherheit

Der Sicherheitsbegriff hat nach Daase (2011: 59) einen unaufhaltsamen Aufstieg erfahren und „verändert nicht nur den politischen Diskurs, sondern geht mit tiefgreifenden Veränderungen nationaler und internationaler Gesellschaftsstrukturen einher." In den letzten 50 Jahren erkennt er (2010: 10 ff.) eine zunehmende Erweiterung des Sicherheitsbegriffes, die er anhand von vier Dimensionen – Referenz-, Sach-, Raum- und Gefahrendimension – expliziert. Die Referenzdimension (1) betrifft die Frage, um wessen Sicherheit es eigentlich geht, wer also der Empfänger von Sicherheit ist. Wurde diese Frage noch in den 1950er Jahren vorwiegend damit beantwortet, dass vor allem die Sicherheit des Staates – bspw. im Sinne der Verteidigung seiner Souveränität – gewährleistet werden sollte, dehnte sich der Empfängerkreis im Zuge von Konzepten wie *human security* bis auf das einzelne Individuum aus.

---

35   Impulse für diesen Bereich kamen insbesondere aus den Rechts- und Geschichtswissenschaften, wo der Begriff der Sicherheitskultur schon vor längerem Einzug gehalten hat. Siehe hierzu u. a. Gusy (2010) und Conze (2005).

„Die Konsequenz ist eine diffuse Forderung, nicht nur den zwischenstaatlichen Frieden zu erhalten, sondern darüber hinaus die Menschen vor den Folgen von Kriegen, Bürgerkriegen, Terroranschlägen und zerfallender Staatlichkeit, vor Naturkatastrophen, Hungersnöten und Krankheiten, vor den Folgen der Umweltzerstörung und Ressourcenknappheit zu schützen." (Daase 2010: 11)

Ob und inwieweit dieser Anspruch tatsächlich eingelöst werden kann, hängt von der Bereitschaft der relevanten Akteure ab, über bloße Rhetorik hinaus Aktivität zu entfalten. Die Ereignisse um die französische Satirezeitschrift *Charlie Hebdo* zeigen jedoch, dass moderne Staaten trotz einer Vielzahl von Mitteln – wie z.b. der Vorratsdatenspeicherung – Anspruch und Realität kaum zur Deckung bringen können.

Die Sachdimension (2) betrifft den politischen Bereich, in dem Sicherheitsprobleme identifiziert und nach Möglichkeit behoben werden. Klassischerweise war dies der militärische Bereich, da äußere militärische Bedrohungen für die Souveränität des Staates die größte Gefahr darstellten. Diese Auffassung weichte spätestens mit den Ölkrisen der 1970er Jahre auf, in denen auch wirtschaftliches Wohlergehen als Sicherheitsfaktor erkannt wurde. Zudem führten Umweltschäden und Naturkatastrophen wie Überschwemmungen, Stürme oder Dürren vor Augen, dass auch Umweltprobleme sicherheitsrelevant sind. Der Fall des Eisernen Vorhangs fügte der Erweiterung des Sicherheitsbegriffes die nächste Stufe hinzu, die auch die Gewährung von Katastrophenhilfe sowie die Wahrung grundlegender Menschenrechte umfasst. Mit der zunehmenden Ausbreitung des Internets und immer leistungsfähigeren Computersystemen treten verstärkt Themen des staatlichen, organisationalen und individuellen Datenschutzes auf die Sicherheitsagenda der Politik. Insgesamt wurde der Sicherheitsbegriff in seiner Sachdimension also vom militärischen Kontext über den ökonomischen und ökologischen bis hin auf den humanitären und digitalen Kontext ausgedehnt. Gleichwohl schließen Aktivitäten im Zuge humanitärer oder ökonomischer Sicherheit keineswegs den Einsatz militärischer Mittel aus, was zu einer nicht unproblematischen Vermengung ziviler und militärischer Aspekte führen kann.

In der Raumdimension (3) des Sicherheitsbegriffes geht es entsprechend um das geografische Ziel von Sicherheitsanstrengungen. Der Fokus auf die Sicherheit nationalstaatlicher Territorien wurde mit der Gründung von Sicherheitsgemeinschaften wie der NATO (1949), welche die Sicherheit des nordatlantischen Raumes gewährleisten soll, aufgeweicht. Ohne eine entsprechende institutionelle Rahmung müssen Staaten bei der Gewährleistung internationaler Sicherheit auskommen. Hier geht es vor allem um ein gewisses Maß an Sicherheit für alle Staaten, ohne dass die Nichteinhaltung von Kooperationsvereinbarungen durch einen übergeordneten Rahmen sanktioniert werden könnte. Noch übergreifender wird mit dem Konzept globaler Sicherheit in Verbindung mit R2P[36] gearbeitet, das letztlich die gesamte Menschheit als Ziel von Sicherheitsanstrengungen identifiziert. Problematisch ist hier jedoch neben grundlegenden Fragen der Umsetzbarkeit dieses Unterfangens auch die bislang ungeklärte institutionelle Verantwortung für dieses Vorhaben.

Um die Art und Weise des Umgangs mit Sicherheitsproblemen geht es in der Gefahrendimension (4). In der Zeit des Kalten Krieges mit relativ klaren Feindbildern wurden Sicherheitsprobleme paradigmatisch als Bedrohungen empfunden und auf Grundlage des zur Verfügung stehenden Wissens über den Verursacher der Bedrohung eingeschätzt. Spätestens die bereits erwähnten ökonomischen Krisen machten aber klar, dass aus der Abwesenheit konkreter militärischer Bedrohungen nicht automatisch auch Sicherheit folgt. Es bedurfte daher eines anderen Verständnisses von Unsicherheit, zum Beispiel als Vulnerabilität durch externe Einflüsse oder – darüber hinausgehend – der Identifikation von Sicherheitsproblemen als Risiken[37]. Neben einer Besinnung auf eigene Anfälligkeiten und dem Bemühen, diese zu reduzieren, geht damit auch eine Änderung der allgemeinen Lagesituation einher. Anstatt ausschließlich mit einer konkreten Bedrohungslage (bspw. durch die jeweils andere Seite des Kalten Krieges) konfrontiert zu sein, sieht man sich nunmehr diffusen Risiken gegenüber. Mit der Betrachtung dieser Risiken wurde die vormals überwiegend gegenwartsbezogene Sicherheitsbeurteilung verstärkt auch auf die Zukunft ausgedehnt und – in der maximalen Erweiterung des Begriffs – auf Ungewissheiten ausgedehnt.[38] Sicherheitspolitik musste daher von einem bloßen reagieren auf konkrete Bedrohungen übergehen zu einer proaktiven Gefahrenidentifikation.

*Sicherheit* wandelte sich somit in den letzten 50 Jahren zu einem Begriff, der

1. bis auf die individuelle Ebene hinunter anwendbar ist,
2. im humanitären Kontext verhandelt sowie
3. global gedacht werden kann und
4. in eine proaktive Sicherheitspolitik eingebunden ist.

---

36  Responsibility to Protect. Konzept, nach dem aus der Souveränität eines Staates auch eine Schutzverantwortung für seine Bürger erwächst.

37  Einschlägig in diesem Kontext ist Beck (1986).

38  Ein frühes Beispiel sind die weitgehend spekulativen Szenarien Herman Kahns, der sich bereits zu Zeiten des Kalten Krieges mit den Bedingungen und Folgen des Einsatzes von Atomwaffen befasste (vgl. Kahn 1960).

Diese Neubestimmung war spätestens mit der von Checkel (1998) konstatierten „konstruktivistische[n] Wende" abgeschlossen. Sie führt dazu, dass *Sicherheit* nicht länger als substanzieller, sondern vielmehr als politischer Begriff verstanden wird und Sicherheit sich somit von einem Faktum hin zu einer sozialen Konstruktion wandelt (vgl. Daase 2012: 30). Entsprechend wird „die Wahrnehmung dessen, was als Gefahr angesehen wird, von einem sich stetig verstärkenden Sicherheitsbedürfnis der Gesellschaft und dem sich beständig ausweitenden Sicherheitsversprechen des Staates" (Daase 2010: 16) geprägt. Bislang fehlt jedoch eine „integrierende Perspektive auf den Wandel von Sicherheit als einen Prozess, der die nationale und internationale Gesellschaft produziert, reproduziert und transformiert" (Daase 2011: 59). Der Begriff *Sicherheitskultur* bietet die Chance, eine derartige Perspektive einzunehmen – *Kultur* ist jedoch selbst kein unproblematischer Begriff.

## 2.2    Kultur

Daase (2011: 60) erkennt das Problem des Kulturbegriffes in seiner „undifferenzierte[n] Verwendung als Residualkategorie des Sozialen, die all das erklären soll, was andere Theorien nicht erklären können" und der daraus entstehenden Beliebigkeit. Kultur widersetzt sich zudem einem direkten Zugang durch Beobachtung oder Befragung, da sie sich immer nur mittelbar präsentiert und im täglichen Leben einen impliziten Status einnimmt. Zudem ist bspw. die Unterscheidung zwischen psychologischen und kulturellen Faktoren alles andere als trennscharf und Kultur erschöpft sich als Phänomen einer Gesellschaft nicht in der Summe des Handelns ihrer Teile (vgl. Daase, 2011: 60).

Es scheint also so, als hätte man sich mit dem Begriff der Kultur zunächst nur Probleme, zumindest aber Ungenauigkeiten eingekauft. Allein Reckwitz (2000: 65ff.) differenziert beispielsweise bereits zwischen vier verschiedenen Verständnis- und Verwendungsweisen von *Kultur*: Kultur kann sich demnach nicht nur (1) in Form einzelner Sitten, Normen oder Werte manifestieren, sondern (2) auch als Summe der charakteristischen Eigenschaften ganzer Ethnien oder Nationen. Zudem wird sie (3) als gesellschaftliches Subsystem analog zu Politik, Wirtschaft etc. verstanden und (4) auch als Praxis der Produktion und Interpretation sozialer Diskurse und Situationen.

Es kann an dieser Stelle weder näher auf die angeführten Verständnisweisen des Kulturbegriffes noch auf ihre Genese eingegangen werden. Im Folgenden soll daher lediglich der letztgenannte, bedeutungsorientiert-praxeologische Kulturbegriff thematisiert werden, da er nach Daase (2011: 62) die Möglichkeit „für

ein kulturwissenschaftliches Programm zur Erforschung von Sicherheitspolitik"
eröffnet und somit als geeignete Basis für das Konzept der Sicherheitskultur
zu erachten ist. Die zentrale, mit diesem Kulturbegriff verbundene Einsicht ist,
dass soziales Handeln nicht als *rational*, sondern als *relational* zu definieren ist
(vgl. Rauer u. a. 2014: 37). Kultur stellt also „ein Bedeutungssystem dar, in dem
Handlungen überhaupt erst Sinn und Bedeutung erfahren und Akteure überhaupt
erst Präferenzen und Strategien entwickeln" (Daase 2011: 63). Es gibt demnach
keine Handlungsweise, die als durchgängig rational beschrieben werden könnte,
ebenso wenig wie die eine, allgemeinverbindliche, alles in gleicher Weise prä-
gende Kultur. Vielmehr operieren wir gemäß einer praxeologischen Auffassung
von Kultur inmitten sich kontingent verschiebender Bedeutungsraster, die Handeln und Diskurse verändern (vgl. Rauer u. a. 2014: 38). Die Aufgabe einer auf
diesem Begriffsverständnis fußenden, kulturwissenschaftlichen Forschung muss
es sein, „die impliziten, in der Regel nicht bewussten symbolischen Ordnungen,
kulturellen Codes und Sinnhorizonte zu explizieren, die in unterschiedlichsten
menschlichen Praktiken verschiedener Zeiten und Räume zum Ausdruck kommen
und diese ermöglichen" (Reckwitz 2008: 17). Kultur ist demnach eine Sammlung
von Praktiken, die die zentralen Bedeutungsmuster der jeweils relevanten sozialen
Gebilde (Gruppe, Region, Nation etc.) in sich tragen und die sich nur in ihrer Per-
formativität offenbaren.

## 2.3    Sicherheitskultur

Analog des geklärten Verständnisses von *Sicherheit* und *Kultur* definiert Rauer
(2014: 43f.) den Begriff der Sicherheitskultur unter Rückgriff auf Daase als

> „Netz kultureller Bedeutungskonstitutionen. Sicherheitskultur ist das Scharnier,
> das zwischen Welten der Sicherheit und Kulturen des Risikos vermittelt und be-
> deutet also zusammenfassend ‚die Summe der Überzeugungen, Werte und Prakti-
> ken von Institutionen und Individuen, die darüber entscheiden, was als eine Gefahr
> anzusehen ist und mit welchen Mitteln dieser Gefahr begegnet werden soll' (Daase
> 2012: 40). Der Begriff der Sicherheitskultur ist deshalb besonders geeignet, die Ver-
> änderungen von Ideen, Diskursen und Praktiken der Sicherheit in einem interdiszi-
> plinären Forschungsprogramm zu erfassen."

Entsprechend des hier zugrunde gelegten Kulturbegriffes wird Sicherheitskultur
also dezidiert als praxeologisches Konzept verstanden, das das Handeln sicherheitsrelevanter Akteure adressiert. Entgegen der sonst mit Blick auf Sicherheit
oft angeführten Gründe, Zwänge und Alternativlosigkeiten kann die durch den

praxeologischen Kulturbegriff eröffnete „Kontingenzperspektive" (Reckwitz 2008) von Sicherheitskultur „eine Alternative zum Determinismus traditioneller sicherheitspolitischer Theorien bieten" (Daase 2011: 63). Sie eröffnet ein besseres Verständnis für strukturelle Unsicherheiten und Kontingenzen, die unsere Zeit spätestens seit 9/11 prägen, weil sie dazu in der Lage ist, traditionelle Dualismen wie die zwischen Subjekt und Objekt, Mikro und Makro, Zivil und Militärisch oder Innen und Außen zu überbrücken (vgl. Rauer u. a. 2014: 35). Wie später noch zu sehen sein wird, zeichnet diese Eigenschaft auch die ANT aus, die sich nicht nur um eine Überbrückung, sondern um eine Auflösung dieser Dualismen bemüht.[39] Eine praxeologische ausgerichtete Sicherheitskultur würde demnach

> „diejenigen Werte, Diskurse und Praktiken [um]fassen, die dem auf Erzeugung von Sicherheit und Reduzierung von Unsicherheit gerichteten sozialen Handeln individueller und kollektiver Akteure Sinn und Bedeutung geben. Wie gesagt ist damit keine identifizierbare Variable gemeint, sondern ein Arrangement ineinandergreifender Faktoren, das je nach kulturtheoretischer Perspektive und sicherheitspolitischer Fragestellung unterschiedlich analysiert werden kann." (Daase 2011: 63)

Rauer (2011: 67) macht den Begriff der Sicherheitskultur darüber hinaus auch in Abgrenzung zu dem der Schuldkultur deutlich:

> „Die ‚Schuldkultur' ist noch von einer asymmetrischen Anthropologie geprägt, die auf Sanktionsdrohungen gegen menschliche Akteure setzt, um Gefahren zu verringern. Demgegenüber richtet die Sicherheitskultur ihren Blick auf die Beziehungen zwischen Menschen, Dingen und Regeln."

Es geht bei Sicherheitskultur also nicht um die einseitige Schuldzuweisung an menschliche Akteure, bspw. mit Blick auf die als größer angenommene Zuverlässigkeit technischer Sicherheitseinrichtungen. Vielmehr geht es darum, auf welche Art und Weise aus der Interaktion beider mit- und untereinander Sicherheit entsteht. Auch dieser Punkt erweist sich in Verbindung mit der ANT als bedeutsam.

Korrekter Weise müsste eigentlich immer von *Sicherheitskulturen* die Rede sein. Es gibt keine einheitliche, verbindliche Sicherheitskultur, ebenso wie es keine einheitliche, verbindliche Kultur gibt. Sicherheitskulturen existieren immer nur innerhalb verschiedener Gruppen, Institutionen, Regionen etc. Sie werden unter

---

39 Einen Eindruck der sich daraus für die kultursoziologische Forschung insgesamt ergebenden Konsequenzen findet sich in Gertenbach (2014).

verschiedenen zeitlichen, räumlichen und organisationalen Bedingungen unterschiedlich gelebt. Es gibt jedoch Situationen, in denen die verschiedenen Sicherheitskulturen einander stark angenähert, wenn nicht sogar angeglichen werden müssen. Dies ist vor allem dann problematisch, wenn mehrere, einander nicht vertraute Akteure unter diversen Restriktionen für ein gemeinsames Ziel eng zusammenarbeiten sollen. Dergestalt heterogene Akteurskonstellationen finden sich nicht nur bei Großveranstaltungen, sondern auch bei Projekten.

## 3    Großveranstaltung als Projekte

Großveranstaltungen sind Projekte, insofern sie die von Rusch (2011: 50 ff.) angeführten Merkmale von Projekten teilen: sie sind *terminiert* (von bestimmter Dauer), *heterogen* (in der Zusammensetzung ihrer Akteure), *limitiert* (bezüglich der zur Verfügung stehenden Ressourcen) und *dediziert* (dienen einer bestimmten Aufgabe bzw. einem bestimmten Ziel). Wie diese projektspezifischen Merkmale bei Großveranstaltungen ausgeprägt sind, soll nachfolgend skizziert werden.

## 3.1    Termination

Großveranstaltungen bedingen in der Regel, dass die mit ihnen verbundenen sozialen Interaktionen zeitlich limitiert sind: sie haben eine klar definierte Dauer und beginnen/enden an im Vorfeld festgelegten Zeitpunkten. Dieser Umstand begrenzt nicht nur die Möglichkeiten der sozialen Interaktion[40] der Besucher untereinander (nämlich für die Dauer der Veranstaltung sowie ggf. während der An- und Abreise), sondern auch die der in die Planung, Vorbereitung, Durchführung und Nachbereitung involvierten Akteure. Das „Veranstaltungsnetzwerk" der Verantwortlichen formiert sich in Abhängigkeit vom Turnus des Events somit entweder einmalig oder wiederkehrend über einen bestimmten Zeitraum hinweg.

---

40    Selbstverständlich ist die medial vermittelte soziale Interaktion (E-Mail, soziale Netzwerke, Foren etc.) durchgängig möglich. Erfahrungsgemäß findet diese aber vor/nach bzw. zwischen den Veranstaltungen nur stark eingeschränkt statt oder bricht ganz ab.

## 3.2 Heterogenität

Mit der Größe und der Vielfalt einer Veranstaltung wächst auch die Zahl und Vielfalt der an ihr mittel- oder unmittelbar Beteiligten. Zu den Veranstaltern und den Besuchern gesellen sich Behörden (bspw. Ordnungs- und Bauamt), BOS[41] (bspw. Polizei, Feuerwehr und Rettungsdienst), vom Veranstalter beauftragte Dienstleister (Künstler, Schausteller, Ver- und Entsorgungsbetriebe, Sicherheits- und Sanitätsdienste, Infrastrukturanbieter) sowie weitere Stakeholder. Der Kreis potenzieller Kommunikatoren steigt somit bei Großveranstaltungen stark an und damit auch die Vielfalt ihrer organisational und individuellen Kommunikationsobligationen bzw. -Gewohnheiten.

## 3.3 Limitierung

Der hierdurch erforderliche, kommunikative Mehraufwand bzw. Abstimmungsbedarf ist durch den erhöhten zeitlichen sowie technischen Aufwand ein Kostenfaktor und steht einer prinzipiellen Ressourcenknappheit gegenüber. Eine dieser Ressourcen ist natürlich das Budget: Events müssen, bevor sie – wenn überhaupt – Gewinn abwerfen, durch Vorleistungen des Veranstalters und seiner Stakeholder finanziert werden. In den Phasen der Planung, Umsetzung und Durchführung entstehen Kosten, die erst durch Sponsoringeinnahmen, Standmieten sowie ggf. den Verkauf von Tickets refinanziert werden können. Die Möglichkeiten zur Refinanzierung hängen wiederum auch davon ab, um welche Art von Veranstaltung es sich handelt: Bei Kirmesveranstaltungen entfällt in der Regel die Möglichkeit des Ticketverkaufs und auch Sponsoring ist tendenziell eher in kleinerem Umfang durch ortsansässige Unternehmen zu erwarten. Standmieten sind hier die Haupteinnahmequelle für die Veranstalter. Größere Festivals haben hingegen nicht nur die Möglichkeit, ihre Kosten durch den Ticketverkauf zu decken, sie können auch Sponsoring durch überregionale Firmen akquirieren und erzielen obendrein durch Standmieten zusätzliche Einnahmen.[42]

---

41  Behörden und Organisationen mit Sicherheitsaufgaben.

42  Neben der finanziellen Ausstattung sind bei Großveranstaltungen häufig auch das Know How, die Ausführungsinstanzen usw. limitiert. Gebhard Rusch geht in seinem Beitrag näher auf diese „Ressourcendimensionen" ein.

## 3.4    Dedikation

Allen Arten von Veranstaltungen gemein ist hingegen ihre Fokussierung auf ein
Ziel: Das profitable, ausreichend sichere Durchführen der Veranstaltung ohne
Unterbrechungen oder einen vorzeitigen Abbruch. Andernfalls hätten Veranstalter
nicht nur empfindliche Einnahmeeinbußen, sondern u. U. auch Schadenersatz-
und Regressforderungen sowie Inhaftungnahme durch Besucher, Dienstleister
und Behörden zu befürchten. Großveranstaltungen müssen sich dementsprechend
selbsterhalten, also ihre Systemfunktionen über einen im Voraus bestimmten Zeitraum hinweg gewährleisten. Ein großes Problem dabei ist die Unklarheit über die
Art und Weise, wie dieses Ziel zu erreichen ist. Kleine oder neue Veranstalter
(wie bspw. Kommunen, die mit den Landesfesttagen ggf. erstmalig eine Großveranstaltung in Eigenregie durchführen) sehen sich häufig einer Überforderung
ausgesetzt, ebenso die unterstützenden Behörden, sofern keine einschlägige Erfahrung mit Großveranstaltungen besteht. Wissen über das sichere Durchführen
von Großveranstaltungen ist derzeit Erfahrungs- bzw. Insiderwissen, das zwar an
mehreren Stellen über Schulungen, Kurse etc. weitergegeben wird, jedoch nicht
gesammelt an zentraler Stelle zugänglich ist.[43]

Großveranstaltungen können also – ihren Merkmalen entsprechend – als Projekte verstanden werden. Projekte werden von Rusch (2011: 56) wiederum als
„soziotechnische Systeme im Ausnahmezustand" erkannt. Worin dieser Ausnahmezustand – nicht zuletzt in kommunikativer Hinsicht – besteht, wurde auf
den vorangegangenen Seiten illustriert: Großveranstaltungen sind aufgrund ihrer
besonderen zeitlichen, sozialen und technischen Struktur von besonderer Fragilität und bedürfen entsprechend großer Anstrengungen zu ihrer Stabilisierung.
Doch was genau ist unter einem soziotechnischen System zu verstehen und wie
führt es zur ANT Bruno Latours?

## 4    Großveranstaltungen als soziotechnische Systeme

Für den Begriff des soziotechnischen Systems sind vor allem Arbeiten des in London ansässigen Tavistock Institutes maßgeblich, unter anderem Trist, Bamforth,
(1951), Rice (1963) sowie Emery, Thorsrud (1964). Er kann als der Versuch verstanden werden, arbeitswissenschaftliche Erkenntnisse und die sozialen sowie kognitiven Anforderungen von Unternehmensangestellten miteinander zu verbinden.

---

43    Es ist ein zentrales Anliegen des BMBF Projektes BaSiGo (2012–2015), diesen Um-
      stand zu ändern.

Technische Faktoren werden nicht als limitierend für soziale Strukturierung begriffen, sondern sind selbst Mittel bzw. Medien ihrer Gestaltung. Umgekehrt können aber auch soziale Strukturen technische Umgebungen formen. Das Ziel ist ein „best match" sozialer und technischer Komponenten (vgl. Rusch 2011: 60 f.). Großveranstaltungen als Projekte sind demnach in mehrfacher Hinsicht soziotechnische Systeme:

1. Großveranstaltungen bedingen für ihre Planung, Umsetzung, Durchführung und Nachbereitung die Nutzung verschiedener technischer Komponenten, sei es in Form von Kommunikationsmitteln, Installationen oder Werkzeugen.
2. Um eine Großveranstaltung sicher und ohne Unterbrechung durchzuführen, ist die Installation, Implementierung und Wartung technischer Infrastruktur unabdingbar.
3. Für Großveranstaltungen ist die Zusammenarbeit verschiedener sozialer Teilbereiche (Veranstalter, Polizei, Feuerwehr, Dienstleister) mit einer jeweils spezifischen technischen (Kommunikations-)Infrastruktur sowie verschiedenen Sicherheitskulturen erforderlich. Genauer handelt es sich bei Großveranstaltungen also um ein Konglomerat mehrerer soziotechnischer Systeme, die sowohl ihre sozialen als auch ihre technischen Komponenten für die Dauer der Veranstaltung einander annähern müssen und so ein neues, temporäres, soziotechnisches System bilden.

Der hier angewandte Systembegriff ist ein holistischer und stellt damit höhere Anforderungen an die Art der Zusammengehörigkeit einzelner Systemkomponenten: Sie müssen ein integraler Bestandteil des Systems sein: notwendig, um das System in seiner bestehenden Form konstituieren und aufrechterhalten zu können. Er stellt damit

„(1) ein Kriterium für die Bestimmung der einem System zugehörigen Komponenten zur Verfügung, nämlich die Konstitutivität der Rolle von Gegenständen, Ereignissen oder Prozessen für den Gesamtzusammenhang, der seinerseits zugleich durch den funktionalen Bezug und die konstitutiven Beiträge seiner Komponenten erst im Gesamtzusammenhang bestimmt – und vor allem begrenzt – wird. In solchen Systemen stehen also alle Komponenten direkt oder indirekt miteinander in Beziehung, sind miteinander gekoppelt. Jede Komponente trägt durch (mindestens eine ihrer) Eigenschaften bzw. Funktionen zur Konstitution des Systems bei. Komponenten, die auch noch Beziehungen oder Funktionen außerhalb des Systemzusammenhangs haben, stellen die Systemgrenzen dar, an denen Inputs in das System hinein oder Outputs aus dem System heraus gelangen. Die Art und Weise der Vernetzung, des Zusammen- oder Wechselwirkens von Komponenten in einem System bezeichnet man als Systemorganisation. Unter Selbstorganisation ist entsprechend die Etablierung, Aufrechterhaltung und Veränderung eines organisationalen Regimes zu verstehen.

An dieser Stelle ergibt sich (2) ein weiteres Kriterium zur Unterscheidung von Systemen nach dem Vermögen strukturelle oder sogar organisationelle Veränderungen zu tolerieren." (Rusch 2011: 65)

Der holistische Systembegriff gibt somit zwei Kriterien für den Umfang von und die Zugehörigkeit zu (soziotechnischen) Systemen vor. Zum einen (1) funktionale Relevanz und zum anderen (2) Veränderungstoleranz. Doch wie verhält es sich mit der Anwendbarkeit dieser Kriterien? Sind diese bereits im Vorfeld erfolgreich anwendbar, lässt sich also die Zugehörigkeit zum soziotechnischen System Großveranstaltung mit ihrer Hilfe klären? Oder muss nicht vielmehr ein permanentes Monitoring dafür Sorge tragen, dass die für das System relevanten Bestandteile auch als solche erkannt werden? Es ist egal, ob man dabei an technische Hindernisse denkt, die sich erst im Laufe der Entwicklung als solche herausstellen oder an Know How, das während des Projektverlaufs als fehlend erkannt und in Form zusätzlicher Unterstützung durch Unteraufträge o.ä. zu akquirieren versucht wird. Funktionale Relevanz als Kriterium für die Zugehörigkeit zu einem System hat das Problem, dass man zu seiner Anwendung vollumfänglich darüber im Bilde sein müsste, welche Bestandteile tatsächlich für die Funktion des Systems relevant sind. Dieses Wissen besteht jedoch bestenfalls näherungsweise. Erst im laufenden Betrieb fallen tatsächlich alle Dinge auf, die relevant sind. Am offensichtlichsten dann, wenn der „Fluss" des Betriebsablaufs durch das Nicht-Funktionieren oder das Fehlen einer Komponente ins Stocken gerät oder ganz zum Erliegen kommt.

Latour verwendet den Begriff der Kontroverse, um Situationen zu kennzeichnen, in denen sich Akteure „zu Wort melden", denen bislang kein Mitspracherecht eingeräumt wurde. Es sind Situationen, in denen sich neue Verbindungen offenbaren. Verbindungen, die das bestehende System erweitern: aus dem soziotechnischen System Großveranstaltung wird ein Netzwerk der Praxis. Ein Netzwerk, das in seiner projektbedingten Fragilität insbesondere von der Stabilisierung durch die Handlungen und Beziehungen seiner Knotenpunkte abhängig ist: ein Akteur-Netzwerk.

# 5 Die Akteur-Netzwerk-Theorie in der Veranstaltungskommunikation

Bruno Latours Fundamentalkritik an der „klassischen" Soziologie zielt zunächst auf weit mehr als soziotechnische Projekte, nämlich auf „die Gesellschaft". Dieser Begriff ist nach Latour paradigmatisch für die Unzulänglichkeit oder, um es präziser zu formulieren, die selbstverschuldete Unangepasstheit der „klassischen" Soziologie in der heutigen Zeit. Unangepasst ist sie deshalb, weil eine Wissenschaft, die ihren Gegenstandsbereich von einem stets gleichen, vorformatierten Begriff – „Gesellschaft" – einengen lässt, schlicht unfähig ist, Neues überhaupt zu erkennen. In etwa dieser Weise lässt sich in wenigen Sätzen der Grundtenor der Kritik, die Latour an einem großen Teil der soziologischen Fachrichtungen übt, wiedergeben.

## 5.1 Netzwerke – die soziotechnischen Systeme der ANT

Der Begriff „Gesellschaft" umfasst nach Latour eine Ansammlung sozial bereits etablierter Teilnehmer – einen festen Bestand, den Teile der Soziologie routinemäßig als Untersuchungsobjekt jedweder Forschungsanstrengung akzeptiert haben (vgl. Latour 2007a: 424). Er sieht darin jedoch eine Schablone, die die Wissenschaft blind für alles außerhalb des vorgezeichneten Bereiches werden lässt. Es wird von vornherein festgelegt, welche Teile der Welt sich sozialer Handlungen fähig erweisen können und welche nicht, welche der Untersuchung wert sind und welche nicht. In diesem Fall also nur die Teile, die unter „Gesellschaft" zu subsumieren sind: Menschen und die Art ihres Zusammenlebens.

Mit der zunehmenden Technisierung der Gesellschaft seit Beginn des 20. Jahrhunderts zeigt sich für Latour jedoch mehr und mehr die Unzulänglichkeit der Beschränkung soziologischer Analysen auf das rein menschliche Interagieren. Das verstärkte Eindringen der als Objekte abgestempelten Entitäten in nahezu alle Bereiche der Gesellschaft lässt für ihn die Unterscheidung zwischen sozialer Welt und Ding-Welt obsolet werden. Umweltkatastrophen, technische Defekte und die durch sie bedingten Ausfälle drängen geradezu auf eine Berücksichtigung von Objekten in sozialen Analysen. Wenn aber allem, was vorher als unbedeutend aus ihnen ausgeklammert wurde, nun potenzielle soziale Relevanz eingeräumt wird, müssen sich auch die analytischen Werkzeuge den neuen Erfordernissen anpassen. Bruno Latours ANT muss hierbei gleichermaßen als Kritik am Bestehenden wie auch als Vorschlag zur Erneuerung verstanden werden.

Die ANT-Analyse ist also ein andere: Sie ist auch sensibel für die Propositionen neuer sozialer Akteure und die Verbindungen, die sie eingehen. Dabei werden auch Verbindungen zu Tieren und insbesondere zu unbelebten Objekten beachtet und nicht länger in der von Latour kritisierten Weise als soziale Projektionen abgetan. Schloss die „klassische" Soziologie[44] die beiden letztgenannten Entitäten als soziale Akteure kategorisch aus, erkennt Latour in ihnen eine erhebliche soziale Wirkungsmacht. Zu erkennen geben sich diese „neuen" Akteure jedoch vor allem in bestimmten Situationen – von ihm ihrer Eigenart nach treffend „Kontroversen" genannt. Diese bestehen aus zwei oder mehr Propositionen respektive Aktanten[45], die einander konfliktär begegnen. Ein Akteur-Netzwerk-Soziologe ist demnach darauf aus, kontroverse Situationen unvoreingenommen zu beobachten, d.h. ohne zunächst auf ordnende, wesensbasierte Kategorien zurückzugreifen, und alle Beteiligten mit all ihren Verbindungen untereinander aufzuzeichnen. Die für die Versammlung des Kollektivs konstitutive Kontroverse muss also von dem bisher oftmals dominierenden Verständnis als „Streit der Wesenheiten zu einer Vermittlung zwischen Gewohnheiten" (Latour 2001: 122) übergehen, da Letztere im Gegensatz zu Ersteren revidierbar sind.

Die klassischen Begriffe „Subjekt" und „Objekt" werden von Latour durch „Akteure", „Aktanten" und verschiedene weitere Begriffsderivate ersetzt. Menschliche Wesen können so kategorial nicht länger schlicht als Subjekte eingeordnet werden, nicht-menschliche Wesen nicht pauschal als Objekte. Die bisherige, eindeutige Rollenverteilung soll durch ein Unbestimmtheitsspektrum ersetzt werden, das zunächst ausschließlich auf die Frage der sozialen Relevanz reagiert. Es geht darum, die Liste der Handlungskandidaten zu verlängern und ihr eine ebenso verlängerte Liste an Handlungsrepertoires zur Seite zu stellen.

Einer der zentralen Inhalte der ANT ist es, dass das, was sich im „Großen" als Versammlung des ganzen Kollektivs beobachten lässt, auch im „Kleinen", bei den einzelnen Akteuren und Akteur-Netzwerken respektive Akteur-Welten gefunden werden kann. Die Akteur-Welt wird dabei von demjenigen Akteur definiert, der die in ihr initiierende und auch treibende Kraft bildet. Sie wird durch eine Reihe weiterer Entitäten gebildet, an die im Hinblick auf ihre Tätigkeiten, Wünsche, Gedanken und Erfahrungen sowie ihre jeweilige Größe bestimmte Erwartungen gerichtet sind. Unter der Festlegung der Größe ist aber keineswegs eine Hierarchisierung zu verstehen, sondern vielmehr eine Angleichung. Alle Entitäten haben eine

---

44  Latour nimmt mit dieser Formulierung insbesondere auf Soziologen wie Durkheim, Weber oder Bourdieu Bezug.

45  Aktanten sind hier synonym zu Akteuren zu verstehen.

Bedeutung, sind nur mit ihrem für den zentralen Akteur relevanten Teil in dessen Akteur-Welt vertreten (vgl. Callon, 2006: 178f.).

Die Konstitution einer Akteur-Welt ist jedoch nicht eine einmalige, definitorische Angelegenheit, sondern ebenso wie die Versammlung des Kollektivs ein fortwährender Prozesses der Übersetzung. Diese ist, wie bereits angedeutet, im Sinne der (Re-)Formulierung von Anforderungen sowie der Vereinfachung bzw. Reduktion von Entitäten zu verstehen, welche sich aber keineswegs in die ihnen zugedachten Aufgaben und Rollen einfügen müssen, sondern diese ebenso abändern oder komplett negieren können. In dieser Entscheidung sind sie jedoch nicht frei, sondern müssen wiederum die für die Integrität der eigenen Akteur-Welt bedeutenden Entitäten stabilisieren und gewinnen. In Abhängigkeit von der Reaktion der Akteure kann sich also ihre Akteur-Welt verändern und sie in ihren Verbindungen zu anderen Entitäten entweder zu einem Mittler oder zu einem Zwischenglied werden lassen.

Auf diese Weise entstehen einige der erwähnten Kontroversen, die vom ANT-Soziologen entfaltet werden müssen, um alle für ein Netzwerk relevanten Akteure zu finden. Gelingt die Stabilisierung, reagiert der Akteur in der den Anforderungen entsprechenden Art und wird zumindest temporär zum Zwischenglied. Misslingt sie dagegen, wird er zum Mittler und reagiert in einer nicht vorhersehbaren Weise, auf die wiederum eine neue Übersetzung folgt und so weiter. Gerade das Misslingen, die Destabilisierung ist für die ANT von besonderer Bedeutung, da dann die an einer Akteur-Welt beteiligten Entitäten am offensichtlichsten sind bzw. erst gänzlich neue Verbindungen gebildet werden.

Die Übersetzung ist zunächst also immer eine Art Definition auf Probe, die abhängig von der Reaktion abgeändert oder komplett verworfen werden muss. Mithin besteht eine methodische Anforderung der ANT darin, „beständig hin- und herzuwechseln zwischen der Beobachtung von Aktanten, die durch Übersetzungen Innovationen bewirken, und der Beobachtung von Übersetzungen, die Aktanten verändern oder stabilisieren" (Schulz-Schaeffer 2000: 199).

Es wird damit aber auch klar, dass sich die Begriffe „Akteur-Welt" und „Akteur-Netzwerk" keineswegs in einem Mikro-/Makro-Verhältnis gegenüberstehen. Vielmehr weisen sie auf zwei Facetten ein- und derselben Erscheinung hin, können also synonym verwendet werden (vgl. Latour 2001: 190). Jede Entität ist demnach sowohl Bestandteil einer Akteur-Welt als auch vieler Akteur-Netzwerke. Der Begriff „Akteur-Welt" dient lediglich dazu, dasjenige Akteur-Netzwerk besonders zu kennzeichnen und von anderen Netzwerken abzuheben, in dem die gerade im Zentrum der Aufmerksamkeit stehende Entität eine initiierende und somit zentrale Position einnimmt.

Diese stark geraffte Wiedergabe der ANT kann natürlich keinerlei Anspruch auf Vollständigkeit erheben. Die skizzierten Grundzüge sollten aber hinreichend die Nähe zwischen den Konzepten des Akteur-Netzwerkes bzw. der Akteur-Welt und der Deutung von Großveranstaltungen als Projekte bzw. soziotechnische Systeme unterstreichen. Welche Akteure sind für das Netzwerk nun tatsächlich relevant? Die ANT sensibilisiert dafür, dass es möglicherweise mehr sind, als man üblicher Weise vermuten würde. Die Kontroversen als Vermittlung zwischen Gewohnheiten definieren nicht nur die Interaktion von Mensch und Technik, sondern in Form der Vermittlung zwischen den gewohnten Sicherheitskulturen auch die von Institutionen und Individuen. Doch inwiefern bietet die ANT sich konkret als theoretisches Rüstzeug für die Analyse von Veranstaltungskommunikation als integralem Faktor der Sicherheit von Großveranstaltungen an?

## 5.2    Die Rückkehr der Technik

Die von der ANT behauptete, gleichberechtigte Koexistenz menschlicher und technischer Akteure in sozialen Netzwerken macht auf einen Umstand aufmerksam, der, wenn nicht als blinder Fleck, so doch paradoxer Weise als Nachlässigkeit der Medien- und Kommunikationswissenschaft zu werten ist: der bereits eingangs erwähnte Umgang mit Medientechniken. Was sich zunächst abwegig anhören mag, wird mit Blick auf die Entwicklung verschiedener solcher Techniken nachvollziehbar. So äußern Jan-Hendrik Passoth und Matthias Wieser den Verdacht,

> „dass in der Vergangenheit mit der Ausbildung von Telefon, Rundfunk und journalistisch organisiertem Publikationswesen bestimmte Produktionsformen, bestimmte Inhalte und Rezeptionsformen mit den verwendeten Techniken zu solch stabilen Einheiten zusammengebunden waren, dass medien- und kommunikationswissenschaftliche Theoriebildung die Unterschiede zwischen ihnen auch ohne Analyse der entsprechenden Techniken recht gut fassen konnte. So in Sicherheit gewiegt, hat sie die Technik als eigene Analysekategorie aus ihren Konzepten de facto verbannt." (2012: 102)

Technik konnte demnach solange ohne große Schwierigkeiten aus dem unmittelbaren Aufmerksamkeitsspektrum der Medien- und Kommunikationswissenschaften verschwinden, wie Medientechnik und -Inhalt einander eindeutig bedingten. Wozu sich mit technischen Fragestellungen auseinandersetzen, wenn die Differenzen zwischen den Medien auch über die Arten ihrer Verwendung gut greifbar sind? Die Thematisierung von Medientechniken in medien- und kommunikationswissenschaftlichen Betrachtungen folgt daher in der Regel einem der beiden vorherrschenden Muster:

1. *Sozialdeterminismus*: Technik wird maßgeblich durch Sozialstruktur, sozio-ökonomische sowie kulturelle Faktoren bestimmt und ist daher selbst nicht analyserelevant.
2. *Technikdeterminismus*: Die je charakteristische „Technizität des Medialen [...] wird nicht eigentlich analysiert, sondern in groben Veränderungsmustern generalisiert und so zu einer determinierenden Externalität aufgebaut" (Passoth, Wieser 2012: 107).[46]

Dass gegenwärtige Medientechniken weder mit einem Verweis auf die sie umgebenden sozialen oder ökonomischen Umstände noch durch ihre diffuse Einordnung als determinierende Instanz ausreichend beschrieben sind, muss wohl nicht extra betont werden. Es ist vielmehr ein elaboriertes Instrumentarium vonnöten, dass auch für feinere Differenzen aufmerksam ist. Die ANT ist ein solches Werkzeug, so die Argumentation dieses Beitrags, der sich damit Passoth und Wieser (2012: 107) anschließt.

Ein naheliegender Ansatz zur Anwendung der ANT ist eine auf ihr basierende Medienethnographie, deren Aufgabe die Beobachtung und Beschreibung der verschiedenen Phasen einer Medientechnik ist (vgl. Passoth, Wieser 2012: 112): von der Planung und Umsetzung über die erste Erprobung und den institutionalisierten Einsatz bis hin zur krisenbedingten Variation. Sie alle stehen für verschiedene Stadien der Verhandlungen und Kontroversen, die soziotechnische Netzwerke stabilisieren und etablieren oder auch destabilisieren und letztlich gar kollabieren lassen können. Neben der Phase der Konstitution neuer Medientechniken sind es vor allem die Momente ihres teilweisen oder gänzlichen Ausfalls, die sich als aufschlussreich erweisen. Wenn

„aus Gedächtnissen, Protokollen und Archiven herausgekramt wird, was die gerade zusammengebrochene Medientechnik eigentlich alles getan hat – all das sind geeignete Untersuchungsmöglichkeiten, in denen sich entfalten lässt, wie sehr doch die Praktiken und Prozesse der Medienproduktion und -rezeption angewiesen waren auf das lautlose Mitspielen von Kameras, Fernsehtürmen, Bildschirmen, Servern und Glasfasern." (Passoth, Wieser 2012: 113)

---

46  Passoth und Wieser (2012: 104 ff.) sehen u.a. Horkheimer und Adorno, Habermas sowie Bourdieu in der Tradition des Sozialdeterminismus'. Technikdeterministische Positionen machen sie bspw. bei Kittler, Flusser und mit Einschränkungen bei McLuhan aus.

Eine Weiterführung dieses Ansatzes ist möglich, indem man nicht nur die Medientechniken selbst, sondern auch die technisierten Prozesse um sie herum mit in die Analyse einbezieht. Gemeint sind damit beispielsweise die Methoden der Zuschauermessung des Fernsehens, die Zugriffs- bzw. Klickzählung webbasierter Services oder auch die Algorithmen mit deren Hilfe bspw. Musikdienste Vorschläge unterbreiten, die dem Geschmack des Nutzers möglichst nahe kommen. Sie alle haben maßgeblichen Einfluss auf Medienproduktion und -rezeption und dürfen daher keinesfalls als bedeutungsloses Beiwerk abgetan werden. Gerade beim auch in der Veranstaltungswelt zunehmend bedeutsamen Web 2.0 und der stetig zunehmenden Zahl von Veranstaltungs-Apps sind die entsprechenden statistischen Verfahren ein integraler Bestandteil des Mediums und generieren in der Interaktion mit den Nutzern vielfältige Informationen zu deren Lebens- und Nutzungsweise (vgl. Passoth, Wieser 2012: 113f.).

Das analysierte Netzwerk kann in dieser Weise noch weiter verfolgt werden. Die erwähnten statistischen Verfahren entspringen nämlich selbst der Medien- und Kommunikationsforschung[47]. Dabei sind sie jedoch keineswegs bloße Instrumente zur Beobachtung des Rezeptionsverhaltens. Mit ihrer Einbindung in Entscheidungsprozesse zur Programmgestaltung sind sie vielmehr an der Etablierung und Konsolidierung neuer Rezeptionsformen beteiligt. Im Umkehrschluss sind damit in das Netzwerk der Medien nicht nur Medienschaffende, Medientechniken, „Begleittechniken" und Rezipierende, sondern auch Wissenschaftler zu integrieren (vgl. Passoth, Wieser 2012: 114).

Die ANT soll hier also als eine Art „Heuristik für die Medienforschung" (Wieser, 2012: 101) verstanden werden, die vor allem auf die kommunikativen Prozesse und Praktiken innerhalb des Akteur-Netzwerks einer Großveranstaltung abzielt. Medien werden dabei als *aktiv* an der Kommunikation Beteiligte expliziert, die „Medienindustrie, Nutzer und Text miteinander" (Wieser 2012: 106) verbinden. Wie für McLuhan ist auch für die ANT in gewisser Weise das Medium die Botschaft. Allerdings präformiert Medientechnik bei ihr nicht als externalisiertes Sinnesorgan die menschliche Wahrnehmung. Im Gegenteil wird die ANT nicht müde, das reziproke Bedingungsverhältnis von Mensch und Technik zu betonen. Subjekt, Kultur und Gesellschaft sind das Produkt der Aushandlungsprozesse von Akteur-Netzwerken. Netzwerke, die stets nicht nur technisch, sondern auch sozial, diskursiv und natürlich waren. Entsprechend geht es ihr um die dort anzutreffenden Praktiken und Handlungszusammenhänge, insbesondere um die Handlungsfähigkeit (*agency*) von Medientechniken. Medien werden also nicht wie von McLuhan

---

47 So ist bspw. die Einschaltquote als solches und in ihrer heutigen Form das Ergebnis rezeptionswissenschaftlicher Diskurse.

als Organerweiterungen gedacht, sondern (wie auch Objekte des täglichen Lebens, man denke an Latours Türöffner (vgl. Johnson 2006)[48]) als Delegierte menschlicher Intentionen, die sie zwar befolgen, genauso gut aber vereiteln können. Darüber hinaus können sie natürlich auch dazu gebracht werden, etwas gänzlich anderes zu tun oder selbst wiederum menschliche Akteure disziplinieren. Es muss daher darum gehen, medientechnische Entwicklungen und Praktiken im Kontext von Großveranstaltungen zu untersuchen.

## 5.3 Mittler oder Zwischenglieder: Eine Frage der Herstellung von Sicherheit

Es sind mediale Praktiken, die die Schnittstellen von Menschen und Regeln, Menschen und Menschen sowie Menschen und Technik definieren. Sie sind es auch, die den Fokus der erwähnten operativen Funktion von Sicherheitskultur bilden (vgl. Rauer 2011: 68ff.). Vor allem bei letztgenannter Relation, der von Mensch und Technik, ist – wie auch Latour erkennt – über die Jahrzehnte hinweg ein deutlicher Wandel auszumachen. So wird im Bericht zum Atomunglück von Tschernobyl noch beschrieben, der Reaktor sei ausgehend von der Prämisse errichtet worden, „dass der Mensch zuverlässiger sei als die verfügbaren technischen Systeme" (Bundesminister für Umwelt, Naturschutz und Reaktorsicherheit, Bonn, Referat RS 18 (Hrsg.) 1986: 5). Man muss nicht lange suchen, um Beispiele dafür zu finden, dass diese Prämisse sich schon seit längerem in ihr Gegenteil gewandelt hat. Selbstfahrende PKW werden bspw. dezidiert aus dem Grund entwickelt, den menschlichen Fahrer als Fehler- und mithin Gefahrenquelle zu eliminieren. Statt seiner soll die Technik das Steuer übernehmen, da sie gegen häufige Fehlerquellen wie Müdigkeit, Alkoholeinfluss oder Ablenkung immun ist. Auch die Zunahme von Kameras im öffentlichen Raum kann als Zeichen für den Wandel des Mensch-Maschine-Verhältnisses gedeutet werden. Das sehende Auge wird durch die Kamera ersetzt, die ihren Sichtbereich nicht nur permanent zuverlässig überwacht, sondern darüber hinaus auch reproduzierbare und mithin dokumentarische Beobachtungen erzeugt (vgl. Rauer 2012: S. 82 f.). Wie lange Menschen noch an der Sichtung und Auswertung dieser „Beobachtungen" beteiligt sind, ist angesichts der Entwicklung neuer Bilderkennungsverfahren und Auswertungsalgorithmen fraglich. Eindeutig ist dagegen, dass Technik den Menschen inzwischen auf vielen Gebieten in Sachen

---

48 Latour veröffentlichte diesen Text vorgeblich unter einem Pseudonym, um dessen Rezeption unter amerikanischen Soziologen zu fördern.

Zuverlässigkeit den Rang abgelaufen zu haben scheint: Menschen unterliegen sozialen Einflüssen und erzeugen soziale Konstruktionen, Maschinen dagegen schaffen Fakten. Oder?

Latour würde angesichts dieses Beispiels vermutlich sagen, dass hier nur eine Variante einer „asymmetrische[n] Anthropologie" (Latour 1998) eine andere ersetzt. Wichtig wäre für ihn keineswegs, ob der Mensch über die Technik oder die Technik über den Menschen gestellt wird. Entscheidend ist vielmehr, dass überhaupt ein Ungleichgewicht, eine Asymmetrie entsteht. Denn diese „asymmetrische Anthropologie verkennt, dass menschliche Akteure mit technischen Aktanten ein komplexes Netzwerk von Schnittstellen bilden, in der keine Seite strukturell überlegen ist" (vgl. Rauer 2011: 70). Die Intuition menschlicher und die Funktion technischer Akteure realisieren gemeinsam verteilte Handlungen, deren Ergebnisse bei ausreichender Etablierung die sie erzeugenden Handlungsnetzwerke unsichtbar werden lassen (zu sog. *Black boxes*) (vgl. Latour 2006: 487ff.). Gleichermaßen erzeugt jede technische Dysfunktion und jeder unerwartete Sinneswandel eines menschlichen Akteurs eine Kontroverse, die auch längst etablierte Handlungsnetzwerke wieder teilweise oder sogar gänzlich in ihrer Komplexität hervortreten lässt.

Die Unterscheidung zwischen dem absoluten, technisch-wissenschaftlich erzeugten Fakt und dem relativen, menschlicher Projektion entspringenden Sozialkonstrukt ist für Latours ANT ein zentrales Problem. Latour argumentiert dabei mit Blick auf die Entstehung wissenschaftlicher Tatsachen, deren Status als nicht zu hinterfragende, objektive Wahrheit er in Frage stellt. Ihnen gegenüber stehen die sogenannten „Fetische", die bloße soziale Projektionsflächen sind und somit allenfalls subjektiv wahr und wirkmächtig sein können, aber keineswegs allgemeingültig. Es geht Latour also darum, diese Form des Fakt-Fetisch-Dualismus als vorschnell und unzutreffend zu brandmarken. Soziale Konstrukte – Fetische – können seiner Meinung nach ebenso intersubjektiv real und wirkmächtig sein wie die oft zu unrecht zum Faktum deklarierten wissenschaftlichen Tatsachen (vgl. Latour 2007b: 36ff.).

Für die Sicherheit heißt das, dass ihr Wandel von der belastbaren, objektiven Tatsache hin zu einem sozialen Konstrukt keineswegs ein Bedeutungsverlust ist.[49] Vielmehr wird erst dadurch eine Möglichkeit geschaffen, tatsächlich alles für die Gewährleistung von Sicherheit zu unternehmen: Im Gegensatz zu einem auf Objektiven beharrenden, substanziellen Sicherheitsverständnis ist die neue Auffassung von Sicherheit als sozialem Konstrukt nicht nur dazu in der Lage, subjektive Sicherheitsfaktoren zu integrieren, sie erlaubt es darüber hinaus, „die

---

49    Ausführlich geht Gertenbach (2015) auf Latours Auseinandersetzung mit dem Konstruktivismus ein.

vermeintlich ‚objektive' Sicherheit als gesellschaftliches Artefakt zu dekonstruieren und auf die spezifischen Praktiken des Wissenschaftssystem [sic] zurückzuführen" (Daase 2012: 39).

Für Latour geht es vor allem um die „Definitionen […], mit denen die Akteure selbst ihren eigenen ‚sozialen Kontext' [bestimmen]" (Latour 2001: 73), wie sie es persönlich *gewöhnt* sind, ihr Umfeld wahrzunehmen und entsprechend zu reagieren. Bedeutsam in diesem Zusammenhang ist die Unterscheidung zweier Wirkungsweisen sozialer Aggregate: Mittler und Zwischenglieder. Mittler haben ausgehend vom Input keinen vorhersagbaren Output: Sie „übersetzen, entstellen, modifizieren und transformieren" (Latour 2001: 70), was sie übermitteln sollen. Zwischenglieder geben dagegen ohne Veränderung weiter, was transportiert werden soll. Dementsprechend muss der Fokus einer Analyse zunächst immer auf die Mittler gerichtet sein, da sie Verbindungen beeinflussen, dass heißt auflösen, etablieren oder ganz allgemein verändern können. Die sozialen Entitäten haben diese Rollen jedoch keineswegs permanent inne. Vielmehr wechseln sie sie ständig durch Übersetzung, also die Abänderung der an sie gerichteten Erwartungen, die Revision von Gewohnheiten, innerhalb ihrer sozialen Kontexte.

Bezogen auf die Kommunikation bei Großveranstaltungen macht das ein Umdenken erforderlich. Dass die Kommunikation innerhalb des Netzwerks Großveranstaltung etwa zwischen Veranstalter und Besuchern auch aufgrund technischer Hindernisse fehlschlagen kann, ist in der Regel präsent und muss bis zu einem gewissen Grad auch toleriert werden. Bestimmte Veranstaltungstypen (bspw. Festivals, Marathonläufe) bringen es mit sich, dass aufgrund der Weitläufigkeit des Veranstaltungsareals nicht alle Besucher erreicht werden können. Soziale Medien können dieses Problem zwar abmildern, jedoch nur insofern die Mobilfunk- und Stromversorgung der Endgeräte der Besucher bei den (häufig mehrtägigen) Veranstaltungen funktioniert. Ob die bereitgestellten Dienste, Apps, und Nachrichten genutzt werden (oder ob überhaupt Mobilgeräte mitgeführt werden), entzieht sich naturgemäß jedoch gänzlich einer Kontrolle durch den Veranstalter.

Soziale Medien bringen darüber hinaus eine weitere Schwierigkeit mit sich, denn wie alle Medientechniken wirken sie nicht als bloße Zwischenglieder, die Botschaften unverändert passieren lassen, sondern verändern sie als Mittler. Oder, um es anders zu formulieren, wirken Medientechniken innerhalb des Projektes Großveranstaltung nicht intermediär, sondern mediativ: Auch dort, wo Botschaften unverändert *transportiert* werden sollten, werden sie durch Medien *transformiert*. Ein Beispiel hierfür ist das sogenannte „Wording", also die Art und Weise der Gestaltung von Botschaften. Dieses ist nicht nur abhängig von den strukturellen

Beschränkungen eines Mediums[50], unabhängig davon kann ein und dieselbe Nachricht von den Nutzern verschiedener Veranstaltungsmedien gänzlich verschieden aufgenommen werden. So ist der Nutzerkreis der Veranstaltungs-App möglicher Weise sehr verschieden von dem des Veranstaltungsradios (bspw. bei Festivals), genauso wie sich die Communities auf den verschiedenen sozialen Netzwerken (Facebook, Twitter, Instagram etc.) fundamental voneinander unterscheiden können. Um eine jeweils möglichst passgenaue Kommunikation zu etablieren, gilt es also, die Zusammensetzung der Veranstaltungsbesucher und die Verteilung der Zielgruppen auf die diversen Veranstaltungsmedien zu kennen. Diese Erkenntnis ist eine, die in der Veranstaltungswelt erst im Laufe der letzten Jahre im Zuge der zunehmenden Verbreitung sozialer Medien und mobiler Geräte wie Smartphones und Tablets gewonnen werden konnte. Nach der frühen Phase, in der nach ANT-Terminologie „verhandelt" wurde, ob soziale Medien überhaupt Bestandteil der Akteur-Welten der Veranstalter werden sollten, sind diese mittlerweile ein konsolidierter Bestandteil eines jeden Großveranstaltungsnetzwerks.

Wie bereits angedeutet wurde, erweist sich ihre Integration als verlässliche Zwischenglieder zur Verbreitung von Nachrichten jedoch als problematisch. Viel zu oft verweigern sie sich einer unveränderten Übertragung und fungieren häufig noch in einer Mittlerrolle. Dies ist nicht zuletzt darauf zurückzuführen, dass soziale Medien nach wie vor in einem steten Wandel begriffen sind: Zwar gibt es mit Twitter, Facebook und YouTube Plattformen, die als etabliert gelten können, es gibt jedoch fortlaufend neue Mitbewerber oder Diversifikationen der bestehenden Anbieter, deren Integration bei ausreichender Marktdurchdringung verhandelt werden muss. Oft bringt die Integration neuer Anbieter nicht nur technische Herausforderungen mit sich, sondern auch kommunikative Probleme. Diese sind etwa durch spezielle Alters- und/oder Nutzergruppen sowie deren (teils plattformbedingte) Interaktionsgewohnheiten bedingt[51]. Zudem ist Social Media Management im Allgemeinen und bezogen auf die Veranstalter von Großveranstaltungen im Besonderen eine noch immer kaum institutionalisierte Profession, deren Ausübung in der Regel auf Erfahrungswerten beruht. Die Weitergabe von tätigkeitsbezogenem Wissen (besonders gilt dies für praxisrelevantes Know How

---

50  Der Mikroblogging-Dienst Twitter beschränkt die Länge von Nachrichten bspw. auf 280 Zeichen.

51  Ein Beispiel hierfür sind die zahlreichen Dating-Apps, die dem Nutzer in der Regel auf Basis geolokaler Dienste potenziell interessante Personen in seiner Umgebung anzeigen (die natürlich ebenfalls Nutzer der App sein müssen). Einander Nachrichten zu schicken wird bei der App Tinder bspw. erst dann möglich, wenn dem beide Nutzer nach einer ersten oberflächlichen Prüfung von Profil und Profilbild zugestimmt haben.

in der Veranstaltungsbranche) in Form von Ausbildungen oder Leitfäden findet
bislang faktisch kaum statt.

## 5.4   Aushandlungsprozesse:
### Eine Frage des Umgangs mit Unsicherheit

Die Mittlerrolle von Medien – also das Potenzial zur Veränderung dessen, was
eigentlich unverändert transportiert werden soll – ist keineswegs auf Medientechniken beschränkt. Sprache als Medium kann ebenfalls die Rolle eines Mittlers
einnehmen, wie das Beispiel der Ansprache verschiedener Besuchergruppen auf
Großveranstaltungen zeigt. Darüber hinaus aber – und das ist für den Fortlauf
und die Sicherheit der Veranstaltung mindestens ebenso problematisch – kann
Sprache auch dort vom Idealzustand des Zwischengliedes zu einem Mittler werden, wo eine zuverlässige, unverfälschte Übertragung der Botschaft unbedingt erforderlich ist: bei der Kommunikation zwischen Veranstalter, BOS, Dienstleistern
usw. Gerade in kritischen Situationen ist die Abstimmung des gemeinsamen
Vorgehens ein integraler Bestandteil des Krisenmanagements und lässt eine
reibungslose Kommunikation ohne Verzögerungen, Unklarheiten oder gar Missverständnissen unverzichtbar werden. Dabei schützt auch die vermeintlich unver-
mittelte Face-to-face-Kommunikation erfahrungsgemäß nicht vor unerwarteten
Missverständnissen, denn auch sie ist mediatisiert: Körper, Stimme, Sprache etc.
greifen in die Interaktion zweier Menschen ein und können Botschaften unvor-
hergesehen verändern (vgl. Wieser 2012: 111). Doch wie kann diesen Unsicherheiten begegnet werden? Gerade im Kontext von Großveranstaltungen sind viele
verschiedene Akteure mittel- oder unmittelbar mit Sicherheitsaufgaben betraut. In
einigen Fällen wacht ein permanent installiertes Koordinierungsgremium – zusammengesetzt aus Vertretern dieser Akteure – über den Veranstaltungsablauf
und entscheidet fallabhängig gemeinsam über das weitere Vorgehen. Problematisch ist in diesen Fällen häufig, dass die meisten der versammelten Akteure nicht
nur verschiedene Begriffe für Sicherheits- und Unsicherheitsfaktoren verwenden,
sondern teils auch gänzlich verschiedene Dinge in diese Kategorien einordnen.
Es prallen mithin verschiedene Sicherheitskulturen aufeinander und müssen vermittelt werden. Veranstaltungsgremien sind daher bei der Entscheidungsfindung in
sicherheitsrelevanten Szenarien vor verschiedene Probleme gestellt, die folgend in
Anlehnung an Frevel und Schulze (2012: 216ff.) für Großveranstaltungen skizziert
werden sollen.

## Selbst- und Problemverständnis

Ob und inwiefern Situationen als problematisch beurteilt werden, kann innerhalb des Verantwortlichen-Gremiums einer Großveranstaltung höchst unterschiedlich sein. In Bezug auf stark alkoholisierte oder unter Drogeneinfluss stehende Veranstaltungsbesucher etwa sind die Übergänge fließend: Während die Polizei sie in erster Linie als Personen betrachtet, die Probleme *machen*, erkennt der Sanitätsdienst sie gemäß seiner Aufgaben vordergründig als Personen, die Probleme *haben*. Geht es für den einen um die Gefährdung und die potenziellen Opfer, ist es die Aufgabe des anderen, sich mit der gesundheitlichen Lage des Gefährdenden selbst auseinanderzusetzen (sowie eventueller Opfer). Entsprechend wird die Frage, wie mit einem derartigen Problem umzugehen ist, von den beiden Akteuren verschieden beantwortet und bedarf der Abstimmung und Koordination. Eng damit verbunden sind unterschiedliche Vorstellungen darüber, was überhaupt unter einer sicheren Veranstaltung zu verstehen ist und wie der eigene, konkrete Beitrag zu dieser Sicherheit und die zu leistende Präventionsarbeit überhaupt auszusehen hat.

Diese bislang häufig nur unbewusst und implizit mitlaufenden Verständnisweisen müssen also im Vorfeld einer jeden Großveranstaltung von jedem der beteiligten Akteure expliziert und im Rahmen eines propädeutischen Veranstaltungsdiskures zur Disposition gestellt und geklärt werden. Die Vermittlung der institutionellen wie individuellen Rollen- und Probleminterpretationen ist der erste Schritt zu einer einheitlichen Sicherheitskultur.

## Begriffe und Vorstellungen

Jeder Akteur hat eigene, teils institutionell verankerte, Begriffe und Vorstellungen von Sicherheit, Unsicherheit, Prävention, Maßnahmen usw. Dies ist auf die unterschiedlichen Auffassungen des eigenen Tuns und Handelns, aber auch die tatsächlichen Handlungsmöglichkeiten zurückzuführen. Wie bereits angedeutet, können diese Unterschiede eine Verständigung erheblich erschweren und müssen daher im Vorfeld der Veranstaltung ausreichend thematisiert werden. Viel zu häufig jedoch werden diese Differenzen gar nicht oder nur implizit verhandelt und erweisen sich in kritischen Situationen als fatal für die Abstimmung des gemeinsamen Handelns. Idealerweise sollten sich alle Beteiligten daher auf ein einheitliches, für alle verbindliches Begriffsinstrumentarium zur Veranstaltungssicherheit einigen. Dies sollte wiederum obligatorischer Bestandteil des zum Sicherheitskonzept der Veranstaltung gehörenden Kommunikationskonzeptes werden. Eine gemeinsame Sicherheitskultur setzt einheitliche Begrifflichkeiten voraus.

## Ressourcen

In einem Zusammenwirken mehrerer Akteure im Veranstaltungskontext muss jeder Akteur eigene Ressourcen einbringen, sie anderen Akteuren zur Verfügung stellen und selbst fremde Ressourcen nutzen. Dabei geht es keineswegs nur um materielle Ressourcen, sondern auch um Know How, Personal usw. Die für den Betrieb der Großveranstaltung notwendigen Ressourcen müssen dabei überwiegend vom Veranstalter bereitgestellt werden. Hierzu ist es in der Regel erforderlich, Dienstleister wie Sicherheits- und Sanitätsdienste zu beauftragen. BOS und sonstige Behörden unterstützen jedoch vor, während und nach der Veranstaltung mit eigenen Ressourcen und übernehmen im Krisenfall die Verantwortung für das weitere Vorgehen (bspw. im Fall einer Anschlagsdrohung, Evakuierung usw.). Auch hier muss es also darum gehen, von Beginn an für Klarheit darüber zu sorgen, welche Ressourcen in welchem Umfang zur Verfügung stehen, ob diese ggf. organisational gebunden sind oder auch überorganisational verfügbar gemacht werden können. Umgekehrt müssen auch Bedarfe angemeldet sowie auf akute Defizite ggf. hingewiesen werden. Sollten diese nicht im Vorfeld der Großveranstaltung behoben werden können, ist von einer Genehmigung abzusehen.

## Kompetenzen

Interorganisationale Kooperationen im Rahmen von Großveranstaltungen sind besonders stark von unterschiedlichen Kompetenzen und Erfahrungen auf dem Gebiet der Durchführung von Veranstaltungen geprägt. Hierbei sind verschiedene Kompetenzgefälle denk- und auffindbar. Einerseits kann ein unerfahrener Veranstalter, der sein erstes Event plant, auf sehr veranstaltungserfahrene BOS treffen, andererseits kann aber auch ein kompetenter Veranstalter, der bereits mehrere große Events geplant und organisiert hat, auf BOS treffen, die bspw. aufgrund ihrer Situierung im ländlichen Raum bislang kaum mit den Herausforderungen einer Großveranstaltung konfrontiert wurden. Idealerweise haben selbstverständlich alle Akteure ein hohes Kompetenz- und Erfahrungsniveau, im schlechtesten Fall ist aber bspw. auch eine vergleichsweise kleine Kommune plötzlich Veranstalter eines Landesfesttages, mit dem auch die örtlichen BOS überfordert sind. Ausgehend von einem Kompetenzgefälle gehen in der interorganisationalen Kooperation vor allem die Ansichten zu Eingriffs- und Rechtsbefugnissen sowie zu den Möglichkeiten und Notwendigkeiten des Handelns auseinander.

Auch hier ist es erforderlich, dass die beteiligten Akteure einander nach Kräften unterstützen, um Kompetenzunterschiede nach Möglichkeit auszugleichen. Mangelnde Kompetenzen sollten keineswegs verschwiegen, sondern vielmehr Unterstützungsbedarf in diesem Bereich angemeldet werden. Ggf. ist das Veranstaltungsnetzwerk erst durch die Integration weiterer Akteure mit zusätzlichen Kompetenzen ausreichend stabilisiert und für die Durchführung einer Großveranstaltung gewappnet. Ein über alle Akteure hinweg ausreichendes Kompetenzniveau ist eine notwendige Voraussetzung für eine tatsächliche Sicherheitskultur.

### Anspruch und Wirklichkeit

Sicherheit kann es eigentlich nie genug geben, oder? Leider ist ein Plus an Sicherheit in der Regel ein Kostenfaktor und hierfür stehen oft weder die erforderlichen Ressourcen bereit noch sind überhaupt alle Maßnahmen für eine „ultimative" Sicherheit mit den bürgerlichen Freiheiten zu vereinbaren. Es bleibt jedoch keineswegs bei der Diskrepanz zwischen der besten annehmbaren und der tatsächlich realisierbaren Sicherheit. Oft bleiben die realisierten Sicherheitsmaßnahmen und -einrichtungen auch hinter denjenigen zurück, die mit einem zumutbaren Ressourcenaufwand umsetzbar gewesen wären. So werden in Sicherheitskonzepten teils über Jahrzehnte hinweg Sicherheitsmaßnahmen genehmigt, die nie einer Prüfung unterzogen wurden. Sie werden schlichtweg als sicher interpretiert. Werden diese Maßnahmen dann doch einmal einer Prüfung unterzogen, sei es in Form eines akuten Notfalls oder nur einer Sicherheitsübung (die in der Veranstaltungsbranche leider nach wie vor unüblich sind) können sich die Annahmen ihrer Sicherheit oft schnell als unberechtigt erweisen. Es besteht also eine fortwährende Verunsicherung darüber, welcher Umfang von Sicherheitsmaßnahmen tatsächlich angemessen ist bzw. wie das optimale Kosten-Nutzen-Verhältnis in Punkto Sicherheit eigentlich aussieht. Zudem werden diese Aushandlungsprozesse im Kontext von Großveranstaltungen in einem Ausnahmezustand durchgeführt: für die langwierige Vermittlung der verschiedenen Sicherheitskulturen bleibt bspw. häufig schlichtweg nicht genug Zeit.

## 6    Fazit

Ausgehend davon, dass

1. das sich das praxeologische Konzept der Sicherheitskultur für die Beschreibung der Praktiken sicherheitsrelevanter Akteure eignet, wurden
2. die Umstände der interorganisationalen Aushandlungen dieser Sicherheitspraktiken für Großveranstaltungen mithilfe ihrer Darstellung als Projekte skizziert.
3. Projekte sind soziotechnische Systeme, insofern sie zwischen verschiedenen technischen und menschlichen Akteuren Verbindungen etablieren. Da der Be-

griff des soziotechnischen Systems mit Kriterien verknüpft ist, deren Erfüllung sich nur performativ, also am „laufenden" System überprüfen lässt, wurde 4. die ANT als Analyseinstrument in Spiel gebracht. Die Ersetzung des soziotechnischen Systems durch das Akteur-Netzwerk sensibilisiert dabei nicht nur für soziale Relevanz technischer Akteure, sondern auch für die Unvorhersehbarkeit von Mensch-Maschine-Interaktionen. Es sind die Prozesse der Vernetzung, die sich als Erfolgskriterium des Projektes Großveranstaltung erweisen.

Die ANT lässt (Veranstaltungs-)Kommunikation als fortlaufenden Übersetzungsbzw. Aushandlungsprozessprozess erkennen, der nicht nur zwischen menschlichen und technischen Akteuren vermittelt, sondern auch zwischen den divergenten Kommunikationsobligationen und -gewohnheiten auf individueller und organisationaler Ebene. (Veranstaltungs-)Medien sind dementsprechend keine Kanäle, die Inhalte unverändert transportieren, sondern sie beeinflussen selbst die Produktion und Rezeption von Botschaften und müssen insofern als Akteur in der Sicherheitskommunikation ernst genommen werden.

Das Projekt Großveranstaltung ist in seinem Gelingen demnach abhängig (1) von der erfolgreichen Integration möglichst vieler relevanter Akteure in das Veranstaltungsnetzwerk, unabhängig davon, ob diese menschlich oder technisch sind. Hierzu zählt auch die Wahl geeigneter kommunikativer Mittel. Erforderlich ist zudem (2) die erfolgreiche Vermittlung der verschiedenen Sicherheitskulturen und sicherheitskommunikativen Standards. In vielerlei Hinsicht erweisen sich Großveranstaltungen heute jedoch als sehr *heterogen* zusammengesetzte Projekte, in deren Rahmen verschiedene Akteure mit je spezifischen Sicherheitskulturen an der Verwirklichung eines gemeinsamen Ziels arbeiten: der Realisierung einer sicheren und profitablen Veranstaltung. Das Erreichen dieses Ziels wird zusätzlich dadurch erschwert, dass *Termination*, *Limitierung* und *Dedikation* von Großveranstaltungen die Vermittlung zwischen den einzelnen Akteuren in der Regel stark behindern. Im ungünstigsten Fall führen die derart beeinträchtigten Aushandlungsprozesse zu einer vorzeitigen Auflösung des Veranstaltungsnetzwerks. Umso wichtiger ist es daher, unter Wahrung einer ANT-Perspektive, die zentralen kommunikativen Akteure in diesem Netzwerk zu identifizieren und Möglichkeiten einer effizienteren und nachhaltigeren Stabilisierung aufzuzeigen. Im Idealfall wird eine *veranstaltungsspezifische Sicherheitskultur* etabliert, die von allen Beteiligten mitgetragen und (auch) in Form einer gemeinsamen Sicherheitskommunikation umgesetzt wird[52]. Denn Sicherheitskommunikation ist nicht nur

---

52   Eine Grundvoraussetzung hierfür ist eine größere Offenheit in der Veranstaltungskommunikation, wie Christoph Groneberg in seinem Beitrag deutlich macht.

die Grundlage von Sicherheitskultur, sie ist auch eines ihrer wichtigsten exekutiven Instrumente.

## Literaturverzeichnis

Beck, Ulrich (1986): *Risikogesellschaft. Auf dem Weg in eine andere Morderne*. 1. Aufl. Frankfurt am Main: Suhrkamp.

Benjamin, Walter (1996): *Das Kunstwerk im Zeitalter seiner technischen Reproduzierbarkeit : drei Studien zur Kunstsoziologie*. 22. Aufl. Frankfurt am Main: Suhrkamp.

Bundesminister für Umwelt, Naturschutz und Reaktorsicherheit, Bonn, Referat RS 18 (Hrsg.) (1986): *INSAG I.* Körperschaft: International Atomic Energy Agency (Maßnahmen zur Stärkung der internationalen Zusammenarbeit auf dem Gebiet der Reaktorsicherheit und des Strahlenschutzes: Sondersitzung der Generalkonferenz der Internationalen Atomenergiebehörde vom 24. bis 26. September 1986 in Wien. Teil: 1. Zusammenfassender Bericht einschließlich der deutschen Übersetzung des INSAG Berichtes über die Analyse des Unfalls im Kernkraftwerk Tschernobyl).

Büttner, Torsten.; Fahlbruch, Babette; Wilpert, Bernhard (2007): *Sicherheitskultur: Konzepte und Analysemethoden*. 2. Aufl. Heidelberg: Asanger.

Callon, Michel (2006): „Die Soziologie eines Akteur-Netzwerkes: Der Fall des Elektrofahrzeugs". In: Belliger, Andréa; Krieger, David J. (Hrsg.) *ANThology: ein einführendes Handbuch zur Akteur-Netzwerk-Theorie*. Bielefeld: Transcript, S. 135–174.

Checkel, Jeffrey T. (1998): „The Constructivist Turn in International Relations Theory". In: *World Politics*. (50), S. 324–348.

Conze, Eckart (2005): „Sicherheit als Kultur. Überlegungen zu einer „modernen Politikgeschichte" der Bundesrepublik Deutschland". In: *Vierteljahreshefte für Zeitgeschichte*. 53 , S. 357–380.

Daase, Christopher (2010): „Wandel der Sicherheitskultur". In: *Aus Politik und Zeitgeschichte*. (50), S. 9–16.

Daase, Christopher (2011): „Sicherheitskultur – Ein Konzept zur interdisziplinären Erforschung politischen und sozialen Wandels". In: *Sicherheit & Frieden*. (2), S. 59 – 65.

Daase, Christopher (2012): „Sicherheitskultur als interdisziplinäres Forschungsprogramm". In: Daase, Christopher; Offermann, Philipp; Rauer, Valentin (Hrsg.) *Sicherheitskultur: soziale und politische Praktiken der Gefahrenabwehr*. Campus Verlag, S. 23–44.

Emery, Fred Edmund; Thorsrud, Einar (1964): *Industrielt Demokrati*. Oslo: Oslo University Press.

Frevel, Bernhard; Schulze, Verena (2012): „Kooperartive Sicherheitspolitik – Safety und Security Governance in Zeiten sich wandelnder Sicherheitskultur". In: Daase, Christopher; Offermann, Philipp; Rauer, Valentin (Hrsg.) *Sicherheitskultur: soziale und politische Praktiken der Gefahrenabwehr*. Frankfurt ; New York: Campus Verlag.

Gertenbach, Lars (2014): „Kultur ohne Bedeutung. Die Grenzen der Hermeneutik und die Entgrenzung der Kultursoziologie". In: Fischer, Joachim; Moebius, Stephan (Hrsg.) *Kultursoziologie im 21. Jahrhundert*. Wiesbaden: Springer Fachmedien.

Gertenbach, Lars (2015): *Engrenzungen der Soziologie: Bruno Latour und der Konstruktivismus*. 1. Aufl. Weilerswist: Velbrück.

Goertz, Lutz (1995): „Wie interaktiv sind Medien? Auf dem Weg zu einer Definition von Interaktivität.". In: *Rundfunk und Fernsehen*. 43 (4), S. 477–493.

Gusy, Christoph (2010): „Sicherheitskultur – Sicherheitspolitik – Sicherheitsrecht". In: *Kritische Vierteljahresschrift für Gesetzgebung und Rechtswissenschaft*. 93 (111–128).

Johnson, Jim (2006): „Die Vermischung von Menschen und Nicht-Menschen: Die Soziologie eines Türschließers". In: Belliger, Andréa; Krieger, David J. (Hrsg.) *ANThology: ein einführendes Handbuch zur Akteur-Netzwerk-Theorie*. Bielefeld: Transcript, S. 237–258.

Kahn, Herman (1960): *On Thermonuclear War*. 1. Aufl. Princeton: Princeton University Press.

Lasswell, Harold D. (1971): „The Structure and Function of Communication in Society". In: Schramm, Wilbur L.; Roberts, Donald F. (Hrsg.) *The Process and Effects of Mass Communication*. Auflage: Revised. Urbana: University of Illinois Press, S. 84–99.

Latour, Bruno (1998): *Wir sind nie modern gewesen : Versuch einer symmetrischen Anthropologie*. Frankfurt am Main: Fischer-Taschenbuch-Verl.

Latour, Bruno (2001): *Das Parlament der Dinge. Für eine politische Ökologie*. Frankfurt a. M.: Suhrkamp.

Latour, Bruno (2006): „Über technische Vermittlung: Philosophie, Soziologie und Genealogie". In: Belliger, Andréa; Krieger, David J. (Hrsg.) *ANThology: ein einführendes Handbuch zur Akteur-Netzwerk-Theorie*. Bielefeld: Transcript, S. 529–544.

Latour, Bruno (2007a): *Eine neue Soziologie für eine neue Gesellschaft. Einführung in die Akteur-Netzwerk-Theorie*. Frankfurt a. M.: Suhrkamp.

Latour, Bruno (2007b): *Elend der Kritik: Vom Krieg um Fakten zu Dingen von Belang*. Zürich, Berlin: Diaphanes.

McLuhan, Marshall (2001): *Understanding Media. The Extensions of Man*. 2. Aufl. London: Routledge.

Passoth, Jan-Hendrik; Wieser, Matthias (2012): „Medien als soziotechnsiche Arrangements: Zur Verbindung von Medien- und Technikforschung". In: Greif, Hajo; Werner, Matthias (Hrsg.) *Vernetzung Als Soziales Und Technisches Paradigma*. Wiesbaden: VS Verlag für Sozialwissenschaften.

Rauer, Valentin (2011): „Von der Schuldkultur zur Sicherheitskultur. Eine begriffsgeschichtliche Analyse 1986–2010.". In: *Sicherheit & Frieden*. (2), S. 66–72.

Rauer, Valentin (2012): „Interobjektivität: Sicherheitskultur aus Sicht der Akteur-Netzwerk-Theorie". In: Daase, Christopher; Offermann, Philipp; Rauer, Valentin (Hrsg.) *Sicherheitskultur: soziale und politische Praktiken der Gefahrenabwehr*. Campus Verlag, S. 69–81.

Rauer, Valentin; Junk, Julian; Daase, Christopher (2014): „Konjunkturen des Kulturbegriffs: Von der politischen und strategischen Kultur zur Sicherheitskultur". In: *Dimensionen der Sicherheitskultur*. Wiesbaden: Springer VS (Studien zur inneren Sicherheit), S. 33–56.

Reckwitz, Andreas (2000): *Die Transformation der Kulturtheorien: zur Entwicklung eines Theorieprogramms*. 1. Aufl. Weilerswist: Velbrück Wissenschaft.

Reckwitz, Andreas (2008): „Die Kontingenzperspektive der „Kultur". Kulturbegriffe, Kulturtheorien und das kulturwissenschaftliche Forschungsprogramm". In: *Unscharfe Grenzen: Perspektiven der Kultursoziologie*. Bielefeld: transcript, S. 15–45.

Rice, Albert Kenneth (1963): The Enterprise and Its Environment: A System Theory of Management Organization. London: Tavistock Publications.

Rusch, Gebhard (2011): „(IT-) Projekt-Kommunikation – Kommunikation in prozessen sozialer Strukturierung, soziotechnischen und multiplexen Systemen". In: Projekt-kommunikation: Strategien für temporäre soziale Systeme. Wiesbaden: VS Verlag für Sozialwissenschaften (VS research), S. 49–86.

Schulz-Schaeffer, Ingo (2000): „Akteur-Netzwerk-Theorie. Zur Koevolution von Gesellschaft, Natur und Technik". In: Weyer, Johannes (Hrsg.) Soziale Netzwerke: Konzepte und Methoden der sozialwissenschaftlichen Netzwerkforschung. Auflage: aktualisierte und erweiterte Auflage. München u.a.: Oldenbourg Wissenschaftsverlag, S. 187–209.

Shannon, Claude; Weaver, Warren (1949): The Mathematical Theory of Communication. Urbana: University of Illinois Press.

Trist, Eric Lansdown; Bamforth, Ken (1951): „Some Social and Psychological Consequences of the Longwall Method of Coal Getting". In: Human Relations. 4 (4), S. 3–38.

Wieser, Matthias (2012): Das Netzwerk von Bruno Latour : die Akteur-Netzwerk-Theorie zwischen Science & Technology Studies und poststrukturalistischer Soziologie. Bielefeld: Transcript.

# Offenheit als Prinzip der Veranstaltungskommunikation

## Christoph Groneberg

Immer wieder kommt es bei Großveranstaltungen zu tragischen Unglücken.[53] Bei vielen Ereignissen werden im Nachhinein umfangreiche Untersuchungen und Problemanalysen[54] durchgeführt, die nicht selten neben technischen und organisatorischen Gründen auch Kommunikationsprobleme zwischen den beteiligten Akteuren des Veranstaltungsmanagements, den (Sicherheits-)Dienstleistern, Behörden und Organisationen mit Sicherheitsaufgaben (BOS) sowie dem Publikum identifizieren. Zurückzuführen sind diese zumeist auf fehlende oder nicht ausreichende Absprachen über Verantwortlichkeiten und Informationsflüsse im Vorfeld einer Veranstaltung sowie mangelhafte oder ganz fehlende Kommunikationstechnik. Weitere Gründe können auch in den akteursspezifischen Interessen der Beteiligten liegen. So hat ein Veranstalter ein primär ökonomisches Interesse und den Wunsch nach einem reibungslosen Veranstaltungsablauf zur Zufriedenheit seiner Gäste. Die Polizeien konzentrieren sich auf die Gefahrenabwehr bzw. die Verhinderung von Straftaten, während sich die Feuerwehren auf den Brandschutz

---

53    Die Internetseite eventfaq.de listet in der Rubrik „Unfälle auf Veranstaltungen" eine Auflistung von Großveranstaltungsunglücken seit 1900 (vgl. Waetke 2015).

54    Öffentlich zugängliche Berichten gibt es z. B. zum Unglück auf dem The Who-Konzert in Cincinnati 1979 (vgl. Task Force on Crowd Control and Safety 1980), zur Massendynamik während des Roskilde Festivals 2000 (vgl. Kornerup, Rungstrom 2000), zum Bühnenzusammensturz auf dem Indianapolis State Fair 2010 (vgl. Witt Associates 2012), zum Brand in einem Club in Rhode Island 2003 (vgl. Gosshandler u. a. 2015) oder zur Massendynamik auf der Loveparade 2010 in Duisburg (vgl. Polizei Duisburg 2010; Stadt Duisburg 2010b; Still 2012).

© Springer Fachmedien Wiesbaden GmbH, ein Teil von Springer Nature 2019
C. Groneberg (Hrsg.), *Veranstaltungskommunikation*,
https://doi.org/10.1007/978-3-658-11725-2_4

und der Sanitätsdienst auf die medizinische Versorgung bzw. auf die nicht-polizei-
liche Gefahrenabwehr fokussieren. Der Sicherheits- bzw. Ordnungsdienst ist für
die Sicherung des Veranstaltungsgeländes und die Sicherheit der Besucher verantwortlich. Nicht zu vergessen sind an dieser Stelle andere Dienstleister, wie z.b.
die Sanitär- und Verpflegungsanbieter sowie die Künstler und Gäste, die ebenfalls
eigene Ziele mit ihrem Engagement auf Großveranstaltungen verfolgen.[55]

Will man nun aber sowohl die Kommunikation innerhalb des Veranstaltungsmanagements (intraorganisationale Kommunikation) als auch mit und zwischen
den beteiligten Organisationen (interorganisationale Kommunikation) sowie mit
dem Publikum und ggf. deren Angehörigen sowie Nachbarn des Veranstaltungsgeländes (Anlieger; extraorganisationale Kommunikation) und dem erweiterten
Betroffenen- und Interessentenkreis (Anwohner in der Umgebung des Veranstaltungsgeländes, Angehörige der Besucher oder die Öffentlichkeit bzw.
Medien; transorganisationale Kommunikation) verbessern sind verschiedene
Voraussetzungen zu berücksichtigen: Neben den kognitiven Bedingungen der
Kommunikationspartner oder der Ausnutzung kommunikationstechnischer Potentiale gilt es v.a. eine Kommunikationskultur zu etablieren und pflegen, die, so soll
im Folgenden argumentiert werden, zentral von dem Prinzip der Offenheit in den
beteiligten Organisationen[56] geprägt ist. Dabei gilt es zunächst genau zu klären,
was unter Offenheit zu verstehen ist, denn der Begriff der Offenheit kann in unterschiedlichen Zusammenhängen in jeweils anderen Verständnisweisen genutzt
werden.

In diesem Artikel werden also zunächst verschiedene Sicht- und Verständnisweisen über den Begriff der Offenheit reflektiert (Kapitel 2). Im Vordergrund
steht dabei das Konzept offener Kommunikation nach Karl Jaspers (vgl. 1932), aus
dem sich verschiedene Prinzipien für die Praxis offener Kommunikation ableiten
lassen (Kapitel 3). Im Anschluss daran soll ein grundlegendes Verständnis von
Kommunikation und Medien dargelegt werden, dass in einer Formulierung von
Bedingungsdimensionen offener Kommunikation mündet (Kapitel 4). Daraufhin
werden drei Beispiele für Unglücke auf Großveranstaltungen[57] vorgestellt und mit
Blick auf die zuvor genannten Dimensionen hin betrachtet (Kapitel 5). Schließ-

---

55  An dieser Stelle sei auf die Ausführungen von Zehetmeier, Runkel, Pohl (vgl. Zehet-
    mair u.a. 2015) zum Konzept des Sicherheitsregimes hingewiesen.

56  Offenheit kann aber nicht nur als eine Leitidee von Kommunikationskulturen von
    Unternehmen und Organisationen im Großveranstaltungskontext im Speziellen son-
    dern auch von jeglicher Kommunikation im Allgemeinen verstanden werden.

57  Betrachtet werden sollen das Roskilde Festival aus dem Jahr 2000, das Indiana State
    Fair von 2010 und die Loveparade ebenfalls aus 2010.

lich sollen die Schilderungen zur Kommunikationspraxis der Großveranstaltung noch einmal abschließend vor der Folie des Prinzips Offenheit reflektiert werden (Kapitel 6).

# 1    Konzepte von Offenheit

Versucht man sich der Offenheit phänomenologisch zu nähern, fallen einem vielleicht Türen, Fenster, Schachteln oder Bücher ein, die offen sein können. Mit ihrer Öffnung wird etwas verfügbar: Ein Raum kann durch eine geöffnete Tür betreten werden, durch ein geöffnetes Fenster kann frische Luft in einen Raum strömen, die Öffnung einer Schachtel macht vielleicht den Weg zu einem Geschenk frei und ein offenes Buch erlaubt den Zugang zu Informationen. Es scheint also bei einer Öffnung darum zu gehen etwas sichtbar, verfügbar oder erreichbar zu machen bzw. den Zugriff auf etwas zu ermöglichen. Deutlich hervorzuheben ist hier aber der aktive Prozess, der mit der Öffnung verbunden ist. Man muss tätig werden, um etwas zu öffnen, offen zu halten und weiterhin tätig bleiben, um es zu nutzen, daran zu partizipieren. Wiederum wird deutlich, dass Öffnung nur im Kontrast zur Schließung verständlich wird. Schließung oder Geschlossenheit ist damit nicht einfach nur ein Antonym sondern es wird deutlich, dass die Schließung einerseits selbst ein Prozess andererseits der Hintergrund ist, vor dem das Offene überhaupt erst als Offenes erkennbar wird und vice versa; Offenheit und Geschlossenheit entstammen dem gleichen Ursprung und sind sich gegenseitig *conditio sine qua non*. Ab- oder Verschließen von etwas bedeutet die Nicht-mehr-Verfügbarkeit eines Gegenstandes, dessen Zurückhaltung oder gar Verheimlichung. Geschlossenheit bedeutet aber auch Sicherheit (vgl. Stadtmauern) und Vertrautheit. Entsprechend kann Offenheit auch für Gefahr, Unsicherheit oder Ungewissheit (z.B. über die Zukunft) stehen. Es geht also darum, das Wechselspiel bzw. die unbedingte Reziprozität von Offenheit und Geschlossenheit ständig zu reflektieren um die eigene Position zu ihnen zu jedem Zeitpunkt bestimmen zu können.

Offenheit wird aber auch ganz lebensnah z.B. in den Bereichen der Wissenschaft (Open Access, Open Repository, Open Science, Open Course), der Verwaltung (Open Government, Open Data) oder auch in der Ökonomie (Open Innovation, Open Source) verwendet. Im Sinne der zuvor angedeuteten Reflexionen bedeutet das Open bzw. die Offenheit hier einen Zugang zu wissenschaftlichen Daten, Texten oder Seminaren (vgl. Björk 2011; Bremer 2012; Suber 2012), zu Verwaltungsdaten und -prozessen (vgl. Lathrop, Ruma 2010; Chapman, Hunt 2011) sowie die Offenheit für die Beteiligung unterschiedlichster Akteure an Innovationsprozessen (vgl. Henkel 2007; Chesbrough 2011; Ili, Schmölders 2014) oder des Zugangs zu und die Veränderbarkeit von Softwarecode (vgl. Themelidis 2004; Fey 2005; Hüttenegger 2006).

Eine andere Verwendung von Offenheit findet sich im soziologisch-philosophischen Kontext z.B. bei Henry Bergson (vgl. 1980)[58] oder Karl Popper (vgl. 2003a)[59] unter dem Stichwort „offene Gesellschaft".

---

58   *Henri Bergson* veröffentlichte im Jahr 1931 sein Werk *Les deux sources de la morale et de la religion*. In ihm äußerst Bergson u. a. seine gesellschaftstheoretischen Annahmen. Sein Grundgedanke ist, dass jede Gesellschaft „eine Gesamtheit freier Wesen" (Bergson 1980: 5) ist. Damit die Gesellschaft, bestehend aus einer Vielzahl von Individuen, funktioniert, wird sie zusammengehalten von Verpflichtungen, die sich aus der Organisationsform der Einzelwesen ergeben. Diese Verpflichtungen wiederum erscheinen den Individuen als quasi naturgegebene Ordnung (vgl. Bergson 1980: 4f). Aus dieser Situation heraus bestimmt Bergson die geschlossene Gesellschaft, die er an natürliche bzw. soziale Instinktmotive zurückgebunden sieht: „Kurz, der soziale Instinkt, den wir auf dem Grunde der sozialen Verpflichtung entdeckt haben, zielt immer − denn der Instinkt ist verhältnismäßig unwandelbar − auf eine *geschlossene* Gesellschaft ab, mag sie auch noch so groß sein." (Bergson 1980: 27; H.i.O.) Die offene Gesellschaft hingegen ist durch die Flexibilität und Intelligenz des Menschen beeinflusst, die es ihm erlaubt über seine biologischen Determinierungen schöpferisch hinauszugehen − sie erscheint als „Ausdruck einer kulturellen Leistung" (Bergson 1980: 107). Dient die geschlossene Gesellschaft also der Stabilisierung des biologischen Wesens Mensch ist die offene Gesellschaft für „jede[n] Fortschritt offen" (Bergson 1980: 23).

Nach *Bergson* wechseln sich Phasen relativer Offenheit mit schließenden Phasen ab, die jedoch nicht dazu führen, dass die Gesellschaften wieder in ihren Ursprungszustand zurückkehren, sondern die moralischen Innovationen in sich aufnehmen und als veränderte Strukturen fortexistieren. Die so gemachten Erfahrungen werden beispielsweise in Sitten und Gebräuchen, aber auch der Sprache gespeichert und über die generationenübergreifende Kommunikation an die neuen Gesellschaftsmitglieder tradiert. Dieser Prozess führt dazu, dass die natürlichen Eigenschaften der geschlossenen Gesellschaften vermehrt durch sittliche Entwicklungen im Zivilisationsprozess überdeckt werden (vgl. Bergson 1980: 25).

59   Poppers Analyse der Philosophien von Platon, Georg W. F. Hegel und Karl Marx resultiert in der Erkenntnis, dass es eigentlich nur zwei Herrschaftsformen gibt, die Diktatur und die Demokratie. Sie zeichnen sich dadurch aus, dass es entweder „möglich ist, die Regierung ohne Blutvergießen durch eine Abstimmung loszuwerden, und solche, in denen das nicht möglich ist" (Popper 1994: 208). Es ist also nicht so entscheidend wer einen regiert, so lange man die Regenten auch wieder absetzen kann. Diese Bedingung ist auch die Grundlage für das Agieren der Politiker, die somit einen Anreiz für ein Verhalten haben, sich am Willen des Volkes zu orientieren. Doch auch Popper erkennt, dass es nicht immer möglich ist eine Regierung ohne Blutvergießen abzusetzen, so dass „eine gewaltsame Revolution gerechtfertigt sein [kann]. Aber ich glaube auch, daß dass *einzige* Ziel jeder solchen Revolution die Errichtung einer Demokratie sein sollte." (Popper 2003b: 178; H.i.O.) Darüber hinaus erachtet

Dieses Schlagwort wird weiterhin von Parteien, Verbänden und Gesellschaften z. B. bei terroristischen Angriffen gegen westliche oder westlich orientierte Einrichtungen, Organisationen oder Symbole im jeweiligen In- und Ausland verwendet sowie bei Protestbewegungen für eine freiheitlich-demokratische Grundordnung[60]. Doch wird nur selten ausgeführt, was eigentlich unter einer offenen Gesellschaft verstanden wird. Betrachtet man dazu einmal die Kontexte der Verwendung, geht es um nichts geringeres als die Forderung nach einem Erhalt der Pluralität der Gesellschaft und der Toleranz und Akzeptanz aller ihrer Mitglieder (unabhängig von Herkunft, Religion, Aussehen, moralischen Werte etc.) und ihrer Lebensentwürfe und -ausgestaltungen etc.

Die Öffnung und somit Verfügbarmachung eines Territoriums bzw. nationalstaatlicher Strukturen und Prozesse für neue und damit zunächst fremde Gesellschaftsmitglieder bedeutet jedoch für die bereits etablierten bzw. eingesessenen Bürger eine Konfrontation mit dem Fremden, die auch eine „Gefahr" für die eigene Existenz bzw. das Selbst-sein oder Selbst-Verständnis bedeuten kann, eineGefahr" die zu einer Infragestellung des eigenen Lebensentwurfs, der eigenen Lebensweise, Ansichten bzw. Einstellungen oder moralischen Ideale führen kann. Offenheit kann also in diesem soziologischen Kontext einerseits als Risiko aber andererseits auch als gewinnbringende Chance verstanden werden.

Ein anderes Konzept von Offenheit vertritt Karl Jaspers. Es soll im Folgenden vorgestellt werden und als Hintergrundfolie für die weitere Betrachtung von

---

Popper nur noch einen weiteren Grund für Gewaltanwendung als legitim: „Ich meine den Widerstand – nach Errichtung einer Demokratie – gegen jeden Angriff (ob von innen oder außen) auf die demokratische Verfassung und auf die Verwendung demokratischer Methoden." (Popper 2003b: 178)

Frühzeitig Gegenentwicklungen abzudämpfen ist jedoch Aufgabe des Staates: „Es ist zugleich die Aufgabe [des Staates; CG], eine offene Gesellschaft aufzubauen; eine ganz neue, eine wandlungsfähige, eine lebendige Tradition, nur einer einzigen Autorität zu dienen: der des Rechts." (Popper 2003a: XII) Das Zivilrecht ist für ihn elementar zur Verwirklichung der persönlichen Freiheit und Ermöglichung des menschlichen Zusammenlebens ohne Gewalt (vgl. Popper 2003a: X). Popper erweitert dieses Argument um die Forderungen nach ‚Institutionen' und ‚Staatsorganen', ‚Beamten' und ‚Rechtsanwälten', die frei sein müssen, damit sie selbständig und unabhängig für die Gerechtigkeit eintreten können (vgl. Popper 2003a: XII). Die Demokratie beurteilt Popper also wie folgt: „Als Ergebnis ihrer [der Arbeiter und Denker] Bemühungen (und des freien Marktes) ist die offene Gesellschaft des Westens meiner Meinung nach (und ich habe viel gesehen und gelesen) bei weitem die beste, die freieste, die fairste und die gerechteste Gesellschaft, die es jemals in der Geschichte der Menschheit gegeben hat." (Popper 2003a: X).

60   Im Kontext der Pegida-Bewegungen in ganz Deutschland: (vgl. zeit.de 2015)

Veranstaltungskommunikation dienen. Dabei muss jedoch gleich zu Beginn festgehalten werden, dass Jaspers mit seinem Konzept der existentiellen Kommunikation auf ein individuelles Bewusstwerden des Menschen im Zuge kommunikativen Austausches abzielt. Dieses steht im Folgenden nicht im Vordergrund,
doch erscheint das von Jaspers betonte Prinzip der Offenheit für (sicherheits-)
kommunikative bzw. informationelle Austauschprozesse zwischen Akteuren einer
Großveranstaltung als äußerst fruchtbar, weil es auf Formen, Regeln, Mängel, Ab-
bruchsgründe etc. offener Kommunikation eingeht, die auch im Kontext von Großveranstaltungen relevant werden, wie später an den Beispielen abgelesen werden
kann.

Offenheit und Kommunikation stehen für Jaspers in engem Bezug zueinander,
denn Kommunikation mit anderen ermöglicht Selbstoffenbarung (vgl. Jaspers
1932: 64). D.h., Offenbaren durch kommunikativen Austausch ermöglicht die Erkenntnis des Ich als Selbst. Dabei ist das Ich in einen historischen Zusammenhang
eingebettet: „Für gegenständliches Denken kann freilich nur offenbar werden, was
*vorher* ist." (Jaspers 1932: 64) Das *„entscheidende* Bewußtsein *möglicher* Existenz" (Jaspers 1932: 64) ist Bedingung der Möglichkeit des existentiellen Offenbarwerdens, d.h. nicht nur dessen, was man als empirisches Wesen ist, sondern was
man auch darüber hinaus noch ist. Bezieht man diese ersten Gedanken sogleich
auf Großveranstaltungen, ist davon auszugehen, dass die Akteure (Veranstalter,
Dienstleister, Polizeien, Feuerwehren, Sanitäts- und Rettungsdienste, Besucher
etc.) bzw. die kommunizierenden Individuen durch ihren Austausch erkennen,
welche Aufgaben ihnen zukommen, welche Verantwortlichkeiten sich damit verbinden, welche Informationen benötigt werden, welche Risiken bestehen, welche
Lösungen es für die Risiken gibt etc. – es wird darauf zurückzukommen sein.

Das Wirklichwerden wird von Jaspers als Prozess verstanden, der sich nur in
der Interaktion mit anderen und nie allein ergibt und „[d]er *Prozeß des Offenbarwerdens* in der Kommunikation ist jener einzigartige *Kampf*, der als Kampf
zugleich *Liebe* ist." (Jaspers 1932: 65) Liebe ist hier weniger in einem romanti-
schen Sinne zu verstehen, denn eher als ein Besorgtsein oder ehrliches Interesse
am Gegenüber, denn die Liebe prüft das Gesagte des Gesprächspartners, sie „stellt
in Frage, macht schwer, fordert, ergreift aus möglicher Existenz die andere mögliche Existenz" (Jaspers 1932: 65). Dabei kommt es Jaspers auf „restlose Offenheit" (Jaspers 1932: 65) an, „um die Ausschaltung jeder Macht und Überlegenheit,
um das Selbstsein des Anderen so gut wie um das eigene. In diesem Kampf wagen
beide rückhaltlos sich zu zeigen und infragestellen zu lassen." (Jaspers 1932: 65)
Diese auch als total oder vollständig bezeichenbare Offenheit der Kommunikation
ist, wie noch anhand der Beispiele gezeigt wird, immer wieder ein Problem der (Si-
cherheits-)Akteure auf Großveranstaltungen. Geplante Maßnahmen zum Schutz

oder der Rettung von Mitarbeitern, Besuchern, Angehörigen etc. müssen bekannt sein, Ansprechpartner müssen zur Verfügung stehen, Verantwortlichkeiten und Aufgaben müssen definiert und verteilt sein, Veränderungen im Programmablauf müssen mitgeteilt werden, verfügbare Ressourcen müssen bekannt sein etc. Nur in einer offenen Kommunikationskultur im Sinne Jaspers können kritische oder problembehaftete Bereiche der Sicherheitsorganisationen, -strukturen und -prozesse erkannt, angesprochen und geklärt werden, um eine Veranstaltung erfolgreich durchführen zu können.

Wie verläuft nun aber existentielle Kommunikation? Der erste Schritt besteht in einer Aussage durch einen Kommunikator A gegenüber einem Beobachter bzw. Rezipienten B, der bemüht ist das Gesagte „im Ganzen der Idee" (Jaspers 1932: 77f) zu verstehen.[61] Darauf folgend tritt der Beobachter B in die Rolle des Kommunikators B und versucht das in der Idee Gesagte in die eigene geschichtliche Gegenwärtigkeit einzubinden. Nicht nur kann es dabei zu einer Ausnutzung des Verstehens durch den Kommunikator B kommen, es kann darüber hinaus auch ein Missverstehen deutlich werden, womit sich Kommunikator B in die Gefahr der Würdelosigkeit[62] begibt, d.h. in die Gefahr „verachtet, verlacht, dann wieder ausgenutzt" (Jaspers 1932: 78) zu werden.

Dies beschreibt eine klassische Kommunikationssituation. Versetzt man sich in eine kritische Lage auf einer Großveranstaltung in der es darum geht, dass Anweisungen und damit Handlungsziele befolgt und zeitnah ausgeführt werden, ist das Verstehen der Aussage ein erfolgskritischer Faktor. Es stellt sich aber die Frage, wie dies gewährleistet werden kann. Zu diesem Zweck gibt es verschiedene erprobte Verfahren, wie sie beispielsweise bei den BOS praktiziert werden. So wird ein bei der Feuerwehr gegebener Befehl durch den Befehlsempfänger wiederholt, was zumindest ein grundlegendes Missverstehen ausschließen soll. Tritt bei der Wiederholung ein Fehler auf (der eben nach den Worten Jaspers' für den Wiederholenden die Gefahr der Würdelosigkeit bedeutet), kann dieser korrigiert werden, so dass die Wahrscheinlichkeit für eine Übereinstimmung der anschließenden Handlung mit den Erwartungen des Befehlsgebers steigt. Im Zuge der offenen Kommunikation und der damit verbundenen Möglichkeit des Verlustes der Würde kommt es aber darauf an, den Fehler eben nicht auszunutzen sondern ihn ernst zu nehmen und die Kommunikation so lange wiederholend fortzusetzen bis die Replik den Anforderungen des Kommunikators entspricht.

---

61  An dieser Stelle ist auf die individuellen Bedingungen des Verstehens hinzuweisen, auf die im Kapitel Kommunikation noch eingegangen wird.

62  Zur Würdelosigkeit siehe weiter unten in diesem Kapitel.

Weiterhin ist der kommunikative Kampf von Regeln gesteuert: Es streben
die Kommunikationspartner nach Jaspers nie Überlegenheit und Sieg an. Sollte
es dazu kommen und sie ins Bewusstsein rücken, treten sie dort als Irritationen
in Erscheinung und sollten zurückgedrängt werden. Weiterhin soll restlos alles
aufgedeckt und „keine berechnende Zurückhaltung [...] geübt [werden]. Diese
gegenseitige Durchsichtigkeit wird nicht nur in den jeweiligen sachlichen Inhalten, sondern auch in den Mitteln des Fragens und Kämpfens gesucht." (Jaspers
1932 66) Dabei erfolgt die Kommunikation in einer Abfolge „vorläufige[r] halbe[r],
unvollständige[r]" (Jaspers 1932: 69) Abschnitte und stellt sich als ein immenser
Kraftakt dar, denn: „Wer nur richtig handeln und sprechen will, handelt gar nicht.
Er tritt nicht ein in den Prozeß und wird unwahr, weil er unwirklich ist. Wer wahr
sein will, muß wagen, sich zu irren, sich ins Unrecht zu setzen, muß die Dinge auf
die Spitze treiben oder auf des Messers Schneide bringen, damit sie wahrhaft und
wirklich entschieden werden." (Jaspers 1932: 69)

Dieses Offenlegen der eigenen Kräfte und Möglichkeiten soll einen vertrauens-
vollen Kampf auf „gleichem Niveau" (Jaspers 1932: 66) ermöglichen und dem
differentiellen Wissen, unterschiedlichen Einstellungen und der Ermüdung der
Akteure Rechnung tragen.[63] Das in der offenen Kommunikation zu erreichende
beharrliche und harte Hinterfragen und Antworten ist ein Zeichen für die gegenseitige Anerkennung und Solidarität, die sich gerade erst in der Härte der Auseinandersetzung zeigt (vgl. Jaspers 1932: 67). Es ist gerade diese Form des respekt-
vollen Umgangs, die Anerkennung der unterschiedlichen Wissensvoraussetzungen
und Informationsbedarfe bzw. der Grenzen der Informationsweitergabe, d.h. des
offenen Austausches auf gleichem Niveau sowie die Bereitschaft eigene Entscheidungen kritisch durch andere reflektieren zu lassen, die vielfach als Herausforderungen oder potentielle Schließungsmechanismen für die Akteure auf Großveranstaltungen zu beobachten sind.

---

63    Jaspers erkennt somit an, dass in diesem existentiellen Kommunikationsprozess die
      „geistigen Eigengesetzlichkeiten und psychologischen Triebe" (Jaspers 1932: 67) zu
      berücksichtigen sind, die sich als unüberwindbare Hindernisse in den Weg stellen.
      Sie können auch als Schließungsmechanismen verstanden werden, die der offenen
      Kommunikation entgegen stehen. Darüber hinaus gibt es aber auch den Willen zur
      Verschlossenheit, der aber nur scheinbar in der Kommunikation erscheint, „weil er
      sein Sosein mit seinem ewigen Sein verwechselt und das Sosein retten will." (Jaspers
      1932: 65) „Denn im Offenbarwerden verliere ich mich (als bestehendes empirisches
      Dasein), um mich zu gewinnen (als mögliche Existenz); in der Verschlossenheit be-
      wahre ich mich (als empirischen Bestand), muß mich aber verlieren (als mögliche
      Existenz)." (Jaspers 1932: 65)

Sollten Schließungen derart dominieren, kommt es zu einem Mangel an Kommunikation, der später auch zu ihrem Abbruch führen kann (vgl. Jaspers 1932: 73ff). Einen Mangel erkennt Jaspers z.B. neben der unbestimmten Erfahrung ausbleibender Kommunikation[64] auch in der Einsamkeit[65] sowie im Schweigen, das in unterschiedlichen Formen auftreten kann: So kann geschwiegen werden um etwas zu bewirken oder um das Gegenüber zum Sprechen zu veranlassen. Schweigen kann auch die Betonung einer bestimmten Absicht unterstreichen oder aus Mitleid erfolgen sowie nicht zuletzt Beziehungen beenden. „In dem unausweichlichen Distanzieren, das mit ihm [dem Schweigen] einsetzt, wartet eine Bereitschaft, bis die Stunde der Offenheit erneut gekommen ist." (Jaspers 1932: 75) Zugleich kann das Schweigen aber auch ein „offenbares Schweigen" (Jaspers 1932: 75) sein, ein unausgesprochenes Verstehen oder m.a.W. „Schweigen als diese Artikulation ist wie eigentliches Sprechen" (Jaspers 1932: 75). Schweigen bzw. das nicht an- oder aussprechen bestimmter Themen sorgt immer wieder für Probleme. Schweigen, so werden die noch zu besprechenden Beispiele zeigen, stellt z.B. immer wieder eine Gefahr für das Publikum dar. Werden Informationen über potentielle Gefahren oder Ereignisse nicht rechtzeitig und angemessen an das Publikum weitergegeben, kann dies zu folgenschweren Konsequenzen führen.[66]

Aber auch Würdelosigkeit kann Zeichen für einen Mangel an Kommunikation sein. „Weil mögliche Existenz in der Erscheinung gebunden ist an ihr Offenbarwerden und dieses an Kommunikation, so gibt es *für Existenz keine objektive*

---

64  Im Laufe des Lebens, so schildert Jaspers, verpasst man Gelegenheiten gegenseitiger Vergewisserung der kommunikativen Existenz. Auch in den letzten Lebensaugenblicken, in einer Phase der „vordrängenden Trauer ist ein Sehnen zur Kommunikation" (Jaspers 1932: 74), die man aber in diesen Momenten verstreichen lässt, weil man den sterbenden Gesprächspartner nicht mehr damit behelligen möchte oder weil man dazu nicht mehr in der Lage ist.

65  Einsamkeit entsteht, wenn sich das Gegenüber aus der Kommunikation bzw. aus dem Prozess des Selbstwerdens herauszieht. Zu Einsamkeit in der Kommunikation kann es auch kommen, wenn man sich mit den zahlreichen sachlichen Kommunikationen, den unverbindlichen sozialen Kontakten, den lediglich ästhetisch-freundschaftlichen Beziehungen selbst ablenkt, verliert und keine existentiellen Kontakte bzw. Kommunikationen pflegt. Einsamkeit kann auch entstehen, wenn die Menschen, mit denen Kommunikation möglich war, gestorben sind (vgl. Jaspers 1932: 81).

66  An dieser Stelle kann z.B. schon einmal auf die Ereignisse in Indianapolis verwiesen werden, wo das Publikum nicht rechtzeitig über das drohende Unwetter informiert wurde. Ein weiteres Beispiel bildet die Loveparade, bei der das Publikum a) im Tunnelbereich nicht über die gefährliche Lage informiert wurde sowie b) die Gäste, die bereits feierten unter Vorgabe ihres Schutzes ebenfalls nicht über die Ereignisse informiert wurden.

*Festigkeit.*" (Jaspers 1932: 77; H.i.O.) Kommunikation sollte nach Jaspers ohne vorhergehende Bedingungen erfolgen und unter der Prämisse „grenzenloser Standpunktsverschieblichkeit" (Jaspers 1932: 77), da es andernfalls statt zu einem Offenbarwerden zu einer Verteidigung von Fixierungen kommt. An der sich durch die Kommunikation neu ergebenden Festigkeit darf jedoch nicht festgehalten werden. Denn gerade zu diesem Zeitpunkt, wo eine Würdelosigkeit eintritt weil man in seiner Unbiegsamkeit hinterfragt wird und erkennen muss, dass man seine Unbiegsamkeit nicht weiter aufrecht erhalten kann kommt es zu einer Niederlage, die eine neue Verwirklichung des selbst erlaubt (vgl. Jaspers 1932: 77). Gerade die Fixierung eigener Standpunkte macht es häufig zum Problem, neue Perspektiven einzunehmen und veränderte Situationen neu zu beurteilen. Ein weiteres Beispiel ist die Aussage „Das haben wir schon immer so gemacht.", die ein Festhalten an bestehenden Standpunkten, Verständnisweisen oder Handlungen ausdrückt. Diese können zwar bis zum aktuellen Tag richtig und erfolgreich gewesen sein, jedoch sollte vor der Folie neuer Erfahrungen oder Forschungsergebnisse oder sonstiger Einflüsse stets die Offenheit zu ihrer Revision gegeben sein.

Sind die Schließungsmechanismen aber derart stark, können sie auch zu einem Versiegen der Kommunikation bzw. zu ihrem Abbruch führen. Jaspers spricht in diesem Zusammenhang von einem „Verschütten" (Jaspers 1932: 81), das jedoch im Kommunikator stattfindet, der somit für den Abbruch selbst verantwortlich ist (vgl. Jaspers 1932: 82). Die Motive für den Abbruch der Kommunikation können verschiedenartig sein: So kann z.B. die Angst vor der Kommunikation bzw. das „vor dem Andern offenbar" (Jaspers 1932: 82) werden[67] zu einem vorzeitigen Abbruch führen. Einen weiteren Grund für einen Kommunikationsabbruch erkennt Jaspers im „Widerstand des Eigendaseins" (Jaspers 1932: 84): Gibt der Mensch diesen Widerstand auf, gibt er sich selbst auf und stirbt, wodurch auch die Kommunikation aufhört. Wird aber das Eigendasein als unveränderlich oder mit Jaspers Worten „als das selbstverständlich Unberührbare" (Jaspers 1932: 84) verstanden, hat Kommunikation keine Möglichkeit für eine kritische Befragung des Eigendaseins.

Der Abbruch der Kommunikation kann aber sowohl nur eine Person betreffen als auch einen generellen Abbruch bedeuten, der zugleich den Rückzug von jeder Möglichkeit des Offenbarwerdens bedeutet (vgl. Jaspers 1932: 85). Gleichzeitig ist dieser Bruch zwischen Sprechern nicht endgültig bzw. final sondern kann auch

---

67    Denkbar ist an dieser Stelle das Bekanntwerden von diskreditierenden Informationen, Nachrichten über bewusste Fehlplanungen oder eine rechtlich unklare Situation, die ebenfalls die Distribution von Informationen einschränken kann.

eine nur temporäre „Distanzierung bleib[en, die] zugleich die Bereitschaft für zukünftige Offenheit" (Jaspers 1932: 87) ausdrückt.
Weitere Formen des Abbruchs können nach Jaspers sein (vgl. Jaspers 1932: 88ff):

1. man beharrt auf seiner Position bzw. seinem Ich- bzw. So-sein;
2. man lässt nur die eigene Deutungsweise oder Begründungsweise z. b. in Ent-
   scheidungssituationen als die einzig Richtige gelten;
3. man vermeidet durch die Vorgabe des Nichtwissens eine Aussage;
4. man berät sich derart langwierig, was aber schon von vornherein zu keiner Entscheidung führt;
5. man setzt die Autorität des Gesprächspartners herab;
6. man täuscht einen Zusammenbruchs der eigenen Person bei Fortsetzung der
   Kommunikation vor oder
7. man gibt die Verletzung des Stolzes, der Ehre und/oder Würde vor.

Als Situationen kommunikativen Austausches markiert Jaspers z. b. das Verhältnis von Herr und Knecht, den geselligen Umgang, die Diskussion sowie den politischen Umgang. Das Verhältnis von Herr und Knecht beruht auf einer Niveauungleichheit der Sprecher (vgl. Jaspers 1932: 92),[68] die aus unterschiedlichsten
Ursprüngen stammen kann. Mit Bezug auf die Veranstaltungswelt kann der Dienstrang für ein Über- und Unterordnungsverhältnis verantwortlich sein. Denkbar sind
auch ökonomische, politische sowie individuenspezifische Differenzen wie das
Alter, die Bildung oder Erfahrungen. Nicht zuletzt können auch organisations-
spezifische bzw. akteursspezifische Interessen zu Niveauunterschieden führen. In
offener Kommunikation sollten sich die Kommunikationspartner aber als gleichberechtigte Sprecher verstehen; Anmerkungen, Sorgen oder andere Ausdrucks-
weisen (z. b. mit Blick auf getroffene Sicherheitsmaßnahmen, drohende Ereignisse,
Probleme an bestimmten Punkten des Veranstaltungsgeländes (z. b. Ein- und Aus-
lass, vor der Bühne oder sonstigen Engstellen)) sind in einer Diskurssituation von
den Gesprächspartnern unbedingt ernst zu nehmen und zu hinterfragen, was bedeutet, dass sich die Beteiligten respektvoll begegnen müssen um eine bestmögliche Verständigungssituation zu generieren. Nicht zuletzt ist als Konsequenz hieraus auch die Bereitschaft zu zeigen Verantwortung zu übernehmen.

Im geselligen Umgang kommen sich Menschen allmählich näher (vgl. Jaspers
1932: 95). Dabei ist auch die Bewahrung einer gewissen Distanz zum Selbstschutz
notwendig, die aber nach und nach aufgegeben werden kann, bis es zur existen-

---

68  Die Niveauungleichheit kann – so muss Jaspers ergänzt werden – auch ein Grund für
    die angeführten Mängel an Kommunikation oder Kommunikationsabbrüche sein.

tiellen Offenbarung kommt. Zugleich erkennt Jaspers, dass eine existentielle Kommunikation nicht mit jedem geführt werden kann, da entweder die Zahl der möglichen Verbindungen mit Gesprächspartnern das Potential der menschlichen Verarbeitung übersteigt oder auch nicht zu jedem Zeitpunkt die Bereitschaft und die Möglichkeit für existentielle Kommunikation bei den Gesprächspartnern vorhanden ist (Jaspers 1932: 96). Dabei unterliegt die Geselligkeit gesellschaftlichen Konventionen und Normen des Umgangs, die es einzuhalten gilt, will man nicht ausgeschlossen werden oder andere Infragestellungen ertragen bzw. überhaupt die Möglichkeit auf existentielle Kommunikation aufgeben. Neben der Verletzung der gesellschaftlichen Spielregeln liegt eine zweite Gefahr im Selbstrückzug aus dem gesellschaftlichen Spiel (Jaspers 1932: 98). Wo ergibt sich nun aber geselliger Umgang im Kontext von Großveranstaltungen? Richtet man den Fokus z. B. auf den Veranstalter, seine Dienstleister und die beteiligten BOS ergibt sich noch am ehesten in Pausen die Gelegenheit für geselligen Umgang unter Kollegen. Hier bietet sich die Möglichkeit, Erfahrungen auszutauschen, Informationen weiterzugeben, persönliche Gespräche zu führen etc., die auch unabhängig z. B. vom Dienstrang oder der Organisationszugehörigkeit geführt werden können. Geselliger Umgang findet aber auch und gerade im Publikum statt. Die Besucher, die sich schon zur gemeinsamen Vorbereitung auf eine Veranstaltung treffen, die auf dem Gelände gemeinsam essen und trinken oder über das Gelände spazieren etc. haben die Gelegenheit, sich miteinander über ihre Veranstaltungserfahrungen auszutauschen, Vergleiche zu ziehen, Best Practices weiterzugeben usw. Denkbar ist auch eine gesellige offene Kommunikation im digitalen Bereich sozialer Netzwerke oder veranstaltungsspezifischer Onlineforen. Offen vor allen Dingen, weil hier auch im Schutz der Anonymität Kritik geäußert werden kann, für die es vielleicht an anderer Stelle keine Möglichkeit gibt.[69]

Im Zuge eines diskursiven Austauschs versuchen die Kommunikationspartner, die selbst noch nicht wissen was sie eigentlich meinen, ihre eigenen Absichten zu klären bzw. ihre Übereinstimmungen und Abweichungen zu bestimmen. Gerade diese Differenzen können aber auch bindendes Element der Kommunikation sein (Jaspers 1932: 100). Dabei lebt die Diskussion von gleichwertiger Wechselrede – Monologe eines Sprechers führen nur zu einem Schweigen bzw. zum Nichthören bzw. dem Nichtaufkommen von existentieller Kommunikation. An dieser Stelle sei nur an die oben bereits erwähnte Bedingung der gleichberechtigten Rede der beteiligten Sprecher erinnert.

---

69    Selbstverständlich bietet die Anonymität auch die Möglichkeiten der Beleidigung und übHlen Nachrede, weshalb eine Administration der Online-Communities empfohlen wird.

Der politische Umgang ist von Zielen bestimmt, die die Kommunikatoren jeweils einzeln oder gemeinsam verfolgen. Dabei versuchen sie die Willensentscheidung ihres Gegenübers derart zu beeinflussen, dass er entweder die eigenen Absichten unterstützt oder die Wirkungen seiner Handlungen zurückgedrängt werden, so dass die Erreichung der eigenen Ziele möglich bleibt (vgl. Jaspers 1932: 102). Während in der existentiellen Kommunikation Lüge und Machtausübung vermieden werden, sind sie integraler Bestandteil der politischen Kommunikation (vgl. Jaspers 1932: 103). Weiterhin gibt es beim politischen Kampf Zuschauer bzw. die öffentliche Meinung als beeinflussende und zu berücksichtigende Faktoren. Und da langfristig nicht nur mit Gewalt und Brutalität regiert werden kann, wird „in den politischen Argumentationen appelliert an das, was man allgemein für gültig hält, an das Selbstverständliche, Gehörige, Anständige, Moralische, wie es jedermann eingänglich ist." (Jaspers 1932: 104) Diese Form des politischen Umgangs gestattet keine existentielle Kommunikation bzw. rät Jaspers davon ab, wenn er sagt: „man soll nicht wesentlich werden, wenn es um Politik geht" (Jaspers 1932: 104). Somit erscheint es aber verführerisch, diese Art der Kommunikation auf den Alltag anzuwenden, da sie ein ruhiges bzw. wenig herausforderndes Zusammenleben ermöglicht, „in dem nichts offen zu wirklicher Entscheidung gebracht wird" (Jaspers 1932: 104). Diese Form der Kommunikation im Kontext von Großveranstaltungen könnte beispielsweise schon bei der Planung anzutreffen sein, wenn es darum geht, unzureichende Sicherheitspläne zu genehmigen, da diese Prozesse fast immer unter dem Ausschluss der Öffentlichkeit stattfinden. Denkbar ist die Anwendung derart politischer Kommunikation auch für den Fall der Konfliktvermeidung oder Umgehung kostspieliger Erweiterungen wie z. B. für einen Ausbau von sicherheitsfördernden Maßnahmen.

Es scheint bis hier, dass das Konzept offener Kommunikation nach Jaspers mit seinen Regeln, Mechanismen, Formen und Mängeln und seine Anwendung auf kommunikative Zusammenhänge eine fruchtbare Basis für die Analyse von Kommunikationsstrukturen und Prozessen auf Großveranstaltungen bietet. Dies vor allen Dingen, da sich handlungsleitende Prinzipien ableiten lassen, die im Folgenden näher ausgeführt werden sollen.

## 2     Prinzipien offener Kommunikation

Offenheit als oberstes Prinzip von Kommunikation, dies wurde schon oben aus der Erörterung des Jaspers'schen Verständnisses herausgefiltert, lässt sich nur durch das Streben nach folgenden Idealen bzw. Normen erreichen, wie z. B.:

- Transparenz[70]
- Gleichberechtigung und
- Partizipation[71]

Diese, in ihrer vollen Ausprägung bzw. Vorstellungsweise zwar kontrafaktischen Prinzipien stehen jedoch als erstrebenswerte Leitideen für das, worum es in der offenen Kommunikation geht, d.i. nichts Geringeres als die Koordination des täglichen Handelns von in diesem Fall Großveranstaltungsakteuren. Dies kann nur durch Kommunikation geleistet werden, die, wenn sie offen betrieben wird, zu einer verbesserten Bewältigung der sich stellenden Aufgaben beiträgt. Dabei kommt es darauf an, dass die Kommunikation zwischen den Sprechern frei und gleichberechtigt erfolgt, niemand davon ausgeschlossen wird und die geäußerten Argumente, Gedanken, Eindrücke, Wünsche, Einstellungen etc. von den Beteiligten ernst genommen werden.[72]

Offene Kommunikation muss also transparente Kommunikation sein. Wissen, Informationen, Daten, Sichtweisen, Verständnisse, Meinungen, Vorbehalte usw. müssen offen und ohne Rücksichtnahme kommuniziert werden können. Transparente Kommunikation und die Offenlegung bzw. Verfügbarmachung der zentralen Dokumente dient in der Phase der Veranstaltungsplanung der Bewusstwerdung und Abschätzung der Bedingungen und Risiken (z. B.: Gelände, Zu- und Abwege, Wetter, Sicherheits- und Rettungsmaßnahmen, Kommunikationsstrukturen und -prozesse, beteiligte Akteure etc.) unter denen die Veranstaltung stattfinden soll. Transparenz als Grundvoraussetzung für offene Kommunikation dient an dieser Stelle der Sicherheit der Besucher und Mitarbeiter. Gerade erst durch Austausch und Einblick in zentrale Dokumente wird Kritik bzw. das gezielte Hinterfragen

---

70    Für eine kritische Reflexion des Prinzips Transparenz (vgl. Han 2012)

71    Diese Liste ist keinesfalls als abschließend zu betrachten.

72    Die Nähe zur Diskursethik eines Jürgen Habermas (1987) ist an dieser Stelle bewusst und beabsichtigt, weil sie ebenfalls als Verfahren für Kommunikationsprozesse vor, während und nach einer Großveranstaltung empfehlenswert erscheint. Eine direkte Verbindung von Jaspers und Habermas ist muss jedoch auf einen späteren Zeitpunkt verschoben werden.

von geplanten Maßnahmen, Strukturen und Prozessen möglich, ergibt sich das Potential einer optimalen Veranstaltungsvorbereitung. Gleichzeitig erlaubt sie einen geteilten Wissensstand, auf dem im Falle notwendiger Anpassungen im Veranstaltungslauf oder bei nachträglichen Evaluierungen aufgebaut werden kann.

Zu dieser offenen Kommunikation gehört, dass sie auf fundierten Grundlagen und Kenntnissen beruht. Zu diesem Zweck sollte es den beteiligten Akteuren über alle Veranstaltungsphasen hinweg möglich sein, auf zentrale Dokumente und Informationen Zugriff zu haben um sowohl den aktuellen Gang der Veranstaltungsgenehmigung, des -ablaufes und der -evaluation zu überblicken als auch um zukünftige Entwicklungen einzuschätzen. Alle Akteure meint aber nicht nur die Mitglieder des Veranstalterunternehmens, dessen Dienstleister und die BOS sondern auch das Publikum. Transparente Kommunikation nicht nur über Veränderungen im Programmablauf, Veränderungen des Veranstaltungsgeländes, mitzubringende und verbotene Gegenstände, Verhaltensweisen usw. sondern auch Informationen über drohende Gefahren oder kritische Aspekte im Zuge der Planung und Genehmigung etc. könnten dem Publikum offen mitgeteilt werden. Dies würde nicht nur dafür sorgen, dass Interessierte Einblicke in zentrale behördliche und planerische Prozesse bekommen sondern würde bei Einrichtung entsprechender Open Government-Anwendungen auch erlauben, dass diese aktiv an der Gestaltung des Events partizipieren können. Zusammen erhöhen diese Maßnahmen das Vertrauen in die Veranstalter, seine Dienstleister und die Genehmigungsbehörden.[73]

---

73 Bevor jedoch der Eindruck einer Forderung nach vollkommener und kritikloser Offenheit bzw. Offenlegung und Transparenz entsteht scheint jetzt der Zeitpunkt gekommen einige kritische Reflexionen einfließen zu lassen. Geheimnisse sind nicht per se schlecht – vielmehr gehören sie als notwendige Bestandteile zu organisationalen bzw. institutionellen Prozessen wie beispielsweise Staatsgeheimnisse oder Betriebsgeheimnisse zeigen. Zugleich sind aber auch diese zurückgehaltenen Informationen nicht absolute Geheimnisse, denn die in ihnen verhandelten Informationen sind wenigsten noch einer Teilöffentlichkeit bekannt, die jedoch durch angedrohte Disziplinarmaßnahmen bzw. Strafen von der Verbreitung der Informationen über den Kreis der Geheimnisträger hinaus abgehalten wird. Auch mit Blick auf die Veröffentlichung von Informationen für z.B. Veranstaltungsbesucher muss es eine Prüfung geben wann welche Informationen wem zur Verfügung gestellt werden – d.h. es kommt auf eine gezielt informationelle Öffnung an, wie sie auch von Archon Fung, Mary Graham und David Weil unter dem Schlagwort „targeted transparency" beschrieben wird, „[which] represents a distinctive category of public policies that, at their most basic level, mandate disclosure ... of standardized, comparable, and disaggregated information regarding specific products or practices to a broad audience in order to achieve a public policy purpose." (Fung u.a. 2007; zit. nach Lessig 2009) Weiterhin kommt es darauf an zu berücksichtigen, dass „responses to information are inseparable from

Partizipation ist ein weiteres Element offener Kommunikation. Betraf offene Kommunikation bei Jaspers zunächst nur zwei Sprecher, sind in den Prozess
offener Kommunikation vor, während und nach einer Großveranstaltung immer
mehrere Akteure gleichzeitig einbezogen. Nicht immer haben die jeweiligen Han-
delnden aber auch die Kompetenzen bzw. das Wissen im Umgang mit Großveranstaltungen, weshalb sich die Hinzuziehung von Experten bzw. Beratern empfiehlt.
Auch das bereits angesprochene Einbinden der Öffentlichkeit in die Prozesse kann
durchaus wertvolle Hinweise oder Empfehlungen beinhalten, die durch die tägliche
Arbeitsroutine der Experten so nicht berücksichtigt wurden. Auch während einer
Veranstaltung oder in einer Krise kann Partizipation durch die Veranstaltungsbesucher von Bedeutung sein. So könnten entsprechend kompetente Teilnehmer
Rettungs- oder Erstversorgungsmaßnahmen unterstützen.[74] Kommunikativ kann
dies bedeuten, dass sie direkt und indirekt Betroffene betreuen, mit ihnen reden
bzw. ihnen zuhören oder dass sie Hilfe holen.

---

their interests, desires, resources, cognitive capacities, and social contexts. Owing to
these and other factors, people may ignore information, or misunderstand it, or misuse
it. Whether and how new information is used to further public objectives depends
upon its incorporation into complex chains of comprehension, action, and response."
(Fung u. a. 2007; zit. nach Lessig 2009) Diese Aspekte sind bei der Veröffentlichung
von Informationen zu berücksichtigen und nicht nur für den Fall, dass aufgrund verfügbarer Informationen die Sicherheit einer Veranstaltung und ihrer Gäste gefährdet
werden könnten. Beispielhaft seien hier an im Voraus geplante Umleitungsstrecken
bei Marathonläufen oder Sicherheitsvorkehrungen bei Events mit hochrangigen politischen Gästen erwähnt.

Gleichzeitig ist mit der Offenlegung von Informationen eine weitere Herausforderung
verknüpft: Die Transparenz führt gleichzeitig zu einer erschlagenden Opazität aufgrund der schieren Fülle an Informationen. Stellt man also Daten und Dokumente zur
Verfügung erscheint die Form ihrer Aufbereitung und Einbettung in größere Kontexte
als Orientierungshilfe empfehlenswert, da andernfalls die Aufmerksamkeitsspanne
(„attention-span-problem" (Lessig 2009) der Rezipienten nicht ausreicht. Damit sollte
klar sein, dass mit der hier postulierten Offenheit in der Veranstaltungskommunikation
kein absoluter Öffentlichkeitsanspruch vertreten wird. Es kommt vielmehr auf eine
bewusst geplante, kontextualisierte und ausgewogene informationelle Öffnung und
Kommunikation an, die schließlich ihre Vorteile gegenüber den Risiken und Nach-
teilen der Geheimhaltung bzw. Geschlossenheit ausspielen kann.

74    Hieraus ließen sich auch für das Marketing einer Großveranstaltung wertvolle Impulse
      gewinnen. So könnten spezielle Tickets für Ersthelfer-Besucher ausgegeben werden,
      die bei der Registrierung nicht nur eine Weste oder ein Abzeichen sondern auch ein
      Erste-Hilfe-Paket überreicht bekommen. In diesem Paket könnten u.a. Informations-
      karten mit den wichtigsten Telefonnummern, Ansprechpartnern, Sanitätsstandorten
      oder Grafiken zu basalen Rettungsmaßnahmen hinterlegt sein.

Die Wirkungen von transparenter, paritätischer und partizipativer bzw. zusammengenommen offener Kommunikation sind nicht nur ein gemeinsamer Wissensstand über aktuelle Entwicklungen sondern auch Basis gegenseitigen Vertrauens, Respekts und der Motivation aller Beteiligten das eigene Engagement fortzusetzen. Vertrauen ergibt sich, wenn man die Kompetenzen der Partner abschätzen kann, wenn man weiß welche Ressourcen ihnen zur Verfügung stehen, wenn man erkennen kann, dass Probleme sowohl identifiziert aber auch einer Lösung zugeführt werden, wenn Aufgaben klar und eindeutig verteilt sind etc. Und dieses Vertrauen wirkt sich auch auf die Bereitschaft offen zu kommunizieren aus. Was aber ist eigentlich Kommunikation? Wie kann Kommunikation erfolgen und welche Rolle spielen Medien dabei? Diese Fragen sollen im Folgenden beantwortet und aus den Antworten Dimensionen offener Kommunikation abgeleitet werden, die für das Gelingen offener Kommunikation essentiell sind.

## 3 Kommunikation, Medien und ihre Bedingungsdimensionen

Um zu verstehen, was mit Kommunikation gemeint ist, kann die Definition Gebhard Ruschs herangezogen werden: „*Kommunikation* ist […] eine Praxis zur Orientierung von Interaktionspartnern vermittels der *Produktion, Präsentation und Adressierung von Kommunikatbasen.*" (Rusch 2002: 112; H.i.O.) Und weiter:

„Kommunikator (K) und Rezipient (R) […] operieren autonom und erzeugen in der Wahrnehmung Information abhängig von selektiv wahrgenommenen Situationen, Objekten, Partnern, dem eigenen Selbst und dem eigenem (Äußerungs-)Verhalten aus dem Zusammenspiel von Sinnesaktivitäten, Wissen (W), Einstellungen (A), Erwartungen (E), Emotionen (G), Wünsche und Ziele (Z) und Bedürfnissen (B). Diese intern erzeugte Information wird dann in Wechselwirkung mit motorischen Systemen für die Produktion von Verhalten, und darunter auch von Äußerungen, z.B. im Rahmen von Orientierungstätigkeit funktionalisiert. Das Resultat ist eine Kommunikatbasis KB(K), der K sein Kommunikat K(K) zuordnet. Der Prozeß der Produktion von KB(K) kann im Lichte des Kommunikats K(K)rekursiv (sic!) solange fortgesetzt werden, bis K für seine Kommunikatbasis KB(K) ein befriedigendes Kommunikat K(K) oder aber für sein Kommunikat eine befriedigende Kommunikatbasis generiert hat. Beobachter oder Rezipient sind nun diejenigen, die Kommunikatbasen kognitiv autonom wahrnehmen oder verarbeiten, d.h. ihre Aufmerksamkeit auf Kommunikatoren bzw. deren Orientierungstätigkeit richten." (Rusch 2002: 113)[75]

---

75 Zu den in dem Zitat wiedergegebenen individuenspezifischen Operationen müssen aber auch die nicht explizit genannten sozialen, rechtlichen, politischen, wissenschaft-

Dabei scheint nicht ganz klar, was unter Kommunikatbasen verstanden wird bzw. worin der Unterschied zu einem Kommunikat liegt. Zur Klärung dieses Sachverhalts kann wiederum auf Siegfried J. Schmidt zurückgegriffen werden:

> „Kommunikatbasen sind [...] solche materialen Kommunikationsmittel, die ein Kommunikationsteilnehmer produziert und die andere Kommunikationsteilnehmer aufgrund der Struktur ihres Wahrnehmungsapparates sowie durch Anwendung von regelhaften bzw. konventionalisierten Operationen als solche Gegenstände erkennen, denen sie Bedeutungen, Sinnbezüge und Relevanzen zuzuordnen und eventuell Handlungen als Konsequenzen daran anzuschließen gelernt haben. Wenn die Äußerung einer Kommunikatbasis durch einen Kommunikationsteilnehmer andere Kommunikationsteilnehmer tatsächlich dazu bringt, die o.g. Operation durchzuführen, dann fungiert diese Kommunikatbasis für solche Kommunikationsteilnehmer im Kommunikationsprozeß als *Kommunikat*." (Schmidt 1991: 61f; H.i.O.)

Überblickt man das von Rusch und Schmidt Gesagte, wird Kommunikation im Wesentlichen als Orientierungsmittel verständlich, die wiederum aus Kombinationen motorischer bzw. menschlicher Handlungen und/oder technischer Entitäten mit konventionalisierten Zeichen bestehen. D.h., dass zusätzliche Gegenstände zur kommunikativen Vermittlung von Informationen genutzt werden können. Veranstaltungsbezogen reicht dies von Postern, Plakaten, Flyern, Schildern, Flaggen über Megaphone, Funk, Mobilfunk, Lautsprecher, Monitore, Videoleinwände bis hin zu eigenen Websites, Blogs, Social Media-Feeds und Apps – um nur einige der gängigsten Medien in der Veranstaltungswelt aufzuzählen. Gerade und vor allem die Letztgenannten, seien sie nun direkt veranstaltungsbezogen oder nicht, sind aber keine Medien mehr im Sinne einer ausschließlichen one-to-many-Kommunikation, denn sie erlauben einen Äußerungs- bzw. Feedbackkanal für die Empfänger der Informationen. So nutzten viele Besucher der Loveparade 2010 einschlägige Foren, Blogs und Videoplattformen um sich über das Erlebte auszutauschen.

Zu berücksichtigen ist an dieser Stelle zudem, dass Kommunikatoren auch Institutionen (Unternehmen, Behörden, Parteien bzw. im Kontext von Großveranstaltungen Veranstalter, Sicherheits-, Verpflegungs-, Sanitärdienstleister, die BOS oder auch das Publikum etc.) sein können. D.h. eine Institution kann, vertreten durch Individuen eine Kommunikatbasis erzeugen und diese an ihre Umwelt weitergeben. Bei jeder Kommunikation kommt es aber darauf an, dass die Kommunikatbasis derart gestaltet ist, dass sie einerseits die Aussageabsicht trifft und

---

lichen, religiösen, historisch-kulturellen etc. Einflüsse auf den Kommunikator und den Rezipienten hinzugefügt werden. Die kommunikativen Kopplungen der Individuen sind durchtränkt von den Einflüssen aus ihrer Geschichte und Umwelt.

andererseits zu den intendierten Orientierungen bei den Beobachtern führt. Entsprechend muss als Losung des Erzeugens von Aussagen bzw. Mitteilungen gelten: „Kommuniziere viable Kommunikate" (Rusch 2000: 13). Denn nur am Maßstab der Viabilität, m.a.W. am Erfolg der Kommunikate kann ihre Orientierungsleistung überprüft werden.

Entsprechend lassen sich verschiedene Dimensionen ausmachen, die Bedingungen für die Ermöglichung und den Erfolg offener Kommunikation darstellen und zugleich in reziproker Beziehung zueinander stehen. Zu diesen Dimensionen gehören:

- biologisch-kognitive Dimension
- sozio-kulturelle (Organisationen, Publikum) Dimension
- materiell-technische Dimension
- raum-zeitliche Dimension

Zunächst muss ein Individuum in der Lage sein, Informationen aufnehmen und verarbeiten zu können, die Orientierungsabsicht zu verstehen und mit einer entsprechenden kommunikativen oder sonstigen körperlichen Handlung darauf zu reagieren. Wissen, Wünsche, Erwartungen, Erfahrungen, Einstellungen und Emotionen etc. spielen an dieser Stelle also eine gewichtige Rolle für den Verarbeitungs- und Reaktionsprozess. Mit Blick auf die Veranstaltungswelt ist an dieser Stelle zu betonen, dass katastrophische Ereignisse häufig nicht erwartet werden, die Akteure in ihren gewohnten Prozessen und Strukturen agieren und dadurch von der Geschwindigkeit bzw. dem Verlauf der Ereignisse überrascht werden. Eine Umschaltung auf die neue Situation und damit die Aktivierung neuer kognitiver Schemata bzw. neuer Kommunikations- und Handlungsabläufe erfolgt daher verzögert[76], was zu einer Verschlimmerung der Entwicklungen führen kann. Zudem befindet man sich mit der biologisch-kognitiven Dimension an einer Nahtstelle zur sozialen Dimension, denn eine entsprechende Organisationskultur kann eine Grundlage für ein Bewusstsein und eine Bereitschaft zu offener intra- und interorganisationaler Kommunikation bilden.

Die Auswirkungen der sozialen Dimension auf eine offene Kommunikationskultur lassen sich also am deutlichsten an der Kommunikationsbereitschaft erkennen. Dies betrifft schon die intraorganisationale Kommunikation, denn der Informationsaustausch zwischen den Abteilungen innerhalb eines Veranstaltungsunternehmens benötigt eine transparente Kommunikationsbereitschaft damit

---

76 Mit der Situationsveränderung geht auch eine Umschaltung kommunikationsethischer Argumentationsweisen einher, wie Rainer Leschke (vgl. 2015) verdeutlicht.

Großveranstaltungen angemessen geplant, durchgeführt und nachbereitet werden können. Elementar ist an dieser Stelle auch die Bereitschaft zur interorganisational offenen Kommunikation, wie sie beispielsweise im Prozess des Genehmigungsverfahrens, der gesamten Veranstaltungsdurchführung bis zur Abbau-, Nachbereitungs- und Evaluationsphase notwendig wird. Hier sollte im Optimalfall neben einem beständigen Austausch von Informationen zwischen den Genehmigungsbehörden, den BOS, dem Veranstalter und seinen Unterauftragnehmern auch eine Diskussion und Überarbeitung der Unterlagen stattfinden. Geplante Sicherheitsmaßnahmen sollten in einem offenen und partnerschaftlichen Dialog diskutiert werden, der auch die kritische Hinterfragung der Pläne und gegebenenfalls die Forderung von Nachbesserungen aushält. Offener Austausch sollte an dieser Stelle nicht von politischen, ökonomischen oder sonstigen Interessen geleitet sein sondern mit dem Ziel verknüpft sein, die Genehmigung erteilen zu können.[77] Auch die offene Weitergabe von Informationen an alle relevanten Akteure – hierunter ist auch das Publikum zu zählen – während einer Veranstaltung sollte sorgfältig geplant und umgesetzt werden. Kommunikationsketten sollten vorbereitet, Informationsbedarfe geklärt, Verantwortlichkeiten und Ansprechpartner im Vorhinein bestimmt sein sowie im Bedarfsfall zur Verfügung stehen und Informations- bzw. Austauschzeitpunkte festgelegt werden. Auch die verwendete Kommunikationstechnik ist für bestimmte Situationen im Vorhinein zu planen.

Damit ist die technische Dimension offener Kommunikation angesprochen. Medientechniken gestatten die Weitergabe von Informationen an Einzelne oder Viele mit oder ohne einer Antwortmöglichkeit. Medientechnik und ihre Beherrschung sind die Grundlagen offener Kommunikation, angefangen von Sprach- und Schreibkompetenzen bis hin zur Fähigkeit im Umgang mit modernsten Medien. Nicht zu vergessen ist an dieser Stelle, dass nach Maßgabe offener Kommunikation alle zuvor bestimmten Akteure auch an die vorhandenen Kommunikationsinfrastrukturen angebunden sein sollten bzw. ihnen die notwendigen Informationen durch Funkgeräte, Mobiltelefone, Smartphones, Pager, Listen, Pläne, Taschenkarten, Datenbanken etc. jederzeit und von jedem Ort verfügbar sind.[78] So

---

77   Das sich hinter dieser Forderung eine Idealvorstellung verbirgt, ist nicht weiter er-
     klärungswürdig. Erläutert werden muss aber, dass die Interessen zum Wohle der Be-
     sucher und Mitarbeiter in den Hintergrund zu rücken sind. Andernfalls ist die Er-
     teilung einer Genehmigung zur Veranstaltungsdurchführung äußerst leichtfertig und
     riskant.

78   Veranstaltungsbeobachtungen im Rahmen des BMBF-geförderten Forschungs-
     projektes BaSiGo zeigten sowohl für das Chiemsee Reggae Summer 2013 und 2014
     und für das Wacken Open Air im Jahr 2013 nur eine sehr begrenzte Verfügbarkeit
     des Mobilfunknetzes. Auch der Berlin Marathon und die Annakirmes im Jahr 2013

erscheint es erstrebenswert, dass den entsprechenden Akteuren ein Zugang zu den aktuellen Planungs-, Durchführungs- und Evaluationsdokumenten einer Großveranstaltung z. B. auf einer zentralen Plattform verfügbar gemacht wird. Dies gestattet allen Beteiligten jederzeit, sich mit dem aktuellen Stand der Entwicklungen vertraut zu machen. Darüber hinaus sollte die Vernetzung der Beteiligten im Sinne eines sozialen Netzwerks möglich sein, um die Entstehung von Informations- bzw. Kommunikations-Gatekeepern zu vermeiden, so dass Informationsflüsse beim Ausfall einer oder mehrerer Schlüsselpersonen auch noch über andere Wege an ihr Ziel gelangen.[79]

Damit ist die raum-zeitliche Dimension offener Kommunikation erreicht. Aktuelle Medientechnik gestattet grundsätzlich jeden jederzeit und überall zu erreichen, ihm im push- oder pull-Verfahren Informationen verfügbar zu machen oder Informationsanfragen zu stellen. Gerade aber auf Großveranstaltungen kann die raum-zeitliche Dimension kritisch werden. Publika auf großen Veranstaltungsflächen z. B. über eine drohende Verschlechterung des Wetters, eine Anschlagsgefahr oder Ähnliches und entsprechende Evakuierungs- oder Schutzmaßnahmen zu informieren kann zwar über Soundanlagen, Videowalls oder auch Ordnerpersonal im Falle von Festivals realisiert werden, doch auf vielen Veranstaltungsflächen, wie auch auf Kirmes- oder Jahrmarktveranstaltungen[80] ist eine koordinierte

---

hatten zeitweise mit lokalen Ausfällen des Mobilfunknetzes zu kämpfen. Am besten verfügbar waren die Netze in den frühen Morgen- und späten Abendstunden auf den Veranstaltungsgeländen. Erfahrungsgemäß ist die Auslastung der Mobilfunknetze auch zu Silvester stets kritisch. Häufig reichen also die von Mobilfunkbetreibern zur Verfügung gestellten zusätzlichen Funkmasten nicht für das Nutzeraufkommen aus, so dass die Netze zusammenbrechen. Dies lässt eine Nutzung mobiler Medien für Alarmierungs- und Informationsdienste zur Zeit noch fast gar nicht zu. Auf den Geländen ggf. verfügbare WLAN-Hotspots waren ebenfalls nicht immer nutzbar. Auch Funktechnik kann z. B. durch ein kaputtes Relais ausfallen. Für diesen Fall sollten redundante Systeme bereitgehalten werden, deren Bedienung den Akteuren bekannt sein sollte bzw. für die sie geschult wurden. Bei den papierbasierten Informationstechniken muss darüber hinaus berücksichtigt werden, dass diese auch wetterfest gemacht sind.

79  Erfolgreich getestet wurde eine solche Infrastruktur z.B. im BMBF-geförderten Forschungsprojekt infostrom (vgl. Reuter 2015).

80  So ergaben die Untersuchungen des Institut für Medienforschung auf der Annakirmes in Düren, dass die geplanten Maßnahmen zur Evakuierung des Festplatzes unzureichend waren. In einem Notfall sollte eine Sirene die Besucher und Fahrgeschäftebetreiber alarmieren und letztere zum Ausschalten ihrer Soundanlagen animieren. Bei Audiotests auf einem fast leeren Veranstaltungsgelände zeigte es sich jedoch, dass die Sirene schon aus wenigen 100m kaum mehr hörbar war. Auch die anschließenden Durchsagen, die testweise von den Fahrgeschäftebetreibern abgegeben wurden waren aufgrund von Überlagerungen nur schwer bis gar nicht verständlich. Vergleiche hier-

Kommunikation heute noch nicht möglich. Gerade bei mehrtätigen Festivalver-
anstaltungen mit weiträumigen Zeltplätzen zeigt sich auch immer wieder die zeitnahe Kommunikation mit dem Publikum in einem Krisen- oder Katastrophenfall
als Herausforderung. Soundanlagen sind hier nicht mehr verfügbar, Megaphone
sind aufgrund ihrer Reichweite und Qualität nicht ausreichend und eine individuelle Kommunikation durch Lotsen oder Sicherheitspersonal ist sehr zeitaufwändig.
Auch Mobilfunkdienste bzw. Apps sind aufgrund der bereits genannten technischen Herausforderungen oft nicht das erste Mittel der Wahl für die Notfall- bzw.
Sicherheitskommunikation (vgl. Giebel 2012; Groneberg, Rusch 2015). Eine zu-
kunftsfähige technische Unterstützung offener Kommunikation zur Überwindung
weiter Veranstaltungsflächen verlangt also nach innovativen Lösungen.

## 4 Großveranstaltungskatastrophen und der kommunikative Faktor

Wie bereits mehrfach angedeutet gibt es zahlreiche Beispiele für Krisen und Katastrophen auf von Großveranstaltungen.[81] Im Folgenden sollen drei Beispiele
näher betrachtet werden, bei denen Kommunikation bereits als kritischer Faktor
für die Entwicklungen identifiziert wurde. Als Beispiele sollen i.) die Ereignisse
auf dem Roskilde Festival aus dem Jahr 2000, ii.) der Bühnenzusammensturz auf
dem Indiana State Fair (2011) sowie iii) die Ereignisse auf der Loveparade 2010
herangezogen werden. Die Auswahl dieser drei Beispiele erfolgte weil einerseits
Analysen und Berichte über die Ereignisse verfügbar sind und weil diese andererseits übergreifend Kommunikation als einen der kritischen Faktoren für den Verlauf der Ereignisse identifizierten.

Zu i): Das Roskilde Festival[82] beherbergte im Jahr 2000 ca. 74.000 Besucher.
Während des Auftritts der Band Pearl Jam befanden sich ca. 50.000 Zuschauer vor
der sogenannten Orange-Stage. Dass so viele Zuschauer diese Band sehen wollten lag wohl auch daran, dass ihr letzter Auftritt in Dänemark in 1992 stattfand.
Während des Auftritts nieselte es bei ca. 11 °C und einer Windstärke von ca. 8m
pro Sekunde (vgl. Kornerup, Rungstrom 2000: 6). Das Wetter wiederum soll sich

---

      zu den Beitrag „Alarmsysteme für Großveranstaltungen" (Groneberg u.a. 2015) in
      diesem Band.

81   Auflistungen bieten z.B. die Seite eventfaq.de (vgl. Waetke 2015) oder auch die Dis-
      sertation von Simon Runkel mit dem Thema Crowd Management (vgl. Runkel 2015).

82   Für die Wiedergabe der Ereignisse auf dem Roskilde Festival wird im wesentlichen
      auf dem Polizei Bericht aus dem Jahr 2000 aufgebaut.

auch auf die Soundqualität des Auftritts ausgewirkt haben, weshalb sich weiter hinten befindende Zuschauer nach vorne drängten, um besser zuhören zu können (vgl. Kornerup, Rungstrom 2000: 7). Dies jedoch verdichtete die Menschenmenge vor der Bühne derart, dass die Wärmeentwicklung sehr stark war, einige Konzertbesucher Luftnot erlitten und/oder auf dem von Müll bedeckten Boden ausrutschten, hinfielen und durch die von hinten schiebenden Besucher nicht mehr aufstehen konnten. Das Resultat waren neun Tote zwischen 17 und 26 Jahren sowie über 40 Verletzte (vgl. Kornerup, Rungstrom 2000: 8).

Auf der Orange Stage gab es vier Sicherheitsteams mit jeweils ca. 28 Mitgliedern. Bei dem Konzert stand jeweils ein Sicherheitsteam mit einem Teamführer in der sog. Front Stage-Area (vor den Lautsprechertürmen) und beobachtete das Publikumsverhalten, versorgte dieses bei Bedarf mit Wasser oder half in Krisensituationen z.B. durch Herausziehen der Besucher aus dem Publikum. Im Bühnengraben befand sich ein weiteres Sicherheitsteam mit einem Teamleiter in vergleichbarer Personenstärke. War das Aufkommen für das Team in der Front Area zu hoch, wurde es von Teammitgliedern aus dem Bühnengraben verstärkt. Links und Rechts der Bühne befanden sich zwei stationäre Bühnensicherheitskräfte sowie ein für sie verantwortlicher und umherlaufender Teamleiter. Ihre Aufgabe war es das Publikum zu überwachen und bei erkennbaren Problemen den Leiter des vorderen Bühnenbereiches zu informieren. Die beiden Bühnensicherheitskräfte und die drei Teamführer waren mit Funkgeräten, Headsets und einem gemeinsamen Funkkanal ausgestattet, den auch das Produktionsbüro mithörte. Zudem gab es einen Bühnenmanager, der für den Ablauf der Konzerte auf der jeweiligen Bühne verantwortlich zeichnete und in Kontakt mit den Bands stand. Er hatte jedoch kein Funkgerät. Darüber hinaus gab es einen Bühnenmoderator, der die Ansprache des Publikums und die Weitergabe von Informationen zur Aufgabe hatte (vgl. Kornerup, Rungstrom 2000: 15f).

Bis zum Zeitpunkt des Unglücks gab es keine zuvor bestimmten Texte, Ansagen oder sonstigen Richtlinien für die Handhabung von Zwischenfällen sowie keine Klärung, wann von wem das Konzert abgebrochen werden dürfe. Somit herrschte zwischen dem Produktionsbüro und den Leitern der Sicherheitsteams Unklarheit darüber, wer den Abbruch des Konzertes befehlen sollte. So sah der Moderator die Autorität für einen Konzertabbruch nicht bei sich. Der Bühnenmanager wusste zwar, dass er die Autorität besaß, einen Auftritt abzubrechen, doch hätte eine solche Forderung von den Teamführern an ihn herangetragen werden müssen. Um dann aber auch den Abbruch zu initiieren, so nahm er an, hätte er darüber hinaus eine Erlaubnis des Produktionsbüros oder der Festivalleitung haben müssen. (vgl. Kornerup, Rungstrom 2000: 16).

Nachdem ein Angestellter des Sicherheitsdienstes im Bühnengraben von einer herausgezogenen Besucherin darauf hingewiesen wurde, dass im Publikum Menschen am Boden lagen gab er dies an seinen Teamführer weiter. Dieser wies seine Teammitglieder dazu an nach Problemen zu schauen, doch erst als ein weiblicher Wachmann auf den Zaun kletterte, konnte diese ein Loch im Publikum erkennen, dass auf ein Problem hinwies. Sie funkte daraufhin, ohne jedoch eine bestimmte Person zu adressieren, dass das Konzert abgebrochen werden müsse. Auch später erneut abgesetzte Nachrichten wurden von ihr nicht genauer adressiert, doch tat sie dies in der Annahme, dass das Produktionsbüro mithörte und entsprechende Maßnahmen einleiten würde.

Der Führer des Teams im Bühnengraben wurde von seinen Teammitgliedern darüber informiert, dass Zuschauer hingefallen seien und das Konzert abgebrochen werden müsse. Der Teamführer wiederum sprach daraufhin mit dem Bühnenschutzmanager, der ebenfalls via Funk den Abbruch des Konzertes forderte.

Zum Abbruch kam es aber erst als der Bühnensicherheitsmanager einem seiner Teammitglieder den Auftrag gab, den Sicherheitsmanager der Band zu finden um die Musik zu stoppen. Stattdessen fand er jedoch den Tourmanager, der sich im Gespräch mit dem Bühnenmanager befand. Letzterer beobachtete zunächst nichts Ungewöhnliches im Ablauf. Erst als er während eines Telefonates gesagt bekam, dass der Auftritt abgebrochen werden müsse weil Menschen erdrückt würden unterbrach er sein Telefonat und rannte zur Bühne, wo es zu dem Gespräch mit dem Tourmanager kam. Da es aber zunächst im Bühnenbereich zu laut für eine Unterhaltung war, wechselten sie ihre Position hinter die Bühne. Hier wurden sie nun von dem Sicherheitsteammitglied angetroffen, der um eine Entscheidung bat. Daraufhin ging der Tourmanager zum Sänger und die Band brach das Konzert ab (vgl. Kornerup, Rungstrom 2000: 16f).

Die Angaben, wie lange es von den ersten Nachrichten über Probleme im Zuschauerbereich und der Forderung nach einem Konzertabbruch dauerte sind unterschiedlich. Sie reichen von fünf Minuten nach Aussage des Bühnenschutzführers bis zu acht Minuten nach Aussage der Bühnenschützer oder sogar zehn bis zwanzig Minuten nach Einschätzung des Sicherheitspersonals aus dem Bühnengraben. Ein Angestellter des Sicherheitspersonals aus dem Bühnengraben sagte später aus, er habe dreimal seine Vorgesetzte nach dem Abbruch des Konzertes gefragt. Diese habe jedoch noch nach der zweiten Anfrage gesagt, dass Verstärkung unterwegs sei. Der Sicherheitsbedienstete verdeutlichte daraufhin nochmals, dass er keine Verstärkung benötige, sondern einen Abbruch des Konzertes. Nach dem dritten Hinweis sagte die verantwortliche Bühnenschutzmanagerin, dass sie die Anfrage weitergegeben habe. Zwischen den ersten beiden Anfragen vergingen jeweils drei bis vier Minuten und nach der letzten dauerte es nochmals ca. vier Minuten bis die Band aufhörte zu spielen. Auch nach dieser Aussage dauerte es also zwischen 12 und 15 Minuten bis das Konzert abgebrochen war. Auch andere Mitglieder des Sicherheitspersonals gaben in Folge der Untersuchungen an, eine Forderung nach einem Konzertabbruch an ihre Vorgesetzten geäußert zu haben, die wiederum angaben die Bitte auch mehrfach weitergegeben zu haben. Eine Sicherheitskraft aus dem Bühnengraben sprach davon, sogar mittels Zeichensprache seinen Vorgesetzten über Probleme informiert und einen Abbruch gefordert zu haben (vgl. Kornerup, Rungstrom 2000: 17).

Unmittelbar nachdem die Band aufgehört hatte zu spielen bat der Sänger der Band das Publikum zurückzugehen, da es Verletzte im Publikum gäbe. Auch der Tourmanager bat mit einem weiteren Mikrophon das Publikum zurückzuweichen. Nach Aussagen der Sicherheitskräfte dauerte es nochmals fünf bis zehn Minuten, bis die Menge zurückwich (vgl. Kornerup, Rungstrom 2000: 21).

Die Sanitäter erfuhren noch während des Konzertes, dass mindestens fünf Personen verletzt seien. Der Leiter der Sanitätsabteilung bestellte fünf Rettungswagen mittels des verfügbaren Festivalfunksystems. Er bekam jedoch keine Rückmeldung auf seine Anfrage. Nachdem zehn Personen mit Herzversagen in die Sanitätsstation eingeliefert wurden forderte er eine entsprechende Anzahl an Krankenwagen mit dem Mobiltelefon über die 112 Notrufnummer an (vgl. Kornerup, Rungstrom 2000: 21f.).

Fasst man die bis hier beschriebenen Ereignisse unter dem Fokus der oben aufgezählten kritischen Kommunikationsdimensionen zusammen sind u.a. folgende Probleme zu identifizieren:

- Es wurde keine Texte für kritische oder gar katastrophische Situationen vorbereitet.
- Es gab keine Absprachen wer und wann eine Entscheidung über einen Konzertabbruch fällen kann.
- Klare Kommunikationsflüsse sind nicht identifizierbar.
- Abgesetzte Funksprüche wurden ohne Nennung eines Empfängers abgesetzt, wodurch sich niemand verantwortlich fühlte.
- Auch wurde auf Funksprüche keine Rückmeldung gegeben.
- Es gab offenbar kein gemeinsames Lagezentrum aller Verantwortlichen.
- Auch die Lautstärke des Konzertes erschwerte die Kommunikation.

Der Bericht fasst die Ereignisse wie folgt zusammen:

„The extent of the accident must be assumed to have increased by – understandably enough – the slow recognition of the seriousness of the situation, doubt about the chain of command and messages, belief that the situation could be handled from the front area, and the idea that stopping the music was a big decision." (Kornerup, Rungstrom 2000: 23)

Keiner der drei Festivalmanager war während der Konzerte anwesend oder hatte ein Funkgerät, um den Notfall-Funkverkehr mitzuhören. Sie kamen erst zur Orange Stage, als sie Berichte über Probleme im Publikum hörten. Als der erste Manager zur Bühne kam, hatte die Musik bereits aufgehört zu spielen, doch wurde keiner der Manager gefragt, ob die Musik gestoppt werden sollte. Hieraus ergaben sich weitere Probleme:

- Verantwortliche Akteure waren nicht oder nur schlecht erreichbar um Entscheidungen treffen zu können und
- diese sowie andere Entscheider waren nicht an die Kommunikationsinfrastrukturen angeschlossen.

Zu ii): Die Beschreibung der Ereignisse auf dem Volksfest in Indianapolis beruhen auf dem Untersuchungsbericht von Witt Associates aus Washington D.C. (2012). Das Fest dauert insgesamt 17 Tage und in 2010 haben über 950.000 Gäste das Festgelände besucht. Am Tag der Katastrophe (13.08.2011) wollten ca. 12.000 Besucher die Band Sugarland sehen. Nachdem eine starke Windböe die Bühnenkonstruktion zum Einsturz brachte, starben sieben Besucher und über vierzig mussten medizinisch behandelt werden (vgl. Witt Associates 2012: 7f).

Zur Vorbereitung auf das Fest ist zu sagen, dass die Organisatoren u.a. einen Notfallplan vorbereitet hatten sowie einen Handlungsleitfaden für Notfälle erstellt hatten. Zudem nahmen Teile der Indiana State Fair Commission (ISFC) an einer Szenarioübung der Homeland Security teil, mit der u.a. die Reaktionsweisen bei einem drohenden Unwetter eingeübt werden sollten. Für die Dauer der Veranstaltung wurde auch ein Lagezentrum eingerichtet, welches die Kommunikation zwischen den Akteuren sicherstellen sollte. Die geplante Beteiligung von Mitgliedern der ISFC, Polizei, Feuerwehr und Sanitätskräfte wurde jedoch nicht in die Tat umgesetzt (vgl. Witt Associates 2012: 9).

Die Untersuchungen nach dem Unglück zeigten jedoch, dass der Notfallreaktionsplan nicht vollständig ausgearbeitet war und kein eindeutiges Verständnis darüber existierte, wie dieser zur Anwendung gebracht werden sollte. Unklar waren z.B. Rollen- und Aufgabenverteilung einzelner Mitarbeiter sowie der beteiligten Organisationen. Einige der Auftragnehmer bzw. Dienstleister für das State Fair waren auch nicht an der Planung und Ausarbeitung des Notfallplans beteiligt bzw. war ihnen die Existenz eines Notfallplans gar nicht bekannt. Darüber hinaus gab es weder Sicherheitsübungen für die Mitarbeiter des ISFC noch Übungen entlang des Incident Command System (ICS)[83].

Nach der bereits angesprochenen Szenarioübung gab es kein Evaluationsgespräch mehr, dass auf die Ereignisse des kommenden Festes vorbereitet hätte. Auch ein Evaluationsbericht wurde von der Homeland Security nicht angefertigt. Die in einem Executive Summary gegebenen Empfehlungen wurden auch nicht mehr in die Strukturen und Prozesse des für 2012 geplanten Volksfestes implementiert (vgl. Witt Associates 2012: 9f).

Die Ereignisse entwickelten sich wie folgt: Schon den ganzen Tag über berichtete der nationale Wetterservice über drohende starke Gewitter in Zentralindiana. Der Direktor für öffentliche Sicherheit und Logistik Ray Allison leitete zweimal die eingegangenen Unwetternachrichten über ein extra für das State Fair beschafftes Stimm- und Textnachrichtenversandsystem weiter. Diese erhielten aber nur diejenigen, die auf einer zuvor angefertigten Empfängerliste des Systems standen und auf der zentrale Akteure fehlten. Noch um 19 Uhr leitete er eine Nachricht über das System weiter aus der zu entnehmen war, dass starke Regenschauer und Windböen sowie Hagel und Blitze zwischen 21 Uhr und 21:30 Uhr zu erwarten seien. In einem für 20 Uhr anberaumten Treffen der Veranstaltungsverantwortlichen wurden die Implikationen des Wetterberichts für den Konzertbeginn diskutiert, jedoch nicht mit Blick auf die Sicherheit der Zuschauer bzw. Gäste. Die Polizei war bei diesem Treffen nicht anwesend (vgl. Witt Associates 2012: 37).

Als Ergebnis wurde Eric Milby, Angehöriger eines Unterauftragnehmers der engagierten Produktionsgesellschaft, beauftragt, mit dem Bandmanagement zu sprechen. In diesem Gespräch wurde lediglich über Regen jedoch nicht über die anderen drohenden Wetterphänomene gesprochen. Da die Band regelmäßig auch im Regen Konzerte gibt wurde zunächst vereinbart, dass der Konzertbeginn auf 20:50 Uhr verschoben und im Falle einer Verschlimmerung des Wetters das Konzert unterbrochen werden solle. Zur gleichen Zeit begannen die Vorbereitungen an der Bühne. So stiegen z.B. vier Beleuchter auf ihre Positionen im Bühnengerüst (vgl. Witt Associates 2012: 40).

Ein Vertreter der Polizei (Captain Brad Weaver), der eigentlich gar nicht im Dienst war und zufällig Executive Director Cindy Hoye traf, wies diese auf die Auswirkungen des angekündigten Wetters für die Sicherheit des Publikums hin und gab ihr den Rat die Veranstaltung abzusagen. Zusammen arbeiteten Sie einen Evakuierungsplan aus und Hoye gab die Anweisung an ihr Personal, sich auf die

---

83  Dabei handelt es sich um das Äquivalent der Feuerwehrdienstvorschrift 100 in Deutschland. Mit dieser ist ein Managementsystem beschrieben, dass der Führung und Leitung von Feuerwehreinsätzen dient.

Evakuierung der Haupttribüne vorzubereiten. Um 20:39 Uhr gab es eine weitere Unwettermeldung vom NWS, die aber weder Hoye noch Weaver erreichte (vgl. Witt Associates 2012: 40f).

Hoye diktierte im Folgenden dem Moderator eine Durchsage an das Publikum. Der durchgesagte Text enthielt zwar Informationen über das drohende Unwetter aber auch, dass die Band zunächst auftrete und im Falle des Unwetters das Publikum Schutz in nahegelegenen Gebäuden suchen solle. Dies war jedoch nicht die Botschaft, die Captain Weaver erwartete. Nachdem er Direktor Hoye damit konfrontierte begaben sie sich auf den Weg zu Bühne, um die sofortige Evakuierung anzuordnen. Währenddessen brach jedoch schon die Bühne aufgrund starker Windentwicklung zusammen, ohne dass noch eine Durchsage gemacht werden konnte.

Die Ergebnisse der Untersuchung zeigen mit Blick auf die Kommunikation folgendes:

- Es herrschte Unklarheit darüber, wer bzw. welche Organisation für die Sicherheit des Publikums verantwortlich war.
- Es gab kein festes Procedere für die Weiterleitung von Unwetternachrichten und daraus zu ziehenden Entscheidungen.
- Am speziell angeschafften Sprach- und Text-Kommunikationssystem war nur ein Teil der verantwortlichen Akteure angemeldet. Auch keine Mitglieder anderer Rettungsorganisationen oder Unterauftragnehmer hatten Zugriff auf die darüber distribuierten Informationen.
- Absprachen wurden nicht eingehalten.
- Informationen über das drohende Unwetter wurden auch nicht verbal vollständig weitergegeben.
- Es gab kein kompatibles interorganisationales Funksystem auf dem Festgelände.
- An dem gemeinsamen Lagezentrum waren nicht alle Organisationen beteiligt, so dass die Rettungskräfte jeweils eigene Lagezentren aufbauten.
- Die Rettungskräfte aus Feuerwehr und medizinischer Versorgung hatten keinen gemeinsam ausgearbeiteten Plan für die Bewältigung eines Massenanfalls von Verletzten.
- Auch ein Nachverfolgungssystem für die Protokollierung des Transportes von Patienten in Krankenhäuser wurde nicht etabliert, so dass im Nachhinein unklar war, wieviele und welche Personen in welche Krankenhäuser transportiert wurden.

Zu iii): Die Loveparade war ein Festival für elektronische Musik, dessen Anfänge im Jahr 1989 in Berlin liegen. In den Jahren 2004 und 2005 wurde die Veranstaltung wegen Unstimmigkeiten zwischen dem Veranstalter und der Stadt Berlin über die Räumung des Mülls nach der Veranstaltung ausgesetzt. 2006 fand die Loveparade zum letzten Mal in Berlin statt. Ab 2007 wurde die Großveranstaltung dann an unterschiedlichen Standorten im Ruhrgebiet durchgeführt, zunächst in Essen und 2008 in Dortmund. Die Veranstaltung im Jahr 2009 in Bochum wurde aufgrund von Sicherheitsbedenken abgesagt. Die Loveparade 2010 in Duisburg bedeutete schließlich das Ende der Veranstaltung, da bei Gedränge auf der Zuwegung zum Veranstaltungsgelände 21 Personen zu Tode kamen und sich 541 Besucher verletzten.

Die Ereignisse der Loveparade sind bis zum heutigen Tage noch nicht vollständig und offiziell geklärt. Daher wird hier unter Bezug auf unterschiedliche Gutachten und wissenschaftlicher Analysen (vgl. Still 2012; Helbing, Mukerji 2012), offizielle Berichte bzw. Stellungnahmen (Polizei Duisburg 2010; Stadt Duisburg 2010b) und veröffentlichte Dokumente (vgl. Geer 2010; Janowski 2010) versucht, die Geschehnisse wiederzugeben und auf Defizite in der Kommunikation bzw. im Medieneinsatz hinzuweisen, ohne dabei rechtliche Aspekte bzgl. Verantwortlichkeiten etc. zu berücksichtigen bzw. zu thematisieren. So verweist z.B. die Analyse des Züricher Wissenschaftlers Dirk Helbing und seines Kollegen Pratik Mukerji (vgl. 2012: 6) u.a. darauf, dass Kommunikation einer der Gründe – neben vielen weiteren z.T. interdependenten Faktoren – für die Katastrophe war (vgl. 2).[84] Bevor jedoch genauer darauf eingegangen wird, soll zunächst wieder ein kurzer Abriss der Ereignisse gegeben werden (vgl. Helbing, Mukerji 2012: 8ff):

Aufgrund noch nicht abgeschlossener Bauarbeiten am Gelände werden die Tore der Veranstaltung erst um 12 Uhr statt um 11 Uhr geöffnet, wodurch Rückstauungen an den Eingängen auftreten und ca. 13:33 Uhr ungefähr 20.000 Besucher vor dem Westeingang auf ihren Einlass warten. Die Besucher strömen durch einen Tunnel aus dem Osten und Westen sowie über eine daran anschließende Rampe auf das Veranstaltungsgelände (Polizei Duisburg 2010). Die Polizei, die Sorge hat, dass der Eingang gestürmt werden könnte versucht um ca. 14:00 Uhr über das Crowd Management eine Lautsprecherdurchsage machen zu lassen, zu der es aber nicht kommt, weil keine elektro-akustische Alarmierungsanlage (ELA) vorhanden ist,

---

84  So werden z.B. die Nutzung des Geländes an sich, der Aufbau des Veranstaltungsgeländes, die gleichzeitige Nutzung der Wege als Zu- und Abwege, die Nichtbeachtung kritischer Anmerkungen bei der Veranstaltungsplanung, die Fehlannahmen zur Kapazität der Personen auf den Wegen, auf den Wegen befindliche Hindernisse für den Personenstrom etc. immer wieder kritisiert (vgl. Still 2012; Helbing, Mukerji 2012).

obwohl diese im Sicherheitskonzept vorgesehen war.[85] Um 14:00 Uhr beginnt die
Veranstaltung und schon um kurz nach 14:00 Uhr behindern die vorbeifahrenden
„Floats" (die LkW's mit den DJ's) den Zulauf von der Rampe zum Festivalgelände,
ohne ihn jedoch jemals ganz zum stehen zu bringen, so dass es bis ca. 14:42 Uhr
zu einem Rückstau bis zum Tunnel kommt. Zwischen 14:30 Uhr und ca. 15:00 Uhr
erhöht sich der Zuschauerfluss im Tunnel und in der Folge auch auf der Rampe.
Der verantwortliche Crowd Manager versucht daher die Polizei zu erreichen. Da
der Verbindungsbeamte aber vermutlich weder ein Funkgerät noch ein Mobiltelefon besitzt, scheitert die Kontaktaufnahme zunächst. Zwischen 15:12 und 15:34
werden die Eingänge geschlossen, um einen weiteren Zustrom von Besuchern zu
stoppen. Auch die Polizei versucht mittels verschiedener Polizeiketten Einfluss auf
den Zu- und Abstrom auf das und von dem Gelände zu nehmen. In der Zeit von
15:30 Uhr bis 18:00 Uhr ist die Nutzung von Mobiltelefonen aufgrund der Überlastung des Mobilfunknetzes[86] unmöglich. Bereits um 15:31 Uhr schaffen es erste
Besucher, aufgebaute Zäune zu überwinden, die sie von einem Hang fern halten
sollen über den sie auf das Gelände kommen. Um ca. 16:17 Uhr erreichen die ersten Besucher das Festivalgelände über die Treppe, die daraufhin von zwei Sicher-
heitsleuten versperrt wird. Während inzwischen die beiden Polizeiketten an den
Eingängen – um 16:14 Uhr im Osten und 16:21 Uhr im Westen – wieder geöffnet
werden, hält die dritte Kette am Fuß der Rampe weiter stand und die zuströmenden
Personen erhöhen den Druck auf die schon dort stehenden Besucher. Zwischen
16:24 Uhr und 16:28 Uhr löst sich auch die dritte Polizeikette auf. Zwischen 16:35
Uhr und 16:43 Uhr schreien und rufen erste Menschen nach Hilfe. Immer mehr
Besucher versuchen über die kleine Treppe und die schmalen Beleuchtungsgerüste
aus dem Bereich vor der Rampe zu fliehen. Ab ca. 16:40 Uhr beginnt die Polizei
mit ihren Fahrzeugen in der Stadt Lautsprecherdurchsagen zu machen, dass das
Veranstaltungsgelände voll ist und ein Zugang bis zum Ende des Tages nicht mehr
möglich sein wird. Um ca. 16:48 Uhr wird der Zustrom in den Tunnel gestoppt und
die ersten Polizeisirenen ertönen. Um ca. 16:50 Uhr erreicht der erste Kranken-

---

85    Noch am 14.07.2010 wurde eine ELA von Behördenseite gefordert (vgl. Janowski
      2010: 3). Auch ein Gutachter der Stadt, Prof. Dr. Schreckenberg empfiehlt u.a. die
      Installation einer Lautsprecheranlage im Tunnel um das Nachrücken und Stauungen
      zu vermeiden (vgl. Stadt Duisburg 2010a).

86    Auch hierzu äußert sich der Polizeibericht (vgl. Polizei Duisburg 2010: 30): Es wird
      betont, dass man mit dem Mobilfunkbetreiber Vodafone ein Rahmenvertrag für die
      priorisierte Schaltung von polizeilichen Diensttelefonen abgeschlossen hat. Zudem
      sollten zwei zusätzliche Mobilfunkmasten für die Polizei aufgestellt werden. Erste
      Probleme gab es für die Polizei jedoch erst ab 19:00 Uhr, die nach Rücksprache mit
      dem Mobilfunkbetreiber ab 21:27 Uhr behoben waren.

wagen den Ort des Geschehens. Um ca. 16:53 Uhr gibt es starke wellenartige Bewegungen in der Zuschauermenge, die die Besucher dazu veranlassen, die Hände in die Luft zu strecken und um Hilfe zu schreien. Andere versuchen sich von neben ihnen befindlichen Personen in Richtung der Treppe tragen zu lassen. Ab 17:02 Uhr werden erste Berichte von Opfern bekannt. Um ca. 17:08 Uhr beginnen allmählich erste Polizeikräfte sowie Angestellte der Loveparade zu helfen. Noch um 17:15 Uhr gibt die Leitung des Festes der Stadt Duisburg eine Pressemeldung heraus, die das Fest als einen großen Erfolg kennzeichnet – man scheint an dieser Stelle noch keine Kenntnis von den Ereignissen zu haben. Auch um 17:16 Uhr ist noch kein professioneller Helfer bei den auf den Boden liegenden Opfern am Fuß der Rampe. Um ca. 17:20 Uhr kommen mehrere Rettungsfahrzeuge. Um 18:00 Uhr wird beschlossen, die Veranstaltung wie geplant weiter laufen zu lassen, weil man weitere kritische Situationen bei einer Evakuierung des Geländes vermeiden will.

Wie sich schon an der kurzen Zusammenfassung zeigt gab es mehrfach Probleme mit der Kommunikation auf dem Veranstaltungsgelände.

- Der Funk funktionierte nicht zuverlässig.[87]
- Der Mobilfunk war aufgrund von Überlastung ausgefallen.
- Nicht alle relevanten Akteure hatten wohl ein Funkgerät oder Mobiltelefon zur Verfügung.
- Es gab keine funktionierende Lautsprecheranlage an der Rampe und im Tunnel, wie eigentlich geplant und von Behördenseite verlangt.
- Megaphone waren ebenfalls nicht verfügbar.
- Weder eine Beschilderung mit weiterreichenden Informationen, geschweige denn Videowalls, die eine situative Einlassung auf die Situation ermöglicht hätten waren installiert.
- Rettungswege waren nicht ausreichend gekennzeichnet.
- Laute Musik verhinderte möglicherweise, dass Hilferufe der Betroffenen von den Sicherheitskräften gehört werden konnten.
- Es gab keine Kommunikation zwischen den Einsatzkräften vor Ort und der Festivalleitung, weshalb unpassende Pressemeldungen abgegeben wurden.

---

87 Auch im Abschlussbericht der Polizei ist wiederholt von einem Ausfall des Funknetzes zu lesen, so z.B. im Einsatzabschnitt Raumschutz West zwischen 15:13 Uhr – 15:45 Uhr (4m-Band), um 16:00 Uhr im Einsatzabschnitt Schutz der Veranstaltung (2m-Band), um 18:33 Uhr im Einsatzabschnitt Ost (2m-Band) sowie um 19:15 Uhr im Einsatzabschnitt West (2m-Band) (vgl. 28f). Weiterhin geht der Polizeibericht auch auf weitere Störquellen wie Gebäude, laute Musik, gleichzeitiges Funken, Akkuleistung, Erreichbarkeit des Relais etc. ein (vgl. 29).

Darüber hinaus machen Helbing und Mukerji darauf aufmerksam, dass Befehle und Anweisungen bei Polizei und Sicherheitskräften entlang der Befehlskette bis an die ausführenden Kräfte weitergegeben werden müssen (vgl. Helbing, Mukerji 2012: 18), was zu Verzögerungen führen kann oder auch Informationsverluste nach sich zieht. Informationen können auch schon bei der Konstruktion eines Lagebildes widersprüchlich, zweideutig oder unvollständig sein, was das Treffen von Entscheidungen zusätzlich erschwert.

Überblickt man zu den Ereignissen während der Loveparade auch die Planungsarbeiten im Vorfeld, ergeben sich verschiedene Fragen: So scheinen noch ca. 10 Tage vor der Veranstaltung wesentliche Dokumente nicht bei den Genehmigungsbehörden vorgelegen zu haben, was eine Forderung auf Vorlage vom 14. Juli 2010 belegt (vgl. Janowski 2010).

Ein veröffentlichtes Protokoll (vgl. Geer 2010) einer Sitzung am 18.06.2010 zwischen Lopavent, Feuerwehr, Ordnungsamt, dem Dezernat II und dem Amt für Baurecht und Bauberatung der Stadt Duisburg, auf der das Brandschutzkonzept, die beschränkte Anzahl von Besuchern und die Entfluchtung besprochen wurden, belegt, dass es geäußerte Zweifel an der Machbarkeit der Loveparade gab. So entspannte sich eine „„engagierte' Diskussion" (Geer 2010: 1) über die Fluchtwegsbreite. Ein Vertreter des damaligen amtierenden Oberbürgermeisters verwies in diesem Zusammenhang darauf, „dass der OB die Veranstaltung wünsche und dass daher hierfür eine Lösung gefunden werden müsse. Die Anforderung der Bauordnung, dass der Veranstalter ein taugliches Konzept vorlegen müsse, ließ er nicht gelten. Er forderte 62 [Amt für Baurecht und Bauberatung] auf, an dem Rettungswegkonzept konstruktiv mitzuarbeiten und sich Gedanken darüber zu machen, wie die Fluchtwege dargestellt werden könnten." (Geer 2010: 1f). Der Vertreter des Amtes bestätigte im Folgenden seine Bereitschaft zur konstruktiven Zusammenarbeit, betonte aber, dass nur der Veranstalter das Rettungswegekonzept vorlegen könne. Für den Fall eines vorliegenden Konzeptes am 21.06. wurde weiterhin verlangt, dass ein Sachverständiger (hier wird Prof. Dr. Schreckenberg genannt) dieses überprüfen solle. Schließlich wurde am 21. Juli die Genehmigung der vorübergehenden Nutzungsänderung für das Gelände des Güterbahnhofs erteilt, die zudem eine Abweichung der Bauordnung des Landes NRW für die Unterschreitung der Fluchtwegsbreiten und einen Verzicht auf die Feuerwehrpläne inhärierte (o. A. 2010). Zudem überstiegen die vom Veranstalter veranschlagten Besucherzahlen die für den Tunnel und die Rampe errechneten Kapazitäten, wie Keith Still in seinem Gutachten zeigt (vgl. Still 2012: 16). Das Gesamtkonzept für die Veranstaltung wird erst wenige Stunden vor der Veranstaltung genehmigt.

Kritik an den Plänen zur Veranstaltungsdurchführung bzw. ein offener Austausch über die sicherheitlichen Herausforderungen, so scheint es, wird also nicht geführt. Auch andere Kritiker, wie der Duisburger Polizeichef Rolf Cebin, der schon 2009 Bedenken wegen „eklatanter Sicherheitsmängel" äußerte, werden nicht beachtet.[88]

Als weitere Tatsache kam hinzu, dass die Städte Duisburg und Essen 2010 gemeinsam Kulturhaupt waren und somit weltweite Aufmerksamkeit bekamen. Die Verantwortlichen befürchteten durch eine Absage der Loveparade offenbar einen massiven Imageschaden. So äußerte sich der Chef der Kulturhauptstadt-Verantwortlichen Fritz Pleitgen mit den Worten, dass „alle Anstrengungen unternommen werden [müssten], um dieses Fest der Szenekultur mit seiner internationalen Strahlkraft auf die Beine zu stellen" (rp-online.de 2010). Die diversen Stellungnahmen von unterschiedlichen Akteuren in den Medien erzeugten wahrscheinlich zusätzlichen Druck auf die Organisatoren und genehmigenden Stellen die Veranstaltung stattfinden zu lassen. Dieser politische Druck, so kann auf Jaspers rekurriert werden, erlaubt keine offene Kommunikation.

Blickt man zusammenfassend auf die Ausführungen zu den drei Großveranstaltungen zurück werden zentrale kommunikative oder mediale Unzulänglichkeiten erkenn- und vergleichbar[89]:

---

88  Vielmehr schrieb das Bundestagsmitglied Thomas Mahlberg dem Innenminister Ingo Wolf einen Brief indem er ihn nach einer Auflistung von Verfehlungen des Polizeipräsidenten darum bat, „Duisburg von einer schweren Bürde zu befreien und den personellen Neuanfang im Polizeipräsidium Duisburg zu wagen" (Mahlberg 2009). Tatsächlich wurde der Polizeipräsident im Frühjahr 2009 offiziell aus Altersgründen pensioniert.

89  Wenn an einer Stelle kein Kreuz eingetragen wurde, so bedeutet dies entweder, dass keine Informationen zur Bewertung des jeweiligen Punktes vorlagen oder dass dazu keine Beanstandungen gab.

| | Roskilde | Indianapolis | Duisburg |
|---|---|---|---|
| Unzureichend geklärte Verantwortlichkeiten | X | X | |
| Unzureichende Absprachen über Prozessabläufe | X | X | |
| Unzureichende Absprachen über Strukturen | X | X | |
| Unzureichende Verfügbarkeit von Ansprechpartnern/Verantwortlichen | X | | X |
| Unzureichende Kommunikations-, Medientechniken (Funk, Mobiltelefone, Megaphone, Beschilderung, Videowalls etc.) | | | X |
| Unzureichende Verteilung von Medientechnik bei den Mitarbeitern | | X | X |
| Nur geringe Medienkompetenz bei Mitarbeitern | X | | |
| Nicht-Einhaltung von Absprachen/Vorschriften | | X | X |
| Unzureichende Informationsweitergabe | X | X | X |
| Unzureichendes gemeinsames Lagezentrum | | X | X |
| Unzureichende Vorbereitung von z. B. Durchsagetexten, Notfallplänen etc. | X | X | |

Darüber hinaus wird deutlich, dass die Veranstaltungen mit Blick auf die Kommunikation der verantwortlichen Akteure und den Einsatz von Medien stets ähnliche Probleme aufweisen, die bereits mit einer sorgfältigen Planung und Vorbereitung der Veranstaltung hätten vermieden werden können. Diese sicherlich zeit-, geld-, material-, personal- und sonstige ressourcenverbrauchenden Vorbereitungsprozesse sind zwar vielleicht zunächst schmerzlich für die Verantwortlichen, sind aber weniger schmerzlich als schließlich Verletzte oder sogar Tote beklagen zu müssen, weil man aus der Rückschau die entsprechenden Notfallstrukturen und -prozesse nicht ausreichend geplant hat oder Investitionen scheute.

## 5    Großveranstaltungskommunikation und das Prinzip Offenheit

Nicht offene Kommunikation sondern vielmehr geschlossene Kommunikation, so zeigen die besprochenen Beispiele sehr deutlich, ist nicht selten in der Veranstaltungskommunikation anzutreffen. Orientiert man sich noch einmal an Jaspers werden die Probleme sehr deutlich: So herrscht häufig ein Herrschafts-/Knechtschafts-Verhältnis zwischen und innerhalb der beteiligten Organisationen.

Dies ist zunächst erst einmal kein Problem per se, da es sich dabei um notwendige (Management-)Strukturen für die Durchführung von Veranstaltungen handelt. Doch stellt sich die Frage, ob die jeweils eigene Struktur auch den jeweils anderen Interaktionspartnern immer bekannt ist. Hiermit gehen Fragen nach Verantwortlichkeiten für bestimmte Entscheidungen einher, wie sie im Falle des Abbruchs des Roskilde Festivals oder auch des Indiana State Faire relevant wurden. Nicht zu vergessen sind die Planungsmaßnahmen bei der Loveparade, bei der offenbar die untergebenen Akteure durch ranghöhere Planungsmitglieder derart unter Druck gesetzt wurden, dass es schließlich zur Erteilung von Genehmigungen kam, die unter den geschilderten Bedingungen vielleicht gar nicht hätten herausgegeben werden dürfen.[90]

Ein sich daran anschließender Punkt betrifft das Schweigen. So wurde über Unklarheiten über Prozesse bzw. Abläufe in Krisen- und Katastrophenfällen, über entsprechende Strukturen und damit Verantwortlichkeiten oder über Probleme mit Technik und/oder raum-zeitlichen Begebenheiten (z. B. die Abwesenheit von Kommunikationsinfrastrukturen im Tunnel bei der Loveparade) geschwiegen bzw. keine kritische Diskussion geführt. Haben die Akteure Angst vor möglichen Konsequenzen bzw. einer Herabsetzung und damit vor der „Würdelosigkeit" der eigenen Person? Oder sind es politische, ökonomische oder ganz andere Interessen, die zu einem Schweigen führen? Oder meint man aus der eigenen Erfahrung heraus, keine Kritik zulassen zu müssen, auf seiner Position beharren zu können, weil die bisher angewandten Praxen noch nie zu Problemen geführt haben? Es gilt genau diese Fragen zu stellen und mit den Betroffenen zu diskutieren. Nur in der Konfrontation ohne schützendes Visier, in einer offenen Kommunikation so scheint es, ist die Überwindung dieser Kommunikationshemmnisse zu erreichen, die andernfalls zu einem Abbruch der Kommunikation und in katastrophische Ergebnisse führen können.

Darüber hinaus lassen sich aus den Beispielen die Dimensionen offener Kommunikation belegen. Zu berücksichtigen ist dabei aber, dass diese Dimensionen nicht als singuläre Entitäten zu betrachten sind sondern sich in einem wechselseitigen Beziehungsverhältnis zueinander befinden.

Die Bereitschaft zu offener Kommunikation, wie sie Jaspers fordert, ist eine Einstellungssache und damit zentral in der biologisch-kognitiven Dimension zu verorten. Auch unter Stress bzw. unter einem hohen Adrenalinpegel muss bei den professionellen Akteuren die Bereitschaft und Fähigkeit zu offener Kommunikation gegeben sein. So zeigt sich in allen Beispielen eine Überforderung der beteiligten Akteure, die entsprechenden Rettungs- und Wiederherstellungsmaß-

---

90 Dies abschließend zu beurteilen obliegt der Gerichtsbarkeit.

nahmen in die Wege zu leiten. Entweder war den Verantwortlichen die Tragweite
der drohenden Ereignisse nicht klar oder sie waren durch die Schnelligkeit der
Entwicklungen überfordert. Dies lässt sich beispielsweise sehr gut am Beispiel
Indiana State Faire zeigen. Hier war das herannahende Unwetter zwar bei einem
Großteil der Verantwortlichen bekannt, doch wurde es offensichtlich in seiner Wir-
kung für die Sicherheit der Veranstaltungsbesucher unterschätzt. Auch der Man-
gel eine Gefahr als solche zu erkennen und richtig einzuschätzen zeigt sich beim
Roskilde-Festival, bei dem die Sicherheitsdienstmitarbeiter rund um die Bühne die
Situation nicht erkannten und erst handelten als sie von Teilen des Publikums auf
diese hingewiesen wurden. Mit der kognitiven Dimension hängt auch der Faktor
Know-How (Wissen, wie) zusammen. Denn z.B. in Roskilde fehlte offensichtlich
das Wissen über die korrekte Bedienung des Funks. So wurden Funksprüche ohne
Empfängerangabe abgesetzt, weshalb sich niemand für deren Bearbeitung bzw.
Beantwortung verantwortlich fühlte.

Offene Kommunikation ist auch in der sozio-kulturellen Dimension anzutreffen. Nicht nur ist offene Kommunikation als Leitidee mit seinen Prinzipien in
die gelebte Unternehmenskultur, d.h. in die Praxis der Mitarbeiter einzuführen,
sie ist darüber hinaus auch in interorganisationale sowie transorganisationale
Kommunikationsprozesse einzubinden. Hätten die Akteure beim Indiana State
Fair in einem gemeinsamen Lagezentrum mit den Akteuren der Polizei zu-
sammengesessen, wäre vielleicht schon früher über die möglichen Folgen für die
Besucher nachgedacht worden. Ein offener bzw. paritätischer Diskurs über die
Planungen einer Großveranstaltung und insbesondere der Sicherheitsmaßnahmen
mit allen Beteiligten (und dies kann die Partizipation des Publikums einschließen)
kann zu neuen Erkenntnissen und Sichtweisen über die zu treffenden Maßnahmen
führen, so dass eine Überwindung der eigenen sozialen und kognitiven Strukturen provoziert wird.[91] Das lässt sich wiederum mit der Bereitschaft in Verbindung
bringen, sich im Prozess des Offenbarwerdens auch unbedingt zu öffnen und die
kritische Prüfung durch Dritte zuzulassen. Eine Großveranstaltung als ein soziales
Netzwerk unterschiedlichster Akteure ist für ihr Gelingen auf offene Kommunikation angewiesen.

---

91  Es erscheint an dieser Stelle fast unvorstellbar, dass sich deutsche Behörden beim
    Planungsprozess der Loveparade durch Mitglieder aus der Bevölkerung, d.h. von
    Amateuren über die Schultern hätten schauen lassen. Es bleibt zu fragen: Warum ist
    das in Zeiten proklamierter Open- oder E-Government-Initiativen eigentlich noch so?
    Wollte man eine gleichberechtigte Partizipation aller denkbaren Akteure, könnte man
    sich zum Beispiel an sozialen Bewegungen wie Open Source im Softwaredesign oder
    Open Innovation im ökonomischen Bereich orientieren.

Die Interdependenz der Dimensionen offener Kommunikation zeigt sich anhand der folgenden raum-zeitlichen und technischen Dimension besonders gut. Offene Kommunikation ist nur möglich, wenn die Gesprächspartner auch wirklich verfügbar bzw. anwesend sind. Am Beispiel der Loveparade zeigte sich, dass ein Ansprechpartner der Polizei nicht verfügbar war als es darum ging, eine gemeinsame Vorgehensweise zu planen sowie beim Roskilde Festival, als die verantwortlichen Manager nicht anwesend waren. Wenn eine direkte Ansprache nicht möglich ist, kann der Einsatz moderner Medientechnik zur Überwindung raum-zeitlicher Barrieren beitragen. Doch auch hier zeigen sich immer wieder herausfordernde Situationen. So können, wie bei der Loveparade beschrieben, Funkgeräte ausfallen oder die Mobilfunkkommunikation aufgrund der Überlastung ganz zusammenbrechen. Auch können, wie in Indiana, Personen nicht in entsprechende Verteilerlisten aufgenommen sein, so dass auch hier Probleme in der Kontaktaufnahme und Informationsdistribution entstehen. Gerade für diese Fälle gilt es redundante Kommunikations- und Informationsinfrastrukturen aufzubauen, die eine Fortsetzung des Kommunikationsflusses erlauben. Wenn aber nicht einmal Medientechnik eingesetzt wird – wie im Falle der Loveparade – dann ist evidenter Weise keine Kommunikation möglich.

Zusammenfassend lassen sich mehrere Aspekte aus dem hier Vorgestellten ableiten: Einerseits zeigt sich die Anwendbarkeit von Jaspers' Konzept offener Kommunikation unter der Berücksichtigung, dass es hierbei nicht um Selbsterkenntnis eines Individuums geht bzw. um die Beweggründe des eigenen Seins sondern um politische, soziale, rechtliche oder ökonomische Motive und Rahmenbedingungen, verfügbare materielle, personelle, zeitliche und räumliche Ressourcen etc. von Veranstaltungsakteuren. Hierbei handelt es sich in letzter Konsequenz zwar auch um Individuen, doch agieren sie als Vertreter sozialer Systeme – als Vertreter von Unternehmen und Behörden. Das Konzept offener Kommunikation in der Anwendung auf die genannten Beispiele katastrophisch verlaufener Großveranstaltungen verdeutlicht aber zugleich die Notwendigkeit der Etablierung eines offenen Diskurses und d.h. einer offenen und kritischen Auseinandersetzung über die zuvor genannten Aspekte. An dieser Stelle soll auch noch einmal die Möglichkeit betont werden, das Publikum bzw. die Besucher aktiv an diesem offenen Diskurs zu beteiligen.

Sind die Akteure gewillt, diese Art der offenen Kommunikation zur Anwendung zu bringen, gilt es diese nicht nur in die Organisationskulturen und Unternehmensphilosophien von Veranstaltern, Dienstleistern für Sicherheit, Gastro, Sanitär etc., den Feuerwehren, Polizeien und Sanitätsdiensten einzuschreiben, sondern sie auch zu einer gelebten Kultur zwischen ihnen werden zu lassen. Hierfür sind deutliche Signale transparenter, gleichberechtigter und alle Akteure integrierender Kommunikation durch die Spitzen in Unternehmen und Behörden zu setzen, die als Vorbildfunktion dienen sowie durch Schulungen der Mitarbeiter. Schließlich kann festgehalten werden, offene Kommunikation kann anstrengend und langwierig sein oder Mehraufwände verursachen doch die Gewinne liegen in den gewonnenen Einsichten über die eigenen und interorganisationalen Strukturen, Prozesse und geplanten Maßnahmen zum Wohle und der Sicherheit der Besucher, Mitarbeiter und Kollegen.

## Literaturverzeichnis

Bergson, Henri (1980): *Die beiden Quellen der Moral und der Religion*. Olten: Walter.

Björk, Bo-Christer (2011): „A Study of Innovative Features in Scholarly Open Access Journals.". In: *Journal of Medical Internet Research*. 13 (4), S. 115.

Bremer, Claudia (2012): „Open Online Courses als Kursformat? Konzept und Ergebnisse des Kurses „Zukunft des Lernens" 2011". In: Csanyi, Gottfried; Reichl, Franz; Steiner, Andreas (Hrsg.) *Digitale Medien – Werkzeuge für exzellente Forschung und Lehre*. Münster: Waxmann (Medien in der Wissenschaft), S. 153–164.

Chapman, Richard A; Hunt, Michael (2011): *Open government a study of the prospects of open government within the limitations of the British political system*. London: Routledge.

Chesbrough, Henry William (2011): *Open services innovation: rethinking your business to grow and compete in a new era*. 1. Aufl. San Francisco, CA: Jossey-Bass.

Fey, Patrick (2005): *Open Source – Freie Software als Alternative zu proprietären Entwicklungsmethoden*. o.V.

Fung, Archon; Graham, Mary; Weil, David (2007): *Full disclosure: the perils and promise of transparency*. New York: Cambridge University Press.

Geer, Anja (2010): *Gesprächsprotokoll vom 18.6.2010 bei Lopavent*.

Giebel, Daniela (2012): „Integrierte Sicherheitskommunikation: zur Herausbildung von Unsicherheitsbewältigungskompetenzen durch und in Sicherheitskommunikation". Berlin: Lit.

Gosshandler, William; Bryner, Nelson; Madrzykowski, Daniel; u.a. (2015): „Report of the Technical Investigation of The Station Nightclub Fire.". Abgerufen am 06.02.2015 von http://fire.nist.gov/bfrlpubs/fire05/PDF/f05032.pdf.

Groneberg, Christoph; Eichler, Toni; Rusch, Gebhard; u.a. (2005): „Alarmsysteme für Großveranstaltungen.". In: *Veranstaltungskommunikation*. Springer.

Groneberg, Christoph; Rusch, Gebhard (Hrsg.) (2015): *Sicherheitskommunikation*. LIT.

Habermas, Jürgen (1987): *Theorie des kommunikativen Handels*. 4. Aufl. Frankfurt/Main: Suhrkamp.

Han, Byung-Chul (2012): *Transparenzgesellschaft*. Berlin: Matthes & Seitz.

Helbing, Dirk; Mukerji, Pratik (2012): „Crowd disasters as systemic failures: analysis of the Love Parade disaster". In: *EPJ Data Science*. 1 (1).

Henkel, Joachim (2007): „Offene Innovationsprozesse: die kommerzielle Entwicklung von Open-Source-Software". Wiesbaden: Dt. Univ.-Verl.

Hüttenegger, Georg (2006): *Open Source Knowledge Management*. Berlin: Springer Berlin.

Ili, Serhan; Schmölders, Matthias (Hrsg.) (2014): *Open Innovation in der Praxis Erfahrungen, Fallbeispiele, Erfolgsmethoden*. Düsseldorf: Symposion.

Janowski (2010): *Eingangsbestätigung – Nachforderung fehlender Unterlagen*. Duisburg.

Jaspers, Karl (1932): *Philosophie. Existenzerhellung*. o.A. Berlin: Julius Springer.

Kornerup, U.; Rungstrom, B. (2000): *Report on the Accident at the Roskilde Festival*. Roskilde: Roskilde Police.

Lathrop, Daniel; Ruma, Laurel (Hrsg.) (2010): *Open government: Collaboration, Transparency, and Participation in Practice*. 1st ed. Beijing ; Cambridge [Mass.]: O'Reilly (Theory in practice).

Leschke, Rainer (2015): „Zur kulturellen Logik der Katastrophe oder Erzählen hilft.". In: *Sicherheitskommunikation*. Münster, Hamburg, London: LIT.

Lessig, Lawrence (2009): „Against Transparency". *New Respublic*. Abgerufen am 04.10.2015 von http://www.newrepublic.com/article/books-and-arts/against-transparency.

Mahlberg, Thomas (2009): „Brief an den Innenminister Dr. Ingo Wolf von Thomas Mahlberg MdB". Abgerufen am 06.02.2015 von http://www.cdu-duisburg.de/index.jsp?index=presse&mid=20&content=ja&id=147.

nato.int (2015): „Press conference by NATO Secretary General Jens Stoltenberg with members of the German Federal Press Conference, Berlin.". Abgerufen am 06.02.2015 von http://www.nato.int/cps/en/natohq/opinions_116524.htm.

o. A. (2010): „Genehmigung einer vorübergehenden Nutzungsänderung.".

Polizei Duisburg (2010): *Vorläufiger Abschlussbericht zur Nachbereitung des polizeilichen Einsatzes der Veranstaltung „Loveparade" am 24.0.7.2010 in Duisburg*. Duisburg.

Popper, Karl (1994): *Alles Leben ist Problemlösen. Über Erkenntnis, Geschichte und Politik*. Zürich, München: Piper.

Popper, Karl (2003a): *Die offene Gesellschaft und ihre Feinde – Der Zauber Platons*. 8. Aufl. Tübingen: J. C. B. Mohr (P. Siebeck).

Popper, Karl (2003b): *Die offene Gesellschaft und ihre Feinde – Falsche Propheten: Hegel, Marx und die Folgen*. 8. Aufl. Tübingen: J. C. B. Mohr (P. Siebeck).

Reuter, Christian (2015): *Emergent Collaboration Infrastructures Technology Design for Inter-Organizational Crisis Management*. Wiesbaden: Springer Fachmedien Wiesbaden.

rp-online.de (2010): „Pleitgen warnt vor Absage der Loveparade.". Abgerufen am 06.02.2015 von http://www.rp-online.de/nrw/staedte/duisburg/pleitgen-warnt-vor-absage-der-loveparade-aid-1.1069075.

Runkel, Simon (2015): „Crowd Management. Eine sozialgeographische Untersuchung zur räumlichen Organisation der Unfallvermeidung und der Sicherung von Ereignissen mit Menschenmassen.". Bonn: Universität Bonn.

Rusch, Gebhard (2002): „Kommunikation". In: Rusch, Gebhard (Hrsg.) *Einführung in die Medienwissenschaft : Konzeptionen, Theorien, Methoden, Anwendungen*. Wiesbaden: Westdt. Verl., S. 102–117.

Rusch, Gebhard (2000): „Verstehen: Zum Verhältnis von Konstruktivismus und Hermeneutik". In: Fischer, Hans R.; Schmidt, Siegfried J. (Hrsg.) *Wirklichkeit und Welterzeugung*. Carl-Auer-Systeme, S. 350–363.

Schmidt, Siegfried J (1991): *Grundriss der empirischen Literaturwissenschaft*. Frankfurt am Main: Suhrkamp.

Stadt Duisburg (2010a): *Bericht zur Untersuchung des Verwaltungshandelns auf Seiten der Stadt Duisburg anlässlich der Loveparade. Anlage 28.* Duisburg.

Stadt Duisburg (2010b): *Bericht zur Untersuchung des Verwaltungshandelns auf Seiten der Stadt Duisburg anlässlich der Loveparade. Teil 1: Sachverhaltsbericht der Stadt Duisburg.* Duisburg.

Still, Keith (2012): *Duisburg – 24th July 2010. Love Parade Incident Expert Report.*

Suber, Peter (2012): *Open access.* Cambridge, Mass: MIT Press (MIT Press essential knowledge series).

Task Force on Crowd Control and Safety (1980): „Crowd Management. Report of the Task Force on Crowd Control and Safety.". Abgerufen am 06.02.2015 von http://crowdsafe. com/taskrpt/toc.html.

Themelidis, Markos (2004): *Open source die Freiheitsvision der Hacker.* Norderstedt: Books on Demand GmbH.

Waetke, Thomas (2015): „eventfaq.de". Abgerufen am 06.02.2015 von http://www.eventfaq. de/themen-baum/unfaelle-auf-veranstaltungen/.

welt.de (2015): „Ein Angriffskrieg gegen die gesamte freie Welt.". *Die Welt.* Abgerufen am 06.02.2015 von http://www.welt.de/politik/ausland/article136129370/Ein-Angriffskrieg-gegen-die-gesamte-freie-Welt.html.

Witt Associates (2012): *An Independent Assessment of the August 13, 2011 Indiana State Fair Collapse Incident.*

Zehetmair, Swen; Runkel, Simon; Pohl, Jürgen (2015): „Das Sicherheitsregime von Stadien und Arenen – Zur räumlichen Organisation von Sicherheit bei Events.". In: *Sicherheitskommunikation.* Münster, Hamburg, London: LIT.

zeit.de (2015): „Zehntausende demonstrieren bundesweit für Toleranz.". Abgerufen am 06.02.2015 von http://www.zeit.de/gesellschaft/zeitgeschehen/2015–01/pegida-demonstration-skandinavien-oslo-berlin-muenchen-leipzig.html.

# Eine Kulturgeschichte des Crowd Management in gebauten Versammlungsstätten

## Soziomechanische, affektive, technokratische und mediale Sicherheits- und Kontrollregimes[92]

Simon Runkel

Nicht erst seit den Ereignissen in Duisburg im Juli 2010 ist der planerische Umgang mit verdichteten Menschenansammlungen eine gesellschaftspolitische Herausforderung. Mit dem Begriff „Crowd management" wird in den letzten Jahrzehnten eine Technik beschrieben, die sich dieser Herausforderung als Sicherheitsaufgabe[93] annimmt. Dabei handelt es sich nicht um eine Neuerfindung, sondern um die Systematisierung von bereits vorhandenen Wissensbeständen zum Umgang mit Menschenmassen (vgl. Fruin 1993; Berlonghi 1995; Runkel u. Pohl 2012). Der Begriff darf folglich nicht darüber hinwegtäuschen, dass die Abwehr der vielfältigen Gefahren – seien es gesundheitliche Gefahren oder durch eine Bedrohung der öffentlichen Ordnung wahrgenommene politische Gefahren bei Herrschenden – bei Menschenansammlungen seit der Antike in Europa eine zentrale sozialpolitische Aufgabe darstellt. Im Hinblick auf die Organisation und die Sicherheit galt die Massenversammlung lange als permanenter Ausnahmezustand, was vor allem in

---

92  Für wertvolle Anregungen danke ich dem Herausgeber sowie meinen Kollegen Florian Neisser und Stefan Kurzmann.

93  Zum Begriff Sicherheit siehe Kaufmann (1973).

© Springer Fachmedien Wiesbaden GmbH, ein Teil von Springer Nature 2019
C. Groneberg (Hrsg.), *Veranstaltungskommunikation*,
https://doi.org/10.1007/978-3-658-11725-2_5

der Nachbetrachtung zur Französischen Revolution in eine sozialwissenschaftliche Skepsis gegenüber Masse-Phänomenen mündete.[94] Neben den jeweiligen politischen Verhältnissen haben die jeweils vorherrschenden Menschenbilder bzw. „sozialen Vorstellungsschemata" (Taylor 2012: 252) die soziokulturellen Techniken und Maßnahmen des Sicherns von Massenzusammenkünften maßgeblich beeinflusst.

Kernanliegen der vorliegenden kulturgeschichtlichen Nachzeichnung des Phänomens ist es aufzuzeigen, inwieweit die räumliche Konstitution von gebauten Versammlungsstätten epochal Sicherheits- und Kontrollregimes (vgl. Zehetmair, Runkel u. Pohl 2015) produzierte und in diese eingebettet wurde. Die Zusammenhänge zwischen dem Umgang mit Menschenmassen, den Zeit-Raum-Konstruktionen ihrer Kontrolle und Sicherung sowie der politischen Legitimationen von Sicherheits- und Kontrollregimes wandelten sich über die verschiedenen Epochen der europäischen Geschichte.

Die Kulturgeschichte des Crowd management, so das Argument im vorliegenden Beitrag, ist untrennbar mit der sozialen Konstruktion von Räumen zur Versammlung von Menschenmassen verbunden. Die Kontrolle bzw. das Management der Menschen in diesen Versammlungsstätten lassen sich paradigmatisch als soziomechanische, moralisch-affektive, panoptischen Techniken sowie postpanoptische Medientechnologien beschreiben.

## 1    Olympischer Frieden, autokratische Kontrolle und die Herausbildung eines soziomechanischen Ingenieurwesens in antiken Versammlungsstätten

Stellt man sich nun die Frage ab wann die Zusammenkünfte von Menschenmassen als Großveranstaltungen zur sozialpolitischen Herausforderung werden, so müssen neben den vielen dionysischen Festen, Gelagen und Feiern die sportlichen Agone als die antiken Großereignisse schlechthin begriffen werden. Die alle vier Jahre in Olympia stattfindenden Wettkampfspiele wurden 776 v. Chr. eingeführt und waren zunächst religiös-rituelle Feste (vgl. Mumford, 1961: 162; André, 1994: 21f.). Aus logistischer Perspektive waren sie mit ihren 40.000 bis 50.000 (vgl. Petermandl, 2005: 130) Besuchern vermutlich chaotisch. Es gab keine Sitzplätze und keinen

---

94    Genährt wurde dies durch die soziologische Skepsis gegenüber der Masse, die vor allem durch Gustave Le Bons Entwurf einer „Massenpsychologie" aus dem Jahr 1895 befeuert wurde. Ihm erschien die Masse als ein gewalttätiges und geistloses Tier, welche bedingungslose Zähmung durch eine führende Elite bedurfte.

Sonnenschutz in der Sportstätte (vgl. Krüger 2012: 22). Die Zustände in der Zelt-
stadt müssen nicht nur in hygienischer Hinsicht unzumutbar gewesen sein. Der
Philosoph Epiktet (1, 6, 26f. [Übers.: R. Mücke] zit. in Petermandl 2005: 132)
schrieb im 1. Jahrhundert n. Chr.: „Werdet ihr dort nicht von der Sonne versengt?
Seid ihr nicht in einem Gedränge? Habt ihr nicht schlechte Bäder? Und wenn es
regnet, müsst ihr nicht bis auf die Haut nass werden? Genießt ihr nicht Geschrei,
Getümmel und andere Beschwerde zu Genüge? Allein ihr rechnet, denke ich,
die Sehenswürdigkeit des Schauspiels gegen dies alles und duldet und ertragt es
deswegen." Sengende Hitze, fettiger Rauch der zahllosen Grillstellen, durch ver-
rottende Opfertiere angezogene Insekten und stetes Gedränge auf dem Gelände
brachten manche Besucher an den Rand der physischen Kräfte. Es wird berichtet,
dass man in Griechenland Sklaven dadurch disziplinierte, dass man ihnen drohte
zum Fest nach Olympia geschickt zu werden (vgl. Sinn 1996, 73). Nach dem Bericht von Diogenes verstarb der 78jährige Philosoph Thales von Milet in Olympia
„an Hitze, Durst, vor allem aber daran, dass die Menschenmenge zu groß war"
(De Crescenzo 1990: 35f. zit. in Preindl 2007, 2; Petermandl 2005: 132). Den Pla-
gen durch Opfer entgegenzuwirken reichte jedoch schließlich nicht mehr aus. Im
Laufe der Jahre wurden zunächst Herbergen, Speisepavillons, Läden und hygi-
enische Einrichtungen errichtet (vgl. Sinn 1996: 75). Doch erst später, unter rö-
mischer Herrschaft, verbesserte sich die gesundheitliche Situation durch den von
Herodes Attikus gesteuerten Bau eines Nymphäums und entsprechender Quell-
wasser-Leitungen in Olympia (vgl. Sinn 1996: 92ff.; Krüger 2012: 23). Großveranstaltungen wurden somit Versorgungseinrichtungen beigesteuert, die der Wohl-
fahrt der Besucher dienlich sein sollten. Kulturgeschichtlich beginnt damit ein
Raumplanungs- und Bauwesen, welches sich mit der Kontrolle und Sicherung der
Menschenmassen ko-konstituierte.

Die hellenischen Wettkampfanlagen waren meist in den größeren Zentren und
Metropolen angelegte Stadien und Hippodrome, die zunächst von Erdwällen oder
natürlichen Böschungen umgeben waren und später durch Holzaufbauten mit ver-
tikalen Aufgängen ergänzt wurden (vgl. André 1994: 86f.; Sennett 1997: 73). Die
Kapazitäten reichten von 7.000 Zuschauern in Delphi über 45.000 in Olympia bis
zu 76.000 in Ephesos (vgl. André 1994: 87). Eine offizielle Sitzordnung lässt sich
in den hellenischen Stadien nicht nachweisen. Gleichwohl ist auf Basis von Münz-
funden festzustellen, dass es sehr wohl zu bestimmten Sitzplatzverteilungen kam,
die soziale und ethnisch-politische Gegebenheiten widerspiegeln (vgl. Kratzmüller
2005: 104f.). Es bildeten sich „politisch definierte ,Einheiten' im Zuschauerbereich
des Stadions" (ebd.: 104). In den Versammlungsbauten wurde reger Handel betrieben: es gab Imbissstände, Souvenirstände, Wahrsager, Prostituierte und allerlei
Alleinunterhalter wie Redner und Gaukler (vgl. Preindl 2007: 4). Neben chaoti-

schem Gedränge gab es allerdings Unglücke aufgrund von „unvernünftigen" Zu-
schauern, die von den Pferderennwagen überfahren wurden, weil sie zu dicht an
der Kampfbahn gestanden hatten, wie Philon schildert (vgl. Petermandl 2005: 132).
Neben der Unfallvermeidung und Wohlfahrtssicherung der Besucher bedurfte
es aber Strategien zur politischen Absicherung der Veranstaltungen. Die öffentliche
Sicherheit wurde im hellenistischen Olympia durch den sogenannten olympischen
Frieden („Ekecheiria") gewährleistet, der eine friedliche An- und Abreise aller
Athleten regelte, den kultischen Ort befriedete und etwaige Aggressionen der Zuschauer über das Spielgeschehen kanalisierte (vgl. Kratzmüller 2005: 102; Preindl,
2007; Theotikou, 2005; Theotikou, 2013). Für die anreisenden Pilger, Besucher,
Sportler und Händler diente der Festfrieden als eine sozialvertragliche Form des
Personenschutzes (vgl. Theotikou 2013: 148). In der Zeit des Festfriedens war es
verboten einen Bürger aus einem feindlichen Staat umzubringen. Dies wurde gemeinhin respektiert und dieser Schutz war einer der Erfolgsfaktoren für die Breiten-
wirkung der Spiele (vgl. ebd.). Neben der Ekecheiria, also dem olympischen Frieden, galten für verschiedene andere panhellenische Feste (z.B. das Fest der Pythia,
Isthmia, Nemea usw.) ebenfalls Festfrieden (vgl. Theotikou 2013: 167ff.). Die Ekecheiria lebte im Burg- oder Turnierfrieden bis ins Mittelalter fort (vgl. ebd.). Zu den
olympischen Spielen wurden des Weiteren ab der Mitte des 4. Jahrhunderts v.Leer-
zeichenChr. Hellanodiken als Schieds- bzw. Kampfrichter eingesetzt. Sie unter-
stützten den Alytarchen, welcher im Prinzip der Ordnungsdienstleiter bei den Spielen war. Die Hellanodiken entstammten einer Aufsichtsbehörde, den sogenannten
Gesetzeswächtern (Nomophylakes), die es in verschiedenen Städten gab (vgl.
Kratzmüller 2005: 95). Ihnen unterstellt waren die „Mastigophoroi" (Peitschen-
träger) und die „Rabduchoi" (Schlagstockträger), die die Aufgabe hatten, die Teilnehmer beim Übertreten der Wettkampfregeln zu züchtigen (vgl. Lämmer 1986:
80; Guttmann 1986: 17; Kratzmüller 2005: 96). Deren bloße Anwesenheit mag der
Kontrolle des Zuschauerverhaltens dienlich gewesen sein. Während der pythischen
Spiele in Delphi sollen zudem alkoholisierte Randalierer ein Problem gewesen sein,
sodass das Mitbringen von Wein ins Stadion verboten wurde (vgl. Lämmer 1986_:
80; Guttmann 1986: 17). Lämmer (1986: 80) verweist zudem auf den Schriftsteller
Aeneas Tacticus, der Mitte des 4. Jahrhunderts v. Chr. in seinem Buch „Über die
Verteidigung befestigter Plätze" anmerkte, dass bei öffentlichen Veranstaltungen
Sicherheitskräfte geschickt postiert werden müssten, um Aufruhr zu verhindern.
Lämmer (vgl. ebd.) vergleicht die Beschreibungen mit heutigen Einsatzplänen für
Großveranstaltungen. Die bauliche-raumplanerische Sicherung der Ereignisse ver-
schränkte sich mit einem autokratisch geführten Ordnungsdienstwesen.
Mit Beginn der römischen Herrschaft im 2. Jahrhundert v. Chr. verändert sich
kaum etwas an der Festspiel- und Wettkampfkultur in Griechenland. Interessant

ist, dass das Amt des Alytarchen, also des Ordnungsdienstleiters, von einem hohen Vertreter des römischen Magistrats bekleidet wurde (vgl. Kratzmüller 2005: 108). Es ist davon auszugehen, dass die Römer die Organisation und Verwaltung der Spiele straffer organisierten und zum Ausbau ihrer politischen Herrschaft nutzten. Die Strategien zur politischen Kontrolle der Massen umfassten folglich neben dem bestehenden olympischen Frieden eine stärkere Tendenz zur militarisierten Durchsetzung des Ordnungsdienstwesens in den Versammlungsstätten.

Geschickt wussten die Römer zudem die bauliche Unfallvermeidung zu optimieren. Im antiken Rom lassen sich mit dem Kolosseum (Fassungsvermögen: 40.000 Zuschauer) (vgl. Verspohl 1976: 14f., 93ff.) und dem Circus Maximus (150.000 Zuschauer zu Zeiten Julius Cäsars) Gebäudetypen identifizieren, deren Form, Funktion und Geometrien sich bis heute in den Massenarchitekturen nachzeichnen lässt. Es kommt zu einer sukzessiven Herausbildung eines Ingenieurwesens für solche Architekturen, die im Folgenden als eine soziomechanische Strategie der Unfallvermeidung und Besucher-Wohlfahrt gekennzeichnet wird. Diese Architekturen ließen sich zudem in politischer Hinsicht besser sichern.

Die politische Funktion der römischen Massenveranstaltungen lässt sich mit dem Schlagwort „panem et circenses" des römischen Dichters Juvenal beschreiben (vgl. Kratzmüller 2010: 45f.). In diesen römischen Architekturen bilden sich Hierarchien ab, die mit den Machtverhältnissen im Imperium korrespondierten und die Disziplinierung der Körper sowie die Modulation der Leiber ermöglichte. Unverwechselbar ist die baulich-räumliche Gestalt der „Arena". Dieser Ausdruck bezeichnete zunächst den zumeist sandigen Sportplatz, entwickelte sich dann später aber zur Gesamtbezeichnung für die Architekturen, die dahingehend geeignet optimiert wurden Menschenmassen aufzunehmen (vgl. Kröniger 2007: 38). Ihre bauliche Dauerhaftigkeit war ein Merkmal, das unabhängig zur Ereignishaftigkeit der Besuchereinberufungen stand. Die ersten Arenen waren temporäre Bauten auf städtischen Plätzen, die für die Dauer des Ereignisses konstruiert wurden (vgl. ebd.). Es handelte sich zunächst um provisorische Theaterarchitekturen mit Stufen und improvisierten Bühnen (vgl. André 1994: 144). Die Einrichtung steter Theater erschien den Konservativen der damaligen Zeit als verschwenderisch. Dennoch ging der Trend trotz vieler Bedenkenträger in Rom zu ständigen Theater-Einrichtungen, wie man sie aus Griechenland kannte. Mummius errichtete 145 v. Chr. ein Holztheater, römische Censoren beauftragten im Jahr 155 v. Chr. den Bau eines ständigen Theaters aus Stein und Aedils Scaurus baute im Jahr 58 v. Chr. ein Theater aus Holz, Marmor, Glas und vergoldetem Holz (vgl. ebd.). Dieser Bau-Boom führte zu weiteren Annehmlichkeiten: die Architekturen sowie die Inszenierungen wurden komfortabler und technisch ausgereifter (vgl. ebd.). Im Steintheater von Pompeji (Fassungsvermögen: 18.000 Zuschauern) entwickelte man ein Wasserkühlungssystem gegen die glühende Hitze (vgl. Preindl 2007: 9). Es wurden Sonnensegel über die Arenen gespannt und Wasser in die Zuschauerbereiche gesprüht (vgl. ebd.). Zwar gab es Pausen in den Veranstaltungen, aber die Menschen harrten aus Sorge um ihren Sitzplatz in der Sonne aus (vgl. ebd.). Ebenso wie in den griechischen Anlagen gab es in den römischen Sportstätten Imbissbuden, Souvenirstände, Geschenklotterien und Alkoholausschank (vgl. Preindl 2007: 10). Die Zuschauer brachten sich Kissen, Hocker und Matten mit. Kollektive Äußerungen fanden vor allem optisch statt durch Schwenken von Tüchern (Kopiez u. Brink 1999: 33). Koordinierte Gesänge oder Sprechchöre der Zuschauer lassen sich nur vereinzelt vermuten, vielleicht da der generelle Lärmpegel sehr hoch war (vgl. ebd.). André (1994: 148) weist darauf hin, dass es erst in der römischen Kaiserzeit systematische Platzanweisungen gab. Allerdings ist bekannt, dass zuvor Platzanweiser (dissignatores) eingesetzt wurden und pro Sitzplatz Marken ausgegeben wurden (vgl. ebd.). In diese Zeit fallen viele Entwicklungen des Theater- und Arenabaus sowohl provisorischer als auch ständiger Bauweise.

Die Wettkämpfe in den Anlagen wiesen dennoch nach wie vor konkrete Gefahren auf. In Fidenae stürzte im Jahr 27 n. Chr. ein hölzernes Amphitheater ein. Dieses Ereignis forderte vermutlich bis zu 50.000 Todesopfer. Das Unglück ist durch einen Bericht von Tacitus sehr gut dokumentiert (vgl. Tacitus, Annalen 4, 62 zit. in Petermandl 2005: 133). Ebenfalls stellten wilde Tiere in den Amphitheatern eine Gefahr dar, weswegen zwischen Zaun und Podium Wächter postiert wurden (vgl. Preindl 2007: 8). Im Circus Maximus wurde sogar ein Graben gezogen (ebd.). Der Kaiserbiograph Sueton (Suet. Lul. Caes. 39, 4 [Übers.: O. Wittstock] zit. in Preindl 2007: 5) berichtet darüber hinaus über die Sicherheits- und Verkehrslage in Rom zu Wettkampfzeiten: „Zu all diesen Veranstaltungen strömten von überallher eine solche Menschenmenge zusammen, dass sehr viele Ankömmlinge in Zelten auf Straßen und Gassen hausen mussten. Oftmals wurden in dem Gedränge zahlreiche Leute erdrückt, darunter zwei Senatoren." Wenn man von den Ehrenplätzen absieht, so gab es auch in den Versammlungsstätten des frühen Roms und der römischen Republik freie Sitzplatzwahl (vgl. ebd.: 6).

Preindl (vgl. ebd.: 9) kommt zu dem Schluss, dass die Römer „wahre Meister im Organisieren von Massenveranstaltungen waren". Die verschiedenen baulichen Sicherheitsvorkehrungen wie Raumanordnungen, Einlass- und Auslassplanung – die Aus- und Eingänge des Amphitheaters hießen „Vomitorien", da sie die Menschen in 5 bis 10 Minuten „ausspeien" konnten (vgl. Verspohl 1976: 69) – sowie die Positionierung von Sicherheitspersonal verblüffen aus heutiger Sicht[95]; sie stellen

---

95   In einem Essay beschäftigt sich Upton (2007: 13ff.) mit Aspekten des Crowd management und der baulichen Sicherheit in antiken Anlagen.

die Anfänge eines soziomechanischen Ingenieurwesens dar. Diese Strategien zur Unfallvermeidung verschränkten sich mit militärischer, autokratischer Kontrolle der politischen Bedrohungen wie zunehmende Tumulte und Ausschreitungen, welche die Tendenz hatten aus der Massenarchitektur in die Stadt selbst überzugreifen.

Bei den Spielen in Rom sorgten militärische Truppen für Ruhe und Ordnung, obwohl Nero diese im Jahr 56 n. Chr. abzog, da er die Tumulte für amüsant hielt (vgl. Preindl 2007: 7). Tacitus berichtet von Ausschreitungen in Pompeji im Jahr 59 n. Chr. als sich die Bewohner von Nuceria und Pompeji bereits im Vorfeld eines Gladiatorenkampfs auf einen gewaltsamen Konflikt vorbereiteten (vgl. ebd., 7). Danach wurden die Spiele in Pompeji durch den Senat für 10 Jahre verboten und der Veranstalter der Kämpfe ins Exil geschickt (vgl. ebd.). In der römischen Kaiserzeit herrschten zunehmend oft „anarchische Zustände im Theater" (André 1994: 210) durch fanatisierte Anhänger bestimmter Schauspieler. Unter Tiberius entstand in einem römischen Theater ein Krawall, dem einige Soldaten sowie ein Centurio zum Opfer fielen. Die Unruhen waren aber kaum unter Kontrolle zu kriegen, obwohl man Rädelsführer und Schauspieler verbannte und strafrechtlich belangte. Ebenso wurden Paraden und Umzüge verboten. Ruhiger wurde es schließlich durch die Verbindung von Schauspiel und Jurisdiktion: dem Publikum wurde im Zirkus und im Amphitheater die Zuständigkeit zum Richten über zum Beispiel Gnadengesuche der Gladiatoren gestattet (vgl. ebd.: 212). Die sportlichen Veranstaltungen wurden zu hochgradig politischen Angelegenheiten, „die Versammlung des Volkes übernahm eine politische Funktion" (Kratzmüller 2005: 112). Neben dieser „Schauspieldemokratie" (André 1994: 211) bürgerten sich zudem öffentliche Bestrafungen und Hinrichtungen als Massenspektakel ein. Im Zuge dieser Entwicklungen wurde die Publikumsanordnung zudem stärker von einer sozialen Hierarchie durchdrungen, die stets neu durchgesetzt werden musste. So zeigt André (1994. 215) auf, dass der Ritterstand Vorrang vor dem Plebs hatte im Zirkus, es aber immer wieder versucht wurde sich aufgrund dieses Vorrechts in den Ritterstand einzuschleichen. Die Sitzordnung – ähnlich den heutigen Ehrenplätzen und VIP-Logen – war ein stark umkämpftes soziopolitisches Gefüge. Im späten römischen Kaiserreich bemühte man sich vermehrt Schäden an der öffentlichen Ordnung in Grenzen zu halten. Es waren schließlich die christlichen Kirchenväter, die sich deutlich gegen die römische Schauspielpolitik aussprachen (vgl. ebd.: 278)[96]. Bis zur Auflösung des römischen Kaiserreichs spielten die Schauspielveranstaltungen dennoch eine wichtige Rolle im politischen und ge-

---

96  Cyprian merkte an, dass „der Weg in den Circus über das Bordell führe" (Preindl, 2007, 11).

sellschaftlichen Alltag (vgl. ebd.). Bis ins 5. Jahrhundert n. Chr. hatten sich aus
Sport- bzw. Renngesellschaften sogenannte circus-factiones etabliert: die blauen
und grünen Verbände – zuvor auch noch rote und weiße Verbände (vgl. Petermandl 2005: 141) – können als die ersten, dauerhaft organisierten Fan-Gruppie-
rungen bezeichnet werden (Kratzmüller 2005: 109). Bedeutsam ist dies insofern,
als dass zwischen beiden factiones und kleineren Untergruppen eine Rivalität entstand, die für ein ständiges Gefahrenpotential bei den Großveranstaltungen sorgte.
Seitens der Veranstalter bzw. politischen Verantwortlichen wurde sich für eine
räumliche Trennung der Gruppierungen im Stadion ausgesprochen (vgl. ebd.: 111).
Die Gruppierungen stachelten sich gegenseitig auf, brachten Schmäh-Graffitis
im gegnerischen Block an, warfen Steine[97] und zückten schließlich die Schwer-
ter (vgl. Kratzmüller 2010: 45). Schließlich kam es zu politisch bedrohlichen Ge-
walt-Eskalationen in den Versammlungsstätten. Im Jahr 355 in Rom, im Jahr 390
in Thessaloniki und schließlich der blutige „Nika"-Aufstand[98] in Konstantinopel
im Jahr 532. Dieser endete in einem Blutbad, bei dem von den beiden factiones der
Grünen und Blauen 35.000 durch Intervention der Truppen des oströmischen Kai-
sers Justinians im Hippodrom massakriert und zu Tode getrampelt wurden (vgl.
André 1994: 279; Kratzmüller 2005: 111; Krüger 2012: 28). In der Folge führten
im Kaiserreich verschiedene Edikte zur Einschränkung der Spielveranstaltungen.
Ein funktionierendes Crowd management, welches die politische Bedrohung
durch die aufgewiegelten Besuchermengen zu kontrollieren wusste, gelang immer
seltener. Hinzu kam, dass die Gladiatorenkämpfe durch die christlichen Kaiser zunächst moralisch verurteilt und schließlich im 5. Jahrhundert abgeschafft wurden
(vgl. André 1994: 282). Die baulich-räumlichen Formen des antiken Arena- und
Amphitheatermodells sowie die damit verbundene Soziomechanik als Frühform
des Crowd engineering bilden wesentliche Grundlagen des gegenwärtigen Crowd
management.

---

97  Das Werfen mit Gegenständen war vermutlich nicht unüblich bzw. mitunter gar er-
    laubt (vgl. Petermandl 2005: 139).
98  Zur Schilderung des Aufstands bei Prokopius und generell zur Darstellung der Mas-
    sen und des Mobs in der antiken Geschichtsschreibung vgl. McClelland (1989: 54ff.).

## 2    Mittelalterliche und neuzeitliche Inszenierungs-techniken als moralisch-affektive Kontrollregimes des Versammlungswesens

Die lebhaften Massenzusammenkünfte der Antike kamen im Mittelalter nahezu zum Erliegen. Das mittelalterliche Versammlungsleben in Europa fand vor allem im Einflussbereich der Kirche statt: „The Church itself was the great agent of crowd control in the middle ages because it contained the crowd, hence ist hostility to and attempts to control carefully open-preaching. Everything about the ritual of the Church was designed to keep unruliness under strict control" (McClelland 1989: 69). Canetti (2011: 184) analysiert den Zusammenhang zwischen Katholizismus und Masse wie folgt: „Die Kommunion verbindet den Empfänger mit der Kirche, die unsichtbar und von gewaltigen Ausmaßen ist; sie entrückt ihn den Anwesenden." Im Ritual fand affektives Crowd management statt. Kathedralen waren stimmungsvoll inszenierte Versammlungsstätten. Neben Tendenzen zur paternalistischen Unfallvermeidung im späten Mittelalter sind es vor allem die seitens der Kirche ausgeübten Formen der moralisch-affektiven Kontrolle, die durch verstärkt aufkommende räumliche Inszenierungstechniken bis heute nachwirken. Gleichzeitig werden im mittelalterlichen Paradigma des Crowd management aber die Sphären zwischen politischer und unfallvermeidenden Sicherheits- und Kontrollregimes zusammengelegt.

McClelland (1989: 62f.) erfasst die mittelalterlichen Massen anhand der Schilderungen des Kirchenfürst Suger von Saint-Denis, der von Tausenden dichtgedrängten Menschen in der Kathedrale von Saint-Denis zu berichten weiß. 1144 lud er in die Kathedrale zum Weihefest ein (vgl. ebd.: 63). Anwesend war König Ludwig VII., dessen Garden die Menge mit Stöcken zurücktrieb. McClelland (vgl. ebd.) fasst die Schilderung des Abts zusammen: „Two kinds of crowd control are being exercised here, the long-term by the enlarging of the church, and the short-term by the king and his retinue with their 'canes and sticks'." McClelland (vgl. ebd.) schreibt: „what is remarkable is how relaxed and straightforward the business is. The Church makes a space for the crowd and the king takes a hand in person, unarmed, in crowd control." Die Masse in der feudalen Gesellschaft erscheint in politischer Hinsicht als unproblematisch, da, wie McClelland (vgl. ebd.: 64) anmerkt, die Masse kein einheitliches Ziel für Revolten im diffusen, sehr lokal gehaltenen Machtgefüge des Feudalismus zu finden vermochte. Die Vorstellung eines kollektiven Handelns, welches über das jeweilige lokale Gefüge hinausging hatte durch die weitgehende Abwesenheit von Massenzusammenkünften keine leiblich spürbare Grundlage (vgl. Taylor 2012: 340ff.).

Im Mittelalter tritt das Publikum vor allem im Rahmen von aufwendig in-
szenierten Turnieren auf, obgleich zumeist – im Gegensatz zu antiken Großveranstaltungen – unter Ausschluss nicht-adeliger Gruppen (vgl. Krüger 2012: 29). Zum
Ausschluss des Bürgertums fanden die Turniere oft im Geheimen statt, was mit
Grund dafür sein mag, dass sich keine spezifischen Orte für Großveranstaltungen
im Mittelalter ausbildeten (vgl. Verspohl 1976: 89). Die Turniere spielten eine
wichtige Rolle im sozialen Prozess um die Anerkennung von Autorität, Macht und
Ehre. Die Turniere wurden zumeist auf Wiesen- und Feldflächen abgehalten (vgl.
Guttmann 1986: 36). Das Publikum bestand hierbei zumeist aus der Gefolgschaft
der jeweiligen Ritter (vgl. ebd.; Krüger 2012: 29) und entwickelte sich erst über
die Jahrhunderte als passive Zuschauermenge heraus (vgl. Guttmann 1986: 38).
Die Turniere wurden schließlich mehr und mehr zum ästhetischen Vergnügen. Es
handelt sich aber kaum um Massenveranstaltungen in Ähnlichkeit zu den antiken
Feierlichkeiten. Guttmann (vgl. ebd.: 35) identifiziert als eines der größeren Turniere, eines, dass 1493 in Sandricourt mit 2000 Zuschauern abgehalten wurde –
eine im Vergleich zu den antiken Großveranstaltungen geringe Anzahl. Ein diffe-
renziertes Crowd management erschien somit zunächst als kaum notwendig.

Was bei diesen mehrtägigen Turnieren dennoch von nicht unerheblicher Bedeutung war, ist der sogenannte „Turnierfrieden" (ebd.: 30). Aufgrund dieser – an
den antiken Ekecheiria erinnernden Pakt aller – waren Turniere friedliche Schutz-
rahmen, in denen sich Möglichkeitsräume für allerlei Tätigkeiten boten. Somit
wurden diese Ritterturniere im Laufe der Jahrhunderte zu wichtigen Volksfesten –
oftmals vor den Stadtmauern (Verspohl 1976: 90) – und „ab dem 15. Jahrhundert
zu einem unverzichtbaren Bestandteil von Festen und Feierlichkeiten, Hochzeiten,
Taufen, Erhebungen in den Ritterstand" (Guttmann 1986: 30). Guttmann (vgl. ebd.:
38) verweist auf eine Miniatur des Malers Simon Beining, der ein städtisches Fest-
ereignis mit sich an Fenstern und auf Dächern drängenden Zuschauern malte. Da
es keine geeigneten Versammlungsbauten gab wurden auf öffentlichen Plätzen
Holztribünen gezimmert. Es gibt Berichte über zusammenstürzende Tribünen in
London im Jahr 1331 und der Veranlassung König Edwards III. Tribünen aus Stein
zu errichten (vgl. ebd.). Es wird folglich deutlich, dass sich wieder Tendenzen zur
baulichen Unfallvermeidung ergeben. Denn je größer die Zuschauermengen wurden, umso dringlicher wurde natürlich das Problem ihrer Kontrolle. Der Autor
des am Ende des 13. Jahrhunderts geschriebenen „La Clef d'Amors" schildert die
Gefahren für seine weibliche Begleitung wie folgt: „Shield her from tread of tram-
pling feet/Be on your guard, as well, to soften/Those jostling jolts that, all too
often/Come from the people sitting near" (zit. in Guttmann 1986: 45). Es sind
neben diesen Einschränkungen des Komforts und den Herausforderungen für das
Wohlbefinden der Vornehmen auch handfeste Auseinandersetzungen bekannt. So

brachen immer wieder Tumulte aus, die zu Mord und Totschlag führten (vgl. ebd.). Verspohl (1976: 90) weist hierbei auf die durch Klassengegensätze entstehenden „Massenkämpfe" in den italienischen Städten des Mittelalters hin. Zwar gab es Verordnungen wie Waffenverbote, aber die Kontrolle ihrer Einhaltung blieb ineffektiv. Im Jahr 1376 kam es in Basel zu einem öffentlichen Aufruhr: nach dem berittene Edelmänner Zuschauer niedertrampelten, schlugen diese zurück und töteten einige Ritter (vgl. ebd.: 46). In gewisser Hinsicht wiederholten sich folglich die bereits aus der Antike bekannten Probleme bei Großveranstaltungen.

Neben den Turnieren gab es zudem noch Wettkämpfe für Bogenschützen und Musketiere sowie frühe Ballspielveranstaltungen, die als Vorläufer des Fußballs gelten. Im 16. und 17. Jahrhundert boomten zudem Tierkämpfe wie zum Beispiel die Bullenhatz, die bei den Unterschichten sehr beliebt war. Es wurden Bullen durch die Städte getrieben und gejagt, sehr zum Missfallen der herrschenden Klassen. Die englische Stadt Stamford verbot 1788 dieses Treiben mit der Begründung, dass es „productive of Vice, Prophaneness, Immorality, Disorder, Riot, Drunkenness, and Mischief" (zit. in Guttmann 1986: 60) wäre. Solche Hatzen und Kämpfe bestimmten vermehrt das städtische Festwesen im Mittelalter. Vor allem die römischen Päpste erkannten die politische Wirkmächtigkeit dieser Wettkampfspiele und Volksfeste (vgl. Verspohl 1976: 110). Städtische Plätze wurden – zum Beispiel Mitte des 15. Jahrhunderts in Mailand – zu Wettkampfplätzen ausgebaut (vgl. Verspohl 1976: 110). Das Hinzuziehen der bürgerlichen Öffentlichkeit wurde für die Adeligen strategisch als „affektiver Hintergrund" eingesetzt bei Feiern und Festen, um sich zu legitimieren und Ansprüche zu verteidigen (vgl. ebd.: 112). Symptomatisch dafür sind die Calcio-Turniere und feierlichen Aufzüge anlässlich der Eheschließung 1608 von Cosimo II. von Toskana auf dem Piazza Santa Croce in Florenz und generell die Wagenparaden und Schauspiele in Florenz des frühen 17. Jahrhunderts wie sie von Jacques Callot in Stichen festgehalten wurden (vgl. ebd.: 114f.). Die affektive Kontrolle der Massen verschob sich zunehmend von den Kirchen zu den politischen Herrschern.

Im Barock entstanden zudem die ersten rein weltlichen Kulissen- und Erlebniswelten, zum Beispiel in den Palästen und Parks von Versailles oder die ersten Sportarchitekturen der sogenannten Ballhäuser. In ihren Ausmaßen konnten die Ballhäuser durchaus mit den christlichen Massenarchitekturen mithalten. Sie breiteten sich zügig an den europäischen Höfen aus: im Jahr 1596 soll es bis 250 Ballhäuser in Paris gegeben haben. Doch die Vergnügungsstätten waren nach wie vor dem Hofadel vorbehalten. Verspohl (1976: 91) schreibt: „In der Sphäre des Hofes sind daher auch alle Formen von Massenversammlungsarchitekturen zu finden, die in antikem Sinne auf amphitheatralischer Architektur basieren." Die Trennung der sozialen Schichten verstärkte sich jedoch zunächst. Das Volk hatte eigene Feste, die herrschaftliche Elite blieb unter sich. Erst im Laufe des 18. Jahrhunderts wurden die Sportarchitekturen der Ballhäuser – als Beispiel für die exklusiven Territorien des Adels – mehr und mehr für das bürgerliche Publikum zugänglich. Verspohl (vgl. ebd.: 107) attestiert den Ballhäusern gar eine besondere Rolle für das Erwachsen einer bürgerlichen Demokratie in Versailles im späten 18. Jahrhundert.

Im höfischen Barock schließlich war das Fest ein zeitlicher und räumlicher Normalzustand: „Das höfische Leben ist ein totales Fest. In ihm gibt es nichts als das Fest, außer ihm keinen Alltag und keine Arbeit, nichts als die leere Zeit und die lange Weile" (Alewyn 1985: 14 zit. in Kröniger 2007: 27). Die Festräume blieben weiterhin exklusive Räume. Das einfache Volk war sowohl zeitlich durch die Verlagerung der höfischen Feste in die Abende und Nächte als auch räumlich ausgeschlossen, sodass kein umfassenderes Crowd management nötig war (vgl. Kröniger 2007, 28). Die Ritterturniere des Mittelalters wurden zum kunstvoll durchgeplanten Geschicklichkeitsspiel (Carousselreiten) in der Renaissance, eine höfische Vergnügungsweise, die schließlich ab dem 18. Jahrhundert in die Entwicklung von Volksvergnügungsparks mit mechanischen Karussells mündete (vgl. ebd., 108f.). Kröniger (vgl. ebd., 43) sieht die barocken Gartenanlagen in gewisser Hinsicht als Fortsetzung der Arenen. Als Beispiel dient hier der Zwinger in Dresden, der als Kulisse für höfische Feste und Turniere diente und ein Platzangebot hatte, dass in zeitgenössischen Städten fehlte.[99]

In der – vor allem italienischen – Renaissance entstanden schließlich öffentlich zugängliche, kommerzielle Theater, in denen das Volk auf dem Parkett stand und die Höhergestellten sich durch Logenplätze distinguieren konnten (vgl. Kröniger 2007: 134). Die weltlichen und geistlichen Volksfeste des Mittelalters und der frühen Renaissance fanden auf den öffentlichen, zentralen Plätzen und Straßen der Städte statt (vgl. Webb 1990: 65). Neben den von Bürgergarden gesicherten und mit Tribünen fürs Volk gesäumten königlichen Einzügen und Paraden (z.B. Ludwig XIV. in Paris in 1660) waren es vor allem geistliche Festspiele, die im öffentlichen Raum dem Volk Ablenkung boten (vgl. ebd.:134f.).

Zum Problem hinsichtlich der Kontrolle der Massen wurden schließlich die öffentlichen Hinrichtungen auf den städtischen Plätzen. Das lang andauernde Drama

---

99  Dies lässt sich mit der Vorstellung von Komfort im Mittelalter verknüpfen, die Ellul (1964: 66) beschreibt: „Comfort [...] represented a feeling of moral and aesthetic order. Space was the primary element in comfort. Man sought open spaces, large rooms, the possibility of moving about, of seeing beyond his nose, of not constantly colliding with other people". Dies könnte ebenfalls ein Indiz darauf sein, warum sich im Mittelalter und in der Renaissance keine eigenen Massenarchitekturen herausgebildet haben.

der Hinrichtung war ein Ritual mit rechtlich-politischer Funktion (vgl. Foucault 1994: 66) führte aber zu tagelang anhaltenden, aufgeregten Atmosphären in der Stadt (vgl. ebd.: 82). Für den sicheren Ablauf war grundsätzlich gesorgt: „Ein ganzer militärischer Apparat umstellt die Hinrichtung: Kavalleristen, Bogenschützen, Polizeioffiziere, Soldaten. Einmal geht es ja darum, jede Möglichkeit zur Flucht oder zu einem Gewaltstreich zu vereiteln; aber auch das Volk muß daran gehindert werden, in einer Anwandlung von Sympathie den Verurteilten zu retten oder in einem Wutausbruch ihn selbst sogleich zu töten" (ebd.). Für eine Hinrichtung in Paris im Jahr 1775 lassen sich zudem weitere planerische Vorsorgemaßnahmen erkennen: „Zwei Stunden vor der Hinrichtung besetzten Soldaten verschiedener Truppen zu Fuß und zu Pferd den Grève-Platz und seine Umgebung. Die Schweizer und die französischen Garden patrouillierten in den anliegenden Straßen. Während der Hinrichtung wurde niemand auf den Platz gelassen, der von einer doppelten Soldatenreihe umschlossen war: das Bajonett am Gewehr standen sie Rücken an Rücken, so daß die einen nach außen und die andern auf den Platz schauten" (S. P. Hardy, Mes loisirs, Bd. 3 (1773–74): 67 zit. in Foucault 1994: 85). Die großen Versammlungen wurden unter militärischer Präsenz und im Schutz bzw. unter Bedrohung der Waffen durchgeführt. Es wurde allerdings vermehrt deutlich, dass die moralisch-affektive Steuerung der Massen zunehmend schwieriger wurde. Die Menschen erkannten zunehmend die politische Bedeutung ihrer Kollektivität als eine wirkmächtige Macht. Mit der Französischen Revolution ging die (Wieder-)Aneignung des öffentlichen Raumes durch die revolutionären Massen einher. Diese konnten sich der affektiven Kontrolle durch die Herrschenden schließlich entziehen.

## 3 Französische Revolution: die Masse entdeckt sich selbst

Die Massen der Französischen Revolution sind wesentlicher Referenzpunkt für die theoretische und praktische Auseinandersetzung mit Massen in der Moderne (vgl. Borch 2012: 24ff.). Zwar prägte die Französische Revolution keine Massenarchitekturen aus, aber die revolutionäre Masse erfuhr sich im affektiven Überschwang als politisch wirksame Kraft selbst. Aus diesem Grund kann diese Epoche als eigenes Paradigma begriffen werden, da die heutigen Wissensbestände des Crowd management direkt davon beeinflusst sind.

Die Revolution fand auf öffentlichen Plätzen statt, wobei die Dramaturgie der nationalen Identität, wie Ozouf (vgl. 1988: 128f.) schreibt, vor allem nach „open air" verlangte: dieser Raum war neutral, grenzenlos und erinnerungslos. Musste

das ein oder andere revolutionäre Fest in Gebäuden stattfinden aufgrund von Wetter
o.ä. dann war das Murren groß: das Gebäude wie zum Beispiel die Kirche galt als
unkomfortabel und Architektur als dem Festival entgegengesetzt (vgl. ebd.: 135).
Sloterdijk (vgl. 2004: 615) verbindet diese Weise der Wiederentdeckung des öffentlichen Raums exemplarisch mit dem Förderationsfest 1790 auf dem Marsfeld
(Champ de Mars) (vgl. Verspohl 1976: 39ff.; Ozouf 1988: 127ff.). Eine Menge von
schätzungsweise 400.000 Personen fand sich am 14. Juli 1790, dem ersten Jahres-
tag des Sturms auf die Bastille, zum sogenannten „Versöhnungsfest" auf einem
ehemaligen Exerzierplatz ein. Zur Überwachung standen Bürgergarden[100] als Ord-
ner bereit. Sloterdijk (vgl. 2004: 619ff.) weist daraufhin, dass die organisatorische
Herausforderung einer solchen Massenversammlung vor allen Dingen darin ge-
legen haben muss, die Abläufe streng zu ritualisieren, die Logik der Inszenierung
zu verbreiten und vor allem die Massen affektiv zu modulieren. Ein Projekt, welches kaum gelingen konnte, da dafür die notwendigen Techniken kaum bis gar nicht
mehr bekannt waren. Die Masse wirkte unkontrollierbar. Sloterdijk (vgl. ebd.) stellt
hierbei die „sonosphärische Verschmelzung" durch Jubel, Geschrei und Gesang
heraus. Die Feste der Französischen Revolution waren vor allem deswegen kein
Erfolg, weil die Massen nicht verstanden was zu tun war, weswegen sie sich zer-
streuten (vgl. Sennett 1997: 383). Im offenen Feld führte das Massenspektakel zu
nichts Anderem als zu „Konfusion und Apathie" (ebd.: 382) und war oft mit Ausschreitungen verbunden (vgl. Ozouf 1988: 38f.). Es wurde deutlich, dass es wieder
liturgische Räume für die Einberufung der Massen geben müsse: „what was nee-
ded was a festive space that could contain an endless, irrepressible, and peaceful
movement like the rise of tidal waters" (ebd.: 127).[101] Im Wechselspiel zwischen
demokratischer und ochlokratischer Massenvergemeinschaftung drängte sich den
herrschenden Eliten zunehmend die Notwendigkeit auf, dass geeignete Strategien
entwickelt werden müssen, um sich der chaotischen Masse leitend und lenkend widmen zu können. Diesem Anliegen wurde sich schließlich zum Ende des 19. Jahrhunderts vor allem in den sich konturierenden Sozialwissenschaften angenommen.

---

100  Beim Fest von Châteauvieux 1792 inszenierte der politische Künstler Jacques-Louis
     David eine Massenparade durch die Straßen Paris, die ebenfalls auf dem Marsfeld
     endete. Er stattete die Ordner symbolisch mit Weizengarben statt mit Bajonetten als
     visuelles Zeichen der Auflehnung gegen die Disziplinarmacht aus (vgl. Sennett 1997:
     380). Sein Zeitgenosse Quatremère de Quincy wiederum setzte drei Monate später,
     beim Fest des Simonneau, Bajonette ein, „die die Menschen auf diszipliniertes Ver-
     halten einschwören sollten" (ebd.: 382).
101  Napoleon I. nutzte das Marsfeld aber ebenfalls 1804 für eine Massenveranstaltung
     anlässlich seiner Krönung 1804 (vgl. Verspohl 1976: 144). Zur weiteren Bebauungs-
     und Nutzungsgeschichte des Marsfelds vgl. Verspohl (1976: 159).

# 4 Im Zeitalter der Massen I: totalitäre Großkollektoren und die Technokratisierung der Sicherheits- und Kontrollregimes

Im Jahr 1895 beschwor Le Bon das „Zeitalter der Massen" (2009: 22). Seine Auffassung der Masse war eine durch und durch negative. Unter dem Eindruck der Massen der Französischen Revolution waren für ihn Massen leicht erregbar, einseitig durch leichte Beeinflussung, überschwänglich und notwendigerweise unter dem Einfluss eines Führers. In seinen Überlegungen zur Parlamentsversammlung nahm er direkten Bezug zur Französischen Revolution. Er spricht sich deutlich für die Notwendigkeit einer zentralen Führung aus. Zwar hält er die Parlamentsversammlung für die „beste Regierungsform", aber sieht die Notwendigkeit vorübergehender Führung: „nur die Fachleute bewahren die Versammlungen vor allzu sinnlosen, unerprobten Maßnahmen. Sie werden dann vorübergehend Führer, die Versammlung wirkt nicht auf sie, sondern sie wirken auf die Versammlung" (ebd.: 184). Massen unterstellen sich nach Le Bon (vgl. ebd.: 111) einem Führer, da sie eine Herde sei, die nicht ohne Hirten[102] auskäme. Die Masse erscheint bei Le Bon als geist- und willenlose, triebgesteuerte Sammlung von Körpern, die es zu beeinflussen und lenken gilt (vgl. ebd.: 37f.). Die Disziplinierung dieser Körper fand bereits seit dem 17. und 18. Jahrhundert zunehmend gesellschaftlich ihren Ausdruck im von Foucault (1994: 251ff.) benannten „Panoptimus" statt. Foucault bezieht sich hierbei auf die bauliche Gestalt des „Panopticon" von Jeremy Bentham. Das ringförmig angelegte Gebäude diente der Automatisierung von Macht durch die Trennung von Sehen und Gesehenwerden (vgl. ebd.: 259). „Es handelt sich," so Foucault (ebd.: 264), „um einen bestimmten Typ der Einpflanzung von Körpern im Raum, der Verteilung von Individuen in ihrem Verhältnis zueinander, der hierarchischen Organisation, der Anordnung von Machtzentren und –kanälen, der Definition von Instrumenten und Interventionstaktiken der Macht – und diesen Typ kann man in den Spitälern, den Werkstätten, den Schulen und Gefängnissen zur Anwendung bringen." Natürlich eignet sich genau dieses disziplinarische Bauprinzip für die Versammlungsstätten der ringförmig angeordneten Masse (vgl. Canetti 2011: 29), die sich selbst gegenüber sitzt, aber durch eine kontrollierende Führung gehandhabt werden kann. Die seit der Antike bekannte bauliche Form verschränkt sich mit der Herausbildung moderner Sicherheits- und Kontrollregimes.

Der Führer tritt auf den Plan. Dies mündet schließlich in die „Kollektivierungs- und Überwältigungsmaschine[n]" (Sloterdijk 2004: 638) der vor allem faschistisch

---

102  Die Anspielung auf die Bibel ist hier sehr deutlich. Eine Analyse der Verbindung zwischen Massentheorien und christlichen Moralvorstellungen steht noch aus.

angetriebenen Stadion-Renaissance. „Der Führerkult", schreibt Sloterdijk (ebd.),
„der mit der Idee des völkischen Plenums intim korrespondiert, läßt sich philo-
sophisch als eine Verendungsgestalt des altabendländischen Zentrismus plausibel
machen: Da das Volk im Führer immer schon versammelt ist, kann der Führer das
‚Volk' als ganzes, oder beinahe ganzes, zu sich einladen, um ein Fest der Homo-
genität zu feiern [...] Das Volk emaniert aus seiner dunklen Mitte den Mann, in
dem es ganz bei sich zu sein wähnt". Zudem, so Sloterdijk (2004: 620), ergibt sich
„der Gebäude-Imperativ für die Großversammlungen des Zeitalters souveräni-
sierter Völker [...] nicht zuletzt aus der Erfahrung, daß Massenzusammenkünfte
unter freiem Himmel [...] ein hohes Potential zur Gewalteskalation in sich bergen,
indessen die architektonisch gehegten, sogar überdachten Konvente eine starke
situative Vorgabe für zivilisierte Abwicklungen bieten". Damit entstanden im
Rückgriff auf die antiken Formen neue Ideen für Massenarchitekturen. Nach mehr
als 1500 Jahren knüpfte man „unter der Wirkung des Versammlungsenthusias-
mus" (ebd.: 614) an die „Großversammlungskonzepte" (ebd.) und das „Arena- und
Amphitheatermodell der ‚Massen'öffentlichkeit" (ebd.: 615) der europäischen Antike an. Es dauerte allerdings noch bis zum Beginn des 20. Jahrhunderts[103] bis sich
der „volksdemokratische Schrecken" (ebd.: 628) über die Kräfte der revolutionären Masse legte (vgl. Verspohl 1976: 146f.) und die Nachfrage nach den „archi-
tektonischen Kollektoren" (Sloterdijk 2004: 626) bzw. die Umsetzung bereits vorhandener amphitheatralischer Gebäudepläne wieder erblühte: „Die Kennworte für
die Geschichte der Kollektoren heißen Olympische Spiele, Russische Revolution
und Faschismus. Was diese heterogene Trinität verbindet, ist die gemeinsame
Herausforderung, Großinterieurs für präsente und mobilisierte Mengen zu entwickeln, um deren Ansprechbarkeit durch inszenierte Mittelpunkt-Illusionen zu
bewirtschaften" (Sloterdijk 2004: 628).

Das exzessive Potential von Massenarchitekturen wurde unter symbolischem
Rückgriff auf die Machtsymbole der Antike (vor allem durch die vierte Neo-Olym-
piade im Londoner Olympiastadion von 1908 (vgl. Verspohl 1976: 164ff.)) und

---

103  Es darf nicht übersehen werden, dass es in dieser Zeit (vom 17. bis zum 19. Jahrhundert, bis die Wettkämpfe schließlich in die von Pierre de Coubertin wiederlebten
Olympischen Spiele mündeten) stets Sportveranstaltungen gab, deren baulich-archi-
tektonische Umsetzung meist Rennstrecken vor allem in Großbritannien aber auch
in den USA waren. Besondere Erwähnung müssen hier Laufsportarten („pedestria-
nism") sowohl zu Fuß als zu Pferd finden. Die verschiedensten Läufe und Fußgänger-
sportarten zogen mitunter große Menschenmengen mit bis zu 30.000 Zuschauern an
(Guttmann 1986: 62ff.). Zudem gab es im 19. Jahrhundert vereinzelt durchaus Groß-
bauten wie das Hippodrom in London (1851), die Albert-Hall in London (1870) oder
der Madison Square Garden in New York (1879) (vgl. Verspohl 1976: 155f.).

unter Berücksichtigung der Massenpsychologie Le Bons (2009) auch im Deutschen Reich ausgelotet. Die – wie Dinçkal (2013: 82) schreibt – „‚Mutter' deutscher Stadien" war das für die Olympischen Spiele 1916 in Berlin 1913 eingeweihte Deutsche Stadion in Berlin. Die architektonisch-technische Hochleistung war sowohl an die Idee der nationalen Repräsentation als auch dem politischen Wunsch die Olympischen Spiele nach Berlin zu holen gekoppelt (vgl. ebd.: 83). Die Sportstätte war ein Erdstadion in Grunewald mit einer offiziellen Kapazität von 33.000 Zuschauern. In seiner Architektur war es insofern besonders, als dass es sich nicht in ein urbanes Gefüge einbettete, sondern vielmehr ins „Grün der Wiesen und Bäume des Grunewalds" (ebd.: 97) eingesenkt war. Die vom Deutschen Reichausschuss für Olympische Spiele organisierte Einweihungsfeier als nationales Sportfest im Jahr 1913 war ein Massenspektakel mit zirka 60.000 Anwesenden, das aber die logistische Herausforderung und die Notwendigkeit nach neuen Formen des Crowd management verdeutlicht. Es wurden Sonderzüge, kombinierter Eisen- und U-Bahnverkehr sowie Omnibusse eingesetzt (vgl. ebd.: 110). Beteiligte Sportverbände und Organisationen wurden im Vorfeld – aus Sorge vor Blamage – dazu angehalten eine Aufstellung zu proben (vgl. ebd.: 111). Es standen Krankenwagen für Notfälle bereit. Neben den Kartenkontrolleuren gab es einen Angestellten des Reichsausschusses der im Innenraum unrechtmäßige Personen entfernen sollte (vgl. ebd.). Der Festakt war ein voller Erfolg – vor allem für den Kaiser – und Dinçkal (ebd.: 116) fasst zusammen: „Mit dem Deutschen Stadion beanspruchte der Sport so deutlich wie nie zuvor Öffentlichkeit und urbanen Raum."

Im nationalsozialistischen Dritten Reich in Deutschland wurden schließlich weitere Dimensionen der „Mobilisierung der Massen" erschlossen.[104] Mit dem Olympia-Stadion in Berlin (1936) und dem Reichsparteitaggelände in Nürnberg (1933–1945) wird die Wahnphantasie eines „Neuen Römischen Reichs" materialisiert und das totalitäre Ritual der Begegnung von Masse und Idol inszeniert. Bereits in den 1920ern und 1930ern wurden neoklassizistische Festspielstätten entworfen, die sich auf die kultischen Spiele des antiken Olympia bezogen (vgl. Van Winkel 2005: 236). Die organisierte Arbeiterkultur veranstaltete jährlich die „Leipziger Massenspiele", die mitsamt ihrer Choreographie und Dramatik

---

104 Eine umfassende Diskussion der Verquickung zwischen Le Bons Massenpsychologische und Hitlers „Mobilisierung der Massen" gibt Borch (vgl. 2013: 589ff.). Bei McClelland (vgl. 1989: 270ff.) findet sich zudem ein detaillierterer Überblick zur Konzeption der Masse in Hitlers „Mein Kampf". Borch (vgl. 2013: 589ff.) weist ferner darauf hin, dass es sich dabei keineswegs um einen Einzelfall handelt, sondern nicht nur ebenso Mussolinis faschistische Massenarchitektur (vgl. Bodenschatz 2011) davon beeinflusst wurde, sondern ebenfalls auch Roosevelt von Le Bons Überlegungen beeindruckt war (vgl. Borch 2013: 589; Brighenti 2010: 293).

eine Einheit der Vielen postulierte. „Diese Massenhaftigkeit", so fasst van Winkel (ebd.: 237) zusammen, „wurde von den Zeitgenossen als wichtiger kultureller und politischer Durchbruch angesehen." Im Nationalsozialismus verbanden sich schließlich politische Massenaufmärsche mit dem Wunsch nach kultischen Spielen, wie sie dann als „Thingspiele" von 1933 bis 1937 in Stadien abgehalten wurden (vgl. ebd.: 238f.). Der Ausbau-Imperativ führte in den Zwischenkriegsjahren – übrigens keineswegs nur im nationalsozialistischen Deutschland – zu einer Phase des trial-and-errors, was die Entwicklung tauglicher und robuster Massenarchitekturen anging (vgl. Verspohl 1976: 179ff.). Die durch De Coubertin erneut angefachte Olympia-Bewegung stellt für die Ausrichtung der Spiele alljährlich neue Raumforderungen, die lediglich durch Neubauten bedient werden konnten (vgl. van Winkel 2005: 240). Die städtischen Sportparks in Deutschland wiederum mussten für die Massen überhaupt erst erschlossen werden, während die Turnhallen zur vormilitärischen Ertüchtigung seit dem preußischen Staat für den Zuschauersport nur bedingt taugten[105] (vgl. Verspohl 1976: 134ff.; Dinçkal 2013: 37ff.). Als architektonisches Heilmittel galt das Massenstadion und man versuchte mitunter für die Olympischen Spiele alle Sportarten dort unterzubringen (vgl. van Winkel 2005: 241). In den USA wiederum war der die europäischen Verhältnisse nachahmende, aber gleichsam übertrumpfende Stadionbau durch Größe und Monumentalität geprägt, um die Massen zu vereinen (vgl. Verspohl 1976: 173ff.). Die vor allem privat finanzierten Bauwerke entstanden oft als Erneuerung von hölzernen Vorgängerbauten, die entweder abgerissen wurden oder abgebrannt[106] waren (vgl. Trumpbour 2007: 13ff.).

Die Stadion-Renaissance war also von vielerlei Planungen von Bauten und Verkehrsinfrastrukturen begleitet. Neben logistischen Herausforderungen der „Kanalisierung und [...] differenzierte[n] Platzierung der Zuschauermassen", z.B. durch die Einführung städtischen Kartenvorverkaufs (Dinçkal 2013 162) spielten unfallvermeidende Sicherheitserwägungen eine wichtige Rolle. Immer wieder war es zu gefährlichen Ereignissen gekommen wie 1902 im Ibrox Park in Glasgow, wo 26 Personen bei einem Tribüneneinsturz ums Leben kamen. Zudem kam es 1923 in Wien bei einem Fußballländerspiel zu einem großen Gedränge, bei dem sich

---

105 Dennoch wurden im ausgehenden 19. Jahrhundert die Turnhallen und -anstalten mit Bühnen und Emporen ausgestattet und für Sieges- und Gedenkfeiern genutzt (vgl. Verspohl 1976: 137f.).

106 Trumpbour (vgl. 2007: 15) verbindet die zunehmende Brandgefahr der Holzbauwerke mit der wachsenden Popularität von Tabakerzeugnissen.

vor den Toren des Stadions Hohe Warte eine große Menschenmasse einfand.[107]
Mit der Stadion-Renaissance bildete sich natürlich ein spezialisiertes Ingenieur-
wesen heraus, welches über reine soziomechanische Erwägungen der technisierten
Unfallvermeidung weit hinaus ging und dieses mit baulich-atmosphärischen Inszenierungstechniken verband.

Die Verbindung von Sportstadion, Aufmarschgelände und Freilichttheater oder
„Thingstätte" wurde im von Hitler angetriebenen Monumentalprojekt des Neubaus
des Olympiastadions in Berlin angestrebt (vgl. van Winkel 2005: 245).[108] Hitler
forderte eine Gesamtkapazität von 500.000 Menschen: Deutschlands Überlegenheit und Stärke sollte sich zu den Olympischen Spielen 1936 durch schiere Masse
zeigen. Das Stadion entfaltete sein Potential als Raum repräsentativer Vergemeinschaftung, als Ort, an dem sich das „Volk" versammelte. Auch wenn die geforderte
Größe der Besuchermenge so nicht eintrat und in der Nachbetrachtung großzügig
aufgerundet wurde: das Massenspektakel war beeindruckend. Die kollektive Eu-
phorie wurde angestachelt durch propagandistische Politik. Der infrastrukturell
gut an Berlin angebundene Sportkomplex hatte eine funktionierende Logistik und
wies modernste Kommunikationstechnologien und Sicherheitsmaßnahmen auf.
Van Winkel (ebd.: 247) stellt recht nüchtern fest: „Das Olympiastadion in Berlin
war Höhepunkt und Abschluss jenes Wegs zum modernen Stadiongebäude, der 50
Jahre davor begonnen hatte". Man kann aber die nationalsozialistischen Massenveranstaltungen nicht verstehen ohne die Nürnberger Reichsparteitage der NSDAP
mit zu betrachten. Die politische Eventisierung der Nationalsozialisten und der
damit verbundenen „Dauereinwirkung war es, die Menschen in ein national-
sozialistisch denkendes und fühlendes Kollektiv" (Schöps-Potthoff 1984 148)
umformen wollte. Die ab 1933[109] in Nürnberg durchgeführten Parteitage hatten
alljährlich einen Zuschauerzuwachs (1933: 400.000 Teilnehmer, 1938: 950.000
Teilnehmer). Die Atmosphäre war zumeist euphorisch. Die Menschen waren dem
Erlebnis der Masse hingegeben und die nationalsozialistischen Veranstalter mo-
dulierten die Anwesenden affektiv – durch die räumliche Kulisse, effektives Zeit-
management, akustische Gestaltung, volkstümliche Demagogie und visuelle Mittel und Symboliken (vgl. ebd.: 153ff.). Organisatorisch waren die Veranstaltungen

---

107  Ein zeitgenössischer Bericht findet sich hier: Illustriertes Sportblatt, 28. April 1923
     zit. in Müllner 2005: 179.

108  Verspohl (1976, 216ff.) widmet sich ausführlich den Architekturen des „faschisti-
     schen Amphitheaters", wo er auch das Foro Mussolini in Rom bespricht.

109  Bereits in den Jahren davor hat die NSDAP Großveranstaltungen an verschiedenen
     Orten abgehalten, aus denen sich dann ab Hitlers Machtergreifung die Massenver-
     anstaltungen entwickelten.

militärisch geplant und rigide geführt: affektives Crowd management paarte sich mit polizeilichem Crowd control. Schöps-Potthoff (1984: 164) spricht von einer „Überdisziplin" der anwesenden Menschen: „es gibt kein Durcheinanderlaufen oder Ausbrechen aus den Formationen, keine Bewegung, die nicht mit dem Gleichschritt der anderen übereinstimmte" (ebd.). Im Namen der Sicherheit galt auf den Zeltplätzen eine strikte Ordnung. Schöps-Potthoff (vgl. ebd.: 159) berichtet von Rauchverboten, strenge Küchen- und Waschräumeverordnungen und dem Verbot des Mitführens von Dolchen. Es gab eine Nachtruhe und ein Ausweis-basiertes Zugangssystem zu den Zeltplätzen. Die Besucher unterwarfen sich diesen strikten Ordnungen und Kontrollen. In der Verbindung von Totalitarismus und Stadion-Renaissance wurden die antiken Techniken des soziomechanischen Crowd engineering mit den affektiv-moralischen Inszenierungstechniken amalgiert. Somit wurden die chaotischen Massenzusammenkünfte der Französischen Revolution sowohl baulich-räumlich als auch affektiv-inszenatorisch in technokratische Sicherheits- und Kontrollregimes überführt, die wesentliche Grundlagen für den spätmodernen Panoptismus in den Stadionarchitekturen legten.

## 5    Im Zeitalter der Massen II: Panoptismus der Nachkriegszeit

Stadien und Arenen stellen in der Nachkriegsgesellschaft die wichtigste Form der Versammlungsstätte[110] und damit der demokratischen Vergemeinschaftung dar. Es darf allerdings nicht übersehen werden, dass in der „ausdifferenzierten Kollektoren-Kultur" (Sloterdijk 2004: 651) eine Vielzahl an Raumangeboten zur Einberufung der Masse vorhanden sind. Er schließt ausdrücklich die „diskreten Synoden" ein, worunter er unter anderem Kongress- und Messezentren, Bildungseinrichtungen, Clubs und Vereinslokale fasst (vgl. ebd.: 649). Ergänzt werden kann dies noch durch die vor allem in den USA, aber auch in Australien, Brasilien, Südkorea oder Singapur in den letzten Dekaden entstandenen christlichen Megachurches, in denen sich jeden Sonntag Tausende zum Gottesdienst einfinden (vgl. Connell 2005; Warf u. Winsberg 2010). Neben den Stadien und Arenen sind es ferner der öffentliche, urbane Raum mitsamt seiner Bedeutung

---

110   Zu den rechtlichen Grundlagen rund um das Konzept der „Versammlungsstätte" vgl. Klode (2014). Wesentliche Handlungsgrundlage ist dabei in der Bundesrepublik Deutschland die Muster-Versammlungsstättenverordnung (MVStättV), die dann in den jeweils in den Ländern – zumeist eins zu eins – umgesetzt wurde. In Nordrhein-Westfalen gilt die Sonderbauverordnung (SBauV). Die MVStättV wurde im Februar 2014 überarbeitet. Eine Diskussion dieser Neufassung gibt Löhr (vgl. 2014).

für zunehmend höher dimensionierte Veranstaltungen im Rahmen der Festivalisierung von Stadtpolitik sowie die temporäre Raumaneignung der Festivals und Feste im ländlichen Raum, die wichtig für das Zeitalter der „Festmassen" (Canetti 2011: 70f.) sind. Letztere sind vermutlich für die seit den 1990er Jahren in Europa zunehmende Systematisierung von Crowd management von kaum zu unterschätzender Bedeutung und gelten nach wie vor als wachsender, aber zugleich fragiler Markt. Dennoch ist die baulich-räumliche Form der Stadien und Mehrzweckarenen symptomatisch für die Herausbildung panoptischer Sicherheits- und Kontrollregimes.

Das panoptische Machtprinzip der Arena-Anlagen lässt sich nicht nur anhand der politisch-ästhetischen und organisatorisch-disziplinarischen Übermacht der verräumlichten Inszenierungen der Nationalsozialisten zu den Olympischen Spielen und auf dem Nürnberger Reichsparteitaggelände darstellen, sondern ist als grundsätzliches Prinzip in die Massenarchitekturen und -apparaturen als „Anordnung von Körpern, Oberflächen, Lichtern und Blicken" (Foucault 1994: 259) eingraviert. Es sind also nicht nur die totalitären Sicherheits- und Kontrollregimes, die sich dieses panoptischen Prinzips bedienen, sondern der Panoptismus erscheint als Grundprinzip der Moderne. Das Crowd management wird in immer komplexer werdender Weise mit baulich-räumlichen Bedingungen verschachtelt. Die panoptischen Techniken, wie sie zum Teil bis heute in Stadien und Arenen angewandt werden, sind von vielen Autoren beschrieben worden (vgl. Bale 1993; Hannah 1997; Bale 2005; Hachleitner 2005; Dressler 2007; Hagemann 2007; Klauser 2013; Boyle u. Haggert 2009; Steinkrüger u. Zehetmair 2012; Zehetmair, Runkel u. Pohl 2015). Es ist vor allem der Geograph John Bale (1993), der die räumliche Segmentierung und kontrollierende Verwahrung der Menschen in Stadien beschrieben hat. Die ersten Errichtungen von Zäunen im Stadion, so macht Bale (2005: 37) deutlich, dienten der Exklusion nicht-zahlender Teilnehmer am Sportereignis. Doch im Laufe des Jahrhunderts kann eine zunehmende Territorialisierung der Zuschauerränge und kleinsträumliche Segregation im Sportstadion beobachtet werden (vgl. ebd.). Nach Bale (ebd.: 39) hat sich ein Wandel von einem öffentlichen Raum zu einem Raum „kontrollierter Verwahrung" vollzogen. In seinem Evolutionsmodell des modernen Stadions identifiziert er vier Phasen der Einschränkung der Bewegungsfreiheiten der Besucher: erstens „permeable boundaries/weak rules of exclusion", zweitens „enclosure", drittens „partitioning" und viertens „surveillance" (Bale 1993: 12). Raum spielt keine untergeordnete Rolle, sondern ist geradezu konstitutiv für die Kontrolle und Überwachung, wie Klauser (vgl. 2013) eindrücklich anhand der Fußball-Europameisterschaft 2008 in der Schweiz und Österreich aufgezeigt hat (vgl. Baasch 2011: 227).

Das panoptische Stadion hat als eines der „sichersten" Gebäude der Moderne zu gelten (vgl. Bale 2005: 47). Somit erscheint es nicht überraschend, dass Stadien wie das Vélodrome d'Hiver 1942 zur Verwahrung von 13.000 Juden diente (vgl. ebd.: 38f.), Stadien in Chile (1973)[111], China (1999), Afghanistan (2001) und Kolumbien (2002) als Gefängnisse oder Hinrichtungsstätten dienten (Hachleitner 2005) und mitunter zu Schauplätzen genozidaler Schrecken wurden wie im ruandischen Kigali (Arich-Gerz 2010). Die Sicherheitsregimes des Schreckens nutzten folglich die baulichen Gegebenheiten des Stadions in ihrem Angebotscharakter für uneingeschränkte Machtoperationen. Noch heute lassen sich folglich Strukturen aufzeigen, die das Stadion mit seiner Einsatz- und Leitstelle[112] als Panoptikum ausweisen.[113]

In den USA galt das Stadion als futuristischer, architektonischer Ausdruck des Bürgerstolzes (vgl. Trumpbour 2007: 20ff.). Das seit den 1960ern typische Stadionbauwerk in den USA beherbergte vor allem Baseball-Ereignisse (vgl. ebd.). Exemplarisch dafür steht der 1965 eröffnete Astrodome in Houston, Texas, das weltweit erste Stadion mit geschlossenem Dach. Dies wurde als High-Tech-Architektur zur Touristenattraktion, gleichwohl das Management aber mit technischen und vor allem finanziellen Herausforderungen zu kämpfen hatte (vgl. ebd.: 23ff.; Lipsitz 1984: 12). Der Astrodome diente als Vorlage für weitere Massenarchitekturen in den USA und in Europa.[114]

Seit den späten 1980er Jahren werden die klassischen Sportstätten – vor allem Fußballstadien, aber mitunter auch die Stätten anderer Sportarten wie Basketball, Eishockey und Handball – vermehrt zu multifunktionalen Erlebnisstätten mit weitreichender Mantelnutzung ausgebaut.[115] Vorrangiges Ziel war es, Kosten zu

---

111  Verspohl (1976: 84f.) sieht hier Parallelen zur Niederschlagung der Revolte der „Grünen" und „Blauen" durch Justinian 532.

112  Diese wird in Deutschland für Versammlungsstätten ab einer Kapazität von 5000 Personen laut MVStV gesetzlich erforderlich.

113  Vor allem bei Fußballveranstaltungen hat die totale Videoüberwachung einen reflexiven Charakter, da der Zuschauer permanent damit rechnen muss gefilmt zu werden – nicht von den Überwachungskameras, sondern von den Fernsehkameras. Ein Beispiel hierfür sind die sogenannten Kiss Cams, bei denen die im Bild angehaltenen Paare (wenn sie denn welche sind) dazu angehalten werden sich öffentlich zu küssen.

114  Parallel dazu entstanden in der Sowjetunion Massenarchitekturen im Stile des sozialistischen Klassizismus. Dies lebt zum Teil in postsowjetischen und totalitären Staaten in Form überdimensionierter Massenarchitekturen fort. Das Stadion Erster Mai in Nordkorea wurde 1989 erbaut und ist nach dem in Prag (CSSR) in den 1920ern errichteten Strahov-Stadion das größte Stadion der Welt.

115  Zur Verquickung von Sicherheit, Komfort und Konsum in spätkapitalistischer Stadionarchitektur vgl. King (2010).

sparen und „economies of scope" auszunutzen. Goch (vgl. 2006: 42) deutet dahingehend an, dass Neubauten im öffentlichen Diskurs oftmals mit Sicherheitsvorkehrungen gerechtfertigt werden. Sicherheit dient als legitimierendes Motiv bzw. Narrativ für eigentlich wirtschaftliche Absichten. Mit geringeren Kapazitäten und erhöhtem Komfort auf den Tribünen ließen sich Eintrittspreise erhöhen und soziale Exklusion erreichen (vgl. King 2002: 88ff. u. 134ff.; Van Winkel 2005: 253). Unglücke und Schadensereignisse spielten diesen unternehmerischen Absichten in die Hände. Insbesondere die Stehplatzempfehlungen nach der Hillsborough-Katastrophe 1989 (vgl. Taylor 1990) und die gesetzliche Implementation der britischen Regierung sowie einige Jahre später durch die UEFA, bedienten sich des Arguments erhöhter Sicherheit, ermöglichten aber den Klubmanagern die nachhaltige Veränderung der Fußballkultur und der Stadionatmosphäre (vgl. Edensor 2013).

Von allen Schauplätzen historischer Schadensereignisse mit Menschenmengen sind Stadien durchaus am häufigsten betroffen (vgl. Dickie 1995; Still 2014: 249ff.)[116], bei gleichzeitigem hohem öffentlichen Anspruch an die Sicherheit und den Komfort in den Stadien. Frosdick (2005: 22) bezeichnet gegenwärtige Stadienbauten als „venues of extremes", da sie zum einen großartige Ereignisse beherbergen, zum anderen aber oft Schauplätze tragischer Unglücke seien. Die Größe der Veranstaltung korreliert dabei allzu leicht mit dem Ausmaß des Schadens (vgl. Canter, Comber und Uzzell 1989: 88). Stadien gelten in der öffentlichen Wahrnehmung und für das subjektive Sicherheitsempfinden als in Stein gemeißelte „Sicherheitsversprechen" (Eismann, Mayer und Pohl 2012). Für solche Bauten und Versammlungsstätten wurden und werden Handbücher, Ratgeber und Normen – vor allem Rudolf Ortners „Sportbauten" von 1953 – publiziert, in denen Evakuierungszeiten, Brandschutzmaßnahmen und Berechnungsgrundlagen für Gangbreiten, Durchstromgeschwindigkeiten, Anzahl von Zugängen, Tribünenhöhe und -form, Neigungswinkel, Sichtlinien, Akustik und vieles mehr festgelegt sind (vgl. Van Winkel 2005: 250). Im deutschen Rechtsraum wird dies durch die Muster-Versammlungsstättenverordnung (MVStV) geregelt.

Dennoch ist es erstaunlich, dass es neben gesetzlich verordneten Anforderungen an die bauliche Sicherheit von Versammlungsstätten bis in die 1990er Jahre einen Mangel an systematischen Aufarbeitungen von tradiertem Wissen hinsichtlich des Management und der organisatorischen Durchführung von Groß- und Massenveranstaltungen gibt. Zudem ist es bekanntlich keineswegs der Fall, dass der ingenieurtechnische Überbau („bulk-technology" (van Winkel 2007: 250)) an technischen Standards, Faustregeln und Berechnungsmodellen das Ausbleiben

---

116 Dies betrifft vermehrt vor allem Ereignisse in Ländern des globalen Südens. Einen Kommentar zu solchen Schadensereignissen in Indien gibt Sugden (vgl. 2013).

von sozialen Katastrophen in verdichteten Menschen-Ansammlungen gänzlich verhindern konnte.

Unglücke in Stadien wie die Bolton-Katastrophe von 1946 (vgl. Baker 1998), die Ibrox-Katastrophe von 1971 vgl. (Elliott und Smith 1993: 212f.; Walker 2004)[117], die Brandkatastrophe von Bradford 1985 (vgl. Popplewell 1985; Elliott und Smith 1993: 213ff.), die Ausschreitungen und Folgen davon in Heysel im Jahr 1985 (vgl. Young 1986; t'Hart und Pijnenburg 1989; Elliott und Smith 1993: 215ff.) und die Tragödie von Hillsborough 1989 (vgl. Taylor 1990; Wardrope u. a. 1991; Elliott und Smith, 1993 217ff.; Nicholson und Roebuck 1995; Ball und Smith 2010; Challenger und Clegg 2011: 347f.; Hillsborough Independent Panel 2012) gelten als Schlüsselereignisse für die Veranstaltungssicherheit. Neben Unglücken in Stadien waren ebenfalls religiöse Stätten wie in Mekka 1990 (vgl. Memish und Ahmed 2002) und in Allahabad 2013 (vgl. Illiyas u. a. 2013), öffentliche Verkehrsflächen wie in Duisburg 2010 (vgl. Helbing und Mukerji 2012) oder in Phnom Penh im gleichen Jahr (vgl. Hsu und Burkle 2012), Konzerthallen bzw. -veranstaltungen wie das The Who-Konzert Cincinatti 1979 (vgl. City of Cincinnati 1980; Johnson 1987; Ball und Smith 2010), Donington 1988 (vgl. Upton 2007 102ff.) oder Roskilde 2000 (vgl. Kornerup und Rungstrøm 2000; Vendelø und Rerup 2011), Discotheken und Clubs wie „The Station" in West Warwick, Rhode Island in 2003 (vgl. Barylick 2012) oder im brasilianischen Santa Maria in 2013 (vgl. Atiyeh 2013) die von solchen Tragödien betroffen. Die Gründe für die Unfälle sind vielfältig. Zwar können die Ereignisse anhand bestimmter konkreter Auslöser charakterisiert werden wie Feuer, Gewalt, Überfüllung oder bauliches Versagen. Jedoch sind solche Auslöser stets im Rahmen von komplexen Verkettungen verschiedener Fehler, Störungen und Unregelmäßigkeiten zu deuten, sodass grundsätzlich von einem „Systemversagen" zu sprechen ist (vgl. Challenger und Clegg 2011). Neben baulich-technischem Versagen sind es oft Fehler in der Planung und Durchführung der Veranstaltung. Vielfach gehören dazu individuelle Fehleinschätzungen einzelner Akteure, Lücken in der informationalen Kette oder Kommunikationsprobleme zwischen den Akteuren.

Das 20. Jahrhundert ist von einigen dieser Schadensereignisse geprägt. Bis heute ereignen sich Unglücke sowohl im globalen Norden als auch im globalen Süden, wobei die Zahl der Toten und Verletzten bei Ereignissen in den Ländern des Südens durchschnittlich höher ist.[118] Canter, Uzzell und Comber (1989: 91f.,

---

117  Dies war bereits die zweite Katastrophe in diesem Glasgower Stadion. 1902 kam es
      bereits zu einem Tribüneneinsturz (vgl. Shiels 1998).

118  Der G. K. Still verzeichnet in seiner Online-Datenbank (vgl. http://www.gkstill.com/
      CV/ExpertWitness/CrowdDisasters.html) für das Jahr 2014 fünf tödliche Schadens-

132) beschreiben mit den Ausdrücken „legislation by crisis" und „legislation by disaster" wie bestimmte Unglücke als traumatische Schlüsselereignisse für die Verbesserung von Sicherheitsbedingungen in den Stadien und Versammlungsstätten dienen. Die Aufarbeitung der Katastrophen geschah durch Expertengremien, die im Zuge der Rekonstruktion des Ereignisses Handlungsempfehlungen gaben. Auf Basis dieser Berichte wurden dann Anpassungen in den Sicherheitsarchitekturen der betroffenen Gebäudetypen vorgenommen. Nach dem Ereignis in Bolton 1946 wurde per Gesetz die Besucherzahl für Stadien festgelegt, auch wenn Fußballvereine sich nicht daranhielten (vgl. ebd.: 92). Nach Zusammenbruch der baulichen Strukturen im Ibrox-Stadium 1971 wurden Richtwerte für Absperrung gesetzlich verordnet sowie ein Kontrollsystem dafür eingeführt (vgl. ebd.). Mit der Aufarbeitung des Vorfalls in Cincinatti 1979 wurde die Tätigkeit Crowd management zum ersten Mal systematisch skizziert. Nach den Ereignissen in Heysel 1985 kam es zur Einführung eines Alkoholverbots in Stadien, nach dem Unglück in Hillsborough 1989 wurden in England Stehplätze abgeschafft und es ist derzeit zu beobachten, dass die Ereignisse rund um die Love Parade in Duisburg 2010 neben den bereits gegebenen Handlungsvorschlägen und Verordnungen (MIK NRW 2013) auch durch die derzeit laufende gerichtliche Würdigung weitere Veränderungen hervorrufen werden.

Canter, Uzzell und Comber (1989: 92) kritisieren diese Vorgehensweise, da die Konsequenz sei, dass das legislative System als solches nie ganzheitlich evaluiert würde: „[...] rules and principles get built into legislation in the early years and, provided it cannot be demonstrated that somebody has been injured because of these rules, there is a powerful inertia in the system of controls operating against changing the system." Dieses von den Autoren beschriebene Problem der stets anwachsenden Regulierungen führte darüber hinaus dazu, dass sich kaum bis gar nicht mit den Dynamiken und der Organisation von Menschenmassen auseinandergesetzt wird. Canter, Uzzell und Comber (ebd.: 93) sehen stattdessen im Rahmen des Paradigmas „legislation by crisis" zwei Strategien des Umgangs mit Menschenmengen, die sich in den meisten Fällen aus der Aufarbeitung der Schadensereignisse ergeben haben.

Die erste Strategie ist die Überbetonung der Rolle polizeilicher Kontrollmaßnahmen für die Sicherung von großen Menschen-Ansammlungen. Canter, Uzzell und Comber (ebd., 93) schreiben:

---

ereignisse mit großen Menschenansammlungen, davon zwei in der DR Kongo, in Nigeria (verschiedene Ereignisse), eins in China und ein Ereignis in Indien. Nicht mit gezählt sind Ereignisse bei Groß- und Massenveranstaltungen, die zu Verletzten führten. Im Jahr 2014 gab es in Deutschland davon einige.

„Once you decide that it is the police's problem to control individuals and groups in crowds, then it is understandable that the police ask for appropriate laws to be passed to give them more control. Once the laws are introduced it is also natural for the police and others to begin to argue that more police are necessary to help act on these laws and carry out the controls that they are required to operate. In this way an increasing cycle of police involvement is produced that is very difficult to break into."

Dies führte vor allem dazu, dass bestehende Wissensbestände auf Seiten der behördlichen und privaten Akteure selten in systematischer Hinsicht mit Bezug zur Sicherheit bei Großveranstaltungen aufgearbeitet wurden. Vor diesem Hintergrund kann man die folgende Feststellung des vom nordrhein-westfälischen Innenministerium herausgegebenen Berichts einer Expertengruppe im Nachgang zu den Ereignissen in Duisburg 2010 verstehen: „Eine systematische Bearbeitung speziell des Themas Großveranstaltung, die auch Kenntnisse über das Crowd management, der Zusammenarbeit von Behörden und Ämter im Planungs- und Genehmigungsprozess und effektive Maßnahmen zur Gefahrenvorsorge und – verhütung bei Großveranstaltungen umfasst, gibt es in der Verwaltungsaus- und fortbildung in Deutschland [...] nicht" (MIK NRW 2013). Dies bedeutet nicht, dass keine Kenntnisse bei den jeweiligen Akteuren vorhanden sind. Es gibt durchaus Experten und spezifisches Betriebswissen, aber dies ist für den organisationsübergreifenden Handlungszusammenhang in Deutschland wenig systematisiert.

Die zweite Strategie die Canter, Uzzell und Comber (vgl. 1989: 93) nennen, hat den Umgang mit Menschenmengen und die dafür vorgesehenen Bauwerke in den letzten Dekaden maßgeblich geprägt und stellt heutzutage das vornehmliche Kontroll- und Sicherheitsregime dar. Sie nennen diese Strategie den „technical fix", „whereby the solution to a problem is seen in technical terms and thereafter the problem is defined in such a way that only technical solutions are possible, permeates the engineering approach to crowd safety" (ebd.: 93; vgl. Elliott und Smith 1993: 226; Challenger und Clegg 2011: 343). Die „Kolonialisierung (bzw. Technologisierung der Arbeitswelt) des bis dato wenig strukturierten Aufgabenfelds des Sicherheitsmanagements auf Veranstaltungen [...] durch ‚High-Tech'" (Pohl und Runkel 2012) verunsichert die Akteure insofern, als dass es sich im Betriebsalltag nach wie vor um grundlegende Herausforderungen wie die Lösung von Fragen der Zuständigkeit, Rechtssicherheit, Ausbildung und der interorganisationalen Kommunikation handelt (vgl. Canter, Comber u. Uzzell 1989: 101f.). Dennoch kann der Entwicklungsprozess von ‚High-Tech' aber wertvolle Diskussions- und Erkenntnisprozesse bei den Akteuren anregen (vgl. Runkel und Pohl 2013). Die Rolle dieser diskursiv als Sicherheitstechnologien markierten Systeme kann vor dem gegenwärtigen Hintergrund des Übergangs von einem panoptischen hin zu einem postpanoptischen Paradigma diskutiert werden.

# 6 Postpanoptismus der Gegenwart

Die Disziplinarmacht dringt heute in Bereiche vor, die nicht mehr oder nur noch teilweise im Sinne eines Panoptikums funktionieren. Deleuze (vgl. 1992) hat in einem kurzen Essay auf die Krise fixer, institutioneller Strukturen der Disziplin hingewiesen und die Rolle von mobilen, flüssigen und freiflottierenden Formen der Kontrolle betont. Bauman (vgl. 2003: 104) hat aufgezeigt, dass es nicht mehr Zwang, sondern Verlockung und Verführung sind, die die Überwachung ausmachen. „Jeder Einzelne", so bringen es Singelnstein und Stolle (2008: 69) auf den Punkt, „soll selbst wollen, was er soll." Dem Einzelnen wird nun selbst die Verantwortung übertragen, sich zu überwachen, zu schützen und an der permanenten Prävention teilzunehmen (vgl. ebd.: 73f.). Damit lässt sich unter Umständen ein neues Paradigma in welchem multifunktionalen Massenarchitekturen neue, komplexere Sicherheits- und Kontrollregimes eingeschrieben werden.

Boyne (vgl. 2000) identifiziert vier Leitprinzipien eines postpanoptischen Paradigmas, welches Mechanismen aufweist, die zum Teil in fließendem Übergang von panoptischen Prinzipien stehen. Erstens diskutiert er das Anwachsen oder Versiegen zentraler Überwachungsaufgaben bzw. widmet sich der Frage, inwieweit sich Subjekte nunmehr selbst überwachen. Hieran lässt sich anschließen, dass die Disziplinarmacht sich als Imperativ des Sich-selbst-sicherns in die Körper (der Besucher) eingeschrieben hat. Postpanoptisch erscheint Macht nicht mehr als „Macht über etwas", sondern als „Macht zu etwas" wie Massumi (2010: 41) mit Verweis auf Antonio Negri konstatiert. „Macht", so Massumi (ebd.), „zwingt uns nicht nur bestimmte Wege zu gehen, sie verlegt die Wege in uns. Sobald wir also gelernt haben, den Beschränkungen zu folgen, folgen wir uns selbst." Damit verweist er konkret auf die Anordnungen der Mikro-Macht als „örtlich stark begrenzte, einseitige Ausübung der Macht" (ebd.: 49). Hierbei geht es folglich um Kontrollmechanismen, die Hagemann (vgl. 2007) als Filter, Ventile und Schleusen beschreibt. Dabei werden bestimmte Mikrogeographien ausgebildet, die – insbesondere bei Groß- und Massenveranstaltungen (vgl. Boyle und Haggerty 2009) – in umfassendere urbane, nationale sowie internationale Netzwerke eingebettet sind (vgl. Klauser 2013). „Die Machtfigur ist nicht mehr länger der Gummiknüppel des Polizisten", so Massumi (2010: 48), „es ist der Barcode oder die persönliche Geheimnummer".[119]

---

119 Dies hat Ellul (1964: 413) bereits beschrieben: „The police system no longer needs to be brutal, openly inquisitorial, or omnipresent to the public conciousness. But it permeates all of life, in a way the average citizen finds it impossible to understand." Damit reiht er sich in eine Vielzahl von Überwachungsdystopien im Stile des Orwell'schen „1984" ein, was sich in gewisser Hinsicht in der „Sicherheitsgesellschaft" (Legnaro 1997; vgl. Groenemeyer 2010) durchaus erfüllt hat.

Vor diesem Hintergrund lässt sich die zunehmende, interorganisationale Arbeits-
teilung des Sicherns von Massenversammlungen in den Großveranstaltungsarchi-
tekturen deuten. Hierbei ist zudem die Übertragung von Sicherheitsaufgaben
auf private Akteure zu beobachten (vgl. Shearing und Stenning 1983). Die Anordnungen der Mikro-Macht gehen ferner mit einer (Re-)Militarisierung urbaner
Sicherheitsmaßnahmen einher, für welche vor allem die „spaces of exception"
(Coaffee, Fussey und Moore 2011: 3317) der Olympischen Spiele in London 2012
mit der Stationierung eines Kriegsschiffs auf der Themse, der Installation von Bo-
den-Luft-Raketen, dem Einsatz von Drohnen und weiteren militärischen Einheiten
in Bereitschaft symptomatisch Pate stehen (vgl. ebd.; Fussey und Coaffee 2011;
Fussey 2013; Molnar 2014).

Ein zweites Leitprinzip hinsichtlich einer postpanoptischen Konzeption von
Überwachung bezieht Boyne (vgl. 2000: 301) auf die Beobachtung, dass nicht nur
Wenige die Vielen beobachten, sondern, dass dies gleichermaßen auch umgedreht
gilt. Die Überwachungsmaschinerie ist nunmehr ebenfalls denen zuträglich, die
vormals beobachtet wurden; Mathiesen (1997) nutzt dafür den Begriff „Synop-
ticon".

Drittens weist Boyne (vgl. 2000: 302) auf das Problem des monolithischen Panoptismus hin, folgsame, gefügige Subjektivitäten auszubilden, zumal Benthams
Panopticon von einem christlichen Konzept des Selbst ausgeht.

Boyne (vgl. 2000: 299f.) erwähnt ferner ein viertes Leitprinzip, welches für
die vorliegende Argumentation besonders bedeutsam ist. Die soziale Kontrolle im
Postpanoptismus geschieht durch Praktiken der Vorhersage und Prävention. Es
werden nicht nur aktuelle Zustände beschrieben, sondern durch die Modellierung
und Simulation von sozialen Dynamiken vorweggenommen (vgl. Helbing 2012).
Boyne bezieht sich auf den Soziologen Bogard (1996: 66), der treffend die Hoff-
nungen des Postpanoptismus zusammenfasst:

> „The figure of the Panopticon is already haunted by a parallel figure of simulation.
> Surveillance, we are told is 'discreet,' [sic] unobtrusive, camouflaged, unverifiable –
> all elements of artifice designed into an architectural arrangement of spaces to pro-
> duce real effects of discipline. [...] now, one can simulate a space of control, project
> an indefinite number of courses of action, train for each possibility, and react im-
> mediately with pre-programmed responses to the actual course of events [...]. With
> simulation, sight and foresight, actual and virtual begin to merge".

Insbesondere lassen die Möglichkeiten der mathematischen Modellierung in den
Räumen der Massenversammlungen Überwachung und Simulation verschmelzen.
Crowd management wird „nur möglich innerhalb von Medientechniken, die einen
differenzierten ‚Blick' auf zuvor undefinierbare Phänomene wie ‚die Masse' und

die in ihr ablaufenden Kommunikations- und Übertragungsprozesse ermöglichen. Ein solches Crowd management kann erst operativ werden mit Hilfe software-technischer Verfahren, die Prozesse und Dynamiken eines solchen Systems mit-hilfe des lokalen Verhaltens einzelner, autonomer Einheiten modellieren und programmieren" (Vehlken und Pias 2014: 168). Zwar mögen sich für die Stadien, Arenen und – vermittels mobiler Technologien zum Monitoring der Menschen-menge wie Drohnen (vgl. Burkert und Fraundorfer 2013)[120] – auch für Festivals und Veranstaltungen im öffentlichen Raum postpanoptische Charakteristika auf-zeigen.

Von einem kompletten Übergang kann man aber derzeit noch nicht sprechen; vielmehr entsteht ein „managerielle[r] Stil des Regierens, der auf fallweisen Inter-ventionen, spezifischen Reaktionen und einer Pluralität szenarischer Zukünfte aufbaut, [und] sich hier von einigen – wenn auch wirkmächtigen – ABM [Agen-ten-basierten Modellen, Anm. S.R.] über die Datenspuren unserer aller Aktivitäten in Netzmedien machtarchitektonisch in zuvor ungekannter Weise ausbreiten kann" (Vehlken und Pias 2014: 178f.). In diesen Modellen werden kurzfristig planbare, räumliche Zukünfte entworfen, indem sie durch medientechnische Inszenierungen in einem virtuellen Raum greifbar gemacht werden. Crowd management wird somit mehr und mehr von Prozessen des „Crowd sensing", des „Crowd capturing" und der „Crowd simulations" abgelöst. Zudem verändert sich aber auch das Si-cherheits- und Kontrollregime maßgeblich, da, wie Budd und Adey (2009: 1381) argumentieren, „software simulations are used to anticipate and prepare for future events, with predisposed actions that are learnt by exposing their users to the sorts of feelings and states they are likely to encounter. The virtual, in other words, is made real by cultivating certain kinds of feelings, intensities, and atmospheres".

Latour (vgl. 2010: 313) stellt der panoptischen Vorstellung der Totalüber-wachung das Konzept der Oligoptiken entgegen. Diese seien Orte, die das Gegen-teil von Panoptiken leisten würden: „Sie sehen ganz eindeutig zu wenig, um den Größenwahn des Inspektors oder die Paranoia des Inspizierten zu nähren, doch was sie sehen, sehen sie gut" (ebd.). Der Hoffnung mancher Simulatoren, dass man nun all diese oligoptischen Mikro-Kartierungen lediglich übereinanderlegen müsste, um ein umfassendes Bild der Gesellschaft zu bekommen, möchte Latour damit eine Absage erteilen (vgl. Boyne 2000: 302). Ebenso verweist das Konzept des Oligoptikums auf die Verräumlichung von Kompetenzen und die territoria-len Immunisierungsstrategien der verschiedenen Organisationen im Sicherheits-management der Massen (vgl. Runkel 2014).

---

120  Angeblich wurden diese zur Überwachung von Menschenmengen bei der Fußball-
Weltmeisterschaft 2014 in Brasilien eingesetzt.

Vor dem Hintergrund des Gouvernementalitätsansatzes von Foucault (vgl. Brö-ckling, Krasmann und Lemke 2012) weisen Durrheim und Foster (1999: 57) in Bezug auf Crowd management und Crowd control darauf hin, dass soziale Kontrolle in liberalen Demokratien nunmehr durch „true knowledges that make individuals and populations calculable, manageable and governable" ausgeübt wird. Die Autoren beziehen dies vor allem auf aktuelle, sozialpsychologische Ansätze das rationale Verhalten von Menschen in Massen (als individualisierte Körper, vgl. Brighenti 2010: 300) zu erläutern. Es wird diskutiert, inwiefern dies direkte Auswirkungen auf vor allem polizeiliche Strategien des Crowd management bzw. Crowd control hat (Gorringe und Rosie 2011; Borch 2013)[121]. In Zusammenhang mit der Modellierung von kalkulierbaren Agenten, die als Individuen in Menschenmassen visualisiert werden, entstehen neue Rationalitäten des Managements, die eine dezidiert prognostische Wirkmächtigkeit haben. Crowd management steht an der Schwelle zu einer umfassenden Medientechnologie zu werden bei welcher sich die Strategien der politischen Massenkontrolle von den Strategien zur Unfallvermeidung kaum mehr trennen lassen. Die Rolle von Simulationen und der damit verbundenen Legitimation von „anticipatory action" (Anderson 2010) stellt eines der dringlichen Themen für die Sozialwissenschaften in den kommenden Jahren dar (Anderson und Adey 2012; Neisser und Runkel 2017).

## 7    Konklusion

Nahezu jede Epoche der europäischen Kulturgeschichte prägte bestimmte baulich-räumliche Formen, die dem Zweck der Massenversammlung dienlich waren. Damit einher gingen stets spezifischen Kontroll- oder Sicherheitsregimes, die zum einen Strategien der politischen Massenkontrolle, d.h. zur Vermeidung von als externalisiert vorgestellten Gefahren („security") als Bedrohung des politischen und öffentlichen Friedens darstellten und zum anderen Strategien der Unfallvermeidung und Aufrechterhaltung von Besucher-Wohlfahrt („safety") darstellten (Tabelle 1). Diese Regimes bildeten in Zusammenhang mit ihren baulich-räumlichen Manifestationen spezifische Paradigmen des Umgangs mit dichten Menschenansammlungen aus.

---

121  Eine Schwierigkeit in dieser Debatte ist, dass Crowd management und Crowd control weitgehend gleichgesetzt werden. Die Debatte fokussiert dabei vor allem gewalttätige Ausschreitungen (z.B. die London Riots 2011) und den polizeilichen Umgang damit.

**Tabelle 1** Sicherheits- und Kontrollregimes von Massenversammlungen im Laufe der europäischen Geschichte (nach Runkel 2015)

| Epoche/Zeit | Baulich-räumliche Formen | Kontroll- und Sicherheitsregime | |
| --- | --- | --- | --- |
| | | Strategien der (politischen) Massenkontrolle („security") | Strategien der Unfallvermeidung und Besucher-Wohlfahrt („safety") |
| Antike (griech./röm.) | Arena- und Amphitheatermodell | Olympischer Frieden („ekecheiria"), Präsenz von Militär, autokratische Führung | „Soziomechanik": sukzessive Herausbildung eines Ingenieurwesens für Massenarchitekturen (Durchgangsbereiten, bauliche Ertüchtigung etc.) |
| | | Paradigma autokratischer Kontrolle und soziomechanischer Unfallvermeidung | |
| (Europ.) Mittelalter/Neuzeit | Kaum eigene Formen, Kathedralen, Freiflächen (für Volksfeste, Hinrichtungen etc.), erste Ausbildungen von Sportstätten | Turnierfrieden, militärische Präsenz und verstärkte Herausbildung polizeilicher Tätigkeiten als Schnittstelle von Fürsorge und Repression | Wenig Strategien außer paternalistischen Verordnungen und Verboten von gefährlichen Festivitäten |
| | | Überschneidet die Sphären: soziale Exklusion, moralisch-affektive Kontrolle der Massen (z. B. durch die Kirche) | |
| | | Paradigma moralisch-affektiver Kontrolle und Tendenzen zur paternalistischen Unfallvermeidung | |
| Französische Revolution | Wiederaneignung des öffentlichen Raums durch das Volk, Freiflächen | Bürgergarden, Reorganisation polizeilicher Einheiten mit Betonung repressiver Aufgaben | Wenig Strategien, aber Erkenntnis über deren Notwendigkeit |
| | | Paradigma des Wechselspiels von Demokratie und Ochlokratie, (elitäre) Erkenntnis über Notwendigkeit der Massenbeherrschung | |

| Epoche/Zeit | Baulich-räumliche Formen | Kontroll- und Sicherheitsregime | |
| --- | --- | --- | --- |
| | | Strategien der (politischen) Massenkontrolle („security") | Strategien der Unfallvermeidung und Besucher-Wohlfahrt („safety") |
| Moderne | Stadion-Renaissance, (eigens für Massenversammlungen geplante) Freiflächen | polizeiliche Kontrolle (Crowd control), autokratische Führung, Überwachung | Technisierung der Unfallvermeidung |
| | | Paradigma der panoptischen Kontrolle und technisierten Unfallvermeidung | |
| Gegenwart | Mehrzweck-Arenen, geplante Freiflächen, temporäre Nutzbarmachung (für z.B. Festivals)/ Ubiquität temporärer Versammlungsstrukturen, spontane Raumaneignungen (flash-mobs etc.) | Mobile Formen der Überwachung, räumliche Mikropolitiken, Selbstkontrolle, Sicherheitstechnologien (z.B. Simulation) | Soziophysikalische und ingenieuristische Unfallvermeidung, Herausbildung von Crowd management an der Schnittstelle von Kontrolle und Fürsorge |
| | | Paradigma der postpanoptischen Kontrolle und technokratischen Unfallvermeidung | |

Für die Antike lässt sich ein Paradigma autokratischer Kontrolle und soziomechanischer Unfallvermeidung beschreiben. Das im Notfall durchgesetzte Handeln der Herrscher sah die gewaltsame Kontrolle des Publikums vor, wobei gleichzeitig, wie es sich vor allem am römischen Kolosseum zeigen lässt, eine planerische-architektonische Soziomechanik entwickelt wurde, die bis heute Grundlagen des baulichen Ingenieurwesens darstellt. Das europäische Mittelalter zeichnet sich vor allem durch eine Abwesenheit an neuen massenarchitektonischen Formen aus. Es ist das Paradigma einer vor allem durch die Kirchen gesteuerten moralisch-affektiven Kontrolle der Massen. Die Unfallvermeidung auf den zunächst raren im Spätmittelalter häufiger werdenden Menschenansammlungen größeren Ausmaßes gelingt den Herrschern meistens in paternalistischer Weise. Die Französische Revolution ist von der Wiederaneignung des öffentlichen Raumes durch die Massen gekennzeichnet, die oft genug am Versuch sich selbst zu organisieren scheitert, weswegen es in dieser Zeit zu einer wachsenden Kenntnis über die Notwendigkeit von neuen Formen der Massenbeherrschung kam. Dies mündete schließlich in das Paradigma der panoptischen Massenkontrolle und der technisierten Unfallvermeidung, die untrennbar mit der baulich-räumlichen Form des Stadions verbunden ist und ebenso mit den Entwicklungen der sogenannten

Massenbewegungen des Faschismus und Sozialismus. In dem gegenwärtig von vor allem feiernden Massen geprägten Paradigma dominieren die zumeist aus Stadien hervorgegangenen Mehrzweck-Arenen als dominante Bauformen. Das Paradigma des Umgangs mit großen Menschenansammlungen kann als post-panoptisch und technokratisch beschrieben werden, wobei vor allem aufgrund von neuen medienästhetischen Technologien der Simulation von Massen die Grenzen zwischen Kontrolle und Management, staatlicher Überwachung und Fürsorge zunehmend verwischen.

## Literaturverzeichnis

Anderson, B. (2010): Preemption, precaution, preparedness: Anticipatory action and future geographies. In: Progress in Human Geography, 34, 6. S. 777–798.

Anderson B. u. P. Adey (2012): Future geographies. In: Environment and Planning A, 44, 7. S. 1529–1535.

André, J.-M. (1994): Griechische Feste, römische Spiele. Die Freizeitkultur der Antike. Philipp Reclam jun., Stuttgart.

Arich-Gerz, B. (2010): Killing Sports Fields. The Amahoro Stadium Complex in Kigali, Rwanda. In: Frank, S. u. S. Steets (Hrsg.) (2010): Stadium Worlds. Football, Space and the Built Environment. Routledge, Abingdon.

Atiyeh, B. (2013): Brazilian Kiss Nightclub Disaster. In: Annals of Burns and Fire Disasters, Vol. XXVI, 1. S. 3–4.

Baasch, S. (2011): Event-driven security policies and spatial control. The 2006 FIFA World Cup. In: Bennett, C.J. u. K.D. Haggerty (Hrsg.) (2011): Security Games. Surveillance and Control at Mega-Events. Routledge, Abingdon, New York. S. 103–119.

Baker, N. (1998): Have They Forgotten Bolton? In: The Sports Historian, 18, 2. S. 120–151.

Bale, J. (1993): Sport, Space and the City. Routledge, London.

Bale, J. (2005): Stadien als Grenzen und Überwachungsräume. In: Marschik, M., Müllner, R., Spitaler, G. u. M. Zinganel (Hrsg.) (2005): Das Stadion. Geschichte, Architektur, Politik, Ökonomie. Turia+Kant, Wien. S. 31–48.

Ball, T. u. P. Smith (2010): A Comparative Case Study of the Hillsborough and Cincinatti Disasters. In: Kemp, C. u. P. Smith (Hrsg.) (2010): Case Studies in Crowd Management, Security and Business Continuity. ET Press, Cambridge. S. 167–180.

Barylick, J. (2012): Killer Show: The Station Nightclub Fire, America's Deadliest Rock Concert. University Press of New England, Lebanon.

Bauman, Z. (2003): Flüchtige Moderne. Suhrkamp, Frankfurt am Main.

Berlonghi, A.E. (1995): Understanding and planning for different spectator crowds. In: Safety Science, 18. S. 239–247.

Bodenschatz, H. (2011): Städtebau für Mussolini. Auf dem Weg zu einem neuen Rom. DOM Publishers, Berlin.

Bogard, W. (1996): The Simulation of Surveillance: Hypercontrol in telematics societies. Cambridge University Press, Cambridge.

Borch, C. (2012): The Politics of Crowds. An Alternative History of Sociology. Cambridge University Press, Cambridge.

Borch, C. (2013): Crowd theory and the management of crowds: A controversial relationship. In: Current Sociology, 61, 5–6. S. 584–601.

Boyle, P. u. K.D. Haggerty (2009): Spectacular Security: Mega-Events and the Security Complex. In: International Political Sociology, 3, S. 257–274.

Boyne, R. (2000): Post-Panopticism. In: Economy and Society, 29(2), S. 285–307.

Brighenti, A.M. (2010): Tarde, Canetti, and Deleuze on crowds and packs. In: Journal of Classical Sociology, 10, 4. S. 291–314.

Bröckling, U., Krasmann, S. u. T. Lemke (Hrsg.) (2012): Gouvernementalität der Gegenwart. Studien zur Ökonomisierung des Sozialen. 6. Auflage. Suhrkamp, Frankfurt/Main.

Budd, L. u. P. Adey (2009): The software-simulated airworld: anticipatory code and affective aeromobilities. In: Environment and Planning A, 41. S. 1366–1385.

Burkert, F. u. F. Fraundorfer (2013): UAV-based Monitoring of Pedestrian Groups. In: International Archives of the Photogrammetry, Remote Sensing and Spatial Information Sciences, Volume XL-1/W2. S. 67–72.

Canetti, E. (2011): Masse und Macht. 32. Auflage. Fischer Taschenbuchverlag, Frankfurt am Main.

Canter, D., Comber, M. u. D.L. Uzzell (1989): Football in its place. An environmental psychology of football grounds. Routledge, London u. New York.

Challenger, R. u. C.W. Clegg (2011): Crowd disasters: a socio-technical systems perspective. In: Contemporary Social Science, 6 (39), S. 343–360.

City of Cincinnati (Hrsg.) (1980): Crowd Management. Report of the Task Force on Crowd Control and Safety. Archivierte Web-Version. Abrufbar unter: http://www.crowdsafe. com/taskrpt/toc.html (02. März 2015).

Coaffee, J., Fussey, P. u. C. Moore (2011): Laminated Security for London 2012: Enhancing Security Infrastructures to Defend Mega Sporting Events. In: Urban Studies, 48, 15. S. 3311–3327.

Connell, J. (2005): Hillsong: A Megachurch in the Sydney Suburbs. In: The Australian Geographer, 36, 3. S. 315–332.

Deleuze, G. (1992): Postscript on the Societies of Control. In: October, Vol. 59. S. 3–7.

Dickie, J.F. (1995): Major crowd catastrophes. In: Safety Science 18, S. 309–320.

Dinçkal, N. (2013): Sportlandschaften. Sport, Raum und (Massen-)Kultur in Deutschland 1880–1930. Vandenhoeck & Ruprecht, Göttingen.

Dressler, I. (2007): Was aber ist ein Stadion? Und wo findet es statt? In: Muntadas. Protokolle, Ausstellungspublikation. Online abrufbar: http://www.wkv-stuttgart.de/doks/ texte/ (07. Juli 2014).

Durrheim, K. u. D. Foster (1999): Technologies of social control: crowd management in liberal democracy. In: Economy and Society, 28, 1. S. 56–74.

Edensor, T. (2013): Producing atmospheres at the match: Fan cultures, commercialization and mood management in English football. In: Emotion, Space and Society, Article in press – corrected proof: DOI: 10.1016/j.emospa.2013.12.010

Eismann, C., Mayer, J. u. J. Pohl (2012): Die Arena als Sicherheitsversprechen. In: Bevölkerungsschutz, 2/2012, S. 26–31.

Elliott, D. & D. Smith (1993): Football stadia disasters in the United Kingdom: learning from tragedy? In: Organization Environment 7, 3, S. 205–229.

Ellul, J. (1964): The Technological Society. Vintage Books, New York.

Foucault, M. (1994): Überwachen und Strafen. Die Geburt des Gefängnisses. Suhrkamp, Frankfurt am Main.

Frosdick, S. (2005): Venues of Extremes: the PAF approach. In: Frosdick, S. u. J. Chalmers (Hrsg.) (2005): Safety and Security at Sports Grounds. Paragon Publishing, Rothersthorpe. S. 22–27.

Fruin, J.J. (2002 [1993]): The Causes and Prevention of Crowd Disasters. Online abrufbar unter: http://www.crowdsafe.com/FruinCauses.pdf (05.März 2015).

Fussey, P. (2013): Command, control and contestation: negotiating security at the London 2012 Olympics. In: The Geographical Journal, early view: DOI: 10.1111/geoj.12058.

Fussey, P. u. J. Coaffee (2011): Olympic rings of steel. Constructing security for 2012 and beyond. In: Bennett, C.J. u. K.D. Haggerty (Hrsg.) (2011): Security Games. Surveillance and Control at Mega-Events. Routledge, Abingdon, New York. S. 36–54.

Goch, S. (2006): Stadt, Fußball und Stadion – Zusammenhänge am Beispiel Gelsenkirchen. In: Informationen zur modernen Stadtgeschichte, 1, S. 34–47.

Gorringe, H. u. M. Rosie (2011): King Mob: Perceptions, Prescriptions and Presumptions About the Policing of England's Riots. In: Sociological Research Online, 16, 4.

Groenemeyer, A. (Hrsg.) (2010): Wege der Sicherheitsgesellschaft. Gesellschaftliche Transformationen der Konstruktion und Regulierung innerer Unsicherheiten. VS Verlag, Wiesbaden.

Guttmann, A. (1986): Sports Spectators. Columbia University Press, New York.

Hachleitner, B. (2005): Das Stadion als Gefängnis. In: Marschik, M., Müllner, R., Spitaler, G. u. M. Zinganel (Hrsg.) (2005): Das Stadion. Geschichte, Architektur, Politik, Ökonomie. Turia+Kant, Wien. S. 258–281.

Hagemann, A. (2007): Filter, Ventile und Schleusen: Die Architektur der Zugangsregulierung. In: Eick, V., Sambale, J. u. E. Töpfer (Hrsg.) (2007): Kontrollierte Urbanität. Zur Neoliberalisierung städtischer Sicherheitspolitik. Transcript, Bielefeld. S. 301–328.

Hannah, M. (1997): Imperfect Panopticism: Envisioning the Construction of Normal Lives. In: Benko, G. u. U. Strohmayer (Hrsg.) (1997): Space & Social Theory. Interpreting Modernity and Postmodernity. Blackwell, Oxford, Malden.

Helbing, D. (2012): Social Self-Organization. Agent-based Simulations and Experiments to Study Emergent Social Behavior. Springer, Heidelberg, New York, Dordrecht, London.

Helbing, D. und Mukerji, P. (2012): Crowd Disasters as Systemic Failures: Analysis of the Love Parade Disaster. In: EPJ Data Science 1(7), S. 1–50.

Hillsborough Independent Panel (Hrsg.) (2012): Hillsborough. The Report of the Hillsborough Independent Panel. The Stationery Office, London.

Hsu, E.B. u. F.M. Burkle (2012): Cambodian Bon Om Touk Stampede Highlights Preventable Tragedy. In: Prehospital and Disaster Medicine, 27, 5. S. 481–482.

Illiyas, F.T., Mani, S.K., Pradeepkumar, A.P. u. K. Mohan (2013): Human stampedes during religious festivals: A comparative review of mass gathering emergencies in India. In: International Journal of Disaster Risk Reduction, 5. S. 10–18.

Johnson, N.R. (1987): Panic at "The Who Concert Stampede": An Empirical Assessment. In: Social Problems 34(4), S. 362–373.

Kaufmann, F.-X. (1973): Sicherheit als soziologisches und sozialpolitisches Problem. 2. Auflage. Ferdinand Enke Verlag, Stuttgart.

King, A. (2002): The End of the Terraces. The Transformation of English Football in the 1990s. Revised Edition. Leicester University Press, London, New York.

King, A. (2010): The New European Stadium. In: Frank, S. u. S. Steets (Hrsg.) (2010): Stadium Worlds. Football, Space and the Built Environment. Routledge, Abingdon. S. 19–35.

Klauser, F. (2013): Spatialities of security and surveillance: Managing spaces, separations and circulations at sport mega events. In: Geoforum, 49. S. 289–298.

Klode, K. (2014): Eignung der Versammlungsstätte/des Open-Air-Geländes für die geplante Veranstaltung. In: Paul, S., Ebner, M., Klode, K. u. T. Sakschewski (Hrsg.) (2014): Sicherheitskonzepte für Veranstaltungen. Grundlagen für Behörden, Betreiber und Veranstalter. 2. überarbeitete und erweiterte Auflage. Beuth Verlag, Berlin. S.156–169.

Kopiez, R. u. G. Brink (1999): Fußball-Fangesänge. Eine FANomenologie. 3. Auflage. Königshausen & Neumann, Würzburg.

Kornerup, U. u. B. Rungstrøm (2000): Report on the accident at Roskilde Festival on 30 June 2000. Roskilde Police, Roskilde. Online abrufbar: www.safeconcerts.com/documents/roskildepolicereport.pdf (18. Juli 2014).

Kratzmüller, B. (2005): „Quae beneficia e medio stadio Isthmiorum die sua ipse voce pronuntiavit" – Stadion und Politik in der Antike. In: Marschik, M., Müllner, R., Spitaler, G. u. M. Zinganel (Hrsg.) (2005): Das Stadion. Geschichte, Architektur, Politik, Ökonomie. Turia+Kant, Wien. S. 91–126.

Kratzmüller, B. (2010): 'Show Yourself to the People!'. Ancient Stadia, Politics and Society. In: Frank, S. u. S. Steets (Hrsg.) (2010): Stadium Worlds. Football, Space and the Built Environment. Routledge, Abingdon. S. 36–55.

Kröniger, B. (2007): Der Freiraum als Bühne. Zur Transformation von Orten durch Events und Inszenierungen. Martin Meidenbauer, München.

Krüger, M. (2012): Eine kurze Kulturgeschichte der Sportzuschauer. In: Strauß, B. (Hrsg.) (2012): Sportzuschauer. Hogrefe, Göttingen. S. 19–39.

Latour, B. (2010): Eine neue Soziologie für eine neue Gesellschaft. Suhrkamp, Frankfurt am Main.

Lämmer, M. (1986): Zum Verhalten von Zuschauern bei Wettkämpfen in der griechischen Antike. In: Spitzer, G. u. D. Schmidt (Hrsg.) (1986): Sport zwischen Eigenständigkeit und Fremdbestimmung. Pädagogische und historische Beiträge aus der Sportwissenschaft. Festschrift für Hajo Bernett. Institut für Sportwissenschaft, Bonn.

Le Bon, G. (2009): Psychologie der Massen. Nikol Verlag, Hamburg.

Legnaro, A. (1997): Konturen der Sicherheitsgesellschaft. In: Leviathan, 25 (2), S. 271–284.

Lipsitz, G. (1984): Sports Stadia and Urban Development: A Tale of Three Cities. In: Journal of Sport and Social Issues, 8. S. 1–18.

Löhr, V. (2014): Die Neue MVStättV (Stand Februar 2014). Online abrufbar: http://www.auma.de/de/TippsFuerAussteller/Recht/Expoguide/Rechtsprechung/Documents/MVSt%C3%A4ttV%202014%20-%2010%20wichtige%20%C3%84nderungen.pdf (18. August 2014).

Massumi, B. (2010): Ontomacht. Kunst, Affekt und das Ereignis des Politischen. Merve Verlag, Berlin.

Mathiesen, T. (1997): The Viewer Society. Michel Foucault's ‚Panopticon' revisited. In: Theoretical Criminology, 1(2), S. 215–234.

McClelland, J.S. (1989): The Crowd and the Mob. From Plato to Canetti. Unwin/Hyman, London.

Memish, Z. u. Q. Ahmed (2002): Mecca Bound: The Challenges Ahead. In: Journal of Travel Medicine 9, 4. S. 202–210.

MIK NRW (Ministerium für Inneres und Kommunales des Landes Nordrhein-Westfalen) (Hrsg.) (2013): Bericht der Projektgruppe „Sicherheit bei Großveranstaltungen im Freien". Düsseldorf.

Molnar, A. (2014): The geo-historical legacies of urban security governance and the Vancouver 2010 Olympics. In: The Geographical Journal, early view: DOI: 10.1111/geoj.12070.

Mumford, L. (1961): The City in History. Pelican, Harmondsworth, Ringwood.

Müllner, R. (2005): Wiener Stadion – Historische Vermessungen an einer modernen Sportstätte (1928–1939). In: Marschik, M., Müllner, R., Spitaler, G. u. M. Zinganel (Hrsg.) (2005): Das Stadion. Geschichte, Architektur, Politik, Ökonomie. Turia+Kant, Wien. S. 175–209.

Neisser, F. u. S. Runkel (2017): The future is now! Extrapolated riskscapes, anticipatory action and the management of potential emergencies. In: Geoforum, 82, S. 170–179.

Nicholson, C.E. u. B. Roebuck (1995): The investigation of the Hillsborough disaster by the Health and Safety Executive. In: Safety Science, 18. S. 249–259.

Ozouf, M. (1988): Festivals and the French Revolution. Harvard University Press, Cambridge, London.

Petermandl, W. (2005): Geht ihr aber ins Stadion... Ein althistorischer Blick auf das Sportpublikum wie es war, wie es ist und wie es immer sein wird. In: Marschik, M., Müllner, R., Spitaler, G. u. M. Zinganel (Hrsg.) (2005): Das Stadion. Geschichte, Architektur, Politik, Ökonomie. Turia+Kant, Wien. S. 127–152.

Pohl, J. u. S. Runkel (2012): Sicherheit und Vertrauen: Technologieakzeptanz und Handeln der Verantwortlichen. In: Wolf, K.-D. (Hrsg.) (2012): Tagungsband Innosecure, 23.-24.05.2012. (VDE Verlag). Berlin, Offenbach. S. 45–52.

Popplewell, O. (1985): Committee of Inquiry into Crowd Safety and Control at Sports Grounds. Interim Report. Her Majesty's Stationery Office, London. Online abrufbar: http://bradfordcityfire.files.wordpress.com/2012/09/popplewell-inquiry-interim-report-bradford-city-fire.pdf (16. Juli 2014).

Preindl, K. (2007): Fans und Hooligans in der Antike. In: Forum Archaeologiae – Zeitschrift für klassische Archäologie, 42 (3), S. 1–19.

Runkel, S. u. J. Pohl (2012): Crowd Management als Planungsaufgabe: eine sozialgeographische Perspektive auf Masse und Raum bei Großveranstaltungen. In: Geographische Zeitschrift, Band 100, Heft 4, S. 189–207.

Runkel, S. u. J. Pohl (2013): Zukünftige Handlungsspielräume in der Genese von „Sicherheitstechnologien". In: Magdeburger Journal für Sicherheitsforschung 5 (1), 3. Jahrgang, S. 369–384. Online abrufbar unter http://www.sicherheitsforschung-magdeburg.de/uploads/journal/MJS-024.pdf (05. März 2015).

Runkel, S. (2014): Sicherheit für die feiernden Massen: Sloterdijks Schaumtheorie und die interorganisationale Umsetzung von Großveranstaltungsprojekten. In: Berichte. Geographie und Landeskunde, 88 (3/4), S. 317–336.

Runkel, S. (2015): Crowd Management. Eine sozialgeographische Untersuchung zur räumlichen Organisation der Unfallvermeidung und der Sicherung von Ereignissen mit Menschen. Hochschulschrift (kumulative Dissertation), Universität Bonn.

Schöps-Potthoff, M. (1984): Die veranstaltete Masse. Nürnberger Reichsparteitage der NSDAP. In: Pross, H. u. E. Buß (Hrsg.) (1984): Soziologie der Masse. UTB/Quelle & Meyer, Heidelberg. S. 148–170.

Sennett, R. (1997): Fleisch und Stein. Der Körper und die Stadt in der westlichen Zivilisation. Suhrkamp, Frankfurt am Main.

Shearing, C.D. u. P.C. Stenning (1983): Private Security: Implications for Social Control. In: Social Problems, 30, 5. S. 493–506.

Shiels, R.S. (1998): The Fatalities at the Ibrox Disaster of 1902. In: The Sports Historian, 18, 2. S. 148–155.

Singelnstein, T. u. P. Stolle (2008): Die Sicherheitsgesellschaft. Soziale Kontrolle im 21. Jahrhundert. 2. Auflage. VS Verlag, Wiesbaden.

Sinn, U. (1996): Olympia. Kult, Sport und Fest in der Antike. C.H.Beck, München.

Sloterdijk, P. (2004): Sphären III – Schäume. Suhrkamp, Frankfurt am Main.

Steinkrüger, J.-E. u. S. Zehetmair (2012): Heterotopien und Panoptiken der Freizeit. Das Beispiel Vergnügungsparks und Fußballstadien. In: Füller, H. u. B. Michel (Hrsg.) (2012): Die Ordnung der Räume. Geographische Forschung im Anschluss an Michel Foucault. Westfälisches Dampfboot, Münster. S. 224–239.

Still, G.K. (2014): Introduction to Crowd Science. CRC Press, Boca Raton, London, New York.

Sugden, J. (2013): Why India is Prone to Stampedes. The Wall Street Journal, India Realtime Blog, 15. Oktober 2013. Abrufbar unter: http://blogs.wsj.com/indiarealtime/2013/10/15/why-india-is-prone-to-stampedes/ (05. Juli 2014).

Taylor, P.M. (1990): The Hillsborough Stadium Disaster. 15 April 1989. Inquiry by the RT Hon Lord Justice Taylor. Final Report. HMSO, London.

Taylor, C. (2012): Ein säkulares Zeitalter. Suhrkamp, Berlin.

T'Hart. P. u. B. Pijnenburg (1989): The Heizel Stadium Tragedy. In: Rosenthal, U., Charles, M.T. u. P. t'Hart (Hrsg.) (1989): Coping with crises: the management of disasters, riots and terrorism. Thomas, Springfield. S. 197–224.

Theotikou, M. (2005): Ekecheiria. Zur Institution des sog. Olympischen Friedens in der griechischen Antike. In: Blume, H.D. u. C. Lienau (Hrsg.) (2005): Die Olympischen Spiele in Griechenland zwischen Kult, Sport und Politik 776 v. Chr. – 2004 n. Chr. Choregia (= Münstersche Griechenland-Studien 3). Münster.

Theotikou, M. (2013): Die ekecheiria zwischen Religion und Politik. Der sog. „Gottesfriede" als Instrument in den zwischenstaatlichen Beziehungen der griechischen Welt. LIT-Verlag, Berlin.

Upton, M. (2007): From Ancient Rome to Rock'n'Roll. A Review of the UK Leisure Security Industry. ET Press, Cambridge.

Van Winkel, C. (2005): Tanz, Disziplin, Dichte und Tod. Die Masse im Stadion. In: Marschik, M., Müllner, R., Spitaler, G. u. M. Zinganel (Hrsg.) (2005): Das Stadion. Geschichte, Architektur, Politik, Ökonomie. Turia+Kant, Wien. S. 229–257.

Vehlken, S. u. C. Pias (2014): Agentenspiele. Crowd Management, Sozialsimulation und Big Data. In: von Müller, C. u. C.-P. Zinth (Hrsg.) (2014): Managementperspektiven für die Zivilgesellschaft des 21. Jahrhunderts. Springer Verlag, Berlin. S. 169–184.

Vendelø, M. T. u. C. Rerup (2011): Crowd Sensegiving and the Pearl Jam Concert Accident. Paper presented at the Third International Symposium on Process Organization Studies. Corfu, Greece, June 16. – 18. Online abrufbar: http://core.kmi.open.ac.uk/download/pdf/11527318.pdf (20.09.2014).

Verspohl, F.-J. (1976): Stadionbauten von der Antike bis zur Gegenwart: Regie und Selbsterfahrung der Massen. Anabas-Verlag, Gießen.

Walker, G. (2004): The Ibrox Stadium Disaster of 1971. In: Soccer and Society, 5(2). S. 169–182.

Wardrope, J., Ryan, F., Clark, G., Venables, G., Crosby, A.C. u. P. Redgrave (1991): The Hillsborough tragedy. In: British Medical Journal, 303. S. 1381–1385.

Warf, B. u. M. Winsberg (2010): Geographies of megachurches in the United States. In: Journal of Cultural Geography, 27, 1. S. 33–51.

Webb, M. (1990): Die Mitte der Stadt. Städtische Plätze von der Antike bis heute. Campus, Frankfurt am Main.

Young, K. (1986): "The Killing Field": Themes in Mass Media Responses to the Heysel Stadium Riot. In: International Review for the Sociology of Sport, 21. S. 253–266.

Zehetmair, S., Runkel, S. u. J. Pohl (2015): Das Sicherheitsregime von Stadien und Arenen – zur räumlichen Organisation von Sicherheit bei Events. In: Groneberg, C. u Rusch, G. (Hrsg.) (2015): Sicherheitskommunikation. Lit-Verlag, Berlin.

# Sicher dabei – der Einsatz von Social Media auf Events

Christiane Link und Robert Schwerdtner

## 1 Sicherheitskommunikation auf Großveranstaltungen 2.0

Die Sicherheitskommunikation auf Großveranstaltungen gewinnt spätestens seit der Loveparade-Katastrophe 2010 enorm an Bedeutung. Innovative Kommunikationslösungen sind gefragt damit alle Veranstaltungsbesucher in Zukunft weiter sicher und ausgelassen feiern können. Neben der internen Kommunikation zwischen den Behörden, Organisationen und Veranstaltern gilt es neue Möglichkeiten zu nutzen, die Veranstaltungsbesucher zu erreichen und einzubinden.

Mit Blick auf die Kommunikation mit den Veranstaltungsbesuchern ist hier eine grundlegende Veränderung der Kommunikation zu beobachten. Mit rasender Geschwindigkeit schreitet die digitale Vernetzung voran: Dreiviertel der deutschen Internutzer sind mindestens in einem sozialen Netzwerk, davon greifen 69 Prozent mindestens einmal täglich auf ihr Netzwerk zu (vgl. Bitkom 2013). Im Social Media Prisma 2014 werden 261 relevante deutschsprachige Social Media Plattformen und Tools gelistet, Tendenz steigend. Dominierend sind auch in Deutschland weiterhin die großen Netzwerke wie Facebook, Twitter, Tumblr, Instagram mit mehreren Millionen von Nutzern (vgl. Social Media Prisma 2014) sowie Youtube im Bewegtbild. Schon auf dem zweiten Platz der beliebtesten Funktionen in sozialen Medien – nach dem versenden von Nachrichten – stehen nach einer Bitkom-Umfrage (vgl. 2013) die Informationen zu Veranstaltungen.

Soziale Medien sind längst ein wichtiger Bestandteil der Veranstaltungskommunikation und die digitale Vernetzung von Events schreitet weiter voran.

© Springer Fachmedien Wiesbaden GmbH, ein Teil von Springer Nature 2019
C. Groneberg (Hrsg.), *Veranstaltungskommunikation*,
https://doi.org/10.1007/978-3-658-11725-2_6

Je nach Grad der Social-Media-Integration nehmen auch reale Events eine zunehmend hybride Form an (vgl. Zanger 2014: 10f.). Mit der Ära der mobilen Smartphones und Tablets können wir uns zu jeden Zeitpunkt und nahezu an jedem Ort vernetzen (vgl. Schmidt 2013: 10). Mit der technologischen Weiterentwicklung von Social Media, wie z. B. dem Ausbau der Kommunikationsinfrastruktur, Ladestationen für Smartphones auf Festival, Barcodes und Checkin auf dem Veranstaltungsgelände sowie Live-Twitter-Walls auf den Bühnenmonitoren steigt auch der digitale Austausch während der Veranstaltung.

Die virtuellen Gemeinschaften (vgl. Rheingold 1994) und Eventgemeinschaft (vgl. Kirchner 2011) beeinflussen sich wechselseitig und erweitern die kommunikativen Möglichkeiten. Veranstaltungsbesucher tauschen sich schon vor dem Besuch in sozialen Netzwerken aus, bilden Interessensgruppen zum Event, vereinbaren Treffpunkte vor Ort, organisieren ihre gemeinsame Anreise und teilen ihre Erlebnisse, Bilder und Eindrücke während und nach dem Event (öffentlich) mit Gleichgesinnten.

Der soziale Austausch zum Event wird in sozialen Netzen sichtbar und für viele Interessenten verfügbar. Soziale Medien prägen heutzutage den gesamten Veranstaltungsverlauf und ermöglichen eine neuartige und aktive Partizipation der Besucher an der Eventkommunikation. Die Informationshoheit liegt nicht mehr alleine bei den Veranstaltern und Organisationen, sondern wird von den Meinungsbildern, Kommentaren und Live-Aufzeichnungen der Besucher mitgestaltet. Dies fließt nicht nur in die Marketingkommunikation und die Evaluation der Veranstaltung ein, sondern ebenso in die Sicherheitskommunikation. Besucher sind hier nicht nur am Ende der Kommunikationskette anzutreffen, sondern können in allen Veranstaltungsphasen einen aktiven Beitrag und Austausch zur Sicherheitskommunikation leisten. Die Integration der Veranstaltungsbesucher und ihre Beiträge in sozialen Netzwerken bieten damit ein bislang oft noch ungenutztes Potenzial zur Krisenprävention und -bewältigung. Für die Zukunft der Veranstaltungssicherheit können soziale Medien einen innovativen Beitrag zur Sicherheitskommunikation ermöglichen: Denn wer „am Dialog teilnimmt, überlebt Krisen besser" (Bernet 2010: 169).

## 2    Grundsätzliches zum Einsatz sozialer Medien auf Großveranstaltungen

Der Austausch über Veranstaltungen in sozialen Medien ist unumgänglich. Er findet mit und ohne Mitwirken der Veranstalter oder Sicherheitsbehörden statt. Wenn auch die Informationshoheit der Verantwortlichen in sozialen Medien nicht mehr gewährleistet ist, sind sie dennoch wichtiges und komplementär begleitendes Kommunikationsinstrument von Veranstaltungen geworden (vgl. Zanger 2014: 16). Besonders für die integrierte Sicherheitskommunikation ist es von enormer Bedeutung die Veranstaltungsbesucher zu involvieren und über alle Kommunikationsinstrumente hinweg ein übereinstimmendes Informationsangebot zu gestalten. Dies gilt ebenfalls für die Kommunikation über soziale Medien. Nur so können widersprüchliche Inhalte und Fehlinformationen vermieden und ein optimales Zusammenspiel aller Medienkanäle im Sinne der Sicherheit von Events gewährleistet werden.

Wenn Social Media einen gezielten Beitrag im Kommunikationsmix der integrierten Sicherheitskommunikation auf Großveranstaltungen leisten soll, ist es empfehlenswert, die medienspezifischen Voraussetzungen für einen Einsatz zu schaffen. Dies betrifft sowohl die technische Infrastruktur, die zeitlichen Ressourcen als auch einen kompetenten medien- und zielgruppengerechten Umgang wie z. B.:

- Betreiben die Veranstalter und Sicherheitsorganisationen selbst Seiten zu den bevorstehenden Events?
- Wer ist für die Beobachtung und Kommunikation in den sozialen Medien verantwortlich?
- Verfüge ich über fachkompetentes Personal oder Dienstleister, die sich in Sicherheitskommunikation und im Umgang mit Social Media auskennen?
- Verfüge ich über eine stabile Kommunikationsinfrastruktur vor Ort während der Veranstaltung?
- Gibt es bei Ausfall entsprechende kommunikative Rückfallebenen um die Besucher über alternative Medien zu erreichen?
- Verfügen die Sicherheitsverantwortlichen über einheitliche Kommunikationssysteme und gemeinsame Lagepläne, in die eine Social Media Beobachtung integriert werden kann?
- Sind ausreichend zeitliche Ressourcen vorhanden die Inhalte jederzeit aktuell zu prüfen und zu pflegen?
- Ist bereits eine Sicherheitskultur bei den Veranstaltern und Organisationen etabliert?

Um eine wertschätzende und sicherheitsrelevante Kommunikation in sozialen Medien zu gewährleisten, bedarf es zunächst richtig zuzuhören. Dies schafft ein grundsätzliches Verständnis gegenüber den differenzierten Zielgruppen, ihren Bedürfnissen und Interessen hinsichtlich der Veranstaltung. Dies kann durch eine zielgerichtete Beobachtung und Analyse der sozialen Medien sowohl individuell als auch statistisch (automatisiert) durchgeführt werden. In Anbetracht der unüber-schaubaren Datenflut in einer Vielzahl von Netzwerken ist für die Sicherheits-kommunikation vor allem die Aktualität und die Echtheit der Information von enormer Bedeutung. Hier bietet sich ein strukturiertes Echtzeit-Monitoring zum Filtern und Kategorisieren der vorherrschenden Gesprächsthemen im Vergleich mit dem aktuellen Lagebild vor Ort an.

Um in der Event- und Sicherheitskommunikation in einen Dialog auf Augenhöhe zu treten gilt es (sicherheits)relevante Themen je nach Interessens-gruppe zu identifizieren, Ziele des Social-Media-Einsatzes festzulegen und die Monitoring-Ergebnisse in die Sicherheitsmaßnahmen einzubetten bzw. diese ent-sprechend zu optimieren. Hier spielt die Integration von virtuellen Informationen und realen Maßnahmen zur Aufrechterhaltung der Veranstaltungssicherheit eine tragende Rolle. Die sicherheitsrelevanten Gesprächsthemen können nützliche und aktuelle Zusatzinformationen zum Lagebild der Besucher liefern. Hieraus ergeben sich diverse Handlungsempfehlungen wie z. B. für das Crowd Management, Ver-kehrsmanagement, Mood Management vor, während oder nach der Veranstaltung. So können schon kleinste Informationen der Besucher (wie z. B. zu Versorgung-missständen, Gedränge, Missachtung von Verboten, Stimmungsumschwung, Ge-waltvorgänge etc.) einen Aufschluss über eine mögliche Gefahrenquelle geben, die frühzeitig überprüft und behoben werden kann.

Neben den Maßnahmen vor Ort und dem Einsatz klassischer Event-kommunikation ist eine aktive Beteiligung am Austausch in den jeweiligen Netz-werken wichtig für das gelingen einer integrierten Sicherheitskommunikation. Für die strategische Einbettung der Besucher in die Sicherheitskommunikation auf Großveranstaltungen gilt es sich auf die interaktions- und dialogbasierte Kommu-nikation in sozialen Medien einzustellen. Aus den vorherigen Schritten resultiert daher das sogenannte „Engagement" in den sozialen Medien. Damit die sicher-heitsrelevanten Themen hier validiert von einer vertrauenswürdigen Informations-quelle gestreut werden können, sollten die Veranstalter und Organisationen eigene Seiten, Communities und Gruppen in den genutzten sozialen Medien aktiv be-treiben und mit entsprechenden Fremdanbietern kooperieren.

Für die Sicherheitskommunikation in sozialen Medien gelten zunächst die glei-chen Regeln wie in der restlichen Social-Media-Kommunikation (Abbildung 1): Unter anderem stellt Kreutzer (vgl. 2014: 11) allgemeine Prinzipien der Kommuni-kation in den sozialen Medien heraus:

- Ehrlichkeit/Authentizität,
- Offenheit/Transparenz,
- Kommunikation auf Augenhöhe,

- Relevanz und
- Kontinuität/Nachhaltigkeit
- sowie die Geschwindigkeit.

Die Einhaltung dieser Grundprinzipien soll Fehlverhalten in sozialen Medien wie z.B. die Manipulation von Beiträgen, irrelevante und irreführende Informationen, falsche oder verspätete Reaktion sowie fehlende Wertschätzung der Nutzer vermeiden (vgl. Kreutzer 2014: 27). Des Weiteren sollten die Inhalte:

- regelmäßig gepflegt und geprüft werden,
- auf Fragen und Kritik eingehen,
- medien- und situationsgerecht,
- für die entsprechende Besucherzielgruppe nützlich und verfügbar sein,
- sowie involvierend, zum Mitmachen und Teilen anregen (wie z.B. durch Gewinnspiele oder Gamificationansätze).

Diese Grundprinzipien lassen sich u.a. durch die besonderen Anforderungen der Sicherheitskommunikation ergänzen:

- zielgruppen- und situationsgerechte Informationsvermittlung (je nach Veranstaltungsphase und Betriebslage),
- kongruente Kommunikation über alle Medien,
- wiederholenden Inhalte,
- validierte Information und vertrauenswürdige Quelle,
- Deeskalierende und taktische Kommunikationsmaßnahmen,
- eingängig, klar und prägnante Formulierungen,
- Orientierung geben, Selbstkompetenz und Erfahrungsaustausch der Besucher fördern.

**Abbildung 1**   in Anlehnung an: Gute Medienarbeit im Social Web. Quelle: Bernet 2010: 24; Goldbach 2014.

Die Funktion der Sicherheitskommunikation variiert dabei je nach Phase und Betriebsart der Veranstaltung. Entlang der ersten Veranstaltungsphasen ergeben sich zunächst präventive und organisationale Kommunikationsaufgaben. Hier kommen vor allem vorbereitende Maßnahmen für Schutz und Vorsorge, präventive Informationen und Vermittlung von Selbstkompetenz zum Tragen. Beispiele hierfür können das frühzeitige Involvieren der Besucher sein, wie wetterfeste Kleidung, Sicherheitstipps, Anreiseinformationen und der Erfahrungsaustausch zwischen Wiederholungs- und Erstbesuchern sein. Während der Durchführung des Events – von der Anreise, der eigentlichen Veranstaltung bis hin zur Abreise – gilt es die präventiven und organisationalen Kommunikationsmaßnahmen weiter zu stützen und in die Besucherkommunikation vor Ort zu überführen. In der Nachbereitung der Veranstaltung liegen die kommunikativen Schwerpunkte auf einem nachgelagerten Austausch über die gemeinsamen Eventerlebnisse sowie das zusätzliche Einholen und Evaluieren der Besucherfeedbacks.

Eine weitere Besonderheit der Sicherheitskommunikation ist die differenzierte Kommunikation in den jeweiligen Betriebslagen der Veranstaltung. Die spezifische Kommunikationsausrichtung je nach Betriebslage sollte daher auch beim Einsatz von Social-Media-Aktivitäten berücksichtigt werden. Im Normalbetrieb (wie zuvor beschrieben) wohnt ihr vor allem eine Orientierungs- und Präventionsfunktion inne. Sie vermittelt präventive Informationen und Instruktionen zum Veranstaltungsbesuch. Dies reicht von Empfehlungen zur empfohlenen Verpflegung über An- und Abreise-Tipps bis hin zu Geboten und Verboten zum Veranstaltungsbesuch. In Krisensituationen sollen die Veranstaltungsbesucher hinsichtlich der Gefahrenlage gewarnt werden und Ihnen entsprechende situationsgerechte Handlungsempfehlungen zur Verfügung gestellt werden. Zur Bewältigung einer vorangegangen Krise rücken psychosoziale Interventionen, die Beruhigung der Besucher und anschließende Verarbeitung der Gefahrensituation in den Vordergrund.

# 3    Chancen und Herausforderungen des Social Media Einsatzes

Die virtuellen Netzwerke mit ihrer hohen Geschwindigkeit und Reichweite und der besondere Live-Charakter von Events, das Erleben vor Ort mit allen Sinnen zeichnen sich durch komplementäre Kommunikationsbedingungen aus. Hieraus ergeben sich u. a. folgende Synergiepotentiale:

- Förderung von einem kooperativen Handeln aller Veranstaltungsakteure: Egal ob Besucher, Sicherheitsdienstleister oder Veranstalter,

- erhöhter Interaktionsgrad: Förderung der Partizipation der Besucher und des Zusammengehörigkeitsgefühls,
- virale Kommunikation und Vernetzung mit hoher Reichweite: z.b. können auch Besucher außerhalb des Bühnenbereichs- und Veranstaltungsgeländes erreicht werden,
- Kritik als Chance: Weiterentwicklung und Etablierung einer Sicherheitskultur,
- zeitliche Ausdehnung der Dialogkommunikation über alle Eventphasen hinweg,
- Früherkennung von potenziell kritischen Faktoren im Abgleich mit der Situation vor Ort: wie z.B. Themen, Ressourcendefizite, Personen,
- aktuelle (Echzeit-)Information zum Stimmungs- und Lagebild bei Krisensituationen,
- nachträglicher Datenzugriff für die Nachbereitung aller Veranstaltungs- und Krisenphasen,
- gezielte Ansprache von Zielgruppen und Informationsaustausch mit Meinungsführern,
- Erreichen neuer Zielgruppen, wie z.B. zukünftiger Veranstaltungsbesucher,
- Verbesserung der Kundenbeziehungen über alle Veranstaltungsphasen hinweg,
- (vgl. Zanger 2014: 8f.; Besson 2014: 364; Kirchner 2011; Zollner 2013, S. 276; Zanger 2012: 140f.)

Die Social-Media-Kommunikation auf Events birgt aber ebenso neue Herausforderungen, die es zu bewältigen gilt:

- zusätzliche zeitliche Ressourcen für die Social-Media-Beobachtung und die Aktualisierung der Beiträge müssen geschaffen werden,
- Dauerhafter digitaler Fußabdruck erfordert einen nachhaltigen Informationsaustausch,
- Kampf um Aufmerksamkeit bei einer Vielzahl von Medienangeboten: Welche Angebote werden wann, wo und wie von wem verwendet?
- eingeschränkte Kontrolle über Medienäußerungen und oft fehlende Gatekeeper-Rolle,
- Geschwindigkeit der Informationsverbreitung, also auch von Fehlinformationen anderer Quellen,
- Validierung der digitalen Informationen und die Glaubwürdigkeit von anonymen Beiträgen,
- Fachkompetenter Umgang im Monitoring und Engagement muss erworben werden,
- Filterung und Analyse der Datenflut vor allem bei bekannten Events,

- Datenschutz der verbreiteten Inhalte und Daten muss berücksichtigt werden,
- Erreichbarkeit z. B. eine stabile Infrastruktur muss gestellt werden.
(vgl. Zanger 2014: 15f.; Besson 2014: 361f.; Zollner 2013: 276)

# 4    Praxisbeispiele der Social Media Beobachtung auf Großveranstaltungen

Im BMBF-Projekt BaSiGo – Bausteine für die Sicherheit von Großveranstaltungen (2014) – wurde innerhalb der integrierten Kommunikationsanalyse 2013 und 2014 ein Social Media Monitoring zu verschiedenen Formen von Großveranstaltungen (Sport-, Musik- und Volksfeste) durchgeführt.

Die internationalen Praxisbeispiele im Einsatz von sozialen Medien sowie die Monitoringergebnisse sollen einen Eindruck geben, wie Social Media Beobachtungen aktuell und in Zukunft für Präventions-, Krisen-, und Evaluationszwecke bei der Sicherheitskommunikation von Großveranstaltungen genutzt werden können.

## 4.1    Internationale Anwendungsbeispiele

Soziale Netzwerke wie Twitter, YouTube, Facebook oder eigens eingerichtete Plattformen und Netzwerke ergänzen weltweit immer mehr die traditionellen Medien in der Informations-Übermittlung bei der Sicherheitskommunikation. Von der Bevölkerung werden sie vermehrt für Echtzeit- und Lokal-Informationen herangezogen. Dieser Trend verstärkt sich (vgl. Social Media Consulting 2013).

Vorreiter in diesem Zusammenhang ist vor allem Google, das mit Crisismaps international und national (z. B. mit dem mit dem Deichgrafen beim Jahrhunderthochwasser) einen wichtigen Beitrag zum Krisenmanagement geleistet hat.

Twitter ist bekannt dafür wichtige Informationen schnell und öffentlich zugänglich weiterzuleiten. Dieser hohe Nutzwert konnte auch bei Katastrophen in Haiti, USA und Japan genutzt werden. Mit diesen Erfahrungen und neuen Funktionen wie Alert und Twitcident (twitcident.com) kündigte Twitter 2013 an, zukünftig im Katastrophenschutz aktiv zu helfen (vgl. Süddeutsche 2013).

Ein Beispiel für einen Katastrophenfall im Rahmen einer Veranstaltung ist der Bombenanschlag während des Marathons in Boston am 15. April 2013. Das Massachusetts General Hospital in Boston nutzte die sozialen Plattformen twitter.com und facebook.com vor Beginn des Marathons als alltägliche Informationsplattformen, indem zum einen für den Marathon selbst geworben und zum anderen während des Laufes die Läufer angespornt wurden. Nach den Bombenexplosionen nutzte das Krankenhaus die sozialen Medien, um über die Zahlen und den Zustand der eingelieferten Patienten zu informieren. Weiterhin wurden Ratschläge für den richtigen Umgang mit traumatisierten Kindern gegeben. Google+ richtete eigens zur Boston-Marathon-Katastrophe ein Tool zur Personensuche ein. Auch die Bostoner Polizei informierte insbesondere über die sozialen Plattformen Twitter und Facebook über den jeweiligen aktuellen Ermittlungsstand. Als Kommunikationsplattform für und mit den Bürgern setzte das Boston Police Departement die Portale für die Suche nach Hinweisen über Bilder oder Videos ein, die Zuschauer gegebenenfalls während des Marathons gemacht haben.

## 4.2    Anwendung und Defizite in Deutschland

Im Vergleich lässt sich bei den Behörden und Veranstaltern in Deutschland noch kein so ausgeprägtes Krisen- und Informationsmanagement, welches soziale Medien nutzt, erkennen. Die Thematik Social Media im Katastrophenschutz und in der Veranstaltungssicherheit wird aktuell in Forschungsprojekten (wie z.b. Sikomm, BaSiGo) und auf verschiedenen Kongressen eingebunden. Als ein Beispiel hierfür ließe sich der 8. Europäische Bevölkerungsschutzkongress – Fachkongress für Katastrophen – und Zivilschutz sowie zivilmilitärische Zusammenarbeit aus dem Jahre 2012 in Bonn aufführen. Unter der Frage, wie Social Media in Notfällen genutzt werden kann, entstand 2012 in Kassel das 1. Crisis Prevention-Symposium. Es wurden Vorträge zum Thema gehalten und diverse Gründe aufgezeigt, warum die Organisationen der Gefahrenabwehr zukünftig Social Media nutzen sollten. Die Feuerwehr München berichtete von ihren mehrjährigen Erfahrungen hinsichtlich der Nutzung von Twitter und Facebook zur Ergänzung der Öffentlichkeitsarbeit. Neue Entwicklungen bestätigen diesen Trend, beispielsweise führt Twitter in Zusammenarbeit mit dem Roten Kreuz und der FEMA ein neues Warnmeldesystem für Katastrophenfälle ein (vgl. Social Media Consulting 2013).

## 5    Durchführung des Social Media Monitorings im Rahmen von BaSiGo

Monitoring oft auch als „Listening" bezeichnet lässt sich am besten mit der deutschen Übersetzung des Zuhörens beschreiben. Dieses Zuhören bezieht sich in der folgenden Beschreibung auf die Social Media Kanäle. Dabei betrachten wir hier einerseits die technische Machbarkeit, die inhaltliche Sinnhaftigkeit sowie auch die rechtliche Umsetzbarkeit. Bevor wir zu den 3 Betrachtungsdimensionen kommen, möchten wir noch kurz auf die Grundannahmen eingehen.

Social Media ist das moderne Medium zur multi-direktionalen Kommunikation. Dabei gehen wir von der Grundannahme aus das die Kommunikation auf diesen Kanälen ursprünglich als offene Kommunikation gedacht ist. Diese offene Kommunikation kann durch die jeweiligen Sicherheitseinstellungen eingeschränkt werden. Betrachtet man die Social Media Kategorien der Sozialen Netzwerke (z.B. Facebook, Xing, LinkedIn) ist es hier „einfacher" und „akzeptierter" gewisse Nachrichten nur zwischen bestimmten Nutzern zu versenden (nicht-öffentliche Kommunikation). Im Gegensatz zu den Social Media Netzwerken ist die nicht-öffentliche Kommunikation auf den Microbloggingplattformen (Twitter), Fotonetzwerken (Instagram) Videoportalen (Youtube, Vine) oder Blog-Plattformen (Blogger, Wordpress) eher unüblich (Twitter – Technisch möglich aber kaum genutzt). Diese Arten der Social Media Plattformen entsprechen eher der ursprünglichen Idee der N:N Kommunikation unter der das Internet entstanden ist. Darüber hinaus gibt es auch Social Media Messanging Dienste (z.B. Whats-App, Line, Facebook Messanger, Threema) die eine offene Kommunikation (Broadcasting) eher ausschließen.

Generell gilt, Social Media Monitoring bezieht sich auf das Zuhören der öffentlichen Kommunikation. Ein Monitoring einer geschlossenen Kommunikation (bspw. ein Gespräch auf Whats-App) ist technisch im Bereich des möglichen jedoch sowohl rechtlich als auch ethisch auszuschließen. So bieten sämtliche sich auf dem Markt befindlichen Monitoring-Systeme, die Möglichkeit die öffentliche Kommunikation auf Facebook, Twitter, Instagram, Youtube etc. zu monitoren aber nicht die Erfassung der Messanging-Dienste.

Das Monitoring kann dabei selbst (SAAS – Software as a Service Lösung – Hosting auf einem fremden oder eigenen Server) oder fremd (als externe Dienstleistung) durchgeführt werden. Im Rahmen der Bausteine für die Sicherheit von Großveranstaltungen wurden explorativ erste Veranstaltungen auf sicherheitsrelevante Thematiken in Social Media erhoben. Sie wurden sowohl manuell als auch automatisiert 2013 in Kooperation mit BC.Lab und 2014 mit Talwalker und der Deutschen Telekom erfasst. Im Veranstaltungsjahr 2014 kamen sowohl vermehrt die Filterung durch Hashtags, die Technologien der Telekom „Cyber Threat Detector" sowie das Geo-Location „Fencing" von Radiosphere/Geofeedia für die Veranstaltungen Annakirmes, Wacken Open Air und Chiemsee Summer zum Einsatz. Automatisierte Filter sollten helfen, aus der erheblichen Social-Media-Datenflut zu den Veranstaltungen, die wesentlichen Beiträge zu selektieren und durch das Geolocation auf relevante Inhalte vor Ort zurückzugreifen. Hierfür kamen sechs verschiedene Monitoring Systeme (Talkwalker, Geofeedia, Alert.io, Hootsuite, Vico, Telekom Cyber News Radar) zum Einsatz. Gemeinsam mit der Firma Radiosphere, hat sich die Deutsche Telekom an der technischen Umsetzung beteiligt und im Rahmen eines Lagezentrums die Informationen gemonitort, bewertet, berichtet und weitere Maßnahmen simuliert.

## 5.1 Technische Einleitung

Ungeachtet einzelner Social Media Plattformen ist das Monitoring, wie oben beschrieben, fokussiert auf die öffentlich verfügbaren Inhalte. Diese Art der Informationen gehört zur Gattung der Open Source Intelligence (OSint). Es gibt dabei Unterschiede in Geschwindigkeiten (Twitter gilt als schnellstes Netzwerk) Informationsgeschwindigkeit (Twitter – 500.000 Nachrichten pro Tag – 180 Zeichen pro Tweet) und Informationsmenge (Blogbeiträge, Facebookeinträge +180 Zeichen).

In der bloßen Datenverarbeitung der angeschlossenen Quellen gibt es jedoch kaum Unterschiede. So sind je nach Monitoringsystem mehr oder weniger unterschiedliche Quellen (Twitter, Facebook, Instagram, Blogs, Foren …) gleichzeitig angebunden. Die Leistungsstärke eines Monitoring-Systems bemisst sich jedoch nicht ausschließlich anhand der angeschlossenen Quellen, sondern vielmehr an einer Vielzahl an Faktoren (Benutzerfreundlichkeit, Quellen, Geschwindigkeit, Preis, Leistungsumfang, Serverstandort…).

Einen guten Überblick auf die jeweils aktuellen am Markt verfügbaren Monitoring Systeme bietet der Goldbach Report (Goldbach, 2014). Eine persönliche Testphase der einzelnen Systeme ist jedoch sehr zu empfehlen.

Die auf dem Markt befindlichen Systeme ähneln sich bis zu gewissen Graden. Die Suche (das Monitoring oder Listening) erfolgt bei den meisten Systemen anhand von verknüpften Schlagwörtern. Die Verknüpfungen erfolgen grundsätzlich anhand von Bool'schen Operatoren (und, oder, nicht). Dabei können bei verschiedenen Monitoring Systemen zusätzliche Operatoren hinzukommen, die ein detailliertes Ausarbeiten dieser sogenannten Query (Suchabfrage) ermöglichen. Beispielsweise Suche (Schlagwort A) und (Schlagwort B) in der die Schlagwörter nicht mehr als X Wörter voneinander entfernt sein sollen. Diese zusätzlichen Suchoperatoren unterscheiden sich in Funktionsweise und Syntax von System zu System (Abbildungen 2 und 3).

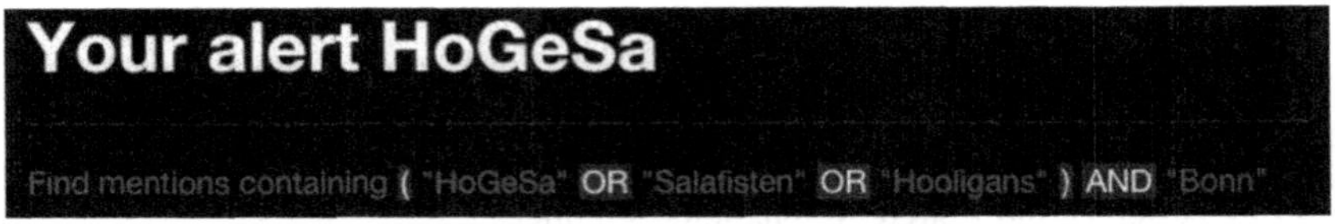

**Abbildung 2** Ein einfaches Query bei Mention.io. Quelle: Mention.net; Einstellung Alert.

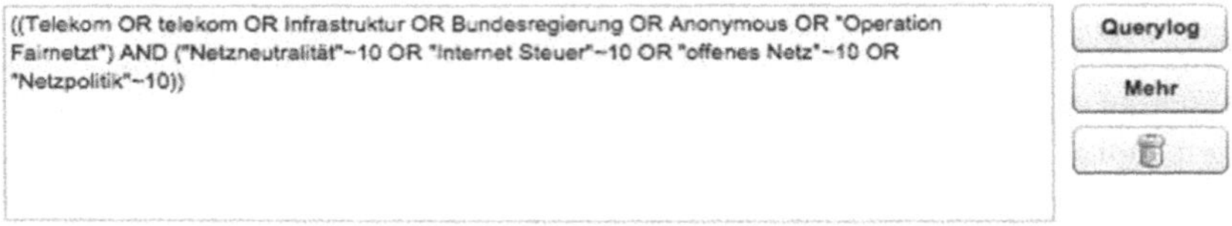

**Abbildung 3** Ein komplexes Query bei Vico. Quelle: Vico.com; neue Query anlegen.

Neben diesen klassischen Herangehensweisen gibt es auch die Möglichkeit der Suche anhand von Geoinformationen. So erfolgt diese Suche mit GPS-Standort-Informationen, die der jeweiligen Nachricht auf der Social Media Plattform hinzugefügt werden (Abbildung 4). Dieses Hinzufügen erfolgt entweder persönlich (bspw. Standortmarkierung auf Facebook, Check-in bei Swarm (eheml. Foursquare)) oder automatisiert durch das jeweilige mobile Endgerät (Bsp. Twitter). Bei der automatisierten Anreicherung der Standortdaten ist eine einmalige Bestätigung der verwendeten Applikation in der Regel notwendig. Bei der Suche auf Grundlage der Geoinformationen ist nur das Vorhandensein der Standortinformation in der Nachricht (Tweet, Post o.ä) notwendig und Bedarf nicht zwingend einer weiteren Verknüpfung mit Schlüsselwörtern. Ein Anbieter in diesem Bereich ist Geofeedia (Abbildung 5).

Es bleibt jedoch zu bedenken, dass Geoinformationen nur einen Bruchteil aller Social Media Nachrichten beinhalten. Bei unserer Versuchsanordnung waren nur 10 bis 15 Prozent der Beiträge mit Geoinformationen angereichert. Die Tendenz (vor allem im internationalen Bereich) ist steigend. Eine ausschließliche Betrachtung dieser Geoinformationsnachrichten kommt derzeit im Rahmen einer besonderen Zieldefinition in Frage. Man kann jedoch davon ausgehen, dass diese Nachrichten im gesteigerten Maße werthaltig sind. Die Informationen in der Nachricht sind nicht nur durch einen Verfasser, sondern auch um einen Verfassungsursprung angereichert. Ein Tweet zu einer sicherheitsrelevanten Situation auf einer Veranstaltung ist, wenn er vom Veranstaltungsort abgeschickt wurde, vertrauenswürdiger als eine Nachricht ohne Standortdaten (höhere Möglichkeit auf eine Fehlinformation).

## Suchanfrage eingeben:

geocode:50.72384,7.14321,1km

Beispiele anzeigen

**Abbildung 4**   Geocodesuche bei Hootsuite. Quelle: Hootsuite.com.

**Abbildung 5**   Geofenceeingabe bei Geofeedia am Beispiel des Wackenfestivals. Quelle: Geofeedia.com.

Eine dritte Möglichkeit des Monitoring bildet das Suchen nach spezifischen Informationen anhand von vergleichbaren Informationen. Dies ist eine Suche nach sogenannten Patterns (Mustern). Bei dieser Suche bedarf es ausreichend Ausgangsnachrichten, die weiteren Suchen als Beispielmuster dienen. So ist davon auszugehen, dass eine klassische Schlagwortsuche im Vorfeld zu erfolgen hat. Momentan bietet diese Art der Suche nur der Toolanbieter Crimson Hexagon an. Es gibt bereits Beispielstudien des Anbieters, welche aufzeigen, dass diese Herangehensweise besonders bei der Suche von Standardthemen funktioniert. Ebenso scheint die Suche mit anderen Schriftbildern gut zu funktionieren. So wird bei der Deutschen Telekom im Europäischen Segment das Tool mit der griechischen Sprache getestet. Da dieser Suchmechanismus noch relativ neu ist wurde er bei der Veranstaltungsbeobachtung 2014 noch nicht angewendet. Die Beschreibung dient hier im Rahmen eines fachlichen Ausblicks.

## 5.2    Schlagwortsuche und Geofences im Vergleich

Da im Versuchsaufbau die Suche über Vergleichsmuster (Pattern) außen vor gelassen wurde, können wir im Rahmen dieser Dokumentation nur einen Vergleich zwischen Schlagwortsuche und der Suche mit Geoinformationen ziehen.

Die klassische Suche mit #Hashtags und Suchbegriffen beinhaltet ein extrem großes Grundrauschen in den Netzgesprächen. Erst die Eingrenzung via Geo-Lokation (eines festgelegten Radius und Polygons) präzisiert die Kommunikation der Veranstaltungsbesucher vor Ort.

Dieses Vorgehen der ständigen Optimierung der Suche, aufgrund von Erkenntnissen aus relevanten Beiträge, ist ein notwendiges Vorgehen beim Social Media Monitoring im Allgemeinen.

Da Geo-Fencing auf den meisten Social Media Kanälen verfügbar ist, bildet es eine neue verbesserte Grundlage im Echtzeit-Monitoring. Da die Suche über die Geoinformationen jedoch die Trefferzahlen bei ca. zehn Prozent im Vergleich zum schlagwortbasierten Suchen ist, kann es aktuell nur eine zusätzliche Suchform abbilden. Die Suchergebnisse sind jedoch im Vergleich zu schlagwortbasierten Suchen um einiges relevanter. Beispielsweise muss der Festivalbesucher keine bestimmten #Hashtags oder Schlagwörter verwenden um gemonitort zu werden. So ist es mittels dieser Geosuche einfacher zu lernen, welche Sprache oder auch Slangs zu einem bestimmten Event verwendet werden. Diese Erkenntnisse dienen dann zur Optimierung der kompletten Suchalgorithmen.

Ebenso unterscheiden sich die zusätzlichen Funktionsumfänge der Monitoringsysteme über das reine Listening hinaus sehr stark. Alertingfunktionen (bspw.

Talkwalker), Ursprungsanalysen (uberMetrics), individuelle Dashboard Anpassung (Brandwatch) und mobile Anwendungen (Alert.io) sind nur einige dieser zusätzlichen Funktionen. Kein derzeit auf dem Markt verfügbares System stellt ein Allroundtalent dar. Finanzielle Aspekte und inhaltlichen Aspekte sollten einer möglichen Auswahl zugrunde liegen.

## 5.3 Einsatz der Social Monitoring Tools

Für das Projekt „Bausteine für Sicherheit von Großveranstaltungen" (BaSiGo) wurden die drei Großveranstaltungen Wacken Open Air, Chiemsee Summer sowie die Annakirmes in Düren im Veranstaltungsjahr 2014 gemonitort. Die oben beschrieben Tools wurden im Rahmen des Projektes konfiguriert und eingesetzt. Bei der Deutschen Telekom wurde das Konzernlagezentrum für das Monitoring eingesetzt. Dieser ganzheitliche Ansatz eines Lagezentrums zum Beobachten der Situation wird im Abschnitt „integrierter Ansatz" betrachtet. Radiosphere (Abbildung 6) sowie die Deutsche Telekom haben sich in enger Kooperation mit dem Monitoring beschäftigt. Die wesentlichen Erkenntnisse sollen hier dargestellt werden.

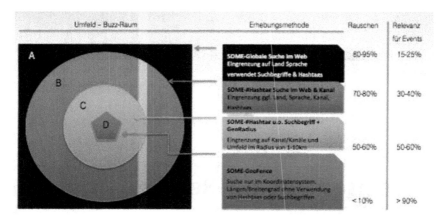

**Abbildung 6**   Relevanz der Social Media Informationen. Quelle: Radiosphere.de.

Im Vorfeld der Veranstaltungen fanden zwei Treffen zur Identifikation notwendiger Suchbegriffe, Geoinformationen der Veranstaltung und sonstiger Informationen (wie etwa bestehende Social-Media-Accounts der Veranstalter, Zeitpläne, Kontaktdaten) statt. Anhand der gesammelten Informationen fand das Setup aller sechs Monitoring Systeme statt. Das Monitoring fand jeweils eine Woche vor Veranstaltungsbeginn bis eine Woche nach der Veranstaltung statt. Ziel des Monitoring war es die Leistungsfähigkeit und Notwendigkeit eines strukturierten Monitoring zu untersuchen.

Im Rahmen der Beobachtung des Wackenfestivals wurden 27.000 bis 39.000 Netzgespräche gemonitort und teilautomatisiert verarbeitet (Abbildungen 7, 8, 9). Diese wurden automatisiert in im Vorfeld festgelegte Betrachtungsdimensionen eingeteilt (Wetter, Verkehr, Polizei, Erste Hilfe etc). Im Rahmen des Versuchsaufbaus wurden weitere Aktionen (Alarmierung der Sicherheitskräfte, Beauftragung der Reinigungskräfte, Lageberichte an den Veranstalter oder Sicherheitskommunikationsverantwortliche) simuliert.

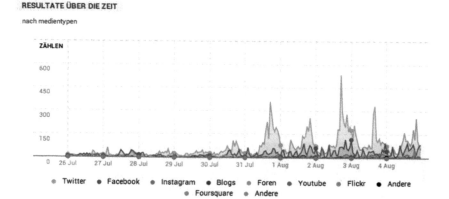

**RESULTATE ÜBER DIE ZEIT**

nach medientypen

**Abbildung 7**  Monitoring mit Talkwalker: Wacken Open Air 2014. Quelle: Talkwalker.
com.

# Chiemsee Summer Reggae

* Chiemsee Summer Festival 2014
* Veranstaltungszeitraum:      13.08.2014 bis 17.08.2014
* Monitoring-Zeitraum:        12.08.2014 bis 18.08.2014
* Social Media Analyse mit TALKWALKER, Conversocial

**Abbildung 8**  Setup-Informationen zum Chiemsee Summer. Quelle: Talkwalker.com.

| | 26 Jul | 27 Jul | 28 Jul | 29 Jul | 30 Jul | 31 Jul | 1 Aug | 2 Aug | 3 Aug | 4 Aug |
|---|---|---|---|---|---|---|---|---|---|---|
| Polizei | 5 | 20 | 10 | 13 | 198 | 336 | 93 | 198 | 268 | 76 |
| Wetter | 8 | 2 | 21 | 28 | 62 | 58 | 529 | 74 | 27 | 58 |
| Sicherheit | 5 | 26 | 19 | 8 | 24 | 45 | 56 | 49 | 29 | 47 |
| Gewalt | 3 | 8 | 3 | 4 | 9 | 29 | 32 | 13 | 135 | 30 |
| Müll | 4 | 0 | 6 | 14 | 7 | 17 | 19 | 16 | 143 | 32 |
| Anreise | 4 | 16 | 7 | 25 | 65 | 15 | 5 | 6 | 4 | 11 |
| Erste Hilfe | 8 | 2 | 2 | 2 | 9 | 26 | 29 | 18 | 13 | 27 |
| Drogen | 1 | 18 | 3 | 0 | 24 | 13 | 21 | 5 | 13 | 18 |
| Toilette | 5 | 12 | 2 | 2 | 7 | 15 | 18 | 16 | 17 | 12 |
| Andere | 5 | 24 | 11 | 14 | 40 | 38 | 64 | 40 | 31 | 43 |

**Abbildung 9**   Automatisierte Kategorieeinteilung auf dem Wacken Open Air. Quelle: Talkwalker.com.

Bei einer Abschlussveranstaltung zum Monitoringeinsatz wurden folgende Ergebnisse zusammengefasst.

- Social Media Monitoring verhindert keine Vorfälle
  – es kann als ein zusätzlicher Katalysator und Frühindikator für ein Stimmungsbild der Besucher dienen,
  – es trägt zu einer begleitenden Veranstaltungsevaluation bei,
  – es gibt die Möglichkeit sicherheitsrelevante Themen schneller zu identifizieren und abzuschließen,
  – es gibt die Möglichkeit eine weitere Eskalation zu verhindern.
- Social Media Aktivitäten sind für Großveranstaltungen notwendig
  – für ein umfassendes und aktuelles Lagebild,
  – aus Marketingperspektiven,
  – Kundenbindung,
  – Kundengewinnung,
  – Informationsverteilung,
  – Informationsgewinnung.
- Social Media Monitoring ist wichtig für den Lageüberblick
  – um Veranstaltungen in und über den Bühnenbereich hinaus beobachten zu könne,

- zeitlich über alle Veranstaltungsphasen eine Lage einholen zu können,
- Situationen könnten bei einem integrierten und zeitnahen Lagemanagement deeskaliert werden,
- das Lagemanagment ist heute im Besonderen auf OSint angewiesen,
- Social Media Monitoring ist ein wichtiges Medium zur Informationsgewinnung (insbesondere in der Besucherkommunikation).

- Ein eigener #Hashtag zur Veranstaltung ist wichtig um Informationen bündeln zu können.
- Ein eigener #Hashtag zum Thema Sicherheit ist möglicherweise wichtig um Sicherheitsthemen direkt platzieren zu können (bspw. #WOASEC).
- Geofence/Geoinformationsmonitoring ist derzeit noch nicht ausschließlich möglich.
- Engagement und Monitoring sollte eng verknüpft sein.
- Ein Social Media Lagezentrum zur Veranstaltung umfasst das Monitoren, Pflegen der Veranstaltungspräsenzen und die Reaktion auf fremden Beiträgen.
- Ein eigene Präsenz ist notwendig.
- Fremd-Accounts mit Veranstaltungssyntax müssen geclaimed/übernommen werden.

Obgleich beim Versuchsaufbau kostenpflichtige Social Media Monitoring Tools verwendet wurden, ist dies für den Anfang nicht zwingend nötig. Ein grundlegendes Verständnis auf welchem Sozialen Netzwerk (Facebook, Twitter, Instagram) sich die Veranstaltungsbesucher bewegen ist vorteilhaft. Im Rahmen eines gesteigerten Verständnisses ist es möglich die Auswertemechanismen der jeweiligen Netzwerkanbieter zu nutzen (Twitter Analytics, Facebook Insides, Facebook Suche, Twitter Suche). Sollte darüber hinaus ein berechtigtes Bedürfnis bestehen einen besseren Überblick im Netz zu erhalten, bieten sich auch kostenfreie Monitoring Seiten an (z.B. Google Alerts, Socialmention, Twazzup). Dabei gilt immer zu bedenken, dass diese kostenfreien Tool einen eingeschränkten Funktionsumfang im Vergleich zu den o.g. Monitoring Tools bieten.

## 5.4    Engagement als Weiterführung der Beobachtung

Um die ganzen Möglichkeiten des Social Web zu nutzen, ist es wichtig neben dem Aspekt des „Listening" (Monitoring) sich auch mit dem Aspekt der Interaktion zu beschäftigen.

Betrachtet man das Social Web, so geht es immer in erster Linie um die Interaktion. Das Teilen einer Nachricht an einen oder mehrere Empfänger ist der

Grundpfeiler dieser Kommunikation. So ist jede Technologie, oder jedes Soziale Netzwerk der Welt nutzlos, wenn sie nicht genutzt wird. Die Technologie ist auch in dem Bereich der Sozialen Medien ein Wegbereiter für eine neue und dauerhafte Art der Kommunikation in den Gesellschaften. Wir gehen davon aus, dass selbst wenn sich Netzwerke wie Facebook, Youtube oder Instagram ändern oder sogar verschwinden können, die Art der offenen und digitalen Kommunikation bestehen bleibt. Legen wir diese Annahmen zugrunde, so ist der größte Vorteil den die Sozialen Medien mit sich bringen, diese neue Art Informationen auszutauschen.

Im vorherigen Teil haben wir beschrieben wie die ausgetauschten Informationen effizient betrachtet und genutzt werden können, um die Sicherheit bei Veranstaltungen zu erhöhen. In diesem Teil betrachten wir die Möglichkeit die Sicherheit zu erhöhen, indem wir ein aktiver Teil der Informationskette werden. Wir nutzen die Möglichkeiten der Sozialen Medien als Informationssender sowie aktiver Empfänger. Dieses aktive Agieren in den Sozialen Medien wird als Engagement bezeichnet. Wir bauen eine Beziehung mit der Nutzergemeinde (Community) den Sozialen Netzwerke auf (Abbildungen 10 und 11).

**Abbildung 10**    Engagement im Hootsiute Tool. Quelle: Hootsuite.com.

Ein Ergebnis des BaSiGo-Projektes ist die direkte Anbindung des Engagements an das Monitoring. Das Monitoring liefert Erkenntnisse über konkrete Netzgespräche und mögliche sicherheitsrelevante Informationen. Diese Erkenntnisse könnten Fragestellungen oder auch Problemmeldung sein. Wichtig für einen reibungslosen Ablauf einer Veranstaltung ist das schnellstmögliche Reagieren auf etwaige Probleme. Die erste und mindeste Reaktion auf solche Erkenntnisse ist die, seitens der Veranstalter oder Behörden, vom gemeldeten Problem Kenntnis genommen zu haben. Die Reaktionszeit vom Erkennen einer Nachricht bis zur ersten Reaktion kann durch eine organisatorische Zusammenlegung der Verantwortlichkeiten deutlich verkürzt werden. Diese organisatorische Kombination der beiden Verantwortlichkeiten (Monitoring und Reaktion) bedarf einer inhaltlichen Qualifikation in beiden Aspekten. Eine grundlegende Qualifizierung kann man unter anderem im Rahmen von Schulungskonzepten wahrnehmen.

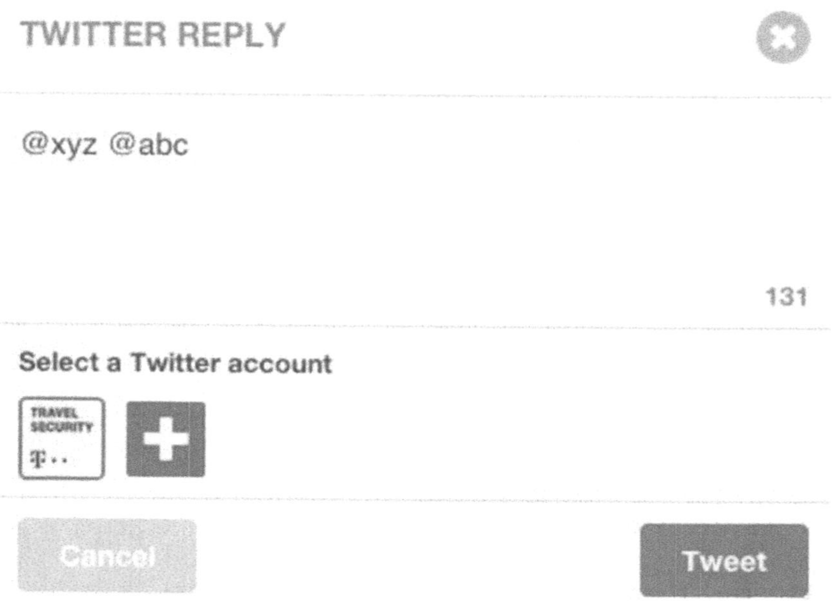

TWITTER REPLY

@xyz @abc

131

Select a Twitter account

Cancel  Tweet

**Abbildung 11**   Twitter Reply im Mention Tool. Quelle: Alert.io.

Für die Technische Umsetzung des Engagements sind keine ergänzenden Tools notwendig. Jede Social Media Plattform beinhaltet als wesentlichen Bestandteil die Interaktion (Engagement). Sobald mehrere Social Media Auftritte gepflegt werden, bietet sich die Nutzung eines zusätzlichen Tools an. Diese Tools werden als Engangementtools bezeichnet. Ebenso ist es in der Regel möglich über die jeweiligen Monitoringtools in Interaktion zu treten. Der Vorteil der spezialisierten Engagementtools liegt jedoch in der Möglichkeit eine Social Media-Kommunikationsstrategie zu verfolgen. Dazu zählt u. a. das Vorbereiten und das terminierte versenden der Informationen um mehrere Social Media Kanäle gleichzeitig bespielen zu können. Im BaSiGo-Projekt wurde das Tool Hootsuite verwendet. Die Vorteile dieses Tools im Testaufbau waren neben den (simulierten) Engagmentaktionen, die Monitoring-Funktionen.

## 5.5 Rechtliche Hinweise zum Social Media Einsatz

Im Rahmen des Projektes wurden diverse Monitoring-Tools verwendet und Techniken genutzt, die Informationen verarbeitet und gespeichert haben. Ebenso bewegen wir uns mit den Informationen im Internet. So tangieren wir mehrere Rechtsnormen:

- GG – Grundgesetz,
- BGB – Bürgerliches Gesetzbuch,
- BDSG – Bundesdatenschutzgesetz,
- TKG – Telekommunikationsgesetz,
- TMG – Telemediengesetz,
- BtrVG – Betriebsverfassungsgesetz,
- …

Da wir uns im Rahmen dieses Beitrages nicht allen rechtlichen Aspekten widmen können, konzentrieren wir uns im folgenden auf das BDSG. Als wesentliche Grundlage sollte bei der Einführung eines Monitoring- und Engagementtools der Betriebsrat oder Personalrat im Rahmen des BtrVG/PersVG beteiligt werden. Ebenso sollte der Datenschutzbeauftragte beteiligt werden. Dieser Datenschutzbeauftragte kümmert sich um die wesentlichen Aspekte aus dem Bundesdatenschutzgesetz zur Erhebung, Verarbeitung und Speicherung von Daten. Darunter gibt es diverse Aspekte im welchen Rahmen dies möglich ist (wie etwa die Anonymisierung oder die Auftragsdatenvereinbarung). Eine wesentliche Grundlage für die Datenverarbeitung ist hier die Zweckbindung sowie die Freiwilligkeit der Person über die Daten erhoben werden. Im Rahmen des Social Media Monitoring gehen wir von einer konkreten Zweckbindung aus (Erhebung zur Erhöhung der Sicherheit der jeweiligen Veranstaltung). Ebenso werden die verarbeiteten Daten, öffentlich und freiwillig durch die Nutzer in einer pseudonymisierten Form bereitgestellt. Jedoch wurde dieses Gesetz in einer Generation erlassen in der es keine Sozialen Netzwerke gab. Es gibt dementsprechend auch andere Auslegungsmöglichkeiten und das führt zur Notwendigkeit der Einzelbetrachtung des jeweiligen Falls.

## 5.6 Empfehlungen eines integrierten Ansatzes

Im Rahmen des integrierten Ansatzes gehen wir von einem Social Media Monitoring und Engagements in einem Lagezentrum aus. Dieses Lagezentrum kann dezentral außerhalb des Veranstaltungsgeländes positioniert sein. Ebenso sollte das Lagezentrum auf eingehende Informationen (telefonisch, Social Media Monitoring) in Echtzeit reagieren können. Eine personelle Minimalbesetzung richtet sich stark nach der Größe der zu beobachtenden Veranstaltung. Kleinere und mittlere Veranstaltungen können gut mit einer Ein- bis Zwei-Personenbesetzung auskommen. Die Größe des Lageteams richtet sich ebenso stark an den übertragenden Aufgaben. Diese Form der Schnittstelle wäre fähig sämtliche Kommunikation (Presse, BOS, Service) zu übernehmen. Der Vorteil dieses Ansatzes wäre die Bündelung der Kommunikation und damit eine Optimierung der Reaktionsfähigkeit. Eine Ausstattung umfasst sowohl die notwendige EDV (wie etwa Telefon, Lagebilddarstellung, Rechner), EDV Anbindung (Internet, Hotline), personelle und organisatorische Aspekte (Aufgabenübertragung).

Im Rahmen des BaSiGo Projektes hat das Konzernlagezentrum der Telekom diese Aufgabe übernommen. Hier wurden einzelne Aspekte simuliert, so wurde eine Kommunikation mit den BOS-Kräften nur angenommen. Die Fähigkeiten des Lagezentrums umfassen z.b. eine 24h-Erreichbarkeit, 24h-Monitoring der öffentlichen Kanäle, Reporting der Lage sowie Moderation und Koordination bei einer Eskalation.

Ein Reporting der Lage ist die Zusammenfassung der wichtigsten Ereignisse. Im Projekt umfasste das Reporting eine Zusammenfassung der Social Media Aktivitäten. Hier werden alle Nachrichten qualifiziert gesichtet, bewertet und entsprechend reportet. Das Reporting findet in einem besprochenen Zyklus statt (täglich oder stündlich je nach Bedarf). Jedes Reporting beinhaltet eine Zusammenfassung der Situation, einen Ausblick auf eine mögliche Entwicklung, original Beiträge und eine statistische Übersicht. Diese Lageübersichten werden an entsprechend definierte Personen (in der Regel Entscheider) übermittelt. Der Einsatz eines solchen Eingangszentrums ist zwar nicht zwingend notwendig, es optimiert jedoch sämtliche Kommunikation mit den beteiligten Partnern.

## 6    Ausblick

Bei der Nutzung und der Verbreitung von Sozialen Netzwerken ist ein Wachstum weiter erkennbar. Die Monitoring- und Engagementtools passen sich hier den Entwicklungen an. Sie integrieren nicht nur etablierte, sondern auch neue Social-Media-Plattformen. Auch eine verstärkte Automatisierung in den Monitoringtools ist erkennbar. Technische Entwicklungen wie z. B. die Sentimentanalyse (automatisierte Stimmungsanalysen einzelner Beiträge durch Algorhitmen) oder die Suche nach Ton- und Bewegtbild werden stetig verbessert. Natürlich muss man stets die notwendige Infrastruktur (Telekommunikation) betrachten. Da hier ebenso Entwicklungssprünge zu erwarten sind und ein weiterer Ausbau der Telekommunikationsinfrastruktur bevorsteht, scheint eine technische Begrenzung kein Hindernis darzustellen. Selbst in einem Bereich mit mangelnder Versorgung (Telekommunikation) ist zukünftig eine Kommunikation über die OpenGarden Technologie (Peer-To-Peer-To-Peer) möglich.

Ein integriertes Monitoring zu der Veranstaltung trägt zu einem ganzheitlichen Blick auf die Lage der Veranstaltung bei. Die Social-Media-Kanäle können vermehrt als Katalysator und Frühindikator des gesamten Stimmungsbildes der Besucher dienen. Zurzeit ist das Beobachten der Veranstaltungen ausschließlich auf Geokoordinaten nicht ausreichend, um einen umfassenden Blick auf die Situation zu erhalten. Als Ergänzung zum Monitoring mit Schlagwörtern ist die Georelevanz jedoch enorm hilfreich. Sie dient zur Validierung der Informationen. Das in die Sicherheitskommunikation integrierte Echtzeit-Monitoring kann dann den entscheidenden Wissens-, Kommunikations- und Zeitvorsprung in Krisensituationen bringen. Die aus dem Monitoring entstehende zusätzliche Informationsbasis dient im Abgleich mit dem Lagebild vor Ort als eine der Entscheidungsgrundlagen für notwendige Sicherheitsmaßnahmen.

Um das gänzliche Potential der interaktiven Kanäle nutzen zu können, sollten sich die Aktivitäten nicht auf das bloße Monitoring beschränken. Ein Social-Media-Lagezentrum oder eine Social-Media-Integration in ein bestehendes Lagezentrum ermöglicht es, nicht nur zu monitoren, sondern ebenfalls im Rahmen der integrierten Sicherheitskommunikation über die Social-Media-Kanäle zu kommunizieren und zu interagieren. Der Einsatz von Social Media entfaltet erst seinen vollen Nutzen, wenn er entsprechend interaktiv und dialogisch gestaltet wird. Die Social-Media-Kommunikation (das Monitoring und das Engagement auf Events) wird in einer immer stärker vernetzten (Veranstaltungs-)Welt zu einem zunehmend wichtigen Bestandteil der integrierten Sicherheitskommunikation.

## Literaturverzeichnis

BaSiGo. (13. 10 2014). *BaSiGo – Bausteine für die Sicherheit von Großveranstaltungen.* Abgerufen am 13. 10 2014 von BaSiGo – Bausteine für die Sicherheit von Großveranstaltungen: www.basigo.de

Bernet. (2010). *Social Media in der Medienarbeit.* Wiesbaden: Springer.

Besson, A. (2014). Strategische Krisenevaluation im Zeitalter von Social Media. In Thießen, *Handbuch Krisenmanagement* (S. 361–380). Wiesbaden: Springer Fachmedien.

Bitkom. (2013). *Soziale Netwerke 2013.* Abgerufen am 13. 10 2013 von Bitkom.org: http://www.bitkom.org/de/markt_statistik/64018_77778.aspx

Goldbach. (2014). *www.goldbachinteractive.ch*. Abgerufen am 27. Februar 2015 von http:// www.goldbachinteractive.ch/insights/fachartikel/toolreport14-monitoring-tools

Kirchner, B. (2011). *Eventgemeinschaften. Das Fusion Festival und seine Besucher*. Wiesbaden: Springer Fachmedien.

Kreutzer, R. T. (2014). *Corporate Reputation Management in den sozialen Medien*. Wiesbaden: Springer Gabler.

Rheingold, H. (1994). *Virtuelle Gemeinschaft*. Bonn: Addison-Wesley .

Süddeutsche. (26. 09 2013). *Süddeutsche – Twitter will bei Katastrophen helfen*. Abgerufen am 01. 10 2013 von www.sueddeutsche.de: http://www.sueddeutsche.de/digital/neues-warnsystem-twitter-will-bei-katastrophenschutz-helfen-1.1781071

Schmidt, J.-H. (2013). *Social Media*. Wiesbaden: Springer Fachmedien.

Social Media Consulting. (01. 05 2013). *Social Media Consulting*. Abgerufen am 01. 05 2013 von Social Media Consulting: www.social-media-consulting.at/allgemein/naturkatastrophen-im-web-2–0/

Social Media Prisma. (22. 10 2014). *Social Media Prisma*. Abgerufen am 24. 10 2014 von http://ethority.de/weblog/

Zanger, C. (2014). *Ein Überblick zu Events im Zeitalter von Social Media*. Wiesbaden: Springer Gabler.

Zanger, C. (2012). *Erfolg mit nachhaltigen Eventkonzepten*. Wiesbaden: Gabler.

Zollner, C. (2013). Issues Management von Nonprofit-Organisationen im Web 2.0 – Chancen und Risiken. In E.-H. e. (Hrsg), *Social Media in der Organisationskommunikation* (S. 257–279). Wiesbaden: Springer Fachmedien.

# Eine veränderte Kommunikationskultur: Risiko- und Krisenkommunikation und Monitoring mittels sozialer Medien bei Großveranstaltungen

Ramian Fathi, Stefan Martini und Frank Fiedrich

## 1 Einleitung

Neue Kommunikationstechnologien und neues Kommunikationsverhalten werden weltweit kontrovers diskutiert und halten ebenfalls Einzug in den deutschen Bevölkerungsschutz. In diesem Zusammenhang stellt die Risiko- und Krisenkommunikation mittels sozialer Medien bei Großveranstaltungen (im Freien) eine besondere Herausforderung dar. Es stellt sich unter anderem die Frage, ob und in welcher Weise Informationen, die auf den diversen Plattformen der sozialen Medien von Veranstaltungsteilnehmer/innen produziert werden, in Entscheidungsprozesse des Sicherheitskreises (bestehend aus: Veranstalter/in, Dienstleister/in und Behörden und Organisationen mit Sicherheitsaufgaben (BOS)) mit einbezogen werden.

Wie kann der/die Veranstalter/in in Zeiten immer größer werdenden Konkurrenzdruckes effektiv, wirtschaftlich und schnell eine adäquate Risiko- und Krisenkommunikation betreiben?

Ist gezieltes Monitoring der sozialen Medien nicht sogar notwendig, um unter anderem ein umfassendes Stimmungsbild der Veranstaltungsteilnehmer/innen zu erlangen? Das Stimmungsbild kann für den Entscheidungsprozess große Relevanz haben.

© Springer Fachmedien Wiesbaden GmbH, ein Teil von Springer Nature 2019
C. Groneberg (Hrsg.), *Veranstaltungskommunikation*,
https://doi.org/10.1007/978-3-658-11725-2_7

In einer Gesellschaft, in der soziale Medien im Alltag als Kommunikations-instrument innerhalb der Bevölkerung etabliert sind (vgl. bitkom 2013), sollte diese Chance bei Großveranstaltungen nicht vernachlässigt werden, um einerseits schnell Informationen verbreiten zu können und andererseits Informationen, zum Beispiel über kritische Lagen, zu erhalten.

Zahlen einer repräsentativen Studie der „bitkom" aus dem Jahre 2013 verdeut-lichen die Verbreitung sozialer Medien in Deutschland: Insgesamt 78 Prozent der Internetnutzer/innen sind in den sozialen Medien Facebook, Twitter, LinkedIn und Xing angemeldet. Bei den unter 30-jährigen sind sogar 89 Prozent täglich in ihren Lieblings-Netzwerken aktiv (vgl. bitkom 2013).

## 2    Theorie der Risiko- und Krisenkommunikation

Zunächst werden die Begriffe Risikokommunikation und Krisenkommunikation definiert und voneinander abgegrenzt, um ein besseres Verständnis der einzelnen Begriffe und ihren Bedeutungen zu erlangen.

## 2.1    Risikokommunikation

Die Definition des Begriffs „Risiko" fällt in den verschiedenen wissenschaftlichen Disziplinen unterschiedlich aus. Aus ingenieurwissenschaftlicher Perspektive lau-tet die Definition gemeinhin: Risiko ist das Produkt aus Eintrittswahrscheinlich-keit und Schadensausmaß (vgl. Preiss 2009). Somit ist das Risiko messbar und kann anhand der zwei Parameter berechnet werden. Deshalb können in einer Ma-trix unter- beziehungsweise oberhalb dieser Schwelle Risiken eingestuft werden, die dann in der Gefährdungsbeurteilung Anwendung finden.

Die Risikokommunikation hat vorbeugenden und vorbereitenden Charakter, wobei der Prozess der Kommunikation langfristig ausgelegt ist. Ziel der Risiko-kommunikation ist es, den Eintritt einer Katastrophe vollständig zu verhindern be-ziehungsweise das Schadensausmaß so gering wie möglich zu halten (vgl. Günther u. a. 2011).

Um dieses Ziel zu erreichen, werden unter anderem Handlungsempfehlungen verbreitet. Die Risikokommunikation ist nach der OECD am effektivsten, wenn sie akkurat, ehrlich und angemessen ist (vgl. OECD 2002).

## 2.2 Krisenkommunikation

Die Krisenkommunikation zeichnet sich dadurch aus, dass Informationen erst dann übermittelt werden, wenn eine Krisen- oder Notfallsituation eingetreten ist (vgl. Bundesamt für Bevölkerungsschutz und Katastrophenhilfe 2007). Hierbei soll mittels Kommunikation das Ziel verfolgt werden, den Zustand vor einer Krise wiederherzustellen. Das Verbreiten von Handlungsanweisungen mit Empfehlungen über präventive Maßnahmen ist als Teil der Risikokommunikation zu bewerten.

Zusammenfassend lässt sich festhalten, dass die Risikokommunikation in Bezug auf die Definition von „Risiko" die beiden Parameter, Schadensausmaß und Eintrittswahrscheinlichkeit, positiv regulieren kann. Im Gegensatz zur Risikokommunikation kann die Krisenkommunikation nur noch Einfluss auf das Schadensausmaß nehmen, da die Krise bereits eingetreten ist.

## 3 Kommunikationskreislauf mittels sozialer Medien bei Großveranstaltungen

Aus Abbildung 1 wird ersichtlich, dass die Identifikation einer Gefahrensituation auch mittels Monitoring der sozialen Medien, also die systematische Auswertung der sozialen Medien, für bestimmte Situationen realisiert werden kann. Bevor die möglicherweise kritischen Informationen in Entscheidungsprozessen mit einbezogen werden, sollten diese verifiziert werden. Ist eine Information verifiziert, kann diese in den Entscheidungsprozess einfließen. Wird entschieden, dass ein Risiko mit entsprechenden Hinweisen an die Veranstaltungteilnehmer/innen kommuniziert werden soll, sollte das Kommunikationskonzept eingehalten werden. Abweichungen können das gesamte Kommunikationskonzept hinfällig machen.

Der folgende Kommunikationskreislauf stellt die Zusammenhänge einer Warnung mittels sozialer Medien bei einer Großveranstaltung dar.

Wurden die vorangegangenen Schritte versäumt und ein Notfall beziehungsweise eine Krise ist eingetreten, muss unmittelbar die Krisenkommunikation einsetzen, um möglicherweise das Schadensausmaß zu regulieren. In Bezug auf die obige Definition von Risiko (Schadensausmaß x Eintrittswahrscheinlichkeit) ist bei der Krisenkommunikation nur das Schadensausmaß der zu regulierende Parameter.

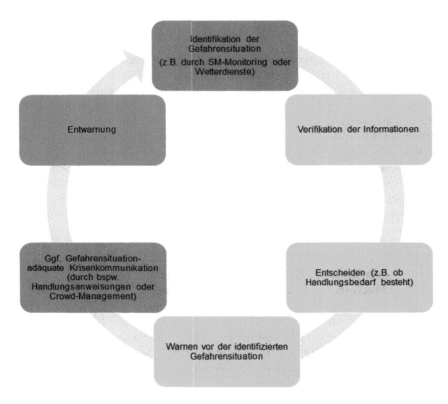

**Abbildung 1**    Kommunikationskreislauf mittels sozialer Medien bei Großveranstaltungen. Quelle: Eigene Darstellung.

Im Anschluss einer Risiko- oder Krisenkommunikation sollte eine Entwarnung beziehungsweise eine Anpassung der Meldung folgen, die dem Veranstaltungsteilnehmer/innen signalisiert, dass sich die persönliche Gefährdungssituation verändert hat und die eigene Gefährdungs- und Betroffenheitseinschätzung neu durchzuführen ist.

# 4    Gewinnbringende Risiko- und Krisenkommunikation bei Großveranstaltungen

Neue Informations- und Kommunikationstechnologien haben in den vergangenen Jahren grundlegende Veränderungen mit sich geführt. Das Kommunikationsverhalten hat sich durch das Web 2.0 bedeutend verändert. Der/die Veranstaltungsteilnehmer/in war bei einer Großveranstaltung vormals nur informationskonsumierend, nun ist er/sie selbst zum Sender/in geworden (vgl. Zanger 2014). Indem Personen Informationen auf den sozialen Plattformen teilen (z. B., Nachrichten, Bilder, Videos), werden Informationen produziert, die für die Behörden und Organisationen mit Sicherheitsaufgaben beziehungsweise für den/die Veranstalter/in von Relevanz sein können.

Der Entwicklung des Webs 2.0 ist zuzuschreiben, dass der/die Teilnehmer/in einer Großveranstaltung kein/e reine/r Konsument/in mehr ist. Als „Veranstaltungsteilnehmer/in 2.0" ist er/sie nun ein/e schaffende/r und partizipierende/r Anwender/in. Er/sie ist deshalb ein/e sogenannte/r Prosument/in; also Konsument/in und Produzent/in zugleich.

Die eingangs genannten Zahlen der repräsentativen Studie der Bitkom verdeutlichen eine Entwicklung der sozialen Medien, welche sich auch auf Großveranstaltungen übertragen lässt: Bei den Netzwerken dominieren in Deutschland Facebook, Twitter, Google+, Tumblr und Instagram mit mehreren Millionen Nutzern den Markt (vgl. bitkom 2013).

Es stellt sich die Grundsatzfrage, wieso Veranstalter/innen die verfügbaren sozialen Netzwerke für die Sicherheitskommunikation nutzen sollten. Die Antworten können heißen:

1. Weil das etablierte Kommunikationsverhalten auch in einer Krise angewandt wird.
2. Weil der/die Veranstaltungsteilnehmer/in kein/e reine/r Konsument/in von Informationen mehr ist, sondern wichtige Informationen und Hinweise für eine umfassende Lageerkundung bereitstellen kann.

Das Smartphone wird während einer Veranstaltung genauso wie im Alltag intensiv genutzt. Technische Anpassung wie zum Beispiel Ladestationen für Smartphones oder Gewinnspiele, die nur mit dem Smartphone durchzuführen sind, werden in den nächsten Jahren vermutlich zum festen Bestandteil der Veranstaltungsplanung gehören.

Verschiedenste Krisen und Notfälle haben in der Vergangenheit bewiesen, dass etablierte Kommunikationswege auch bei einem außergewöhnlichen Ereignis angewandt werden. Bei Großveranstaltungen werden die diversen Kanäle der sozialen Medien intensiv genutzt.

Bei Twitter, in Deutschland im europäischen Vergleich eher wenig genutzt, wurden 2015 für die Veranstaltungen „Rock am Ring " und „Rock im Park" 75.000 Tweets veröffentlicht (Abbildung 2). Auf den Festivals sind jeweils ca. 80.000 Veranstaltungsteilnehmer/innen.

**Abbildung 2**    Twitter-Nutzung bei Rock am Ring und Rock im Park 2015. Quelle: Twitter Insight Survey.

Hieraus ergibt sich ein entsprechendes Potential, da Menschen eine große Anzahl an Informationen teilen, die für diverse Entscheidungsprozesse relevant sein können.

Bei Großveranstaltungen ergeben sich vier Kategorien, die einen effektiven Austausch vor einem Schadensfall (Risikokommunikation) ermöglichen können:

1. Dokumentation: Hierdurch wird Transparenz hergestellt. Entscheidend ist, dass keine Informationen zurückgehalten werden.
2. Die Verbreitung von allgemeinverständlichen, also dem Publikum angepassten, Informationen.
3. Gemeinsame Entscheidungsprozesse mit betroffenen Interessenvertreter/innen.
4. Durch reziproke Kommunikation kann Vertrauen zwischen dem/der Veranstalter/in (also dem/der vermeintliche Inhaber/in der „Kommunikationshoheit") und den Veranstaltungsteilnehmer/innen geschaffen werden. Eine

interaktive Zusammenarbeit mit den Prosumenten kann somit das Ziel erreichbar machen (vgl. Renn 2008).

## 5 Beispiel für die Risikokommunikation mittels sozialer Medien beim „Hurricane 2013"

Immer wieder werden Großveranstaltungen im Freien von Unwettern, Stürmen und/oder Hitzewellen heimgesucht (vgl. SWR 2015). Vor allem bei Musikfestivals können besondere Wetterereignisse verheerende Folgen haben, da diese für gewöhnlich über mehrere Tage andauern und die Veranstaltungsteilnehmer/innen häufig in Zelten übernachten. Dadurch sind die Veranstaltungsteilnehmer/innen vulnerabel.

Nicht nur das Festival „Rock am Ring 2015", bei dem es insgesamt 33 verletzte Personen nach mehreren Blitzeinschlägen zu verzeichnen gab, hat die Vulnerabilität der Veranstaltungsteilnehmer/innen (und Mitarbeiter/innen) aufgezeigt (vgl. SWR 2015). Umso wichtiger ist eine frühzeitige und gezielte Risikokommunikation, um Krisen abzuwenden und das Schadensausmaß gegebenenfalls zu minimieren.

Exemplarisch soll dies im Folgenden zunächst am Hurricane Festival dargestellt werden. Das Musikfestival „Hurricane 2013" wurde am 20.6.2013 von einem Unwetter heimgesucht. Die Veranstalter reagierten, indem sie über alle zu der Zeit verfügbaren Informationskanäle (Facebook, Twitter, Festivalradio, Veranstaltungs-App) die gleichen Informationen verbreiteten. In der folgenden Abbildung 3 ist die Nachricht zu sehen, die über die Facebook verbreitet wurde.

Bei Facebook wurde diese Unwetterwarnung 520-mal geteilt und 276-mal kommentiert. Dies ist als allgemeine Eigenschaft von sozialen Medien festzuhalten. Aufgrund der theoretisch unbegrenzten Reichweite ist das Potential, mit der Nachricht möglichst umfassend die Veranstaltungsteilnehmer/innen zu erreichen, äußerst hoch (vgl. Zanger 2014).

**Hurricane Festival**
20. Juni 2013 · 🌐

Achtung Unwetterwarnung! Polizei und Feuerwehr warnen aktuell vor
Gewittern mit Hagel und hohen Windstärken in den nächsten Stunden. Alle
Besucher sollen bitte ab sofort auf den Aufbau von Zelten, Pavillons und
dergleichen verzichten, bis es Entwarnung gibt.
Wer schon aufgebaut hat, soll sein Zelt unbedingt zumachen und sichern!
Bitte sucht alle Eure Autos auf und nehmt auch Besucher auf, die ohne
Auto da sind, wenn ihr Plätze frei habt. Dies ist der sicherste Ort. Schaltet
CampFM auf 92,7 ein und folgt den Hinweisen von Polizei, Feuerwehr und
Ordnern UNBEDINGT!

Gefällt mir · Kommentieren · Teilen

🖒 605 Personen gefällt das.                                    Am relevantesten ▾

↪ 520 mal geteilt

**Abbildung 3**    Screenshot Risikokommunikation Hurricane 2013. Quelle: Facebook.

Bei der Analyse der Warnung (Abbildung 4) lässt sich Folgendes festhalten:

1. Informationen werden nicht zurückgehalten:
   – Die Schaffung eines gemeinsamen Lagebildes wird angestrebt.
   – Das Risikobewusstsein der Veranstaltungsteilnehmer/innen wird gestärkt.
   – Die zu erwartenden Wettererscheinungen (Hagel und hohe Windstärken) wer-
     den konkret benannt.
   – Die Zeitspanne, bei der ein Unwetter auftreten kann, wird genannt.
2. Es wird auf Fachtermini verzichtet, stattdessen werden allgemeinverständliche
   Informationen verbreitet:
   – Die Windstärke wird mit „hohe" angegeben, statt die Windstärke mit der
     Beaufortskala anzugeben. Die Beaufortskala ist möglicherweise einigen Ver-
     anstaltungsteilnehmer/innen nicht bekannt, somit würde die persönliche und
     individuelle Risikobewertung der Veranstaltungsteilnehmer nicht korrekt
     ausfallen.
3. Handlungshinweise werden im Sinne von konkreten Handlungsanweisungen
   verkündet:

– Die Veranstaltungsteilnehmer/innen werden dazu angehalten, ihre Fahrzeuge aufzusuchen.

– Auf die Erwähnung des Grundes, nämlich, dass das Auto aufgrund des Faraday'schen Käfigs einen effektiven Blitzschutz bietet, wird verzichtet. Es wird ausschließlich angegeben, es sei der „sicherste Ort".

Damit die Wortwahl in Warnungen konsistent, und vor allem nicht widersprüchlich ist, bietet es sich an, die Warnungen auf die gleiche Art und Weise in den unterschiedlichen Netzwerken zu verkünden. Konkret heißt dies, dass eine Nachricht keine anderen Informationen enthalten sollte, als eine Nachricht, die bereits auf anderen Plattformen verkündet wurde. Eine Inkonsistenz der auf unterschiedlichen Kanälen vermittelten Informationen würde möglicherweise zu Irritationen der Veranstaltungsteilnehmer/innen und damit zu Unsicherheiten führen, deren Konsequenzen nicht abzuschätzen wären.

**Hurricane Festival** ⊘
@hurricanefstvl                                    ☼    ⁺⚏ Folgen

## Achtung Unwetterwarnung mit Hagel, starkem Wind und Gewitter! Sichert Eure Zelte, und bringt euch in Sicherheit!

RETWEETS     FAVORITEN
26            4

08:17 - 20. Juni 2013

**Abbildung 4**    Screenshot Risikokommunikation Huricane 2013. Quelle: Twitter.

Aufgrund der Zeichen-Einschränkung auf Twitter von 140 Zeichen konnte nur eine komprimierte Nachricht verbreitet werden.

Eine entsprechende Entwarnung komplettiert den Warnungskreislauf (Abbildung 5). Solange nicht entwarnt wird, können die Veranstaltungsteilnehmer davon ausgehen, dass die letzte Meldung nach wie vor Gültigkeit besitzt. Damit gehen gewisse Einschränkungen und Verhaltensweisen einher, die bis zur Entwarnung eingehalten werden.

**Hurricane Festival**
20. Juni 2013 · 

Der Veranstalter, Polizei und Feuerwehr geben für heute Abend und Nacht
Entwarnung. Die Unwetter sind vorbei gezogen.
ABER: Aufgrund des sehr starken Regens, der den Boden stark
aufgeweicht hat, bitten wir ALLE, die noch nicht hier sind, ihre Anreise auf
morgen, Freitag, zu verschieben.
Ihr möchtet sicher weder mit Euren Autos in den Wiesen einsinken, noch
Euer Zelt im Regen aufbauen. Und morgen Früh hat sich die Lage dann
wieder beruhigt.
Falls Ihr aktuell auf dem Weg seid und rund ums Festival im Stau landen
oder stehen solltet, liegt das zum größten Teil an den durchweichten
Wiesen. Es wird leider auch noch etwas dauern, bis sich die Verkehrslage
entspannt.
Hört CampFM und kommt schon mal in Hurricane-Stimmung.

Gefällt mir · Kommentieren  Teilen

👍 320 Personen gefällt das.                          Am relevantesten ▾

↪ 44 mal geteilt

**Abbildung 5**   Entwarnung beim Hurricane 2013. Quelle: Facebook.

Deshalb kann festgehalten werden, dass eine zeitnahe Entwarnung der Situation
nur im Interesse aller Teilnehmer/innen sein kann. Nach dem Unwetter beim Hur-
ricane-Festival 2013, bei dem keine Menschen verletzt worden sind, wurde entsprechend entwarnt:
Wie schon bei der Warnung fällt bei der genaueren Betrachtung der Entwarnung auf:

1. Informationen werden nicht zurückgehalten:
   – Aufbauend auf das geschaffene „gemeinsame Lagebild" wird nun konkret
     kommuniziert, dass die Unwetter vorbeigezogen sind.
   – Die eingetretenen Folgen des Unwetters (aufgeweichter Untergrund) werden
     kommuniziert. Damit einhergehend auch die potentiellen Konsequenzen.
   – Es wird auf Wartezeiten hingewiesen.

2. Es wird auf Fachterminis verzichtet, stattdessen werden allgemeinverständliche Informationen verbreitet
   – Die Informationen werden im Sinne einer konsistenten Informationsübermittlung nach wie vor in einer allgemeinverständlichen Sprache kommuniziert.

# 6 Fazit der Risiko-und Krisenkommunikation mittels sozialer Medien

Die Risiko- und Krisenkommunikation bietet aufgrund der flächendeckenden Verbreitung der sozialen Medien eine große Chance, mit Informationen die Veranstaltungsteilnehmer/innen in Echtzeit gewinnbringend erreichen zu können. Konservative Informationsweitergabe kann dadurch allerdings nicht ersetzt werden. Soziale Medien stellen vielmehr eine Ergänzung der bisherigen Kommunikationskanäle dar. So können Veranstaltungsteilnehmer/innen erreicht werden, die nicht in der Nähe einer Videoleinwand oder einer Lautsprecheranlage sind. Dies können unter anderem Veranstaltungsteilnehmer/innen sein, die sich auf der Anfahrt befinden oder die aufgrund ihres Standorts nicht von den oben genannten Anlagen erreicht werden können.

Allerdings sind die sozialen Medien keine kommunikative Einbahnstraße. Der Wandel der Veranstaltungsteilnehmer/innen zu einem/r Prosumer/in ist mit einem enormen Potential verbunden. Aus der Sicht des Veranstalters beziehungsweise der BOS können so mehr Informationen erhalten werden. Der Mehrwert der einschlägigen Netzwerke liegt auch in der enormen Reichweite. Die Reichweite ist nicht eingeschränkt, demnach ist theoretisch eine unendliche Informationsweitergabe möglich. Der Einsatz und das aktive Nutzen von sozialen Medien können möglicherweise die Vulnerabilität der Veranstaltungsteilnehmer/innen verbessern.

# 7 Monitoring der sozialen Medien am Beispiel „Langer Tisch 2014"

Neben der Verwendung von sozialen Medien zur Risiko- und Krisenkommunikation eignen sie sich auch zur Informationsgewinnung, also einer Lageerkundung im weitesten Sinne. Hierbei ist ein erster Schritt das sogenannte Monitoring, also das systematische und gezielte Auswerten der sozialen Medien.

Das Thema Monitoring wird in diesem Kapitel am Beispiel der Großveranstaltung „Langer Tisch 2014" in Wuppertal erläutert. Die Veranstaltung erstreckt sich über die gesamte Bundesstraße 7, die in Wuppertal vom westlichen Stadtteil Vohwinkel bis ins östliche Oberbarmen führt. Auf der gesamten Bundesstraße fand ein großes Straßenfest inklusive Konzerten auf zahlreichen Bühnen statt. In Kooperation mit der Berufsfeuerwehr Wuppertal und der Bergischen Universität Wuppertal, Fachgebiet Bevölkerungsschutz, Katastrophenhilfe und Objektsicherheit wurde an diesem Tag ein exploratives Monitoring der sozialen Medien durchgeführt. Vor Beginn der Großveranstaltungen fanden Gespräche mit den Führungskräften der Berufsfeuerwehr, den Veranstaltern und weiterer BOS statt, um die Rahmenbedingungen und die Ziele zu vereinbaren.

Außerdem sollte mit Hilfe der gesammelten Beiträge eine umfangreiche Karte („Crisis Map") erstellt werden. Das Monitoring fand unmittelbar neben dem Stabsraum statt, sodass die Stabsmitglieder jederzeit die Ergebnisse abrufen konnten.

Alle für die oben genannten Ziele relevanten Beiträge wurden manuell und teilautomatisiert identifiziert und verarbeitet. Hierbei lag das Hauptaugenmerk auf den drei beliebtesten Kanälen Facebook, Twitter und Instagram. Außerdem verwaltete das Monitoring-Team bei Facebook die Veranstaltungsseite des „Langen Tischs 2014".

Ziele des Monitorings waren, die Faktoren Wetter, Personenströme, Personendichten und außergewöhnliche Ereignisse zu beobachten und kritische Situationen dem Stab mitzuteilen.

Die Informationen wurden mit ihren individuellen Merkmalen in eine Tabelle eingetragen. Automatisiert wurden dann die Informationen aus der Tabelle in eine Karte transformiert, sodass diese immer aktuell war. Vor Beginn der Veranstaltung wurden die zahlreichen Bühnen und die Unfallhilfsstellen der Hilfsorganisationen kartographiert. Damit sollten mögliche Zusammenhänge in der Auswertung schneller erkannt werden. Die vollständige Karte ist in der folgenden Abbildung 6 dargestellt.

Die Piktogramme symbolisieren die Bühnen, Bilder, Videos und Webcams. Zunächst konnte festgestellt werden, dass aufgrund der regnerischen Wetterbedingungen die Veranstaltungsteilnehmer/innen sukzessive die Straßen füllten. Stetig stieg die Zahl der Veranstaltungsteilnehmer/innen, was sich auch an der Anzahl von Beiträgen in den sozialen Netzwerken widerspiegelte.

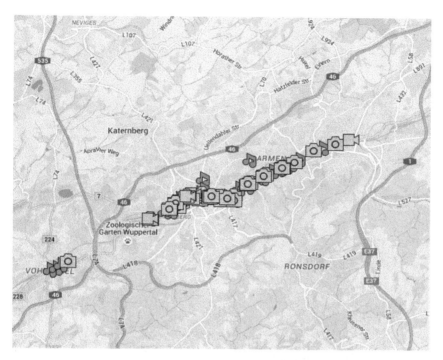

**Abbildung 6**   Gesamtdarstellung der Karte „Langer Tisch 2014". Quelle: Eigene Darstellung.

Anschließend konnte beobachtet werden, dass sich in der westlichen Stadthälfte mehr Personen aufhielten als im Osten der Stadt. Am Nachmittag fand eine nahezu vollständige Verschiebung der Veranstaltung in den Westen statt. Unter anderem konnte durch Abbildung 7 festgestellt werden, dass eine große Anzahl von Personen sich in Richtung Westen bewegte. Außerdem konnte festgestellt werden, dass die Veranstaltungsteilnehmer/innen sich offensichtlich den Wetterbedingungen anpassten.

Würde es nicht regnen wäre es nicht Wuppertal. ;) #langerTisch
#Stadtfest #Wuppertal #wupperwetter

**Abbildung 7**   Personenströme Richtung Westen. Quelle: Instagram.

Diese Feststellung deckte sich mit den Erkenntnissen der Berufsfeuerwehr. Wobei festgehalten werden konnte, dass die durch Monitoring gewonnenen Erkenntnisse früher zur Entscheidungsfindung verfügbar waren. Aufgrund des umfangreichen Monitorings der diversen sozialen Medien konnte eine Diskothek im Wuppertaler Westen identifiziert werden, die mit einer Außenbühne viele junge Menschen anzuziehen schien. So entschied die Einsatzleitung, Unfallhilfsstellen aus dem verlassenen Osten abzuziehen und in der Nähe der Diskothek zu positionieren.

In den Abendstunden versammelten sich einige hundert Menschen vor der Außenbühne der Diskothek. Entsprechend viele Beiträge wurden auf den sozialen Netzwerken geteilt, welche für die BOS von Relevanz waren. Aus Abbildung 8 wird die Häufung der geteilten Beiträge an der genannten Außenbühne der Diskothek ersichtlich.

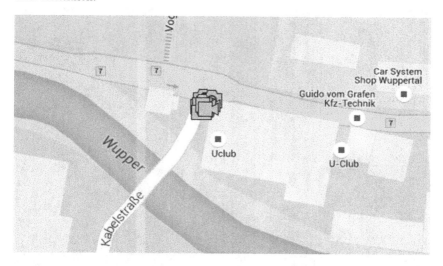

**Abbildung 8**    Häufung der geteilten Beiträge. Quelle: Eigene Darstellung.

Im Laufe des Abends spitze sich die Situation an der Diskothek zu. Die Personendichte wurde aufgrund der gefilterten Beiträge (vor allem Bilder und Videos) von der Einsatzleitung als „kritisch" eingestuft. Darüber hinaus sorgte folgender Beitrag (Abbildung 9) für kurzzeitige Irritation. Nach Rückmeldung durch die Einsatzkräfte vor Ort stellte sich zügig heraus, dass kein Feuer auf der Bühne ausgebrochen war, sondern es sich lediglich um eine Feuershow handelte.

Feuer am #uclub! #langertisch #wuppertal

RETWEET        FAVORITEN
1              3

**Abbildung 9**    Screenshot „Feuer im #uclub!". Quelle: Twitter.

Die Verifikation solcher Beiträge ist von großer Bedeutung. Einerseits hat die Einsatzleitung Gewissheit, dass auf der Bühne kein Feuer ausgebrochen ist. Andererseits besteht die Möglichkeit, dass sich besorgte Bürger/innen auf Grund eines
solchen Beitrages an die Feuerwehr wenden, um einen Brand zu melden.

## 8    Fazit des Monitorings der sozialen Medien

Die Echtzeitanalyse der sozialen Medien verschafft der Einsatzleitung einen entscheidenden Vorteil: die Schnelligkeit, in der Informationen im Entscheidungsprozess zur Verfügung stehen, ist im Vergleich zu konservativen Beschaffungsmethoden (z.B. Erkunder vor Ort) möglicherweise höher. Durch die Erstellung einer zentralen Lagekarte konnte ein Stimmungsbild der Veranstaltungsteilnehmer/innen erstellt werden. Die Wetterverhältnisse hielten, bedingt durch eine entsprechende Vorbereitung der Veranstaltungsteilnehmer/innen, offenbar wenige Menschen davon ab, am „Langen Tisch 2014" teilzunehmen.

Außerdem konnten Personenströme der Veranstaltungsteilnehmer/innen identifiziert werden, sodass entsprechende Maßnahmen (z.B. Verschiebungen der Unfallhilfsstellen) eingeleitet werden konnten.

Aufgrund diverser Beiträge stellte sich schnell heraus, welches Ziel die Veranstaltungsteilnehmer/innen verfolgten: die Bühne vor einer Diskothek. Obwohl auf anderen Bühnen ebenfalls verschiedenste Künstler auftraten, war diese Bühne der Anziehungspunkt für die meisten Veranstaltungsteilnehmer/innen – auch aus dem Osten der Stadt. Deshalb verschob sich die Einsatzlage von einer ausgeglichenen Verteilung der Veranstaltungsteilnehmer/innen zu einem Schwerpunkt im Westen der Stadt.

Durch die systematische Auswertung der sozialen Medien wurden hohe personelle Ressourcen gebraucht. Eine vollautomatisierte Auswertung hätte demnach einen Mehrwert. Allerdings müssten die Programme insoweit programmiert und trainiert werden, dass sie dem hohen Anspruch der Informationsauswertung und vor allem der Verifizierung gerecht werden. Zudem gäbe es das Problem, dass Programme zum Beispiel die Ironie eines Menschen anhand der Orthographie nicht erkennen können.

### Literaturverzeichnis

BITKOM (2013): Social Media. Leitfaden, dritte Auflage, zuletzt geprüft am 09.07.2015.
Bundesamt für Bevölkerungsschutz und Katastrophenhilfe (Hg.) (2007): Biologische Gefahren I. Handbuch zum Bevölkerungsschutz. 3. Aufl. Bonn, zuletzt geprüft am 10.07.2015.
Günther, Lars; Ruhrmann, Georg; Milde, Jutta (2011): Pandemie: Wahrnehmung der gesundheitlichen Risiken durch die Bevölkerung und Konsequenzen für die Risiko- und Krisenkommunikation. In: *Schriftenreihe Forschungsforum Öffentliche Sicherheit*, zuletzt geprüft am 09.07.2015.

OECD (Hg.) (2002): OECD Guidance Document on Risk Communication for Chemical Risk Management, zuletzt geprüft am 10.07.2015.

Preiss, Reinhhard (2009): Methoden der Risikoanalyse in der Technik. Systematische Analyse komplexer Systeme, zuletzt geprüft am 10.07.2015.

Renn, Ortwin (2008): Risk governance. Coping with uncertainty in a complex world. London, Sterling, VA: Earthscan (Earthscan risk in society series).

SWR (2015): Drei Blitze, 33 Verletzte. Hg. v. Landesschau Aktuell. SWR. Online verfügbar unter    http://www.swr.de/landesschau-aktuell/rp/rock-am-ring-in-mendig-27-verletzte-nach-unwetter/-/id=1682/did=15626696/nid=1682/6qqx5u/index.html.

Zanger, Cornelia (2014): Ein Überblick zu Events im Zeitalter von Social Media. Wiesbaden: Springer Gabler (essentials). Online verfügbar unter www.worldcat.org/oclc/882128816, zuletzt geprüft am 15.07.2015.

# Kommunikation und Datenschutz bei Großveranstaltungen

Antonia Buchmann

## 1 Einleitung

Großveranstaltungen sind in der Regel Massenveranstaltungen. Sie werfen vielerlei Sicherheitsprobleme auf, die nur partiell kalkulierbar für die Sicherheitsbehörden und den Veranstalter sind. Zu deren Bewältigung ist eine kontinuierliche Kommunikation der Sicherheitsakteure untereinander und gegenüber den Veranstaltungsbesuchern notwendig. Der operative Umgang mit diesen Sicherheitsproblemen kann daneben durch technische Möglichkeiten erleichtert werden. So sehr aber der stete Innovationsdrang des technischen Sektors Ergebnisse hervorbringt und damit den (Arbeits-)Alltag der Sicherheitsbehörden und Bevölkerung bereits erleichtert, können Gesetzgebung und Rechtsprechung mit dieser Geschwindigkeit nicht mithalten. Konsequenz ist, dass viele technische Neuheiten rechtliche Grenzen des Datenschutzes nicht berücksichtigen. Technische Innovationen sind aber nur dann zur Herstellung von Sicherheit von praktischem Nutzen, wenn ihre Verwendung rechtsstaatlichen Anforderungen entspricht. Sinnvoll ist nur die Entwicklung solcher Techniken, die unter Berücksichtigung grundrechtlicher Gewährleistungen auch tatsächlich zum Einsatz kommen können.

Deswegen beschäftigt sich der Beitrag mit veranstaltungsorientierten Fragen des Datenschutzes, die bei der Sicherheitsgewährleistung vor, während und nach einer Großveranstaltung relevant werden. In dem ersten Teil dieses Beitrags werden zunächst die datenschutzrechtlichen Grundlagen anhand der verschiedenen bundes- und landesgesetzlichen Vorgaben erörtert, dies geschieht unter Berücksichtigung verfassungsrechtlicher Grundsätze. Im Weiteren werden in den unterschiedlichen Phasen einer Großveranstaltung die Notwendigkeiten aufgezeigt, in denen Daten und Informationen der Akteure eines besonderen Schutzes bedürfen. Im dritten Teil liegt der Fokus auf technischen Innovationen, die veranstaltungstechnische Relevanz aufweisen, wie unterschiedliche Möglichkeiten der Videoüberwachung oder Ortungssysteme, die aufgrund der personenbezogenen Daten der Veranstaltungsteilnehmer einen sensiblen Umgang und Einsatz erfordern. Dabei ist zu berücksichtigen, welche Überwachungstechnologie von wem genutzt wird, bzw. genutzt werden darf. Denn es macht einen Unterschied, ob von öffentlich-rechtlicher Seite der Gefahrenabwehrbehörden bzw. öffentlichen Sicherheitsakteuren Technologien eingesetzt werden oder von privaten Akteuren, wie dem Veranstalter.

## 2    Datenschutzrechtliche Grundlagen

Anhand von Begriffsbestimmungen und der Einordnung der gesetzlichen Regelungen und deren Anwendungsbereichen sollen die Grundlagen des Datenschutzes allgemein erläuternd dargestellt werden. Dies dient den späteren Verknüpfungen zu den datenschutzrechtlichen Fragstellungen hinsichtlich des Informationsaustausches der Gefahrenabwehrbehörden (Teil C) und dem Technikeinsatz zur Sicherheitsgewährleistung bei Großveranstaltungen (Teil D).

### 2.1    Zweck des Datenschutzes und seine tragenden Grundprinzipien

### 2.1.1    Sinn und Zweck des Datenschutzes vor verfassungsrechtlichem Hintergrund

Nach § 1 Abs. 1 Bundesdatenschutzgesetz (BDSG) ist der Zweck des Datenschutzes, den Einzelnen davor zu schützen, dass er durch den Umgang mit seinen personenbezogenen Daten in seinem Persönlichkeitsrecht beeinträchtigt wird. Personenbezogene Daten sind nach § 3 Abs. 1 BDSG Einzelangaben über persönliche und sachliche Verhältnisse einer bestimmten oder bestimmbaren natürlichen Person, die als Betroffene bezeichnet wird (vgl. Kühling u. a. 2011: 79). Umfasst sind dabei alle Informationen mit Personenbezug, egal ob in sprachlicher Form, Schrift, Zeichen, Bild oder Ton, digital oder analog (vgl. ebd.). Einzelangaben sind Angaben über persönliche oder sachliche Verhältnisse. Persönliche Verhältnisse umfassen Identifikationsmerkmale, äußere Merkmale und innere Zustände, wie

Meinungen, Motive, Wünsche, Überzeugungen und Werturteile. Angaben über sachliche Verhältnisse sind Vermögens- und Eigentumsverhältnisse, Kommunikations- und Vertragsbeziehungen und sonstige Beziehungen zu Dritten und zur Umwelt (vgl. ebd., 80).

Mit „Persönlichkeitsrecht" ist in diesem Zusammenhang insbesondere das Recht auf informationelle Selbstbestimmung gemeint, das Ausfluss des allgemeinen Persönlichkeitsrechts aus Art. 2 Abs. 1 i. V. m. Art. 1 Abs. 1 GG ist. Danach kann jeder Einzelne selbst über die Preisgabe und Verwendung seiner personenbezogenen Daten bestimmen und ist befugt, grundsätzlich selbst zu entscheiden, wann und innerhalb welcher Grenzen persönliche Lebenssachverhalte offenbart werden (vgl. BVerfGE 65, 1 [41f.]). Es soll ein Abwehrrecht des Einzelnen gegen jede Form der Datenverarbeitung, Datenerhebung und Datennutzung sein, sowohl bei der automatisierten Verarbeitung der Daten als auch bei der Verarbeitung mittels Akten und Karteien (vgl. BVerfGE 78, 77 [84]). In dieses Grundrecht greift derjenige ein, der Daten der betroffenen Person gegen ihren Willen verarbeitet – unabhängig davon, ob dies eine staatliche Behörde oder ein privates Unternehmen ist, da auch Private mittelbar an Grundrechte gebunden sind (vgl. Murswiek 2014: Art. 2 GG Rn. 73). Das Bundesverfassungsgericht hat in seinem Urteil zur Vorratsdatenspeicherung aus dem Jahr 2010 weitere Leitlinien für den Schutz von Daten entwickelt, zur deren Datenerhebung, -verarbeitung, -übermittlung und -nutzung staatliche und private Institutionen ermächtigt werden (vgl. BVerfGE 125, 260 f.). Dabei soll ein hoher Sicherheitsstandard gewährleistet werden, der die spezifischen Besonderheiten des entsprechenden Datenbestandes berücksichtigt. Dieser Standard müsse sich dabei an dem Stand der Technik orientieren, neue Erkenntnisse und Einsichten fortlaufend aufnehmen und nicht unter dem Vorbehalt einer freien Abwägung mit allgemeinen wirtschaftlichen Gesichtspunkten stehen (vgl. BVerfGE 125, 260 [326, 350]).

### 2.1.2 Grundprinzipen der Zweckbindung, Transparenz und Datensparsamkeit

Das Recht auf informationelle Selbstbestimmung kann im Allgemeinen nur unter strengen Anforderungen eingeschränkt werden. Nach Auffassung des BVerfG kann sich eine solche Einschränkung nur aus einer „gesetzlichen Grundlage ergeben, aus der sich die Voraussetzungen und der Umfang der Beschränkungen klar und für den Bürger erkennbar ergeben und die damit dem rechtsstaatlichen Gebot der Normenklarheit entspricht" (BVerfGE 45, 400, [420] m. w. N.).

Im Hinblick auf den Datenschutz ist daneben das Gebot der Zweckbindung bedeutsam. Es soll sicherstellen, dass Daten nur für den Zweck verarbeitet und genutzt werden, für den sie erhoben worden sind, die sogenannte Zweckidentität (vgl. Kugelmann 2012: 38). Deswegen dürfen personenbezogene Daten nicht ohne Zweckbestimmung auf Vorrat erhoben und gespeichert werden. Der Zweck des Datenumgangs soll vor der Erhebung festgelegt werden und in den Prozessen der Verarbeitung und Nutzung fortwirken, damit diese Zweckidentität gewahrt bleibt. Damit dient der Zweckbindungsgrundsatz der Überschaubarkeit und Kontrolle des Datenumgangs (vgl. Kühling u. a. 2011: 110).

Der Zweckbindungsgrundsatz wird von dem Transparenzgebot flankiert. Nur wer überblicken kann, wer was bei welcher Gelegenheit über sich weiß, hat auch die selbstbestimmte Planungs- und Entscheidungshoheit (vgl. BVerfGE 65, 1, [43]). Hat der Betroffene hingegen keine Kenntnis davon, dass seine personenbezogenen Daten verarbeitet werden, ist er nicht in der Lage, das ihm verfassungsrechtlich garantierte Recht auf informationelle Selbstbestimmung in Anspruch zu nehmen. Damit die Verarbeitungsvorgänge für den Betroffenen transparent bleiben, muss er den Zweck der Datenverwendung kennen und in die Lage versetzt werden, den Überblick über seinen Datenumgang zu erhalten, er muss Umgangsphasen nachvollziehen können (vgl. Kühling u. a. 2011: 111).

Mit dem technischen Fortschritt wachsen die Möglichkeiten, weitere Datenerhebungs- und Datenverarbeitungsmöglichkeiten zu schaffen und zu vernetzen. Technischer Datenschutz und eine datenschutzfreundliche Systemstruktur von Datenverarbeitungssystemen sollen von vorneherein zu einem hohen Datenschutzniveau beitragen (vgl. Gola und Schomerus 2015: § 3a Rn. 4). Deswegen wird in § 3a BDSG die Zielvorgabe aufgestellt, Gestaltung und Auswahl von Datenverarbeitungssystemen am Grundsatz der Datenvermeidung und -sparsamkeit auszurichten. Nach § 3a S. 1 BDSG sollen Systemstrukturen so konzipiert werden, dass personenbezogene Daten überhaupt nicht oder nur im unbedingt erforderlichen Umfang erhoben, verarbeitet und genutzt werden, um bestenfalls schon auf technischer Ebene auszuschließen, was nicht erlaubt ist und zu unterstützen, was erforderlich ist (vgl. Kühling u. a. 2011: 112).

## 2.2 Gesetzliche Systematik des Datenschutzes

Der Datenschutz wird durch unterschiedliche Gesetze in Deutschland geregelt. Dabei ist zum einen zwischen dem Datenschutzgesetz des Bundes und den Landesgesetzen und zum anderen zwischen allgemeinem und besonderem Datenschutzrecht zu differenzieren. Die Gesetzgebungskompetenz zum Datenschutz teilen sich Bund und Länder (vgl. Art. 72 GG), die Verwaltungskompetenz liegt überwiegend bei den Ländern (vgl. Art. 83 GG; vgl. Weichert 2014: Einl. Rn. 60). Mangels ausdrücklicher Kompetenzzuweisung fällt das Recht des Datenschutzes zwar grundsätzlich in die Zuständigkeit der Länder (vgl. BVerfGE 125, 260 [314]), es besteht jedoch eine bundesgesetzliche Zuständigkeit für dessen Regelung kraft Sachzusammenhang insoweit, als der Bund eine ihm zur Gesetzgebung zugewiesene Materie verständigerweise nicht regeln kann, ohne dass die datenschutzrechtlichen Bestimmungen mitgeregelt werden (vgl. BVerfGE 3, 407 [421]).

Das Bundesdatenschutzgesetz gilt nach § 1 Abs. 2 Nr. 1 und 2 BDSG einerseits für die Verarbeitung personenbezogener Daten durch öffentliche Stellen des Bundes sowie öffentliche Stellen des Landes. Öffentliche Stellen des Landes sind unabhängig davon, ob sie Landes- oder Bundesrecht vollziehen, an das jeweilige Landesdatenschutzgesetz gebunden. Sollte dies nicht verabschiedet worden sein, wäre nach § 1 Abs. 1 Nr. 2 S. 2 BDSG auch hier das Bundesdatenschutzgesetz anwendbar. Da aber in allen Bundesländern jeweils ein Landesdatenschutzgesetz existiert, ist die Vorschrift mittlerweile obsolet (vgl. Gola und Schomerus 2015: § 1 Rn. 19a).

Nach § 2 Abs. 1 BDSG sind öffentliche Stellen, unter anderem im Falle des Bundesrechts, Bundesbehörden, und im Fall des geltenden Landesrechts, Landesbehörden, sowie andere öffentlich-rechtlich organisierte Einrichtungen von Gemeinden. Damit sind die öffentlich-rechtlichen Akteure bei Großveranstaltungen wie die jeweiligen Genehmigungsbehörden, Städte und Gemeinden an die Vorschriften des jeweiligen Landesdatenschutzgesetzes gebunden, soweit Spezialgesetze keine Regelungen zum Umgang mit personenbezogenen Daten enthalten (vgl. ebd.: § 2 Rn. 18).

Das Bundesdatenschutzgesetz richtet sich gem. § 1 Abs. 2 Nr. 1 BDSG auch an private Akteure, wie den Veranstalter einer Großveranstaltung, da die Datenerhebungen nicht-öffentlicher Stellen in den Regelungszweck aufgenommen wurden. Nicht-öffentliche Stellen sind nach § 2 Abs. 4 BDSG natürliche oder juristische Personen, Gesellschaften oder andere Personenvereinigungen des Privatrechts. Deren Datenumgang fällt gem. § 1 Abs. 1 Nr. 3 BDSG dann unter den Schutz des BDSG, soweit sie personenbezogene Daten unter Einsatz von Datenverarbeitungsanlagen verarbeiten, nutzen oder dafür erheben oder die Daten in oder aus nicht automatisierten Dateien verarbeiten, nutzen oder dafür erheben, es sei denn, dies erfolgt ausschließlich für persönliche oder familiäre Tätigkeiten. Diese privaten Datenerhebungsprozesse unterliegen dem 1. und 3. Abschnitt des Bundesdatenschutzgesetzes. Neben diesem allgemeinen Datenschutzrecht werden datenschutzrechtliche Fragen speziell geregelt in Bundes- und Landesgesetzen, wie beispielsweise das Teledienstdatenschutzgesetz und Landespolizeigesetze (vgl. Durner 2006: 213 (214)).

## 2.3 Einwilligungsvorbehalt als Ausfluss des Selbstbestimmungsrechts

Die Erhebung personenbezogener Daten unterliegt einem Verbot mit Erlaubnisvorbehalt. Gem. § 4 Abs. 1 BDSG ist die Erhebung, Verarbeitung und Nutzung personenbezogener Daten nur zulässig, soweit dies durch das Bundesdatenschutzgesetz oder eine andere Rechtsvorschrift erlaubt oder angeordnet wurde oder der Betroffene eingewilligt hat. Auch die Landesdatenschutzgesetze gehen von diesem Prinzip des Verbots mit Erlaubnisvorbehalt aus und sehen als Erlaubnistatbestand die Einwilligung vor (vgl. Gola und Schomerus 2015: § 45 Rn. 51).

Wenn keine Rechtsnorm die Verarbeitung der Daten erlaubt, ist die Erlaubnis durch die vorherige Einverständniserklärung des Betroffenen erforderlich. Deren Anforderung wird durch § 4a BDSG ausgestaltet. Das Erfordernis einer Einwilligung erstreckt sich auf alle der vom BDSG erfassten Phasen des Umgangs mit personenbezogenen Daten, also die Erhebung, Verarbeitung und Nutzung (vgl. Bäcker 2013: § 4 Rn. 19). Die Entscheidung, ob der Betroffene einwilligt, muss freiwillig getroffen werden. Dazu muss er wissen, worin er einwilligt. Notwendig dafür ist die transparente Offenlegung der Grundzüge der beabsichtigten Datenverarbeitung, damit über die Einwilligung informiert entschieden werden kann (vgl. Gola und Schomerus 2015: § 4a Rn. 25). Der Einwilligungsmechanismus muss technisch so ausgestaltet werden, dass für die Nutzung von Diensten eine datenschutzfreundliche Voreinstellung besteht, damit jede Entscheidung, persönliche Daten in weiterem Umfang preiszugeben oder nutzbar zu machen, ausdrücklich getroffen werden muss (vgl. Masing 2012: 2305 (2307)). Werden beispielsweise technische Applikationen durch den Veranstalter einer Großveranstaltung als Kommunikationsmittel gegenüber den Besuchern genutzt, muss diese Applikation selbst technisch sicherstellen, dass bei einer potenziellen Datenverarbeitung eine Voreinstellung besteht, mittels der sich die Besucher mit einer Datenerhebung, -nutzung und -übermittlung einverstanden erklären kann.

# 3 Datenfluss im Veranstaltungsprozess

Innerhalb des Genehmigungsverfahrens von Großveranstaltungen werden stetig Daten und Informationen zwischen den beteiligten Behörden, dem Veranstalter und dem Besucher geteilt und ausgetauscht. Soweit es sich dabei um personenbezogene Daten handelt, ist deren Erhebung, Speicherung, Nutzung und Übermittlung nur innerhalb datenschutzrechtlicher Grenzen möglich, die im Folgenden skizziert werden.

## 3.1 Der fließende Übergang zwischen einem Datum, einer Information und personenbezogenen Daten

Ein Informationsaustausch bei Großveranstaltungen existiert in unterschiedlicher Ausgestaltung. Bei dessen datenschutzrechtlicher Untersuchung muss berücksichtigt werden, dass nicht jeder Informationsaustausch sensible Daten beinhaltet, die dem Datenschutz unterfallen. Den Akteuren im Veranstaltungsprozess muss diese Differenzierung klar sein, damit sie in der Lage sind, Informationen mit unterschiedlichen Schutzbedürfnissen angemessen zu behandeln. Daten sind Zeichen, die auf einem Informationsträger festgehalten werden (vgl. Gusy 2013: § 1 Rn. 47f.). Informationen sind dagegen der interpretierte Aussagegehalt eines Datums. Information kann als handlungsbestimmtes Wissen über vergangene gegenwärtige und zukünftige Zustände und Ereignisse in der Wirklichkeit definiert werden (vgl. Zöller 2002: 7). Wie eingangs dargestellt, fallen lediglich personenbezogene Daten unter den Datenschutz. Zunächst datenschutzrechtlich unbedenkliche Informationen können aber durch Verknüpfung mit anderen Informationen einen Personenbezug bekommen, so dass der Schutzbereich des Datenschutzes eröffnet ist. Abzustellen ist darauf, ob durch die weitere Information die Person bestimmbar wird (vgl. Kühling u. a. 2011: 80). Für die Bestimmbarkeit kommt es auf die Kenntnisse, Mittel und Möglichkeiten der speichernden Stelle an. Sie ist gegeben, wenn die verantwortliche Stelle die Bestimmbarkeit mit den ihr normalerweise zur Verfügung stehenden Hilfsmitteln und ohne unverhältnismäßigen Aufwand durchführen kann (vgl. Gola und Schomerus 2015: § 3 Rn. 10). Für die verantwortliche Stelle ist oft schwer zu prognostizieren, ob Daten personenbestimmbar sind, insbesondere hinsichtlich potenziellen Zusatzwissens auf der empfangenden Seite. Wird dieses Risiko der Bestimmbarkeit in Kauf genommen und realisiert es sich, hat die verantwortliche Stelle personenbezogene Daten übermittelt.

Wenn sie dafür keine Übermittlungsbefugnis hatte, ist die Datenübermittlung rechtswidrig (vgl. Dammann 2014: § 3 Rn. 38). Somit ist an dieser Stelle bei den

Behörden und Privaten im Veranstaltungskontext Vorsicht geboten. Zu messen ist diese Bestimmbarkeit auch hier an dem Zweck. Insbesondere in Datenverarbeitungsprozessen, wie denen im Rahmen von Genehmigungsverfahren, muss sichergestellt werden, dass eine Datenverarbeitung zu einem anderen als dem ursprünglich festgelegten Zweck nur aufgrund einer gesetzlichen Grundlage oder mit Einwilligung des Betroffenen möglich ist (vgl. Kühling u. a. 2011: 110).

## 3.2 Rechtsrahmen bei der Erhebung und Übermittlung personenbezogener Daten zwischen den Sicherheitsakteuren

### 3.2.1 Allgemeines

In den Gesetzen der Polizeibehörden, Ordnungsbehörden und weiterer Sonderordnungsbehörden, die bei der Planung und Durchführung von Großveranstaltungen beteiligt sind, sind vereinzelt datenschutzrechtliche Vorgaben geregelt, die bei der Erhebung, Nutzung und Übermittlung von personenbezogenen Daten berücksichtigt werden müssen. Der Begriff der Datenübermittlung wird in § 3 Abs.4 Nr. 3 BDSG legaldefiniert und ist danach das Bekanntgeben gespeicherter Daten an Dritte in der Weise, dass die Daten entweder an den Dritten weitergegeben werden oder der Dritte die zur Einsicht oder zum Abruf bereitgehaltenen Daten einsieht oder abruft. Das Recht auf informationelle Selbstbestimmung ist insbesondere durch Datenübermittlungen insofern gesondert gefährdet, als mit dem Datenempfänger ein Dritter ins Spiel kommt, der die Daten aus ihrem alten Verwendungskontext lösen und in einem neuen Kontext verwenden kann. Aus diesem Grund ist auch da, wo es nicht im Gesetz ausdrücklich so gefordert ist, von einem funktionalen Behördenverständnis auszugehen, nach dem auch bei einem Datentransfer innerhalb einer Behörde eine Datenübermittlung vorliegen kann (vgl. Pieroth u. a. 2014: § 15, Rn. 59).

Aufgrund des föderalen Systems Deutschlands und der unterschiedlichen Stellen, die bei der Kommunikation im Rahmen von Großveranstaltungen beteiligt sind, ist die detaillierte Darstellung der rechtlichen Rahmenbedingung für Datenerhebungen, Datennutzung und Datenübermittlungen für alle Partizipierende einer Großveranstaltung in diesem Rahmen nicht möglich, deswegen werden die Reglungsmechanismen durch die Darstellung der Generalklauseln zu den Datenverarbeitungsvorgängen des Bundesdatenschutzes exemplarisch erläutert.

## 3.2.2 Generalklauseln zur Erhebung und Übermittlung als Auffangvorschrift

In den jeweiligen Aufgabengesetzen der allgemeinen und besonderen Gefahren-abwehrbehörden sind in vielen Ländern Erlaubnistatbestände aufgenommen, durch die das Erheben, Speichern, Verändern, Nutzen und Übermitteln personen-bezogener Daten bereichsspezifisch geregelt wird. Bestehen solche Regelungen nicht, ist auf die generalklauselartigen Erlaubnistatbestände in den Bundes- und Landesdatenschutzgesetzen für das Erheben, Speichern, Verändern, Nutzen und die Übermittlung der Daten zurückzugreifen, da insoweit eine Auffangfunktion besteht (vgl. Simitis 2015: § 1 Rn. 108). Diese Generalklauseln sind aufgrund der verfassungsrechtlichen Vorgaben, die umfassend gelten, in allen Bundesländern grundsätzlich nach dem Vorbild der Generalklauseln des Bundesdatenschutz-gesetz geschaffen worden (vgl. Gola und Schomerus 2015: § 13 Rn. 25., § 14 Rn. 34).

a) Datenerhebung und Nutzung
Nach § 13 Abs. 1 BDSG ist das Erheben von personenbezogenen Daten zu-lässig, wenn ihre Kenntnis zur Erfüllung der Aufgaben der erhebenden öffent-lichen Stellen erforderlich ist. Damit wird keine eigenständige Verpflichtung von Betroffenen zur Preisgabe von Daten und auch kein Anspruch für öffentli-che Stellen auf die zu erhebenden Daten manifestiert, sondern festgelegt, wann der Eingriff in das Recht auf informationelle Selbstbestimmung erlaubt sein kann (vgl. Sokol 2014: § 13 Rn. 7). Die Rechtmäßigkeit der Aufgabenerfüllung bestimmt sich nach fachspezifischen Vorschriften der jeweiligen öffentlichen Stellen (vgl. Gola und Schomerus 2015: § 13 Rn. 2), bei der Ordnungsbehörde z. B. nach dem Ordnungsbehördengesetz und bei der Feuerwehr nach dem je-weiligen Feuerwehrgesetz. Erheben ist gem. § 3 Abs. 3 BDSG „das Beschaffen von Daten" über die betroffene Person. Es liegt zeitlich vor dem Erfassen oder Aufnehmen von Daten und setzt eine Aktivität der erhebenden Stelle voraus, durch die sie willentlich entweder Kenntnis von den Daten erhält oder die Ver-fügungsmöglichkeit über diese begründet. Daran mangelt es, wenn die Daten einer Stelle ohne jedes eigene Zutun zufließen. Es ist damit begrifflich kein Erheben, wenn der öffentlichen Stelle ohne Anforderung Daten durch Anträge (wie z. B.) Genehmigungsanträge zugehen (vgl. Sokol 2014: § 13 Rn. 11). Die Speicherung, Veränderung und Nutzung dieser Daten richtet sich nach § 14 BDSG. Auch in dieser Vorschrift sind diese Datenverarbeitungsvorgänge zur Aufgabenerfüllung der verantwortlichen Stelle zulässig. Der bereits erwähnte Grundsatz der Zweckbindung ist auch hier maßgeblich, wobei spezielle Gründe

in § 14 Abs. 2 BDSG die Verarbeitung zu anderen Zwecken legitimieren können, soweit Erforderlichkeit besteht (vgl. Kühling u. a. 2011: 174).

b) Datenübermittlung

In § 15 BDSG wird die Zulässigkeit der Datenübermittlung an öffentlichen
Stellen geregelt. Für öffentliche Stellen des Landes ist auch diese General-
klausel in den jeweiligen Landesdatenschutzgesetzen speziell geregelt, in weitgehender Übereinstimmung mit der bundesrechtlichen Vorschrift (vgl. Gola
und Schomerus 2015: § 15 Rn. 34). Die Zulässigkeit der Datenübermittlung
ist dann gegeben, wenn dieser Datenverarbeitungsvorgang für die Aufgabenerfüllung der übermittelnden Stelle oder aber des Dritten, an den die Daten übermittelt werden, erforderlich ist. Die übermittelnde Stelle muss für die Übermittlung zuständig sein und der Dritte, an den die Daten übermittelt werden,
für die Verarbeitung dieser Daten, sonst ist die Übermittlung rechtswidrig (vgl.
BVerwG, Urteil vom 09. März 2005 – 6 C 3/04 –, juris). Gem. § 15 Abs. 1 Nr.
2 BDSG müssen zusätzlich die Voraussetzungen vorliegen, die eine Nutzung
nach § 14 BDSG zulassen würden. Das bedeutet, dass die Daten nur zu einem
anderen als den ursprünglichen Zweck übermittelt werden dürfen, wenn einer
der Ausnahmetatbestände des § 14 Abs. 2 BDSG einschlägig ist (vgl. Kühling
u. a. 2011: 180).

Die Übermittlung an nicht-öffentliche Stellen, wie z. B. den Veranstalter einer
Großveranstaltung, ist gem. § 16 BDSG an zwei alternative Zulässigkeitsvoraus-
setzungen geknüpft. Zum einen kann die Übermittlung bei Erforderlichkeit zur
Aufgabenerfüllung der übermittelnden Stelle zulässig sein, sofern damit keine
Zweckänderung der personenbezogenen Daten vorgenommen wird. Daneben
erlaubt § 16 Abs. 1 Nr. 2 BDSG die Übermittlung, wenn der Empfänger der
Daten ein berechtigtes Interesse an der Kenntnis der zu übermittelnden Daten
glaubhaft darlegt und der Betroffene kein berechtigtes Gegeninteresse hat (vgl.
ebd.: 182). Dessen weitere Datenverarbeitung richtet sich dann nach den §§ 28
ff. BDSG.

## 3.3 Kommunikation und Information im Veranstaltungsprozess

Auf dieser Grundlage kann nun die Legitimität des Daten- und Informationsaustauschs in den Phasen einer Großveranstaltung beurteilt werden.

1. Planungsphase

a) Genehmigungsverfahren und Erstellung des Sicherheitskonzepts

Den verfahrensrechtlichen Anfang der Planungsphase bildet der Genehmigungsantrag des Veranstalters. Die dadurch preisgegebenen Daten können ohne Zweckänderung an die beteiligten Behörden übermittelt werden, da dies zu ihrer Aufgabenwahrnehmung in der Regel notwendig ist. Gerade in dieser Phase der Veranstaltung erfolgt ein intensiver Informationsaustausch zwischen den beteiligten Sicherheitsakteuren. Das Genehmigungsverfahren, in dem je nach Veranstaltungstypus mehrere Sicherheitsbehörden bei der Erstellung des Genehmigungsbescheids zusammenwirken, erfordert einen steten Informations- und Datenaustausch im Wege kooperativer Kommunikation. Innerhalb des Genehmigungsverfahrens bildet die Erstellung des Sicherheitskonzepts den Kern der kooperativen Sicherheitsgewährleistung. Nach Regelungen der Versammlungsstättenverordnung (in NRW geregelt durch § 43 Abs. 2 SBauVO NRW) hat der Betreiber für Versammlungsstätten mit mehr als 5000 Besucherplätzen im Einvernehmen mit den für Sicherheit oder Ordnung zuständigen Behörden, insbesondere der Polizei, der Brandschutzdienststelle und den Rettungsdiensten, ein Sicherheitskonzept aufzustellen (vgl. Liehr 2013: 169 (176)). In den Fällen von kommerziellen Veranstaltungen dürfte der Veranstalter derjenige sein, der für die Erstellung des Sicherheitskonzepts als Betreiber verantwortlich ist, meistens besteht eine Personen- bzw. Verantwortungsidentität (vgl. ebd.: (175)). Die Abstimmung zwischen den Sicherheitsakteuren erfordert eine enge Kooperation zwischen öffentlichen Stellen (Ordnungsbehörden, Polizei, der Brandschutzdienststelle und den Rettungsdiensten) und nicht-öffentlichen Stellen (Privater). Im Hinblick auf die Übermittlung personenbezogener Daten gelten dann jeweils die landes- oder bundesrechtlichen Vorgaben der allgemeinen Datenschutzgesetze und bereichsspezifischen Gesetze.

b) Betriebs- und Geschäftsgeheimnis des Veranstalters

Für den Fall, dass der Veranstalter gewerblich ist, stehen dessen Daten insbesondere aus Wettbewerbsgründen unter einem besonderen Schutz, dem sog. Betriebs- und Geschäftsgeheimnis. Darunter werden „alle auf ein Unternehmen bezogenen Tatsachen, Umstände und Vorgänge verstanden, die nicht

offenkundig, sondern nur einem begrenzten Personenkreis zugänglich sind
und an deren Nichtverbreitung der Rechtsträger ein berechtigtes Interesse hat"
(BVerfGE 115, 205f. = NVwZ 2006, 1041 [1042]) gefasst. Das Betriebs- und Geschäftsgeheimnis ist durch Art. 12 Abs. 1 GG und Art. 14 GG geschützt. Auch
durch das Verwaltungsverfahrensrecht kann in diese Rechte eingegriffen werden, so dass das Genehmigungsverfahren den Geheimnisschutz sicherzustellen
hat. Bei dieser Gewährleistung ist der Veranstalter zu beteiligen, da vielfach nur
das betroffene Unternehmen (als Geheimnisträger) selbst beurteilen kann, ob
ein Bekanntwerden der erbetenen Informationen nachteilige Auswirkungen auf
die Geschäftstätigkeit hat und daher aus geschäftlichen Gründen ein Interesse
an deren Nichtverbreitung besteht.

2. Veranstaltungsphase
Innerhalb der Veranstaltungsphase erfolgen zahlreiche Informationsflüsse.
Zum einen werden auch dort sicherheitsrelevante Informationen zwischen
den Sicherheitsakteuren ausgetauscht. Dies sind zumeist Daten, die keinen
Personenbezug haben. Zur Vermeidung eines Krisenfalls oder bei dem Aufkommen einer Krise sind auch dem Besucher sicherheitsrelevante Informationen mitzuteilen. Rechtliche Relevanz gewinnen diese Informationen nicht
aus datenschutzrechtlicher Perspektive, sondern aus Haftungsgesichtspunkten.
Würde der Veranstalter dem Besucher sicherheitsrelevante Informationen, z.B.
über Rettungswege oder Evakuierungsflächen im Rahmen eines Krisenfalls
kommunizieren, könnten auf ihn verschärfte oder weitere Verkehrssicherungs-
pflichten zu kommen, da er gegebenenfalls dadurch eine weitere Gefahrenquelle eröffnet hat.
Außerdem fließen Daten durch die Besucher der Veranstaltung. Dies kann durch
die einfache Erhebung von Besucherzahlen anhand der verkauften Tickets oder
Zählungen beim Einlass erfolgen. Die Datenerhebung nicht-öffentlicher Stellen richtet sich nach §§ 27 ff. BDSG, soweit Datenverarbeitungsanlagen genutzt werden. Zudem werden durch Sicherheitsmaßnahmen Daten generiert,
die unter Umständen einen Personenbezug aufweisen und damit datenschutzrechtliche Verantwortung nach den oben genannten Darstellungen hervorrufen
können (z.B. durch Videotechnik), worauf später eingegangen wird (Teil D).

3. Nachbereitungsphase
Großveranstaltungen werden vielfach wiederholt veranstaltet. Erkenntnisse
des Vorjahres können dem Veranstalter und auch den Sicherheitsbehörden die
Möglichkeit geben, realisierte oder nichtrealisierte Sicherheitsrisiken/-lücken
zu identifizieren und aufzuklären, um für die nächste Veranstaltung Vor-

kehrungen zu treffen. Oft geben in diesem Zusammenhang Datenauswertungen Aufschlüsse, zum Beispiel über das Ausmaß des Besucheraufkommens, das Bestreiten der An- und Abreisewege und auch die Analyse der Besucherströme auf dem Gelände. Technische Möglichkeiten, um Daten in diesem Zusammenhang zu erheben, bestehen. Ob diese Erhebungen aber mit dem Recht der informationellen Selbstbestimmung der Betroffenen zu vereinbaren sind, ist fraglich (siehe Teil D dieses Beitrags). Daten, die eines sensiblen Umgangs aufgrund der Personenbezogenheit bedürfen, können durch Anonymisierungsverfahren nutzbar gemacht werden. In § 3 Abs. 6 BDSG ist Anonymisieren als „das Verändern personenbezogener Daten derart, dass die Einzelangaben über persönliche oder sachliche Verhältnisse nicht mehr oder nur mit einem unverhältnismäßig großen Aufwand an Zeit, Kosten und Arbeitskraft einer bestimmten oder bestimmbaren natürlichen Person zugeordnet werden können" definiert. Automatisierte Dateien können so anonymisiert werden, dass die einzelnen Daten, die zur Bestimmbarkeit führen, gelöscht werden, insbesondere direkte Identifikationsmerkmale wie Namen und Anschriften und Personenkennzeichen. Eine weitere Möglichkeit bietet die Herstellung eines neuen Datenbestands, der die bestimmbaren Daten nicht enthält (vgl. Dammann 2014: § 3 Rn. 204–205). Diese Verfahren nehmen den Daten die „Personenbezogenheit", so dass beispielsweise ohne datenschutzrechtliche Restriktionen Statistiken aufgestellt werden könnten (vgl. Durner 2006: 213 (214)).

## 3.4 Fazit

Den verantwortlichen Stellen, die innerhalb der Planungs- und Durchführungsphasen von Großveranstaltungen Informationen und Daten erheben, speichern, nutzen und übermitteln, muss bewusst sein, wann diese Daten aufgrund von Personenbezogenheit sensibel behandelt werden müssen, weil dann die maßgeblichen allgemeinen oder speziellen bundes- oder datenschutzrechtlichen Vorschriften für den Umgang maßgeblich sind. Der Grundsatz der Zweckbindung spielt bei diesen Vorgängen eine elementare Rolle. Bei diesen Datenverarbeitungsvorgängen sind stets die Grundprinzipien der Transparenz und Datensparsamkeit zu beachten, so dass das Persönlichkeitsrecht der Betroffenen geringstmöglich strapaziert wird. Mechanismen wie Anonymisierungsverfahren, die dies gewährleisten, sollten zwingend genutzt werden.

## 4      Technische Sicherheitsgewährleistung im Kontext datenschutzrechtlicher Vorgaben

Es gibt zahlreiche technische Möglichkeiten, Menschenmassen zu kontrollieren und Crowd management zu erleichtern. Dabei könnten Videotechnik und Ortungstechnologien eine große Rolle spielen, die es in vielerlei Form möglich machen würde, Sicherheit herzustellen und zu gewährleisten. Grundsätzlich ist es technisch möglich, dass der private Veranstalter genauso wie die öffentlich-rechtlichen Sicherheitsakteure sich diese Technologien zu Nutzen machen. Bei der rechtlichen Zulässigkeit dieser Nutzung muss aber differenziert werden. Dieser Teil des Beitrags möchte den Rahmen der rechtlichen Zulässigkeit der Technologien abstecken, um Veranstalter genauso wie die öffentlich-rechtlichen Sicherheitsakteure in die Lage zu versetzen, Technologien nur unter Wahrung der rechtstaatlichen Vorgaben einzusetzen. Der Fokus richtet sich dabei auf Möglichkeiten der Videoüberwachung, da sie eine spezielle Form der Datenerhebung darstellt und mittels dieser sehr viele Daten erhoben werden können.

## 4.1    Videotechnische Überwachung von Großveranstaltungen

Sowohl für die Gefahrenabwehrbehörden als auch für den Veranstalter bietet Videotechnik Potenzial, mehr Sicherheit bei Großveranstaltungen zu gewährleisten. Durch Aufnahmen von Einsatzorten und Übermittlung an die Leitstellen der Gefahrenabwehrbehörden und dem Veranstalter könnte die Vielzahl von Veranstaltungsbesuchern gesteuert werden. Insbesondere die videotechnische Aufnahme des Veranstaltungsgeländes könnte es ermöglichen, Gefahrenherde frühzeitig zu entdecken und die Sicherheitsbehörden und den Veranstalter in die Lage versetzen, drohende Gefahren abzuwehren oder Risiken zu regulieren (vgl. Zitzen 2015: 204).

Im öffentlichen sowie im privaten Bereich hat sich der Einsatz von Videoüberwachungstechnologien stark ausgeweitet. Grund ist das steigende Sicherheitsbedürfnis der Bürger, das durch Videoüberwachung befriedigt werden soll und der technische Fortschritt, der die Installation und die Anschaffung immer kleinerer und leistungsfähigerer Kameras zu einem geringen Preis ermöglicht (vgl. Scholz 2014: § 6b Rn. 7). Öffentliche Stellen setzen Videotechnik in der Regel zur Überwachung von öffentlichen Straßen und Plätzen, öffentlichen Verkehrsmitteln und Bahnhöfen ein, insbesondere dann, wenn es sich um sicherheitskritische Orte oder sog. Kriminalitätsschwerpunkte handelt (vgl. ebd.). Darüber hinaus wird die staatliche Videoüberwachung zunehmend zur Objekt-, Eigen- und Beweissicherung genutzt, namentlich für Zugangskontrollen bei öffentlichen Einrichtungen (vgl. ULD, 29. TB, 3.1 (Landtag).

## 4.1.1 Verfassungsrechtliche Relevanz von Videoüberwachung bei Großveranstaltungen

Die videotechnische Aufnahme von Geschehnissen, in denen Menschen involviert sind, ist eine spezielle Form der Datenerhebung, so dass die oben dargestellten verfassungsmäßigen Grenzen erneut Anwendung finden. Relevantes Grundrecht im Zusammenhang mit Videoüberwachungen im Öffentlichen Raum aus der Perspektive der betroffenen Personen ist auch hier das allgemeine Persönlichkeitsrecht gem. Art. 2 Abs. 1 i.V.m. Art. 1 Abs. 1 GG in seiner Ausprägung als Recht auf informationelle Selbstbestimmung. In dieses Grundrecht greifen sowohl Videoüberwachung mittels Aufzeichnung als auch ohne Aufzeichnung ein (Kugelmann 2012: Rn. 144). Durch die Aufzeichnung von Bildern und einer entsprechenden Auswertung können potentiell(e) Verhaltens- und Bewegungsprofile erstellt werden; diese Identifizierungsmöglichkeit ist als Eingriff in das allgemeine Persönlichkeitsrecht der Betroffenen zu werten (vgl. BVerfG, Urteil vom 23.02.2007 – 1 BvR 2368/06, NVwZ 2007, 688, [690]), weil bereits damit die Erhebung personenbezogener Daten verbunden ist. Zumindest dann, wenn einzelne Personen auf einem Monitor aufgrund der Kameraeinstellungen erkennbar und individualisierbar sind (vgl. Wedde 2014: § 6b Rn. 16).

Die verfassungsrechtliche Garantie greift nicht erst für die Speicherung, Übermittlung oder sonstige Verwendung bereits vorhandener Daten, sondern schließt die Gewinnung mit ein (vgl. Scholz 2014: § 6b Rn. 25). Daneben spielt eine Rolle, aus welcher Distanz die Videoüberwachung erfolgt. Bei Übersichtsaufnahmen im Kamera-Monitoring-Prinzip und Aufzeichnungen im Übersichtsformat, in denen die observierten Personen nicht individualisierbar sind, ist bei der Eingriffsbeurteilung nach den weiteren technischen Möglichkeiten zu unterscheiden (vgl. Schild 2013: Syst. E, Rn. 81.). Grundsätzlich ist es nicht als Eingriff zu qualifizieren, wenn aufgrund dauerhafter technischer Einstellungen gewährleistet wird, dass die Personen selbst durch eine nachträgliche Vergrößerung oder sonstiger Bearbeitungsschritte nicht individualisiert werden können. Sobald die Möglichkeit besteht, von der Übersichts- in eine Nahaufnahme zu wechseln, ist eine Erhebung personenbezogener Daten zumindest möglich (vgl. Scholz 2014: § 6b Rn. 29). Dabei ist schon die damit einhergehende Grundrechtsgefährdung als Eingriff in das Recht auf informationelle Selbstbestimmung zu klassifizieren (vgl. VGH Mannheim, Urteil vom 21.01.2003, NVwZ 2004, 498 [500]), ob die tatsächliche Vornahme der Vergrößerung vorgenommen wurde, ist dabei unerheblich (vgl. Scholz 2014: § 6b Rn. 29). Spiegelbildlich zu der Definition von personenbezogenen Daten reicht auch hier die potentielle Bestimmbarkeit der Person aus.

## 4.1.2 Videoüberwachung im Rahmen der Zulässigkeit des § 6b BDSG

Die Zulässigkeit von Videoüberwachung bei Großveranstaltungen durch den Veranstalter kann durch § 6b BDSG ermöglicht werden, dieser richtet sich an öffentliche Stellen des Bundes und nicht-öffentliche Stellen. Für öffentliche Stellen des Landes (wie die Gefahrenabwehrbehörden) sind auch hier die Landesdatenschutzgesetze einschlägig, deren Regelungen sich aber stark an der des § 6b BDSG orientiere. Der Übersicht halber beschränkt sich dieser Beitrag deswegen auch an dieser Stelle auf die Betrachtung der bundesrechtlichen Vorschriften. Für die polizeiliche und ggf. ordnungsbehördliche Gefahrenabwehr sind die Vorschriften zur Videoüberwachung in den Spezialgesetzen spezieller. Da auch an dieser Stelle nicht alle föderalen Unterschiede dargestellt werden können, wird dort speziell auf die Ermächtigung des Polizeigesetzes Nordrhein-Westfalens eingegangen.

Durch § 6b BDSG werden die materiell-rechtlichen Voraussetzungen für eine zulässige Beobachtung öffentlich zugänglicher Räume mittels optisch-elektronischen Einrichtungen bestimmt (vgl. Scholz 2014: § 6b Rn. 1). Da die hier betrachteten Großveranstaltungen in der Öffentlichkeit stattfinden, ist § 6b BDSG eine elementare Regelung für die Möglichkeit der Videobeobachtung zum Zwecke der Sicherheitsgewährleistung.

a) Die Vorschrift wendet sich an öffentliche und nicht-öffentliche Stellen und findet somit Anwendung auf Veranstalter privatrechtlicher und öffentlich-rechtlicher Natur (z.B., wenn die Kommune die Rolle der Veranstalterin einnimmt). Anwendbar ist § 6b Abs. 1 BDSG nur auf die Beobachtung öffentlich zugänglicher Räume. Die hier betrachteten Großveranstaltungen finden unter freiem Himmel statt. Öffentlich zugängliche Räume sind Bereiche, die ihrem Zweck nach dazu bestimmt sind, von einer unbestimmten Zahl oder nach nur allgemeinen Merkmalen bestimmten Personen betreten und genutzt zu werden (vgl. Gola und Schomerus 2015: § 6b Rn. 8). Dabei ist ein Bereich nicht nur dann als öffentlich zugänglich einzustufen, wenn er ohne jede Vorbedingung betreten werden kann, sondern auch, wenn die Nutzung an Bedingungen oder Umstände geknüpft ist, die im Voraus bestimmt sind und von einem unbestimmten Personenkreis erfüllt werden können (vgl. Scholz 2014: § 6b Rn. 45 m.w.N.). Für den Anwendungsbereich des § 6b BDSG im Kontext von Großveranstaltungen spielt es also keine Rolle, ob der Zutritt an Entgelt geknüpft wird oder nicht. Es fallen alle Videobeobachtungen in den Anwendungsbereich der Vorschrift, die die Überwachung der Besucher als Betroffene ermöglichen (vgl. Gola und Schomerus 2015: § 6b Rn. 7). Nach § 6b Abs. 1 BDSG ist eine Videobeobachtung in diesem Anwendungsbereich nur zulässig, wenn sie entweder für die Aufgabenerfüllung öffentlicher Stellen (vgl. § 6b Abs. 1 Nr.1 BDSG) zur Wahrnehmung des Hausrechts (vgl. § 6b Abs. 1 Nr. 2 BDSG) oder zur Wahrnehmung berechtigter Interessen für konkret festgelegte Zwecke (vgl. § 6b Abs. 1 Nr. 2 BDSG) erforderlich ist. Zusätzlich dürfen keine Anhaltspunkte bestehen, dass schutzwürdige Interessen der Betroffenen überwiegen.

## b) Aufgabenerfüllung öffentlicher Stellen

Art und Umfang der Aufgaben der öffentlichen Stelle leiten sich aus der Verfassung, aus Gesetzen, Verordnungen und Rechtsvorschriften ab. Anwendungsfelder sind insbesondere Maßnahmen des Objektsschutzes. Für öffentliche Stellen der Länder gibt es in den jeweiligen Landesdatenschutzgesetzen Sonderregelungen, die denen des BDSG vorgehen (vgl. Wedde 2014: § 6b Rn. 30). Der Anwendungsbereich für Großveranstaltungen ist damit sehr begrenzt.

## bb) Wahrnehmung des Hausrechts

Dagegen ist die Zulässigkeitsalternative des § 6b Abs. 1 Nr. 2 BDSG für Großveranstaltungen relevant. Die Wahrnehmung des Hausrechts obliegt dem unmittelbaren Besitzer des öffentlich zugänglichen Raumes (vgl. Gola und Schomerus 2015: § 6b Rn. 16). Im Veranstaltungskontext ist dies der Veranstalter als Betreiber der Veranstaltungsstätte. Das Hausrecht beinhaltet die Befugnis darüber zu entscheiden, wer bestimmte Gebäude oder befriedetes Besitztum betreten darf und darin verweilen darf. Darüber hinaus darf der Hausrechtsinhaber zum Schutz des Objekts Maßnahmen ergreifen, wie z.B. das Objekt gefährdende Personen verweisen und ihnen das Betreten für die Zukunft verbieten (vgl. Scholz 2014: § 6b, Rn. 73). Diese Beobachtung kann zu präventiven Zwecken erfolgen, um Personen von Schädigungen abzuhalten sowie zu repressiven Zwecken, also zur Beweissicherung (vgl. Wedde 2014: § 6b Rn. 33) und kann auch von Sicherheitsunternehmen ausgeführt werden. Deren reine Beobachtung ohne Aufzeichnung richtet sich dabei nach § 6b BDSG. Speicherungen im eigenen Ermessen sind dagegen nur möglich nach den Voraussetzungen der § 28 ff. BDSG zur Erfüllung eigener Geschäftszwecke (vgl. Gola und Schomerus2015: § 6b Rn. 16). Die Beobachtungsbefugnis des Veranstalters endet mit den Grenzen des Veranstaltungsgeländes, da dort sein Hausrecht endet. Damit gemeint sind nicht die manuell eingerichteten Grenzen durch Absperrungen wie Zäune oder Absperrgitter, also die faktischen Grenzen, sondern die Grenzen der Liegenschaft (ebd.) (welche natürlich mit den faktischen Grenzen übereinstimmen könnten, dies bedarf einer Prüfung im Einzelfall durch den Veranstalter).

c) Wahrnehmung berechtigter Interessen
Darüber hinaus rechtfertigt auch die Wahrnehmung berechtigter Interessen den Videokameraeinsatz auf Veranstaltungen. Wegen der Weite der Fassung und der damit einhergehenden gesteigerten Grundrechtsrelevanz ist der Begriff „Wahrnehmung berechtigter Interessen" einschränkend auszulegen (vgl. Roßnagel und v. Zezschwitz 2003: 9.3 Rn. 100). Grundsätzlich ist der Zweck der Gefahrenabwehr durchaus ein „berechtigtes Interesse" im Sinne der Vorschrift. Dieses berechtigte Interesse muss sich aber auf konkrete Tatsachen gründen, die den Eintritt einer Gefahr für wahrscheinlich erklären. Die Videobeobachtung mit dem Ziel einer allgemeinen abstrakten Gefahrenvorsorge reicht dafür nicht aus (vgl. Scholz 2014: § 6b Rn. 79, 80). Deswegen sollte die pauschale Aussage „Gefahrenabwehr" an dieser Stelle vermieden werden. Stattdessen können entweder Gründe aufgezeigt werden, die entweder in dem Veranstaltungstypus, in den erwarteten Besuchern oder in der Lage, Aufbau oder Ausstattung der Veranstaltung liegen, um den Zweck der Videobeobachtung zur Gefahrenabwehr zu legitimieren.

d) Erforderlichkeit
Die Videoüberwachung zu einem dieser Zwecke ist nur dann erforderlich, wenn die Zwecke durch die Überwachungsmaßnahmen auch tatsächlich erreicht werden können und kein milderes Mittel existiert, das den Zweck gleich wirksam erfüllt (vgl. Kühling u. a. 2011: 211). Ein weiterer berücksichtigungswerter Aspekt ist das Prinzip der Datenvermeidung und Datensparsamkeit, da mittels der Videotechnik eine große Masse an Daten pauschal erhoben werden kann. Der hier erörterte Anwendungszweck der Videoüberwachung ist präventiv, so dass im Sinne der Datensparsamkeit auf Aufzeichnungen verzichtet werden sollte. Darüber hinaus sind die Orte der Videoüberwachung aufmerksam nach Effektivität (große Übersicht) zu wählen und nur solche Orte zu beobachten, wo Gefahrenherde entstehen können. Um diese Prinzipien zu berücksichtigen, sind Filter- und Schwarzschaltungstechniken ein probates Mittel (vgl. Scholz 2014: § 6b Rn. 151). So können selbst bei Übersichtsaufnahmen bestimmte Bereiche, deren Beobachtung nicht erforderlich ist, rausgenommen und eine ausufernde Datenerhebung vermieden werden.

e) Entgegenstehende schutzwürdige Interessen der Betroffenen

Zusätzlich zu diesen Voraussetzungen dürfen gem. § 6b Abs. 1 BDSG keine Anhaltspunkte bestehen, dass schutzwürdige Gegeninteressen des Betroffenen gegenüber dem Interesse des Veranstalters an der Videoüberwachung überwiegen. Wenn die Videoüberwachung für einen der genannten Zwecke erforderlich ist, muss eine Interessenabwägung vorgenommen werden. Ergibt diese, dass die Interessen der verantwortlichen Stelle an der Videoüberwachung gleich schwer wiegen wie das Ausschlussinteresse des Betroffenen, ist die Videoüberwachung zulässig (vgl. Kühling u. a. 2011: 212). In dem Anwendungsbereich von Großveranstaltungen dürfte diese Interessenabwägung zugunsten des Interesses an der Videoüberwachung ausgehen. Zwar sind viele Personen von der Überwachung betroffen, jedoch existiert durch die Masse an Menschen gleichzeitig ein gesteigertes Gefährdungspotenzial. Die Bewahrung vor der Realisierung dieser Gefahren und Risiken liegt deswegen auch im Interesse der betroffenen Personen, so dass deren Interesse an der Nichterhebung und so dem Schutz ihrer personenbezogenen Daten nicht in jedem Fall überwiegen würde.

f) Transparenzgebot und Hinweispflicht im Rahmen der Videobeobachtung

Auch das Transparenzgebot wurde in dieser Vorschrift berücksichtigt, indem in § 6b Abs. 2 BDSG geregelt wird, dass die Videoüberwachung den Betroffenen angezeigt werden muss. Es muss der Umstand der Videoüberwachung kenntlich gemacht und dem Betroffenen mitgeteilt werden, in welchen Bereichen beobachtet wird (vgl. Scholz 2014: § 6b Rn. 102). Bereits durch die sichtbare Installation der Kamera ist eine Erkennbarkeit im Sinne der Vorschrift gegeben (vgl. Gola und Schmomerus 2015: § 6b Rn. 23). Des Weiteren soll dem Betroffenen durch Hinweise erkennbar gemacht werden, durch wen die Überwachungsmaßnahme durchgeführt wird, so dass er etwaig seine Rechte dagegen wahrnehmen kann (vgl. ebd.: Rn. 25).

### 4.1.3 Spezielle Ermächtigungsbefugnisse des Polizei- und Ordnungsrechts zur Videoüberwachung von Großveranstaltungen

Die Zulässigkeit der Videoüberwachung zum Zwecke der Gefahrenabwehr durch die Polizei- und Ordnungsbehörden ist landesrechtlich in den Polizei- und Ordnungsgesetzen speziell geregelt. Exemplarisch wird an dieser Stelle auf die Regelungen des Polizeigesetzes NRW eigegangen. Die Ermächtigungsgrundlage für eine Videoüberwachung im Zusammenhang mit Großveranstaltungen ist § 15 PolG NRW. Danach kann die Polizei oder Ordnungsbehörde bei oder im Zusammenhang mit einer öffentlichen Veranstaltung oder Ansammlung, die nicht dem Versammlungsgesetz unterliegen, durch den Einsatz technischer Mittel zur Anfertigung von Ton- und Bildaufzeichnungen personenbezogene Daten erheben, wenn Tatsachen die Annahme rechtfertigen, dass dabei Straftaten oder Ordnungswidrigkeiten begangen werden. Es müssen gerade bei dieser Zusammenkunft Fakten bestehen, die darauf schließen lassen, dass von Personen Straftaten oder Ordnungswidrigkeiten drohen (vgl. Tetsch und Baldarelli 2011: § 15, S. 365). Laut Ausführungsvorschriften zu dem PolG NRW (vgl. VVPolG 15.12) sind typische Anwendungsbeispiele Volksfeste und Sportveranstaltungen (vgl. Petri 2012: G Rn. 209). Der Zweck des Einsatzes der Videotechnik ist somit auf den Bereich der Kriminalitätsbekämpfung beschränkt, die reine Vorbeugung von Gefahren der öffentlichen Sicherheit bei Großveranstaltungen, wie z.b. die Vorbeugung der von den Menschenmassen ausgehenden Gefahren oder die Koordinierung von Hilfskräften unterliegen nicht dem Zweck der Vorschrift (vgl. Zitzen 2015: S. 205). Außerdem ist nur eine offene Videoüberwachung von dem Anwendungsbereich der Norm umfasst (vgl. Tetsch und Baldarelli 2011: § 15 S. 364). Aufgrund eines Lagebildes durch die Polizei muss feststehen, dass derartige Gefahren der Begehung von Straftaten drohen, damit sie Daten mittels Bildaufzeichnungen erheben können. Reine Beobachtungen zum Zwecke der Gefahrverhütung können nicht auf § 15 PolG NRW gestützt werden (vgl. Petri 2012: G Rn. 209). Durch § 15 Abs.1 S.2 PolG NRW wird auch die Erhebung personenbezogener Daten anderer Personen als derer, bei denen Tatsachen die Annahme rechtfertigen, dass sie Straftaten oder Ordnungswidrigkeiten begehen werden, erlaubt, soweit die Grenzen der Erforderlichkeit gegeben sind. Bei der Auswahl der Maßnahmen ist zu beachten, dass es sich von vorneherein nur um Maßnahmen handeln kann, mit denen bei objektiver Betrachtung auch tatsächlich konkrete Gefahren der Begehung von Straftaten oder Ordnungswidrigkeiten abgewehrt werden können, für den Bereich der Videoüberwachung bedeutet dies, dass parallel immer Einsatzkräfte so positioniert werden müssen, dass sie zeitnah eingreifen können (vgl. Zöller 2005: 1235 (1239)). Auch hier kann die Verhältnismäßigkeit der Maßnahme dadurch gesteigert werden, dass durch die Videotechnik selbst mittels Filter- oder Schwarzschaltungstechniken bestimmte Bereiche von der Videoaufnahme ausgenommen werden, so dass der Umfang der Datenerhebung limitiert wird.

### 4.1.4   Zwischenergebnis

Bei dem Einsatz von Videoüberwachungsmaßnahmen ist somit zu differenzieren, ob er technisch so ausgestaltet und genutzt wird, dass Identifizierungsmöglichkeiten des Betroffenen bestehen, oder es sich um eine Übersichtsmaßnahme handelt, bei der keine Personen bestimmbar sind. Des Weiteren kann festgehalten werden, dass der Zweck des Kameraeinsatzes über die Zulässigkeit entscheidet – sowohl bei der Videoüberwachung durch öffentliche und nicht-öffentliche Stellen nach dem Bundesdatenschutzgesetz als auch bei der Videoüberwachung von Großveranstaltungen durch die Polizei- und Ordnungsbehörden. Für jeden Bereich der Videoüberwachung ist es außerdem wichtig, dass der Einsatz verhältnismäßig ist – er muss erforderlich sein, für den Betroffenen transparent und datensparsam, insbesondere sollte von technischen Möglichkeiten zur Datenvermeidung Gebrauch gemacht werden, wie z. B. Schwarzschaltungen. Dies stellt den Prüfungsrahmen für die Untersuchung des Einsatzpotenzials von Videotechnik-Neuheiten wie Drohnen, Dashcams und Bodycams dar.

## 4.1.5 Rechtsrahmen des videotechnischen Einsatzes von Drohnen, Dashcams und Bodycams zur Sicherheitsgewährleistung bei Großveranstaltungen

Unter den Begriff der Drohne fallen verschiedene Arten von Flugkörpern, die ohne menschlichen Piloten an Board ferngesteuert oder autonom navigieren. Mit Foto- und Videotechnik ausgestattet, können damit weitläufige Aufnahmen hergestellt werden (vgl. Roggan 2011: 590 (590)). Im polizeilichen Kontext haben Drohnen Potenzial, zur Aufklärung, Überwachung und Dokumentation von polizeilichen Einsatzlagen beizutragen. Anwendungsgebiete sind u. a. Großveranstaltungen, wie Open-Air-Konzerte, Fußballspiele oder Volksfeste (vgl. Zöller und Ihwas 2014: 408 (409)). Durch die Mobilität und die enorme Reichweite der Aufnahme sind diese fluggesteuerten Kameras insbesondere zu Übersichtsaufnahmen geeignet, die vor Ort die Möglichkeit geben, frühzeitig lenkend auf Menschenmassen einzuwirken, Zugänge zum Veranstaltungsgelände zu öffnen oder zu sperren und um Massenpaniken zu verhindern, wie sie z. B. den Besuchern der Duisburger Love Parade im Jahr 2010 zum Verhängnis wurden (vgl. ebd.).

Dashcams sind Minicameras, die zum Zwecke der Beweissicherung an Armaturenbrettern von PKWs installiert werden und dabei fortlaufend Aufnahmen aufzeichnen und so das Verkehrsgeschehen dokumentieren (vgl. Balzer und Nugel 2014: 1622 (1622)). In dem Veranstaltungskontext gibt es mehrere mögliche Einsatzszenarien. Die Beobachtung des Verkehrs ist bei Großveranstaltungen dahingehend wichtig, dass dadurch wichtige Erkenntnisse über Besucheranzahlen getroffen werden können. Diese „Überwachung" hat zum Vorteil, dass bei einem zu großen Aufkommen Maßnahmen getroffen werden können, diese Massen sicher zu kontrollieren und zu leiten. Daneben erfordert die Anreise der Besucher per PKW immer die Notwendigkeit von Parkräumen. Durch die Beobachtung der Verkehrslage und der Besucherströme können flexibel etwaige Umleitungen unternommen werden, um ein Verkehrschaos aufgrund von Parkengpässen zu vermeiden.

Die Bodycams sind wie die Dashcams Miniatur-Videokameras, die mittels einer speziellen Weste an den Schultern von Personen (z. B. Polizisten oder Sicherheitsunternehmen) angebracht werden können und es technisch ermöglichen, den Einsatz aufzuzeichnen (vgl. Kipker und Gärtner 2015: 296 (296)). Durch die Mobilität wird das Einsatzfeld der polizeilichen Überwachung im Gegensatz zur Drohnenvideobeobachtung ausgedehnt, da nicht nur das Gesamterscheinungsbild einer Menschenmenge gefilmt wird, sondern auch der Einzelne, mit dem die aufzeichnende/aufnehmende Person im Einzelnen interagiert (vgl. ebd.).

a) Grundrechtsrelevanz des Einsatzes der Kameras

Wie bereits festgestellt, hängt die Eingriffsschwelle maßgeblich von der Identifizierbarkeit der Grundrechtsträger auf den Aufnahmen ab. Dazu zählen bloße Übersichtsaufnahmen nicht, wenn einzelne Personen nicht erkennbar sind und auch nicht durch technische Hilfsmittel erkennbar gemacht werden können. Dabei setzt die Drohnentechnologie selbst der Identifizierbarkeit technische Grenzen, weil die Kameratechnik insbesondere bei leichten Drohnen noch nicht so weit elaboriert ist, dass eine Identifizierbarkeit in einer Entfernung von mehr als 10 Metern nur möglich ist (vgl. Gusy 2014: 2).

Dashcams und Bodycams zeichnen sich dagegen durch einen sehr engen Aufnahmeradius aus, wodurch die identifizierungsfähige Aufnahme der betroffenen Personen sehr erleichtert wird und es keiner Zoommöglichkeit bedarf. Eingriffsintensivierend wirkt sich bei Dashcams außerdem aus, dass mit der Aufnahme des Verkehrs auch Kennzeichen der Fahrzeuge erhoben werden könnten, dies könnte die Gefahr der Erstellung von Bewegungsprofilen begünstigen.

c) Rechtliche Zulässigkeit der Nutzung von Drohnen, Dashcams und Bodycams

aa) Nutzung durch den Veranstalter zur Durchsetzung seines Hausrechts oder der Wahrnehmung berechtigter Interessen der Gefahrenabwehr

Diese Arten des Kameraeinsatzes können als technisch-optische Einrichtungen im Sinne des § 6b BDSG qualifiziert werden. Trotz der Formulierung „Einrichtung", die eine gewisse Statik implizieren könnte, sind auch mobile Kameras vom Anwendungsbereich der Vorschrift umfasst (vgl. Scholz 2014: § 6b Rn. 37).

Sollte der Kameraeinsatz auf den Zweck der Wahrnehmung des Hausrechts gestützt werden, ist besonders bei Drohnen sicherzustellen, dass diese in ihrem

Flugradius die Liegenschaftsgrenzen des Veranstaltungsbereichs nicht überschreiten.
Auch Bodycams sind geeignet, die Durchsetzung des Hausrechts gem. § 6b Abs. 1 Nr. 2 BDSG zu unterstützen, indem sie von den Sicherheitsunternehmen getragen werden. Bei dem Einsatz ist jedoch die Erforderlichkeit zur Erreichung des Zwecks fraglich. Zwar können repressive Maßnahmen zur Beweissicherung durch die Aufnahme erleichtert werden, dann würde es aber einer Aufzeichnung bedürfen. Dagegen spricht wiederum das Prinzip der Datensparsamkeit, da bei Großveranstaltungen mit mehreren tausend Besuchern viele Daten – und zwar wie oben festgestellt eingriffsintensiv – erhoben werden würden. Der Einsatz der Bodycams dürfte deswegen nur in engen Grenzen zulässig sein.
Dagegen ist der Einsatz von Dashcams durch den Veranstalter zum Zwecke der Verkehrsüberwachung nicht durch § 6b BDSG zur Wahrnehmung des Hausrechts zu legitimieren, da diese Art der Videoüberwachung außerhalb des vom Hausrecht umfassten Bereichs liegt. Der Drohneneinsatz zur Wahrnehmung des berechtigten Interesses der Gefahrenabwehr ist nach § 6b Abs. 1 Nr.3 BDSG zulässig und erforderlich, soweit die Aufnahme der Drohne in Echtzeit in die Sphäre des Veranstalters gelangt, so dass er mittels seines Sicherheitsdienstes zeitnah agieren kann, um die drohende Gefahr abzuwehren.

bb) Nutzung von Videotechnik durch die Polizei zum Zwecke der Gefahrenabwehr
Als Ermächtigungsgrundlage für den Einsatz von Drohnen zur Gefahrenabwehr bei Großveranstaltungen greift § 15 PolG NRW. Dazu muss die Drohne auf eine Art genutzt werden, die zur Gefahrenabwehr geeignet ist. Die reine Beobachtung einer Gefahrenlage aus der Luft allein ist nicht fähig, Gefahren zu verhindern. Zusätzlich müssen am Boden Polizeikräfte mit dem Führer des Fluggeräts verbunden sein, damit dieser gefahrenabwehrende Maßnahmen ergreifen kann (vgl. Zöller 2005: 1235 (1239)). Folgende Kriterien bedingen den legitimen Einsatz zur Gefahrenabwehr: Die Drohnen sollten Live-Bilder zu einer Bodenstation senden, die dort beobachtet werden. Aufzeichnungen, die erst nach einer Landung ausgewertet werden, sind für einen Gefahrenabwehrzweck nicht sinnvoll, da so nicht rechtzeitig die Gefahr abgewehrt werden kann. Aus diesem Grund der Effektivität der Maßnahme sollte außerdem ein Eingreiftrupp am Boden zur Verfügung stehen, der unmittelbar handeln kann, um die Begehung einer Straftat zu verhindern (vgl. Zöller und Ihwas 2014: 408 (411)).
Da nur die offene polizeiliche Videobeobachtung zulässig ist, müssen die Veranstaltungsbesucher über den Drohneneinsatz in Kenntnis gesetzt werden, weil Drohnen aufgrund der kleinen Größe schwer vom Boden aus erkennbar sind.

Die betroffenen Personen können aber durch Hinweisschilder, auffällige Markierungen am Fluggerät oder Lautsprecherdurchsagen über den Drohneneinsatz informiert werden, wodurch der Drohneneinsatz in den Bereich einer offenen Informationserhebung qualifiziert wird (vgl. Zöller und Ihwas 2014: 408 (412)). Von § 15 PolG NRW sind auch Datenerhebungen im Zusammenhang mit Veranstaltungen und Ansammlungen umfasst, so dass danach auf dem Hin- oder Rückweg Datenerhebung mittels Videotechnik erlaubt ist (vgl. Pieroth u. a. 2014: § 14 Rn. 83), dazu sind Dashcams in dem Zusammenhang besonders geeignet. Dagegen trifft das Argument, was schon gegen den Einsatz von Bodycams zur privaten Gefahrenabwehr sprach, auch auf den polizeilichen Einsatz von Bodycams zur Gefahrenabwehr zu. Für präventive Zwecke ist der Einsatz ungeeignet, da er die Gefahrenabwehr nicht erleichtert. Zwar bestehen positive Auswirkungen aus Eigensicherung- und Beweissicherungsgesichtspunkten, diese sind jedoch nicht gefahrenabwehrrechtlich zu beurteilen, sondern aus repressiven Gesichtspunkten, was aber nicht Gegenstand dieses Beitrags ist.

### 4.1.6    Fazit

Die Untersuchung zeigt, dass trotz des Potenzials dieser Arten der Videotechnik dem Nutzer viele rechtliche Grenzen durch den Gesetzgeber aufgezeigt werden. Der legitime Einsatz der Techniken erfordert einen sensiblen Umgang unter Berücksichtigung und geringster Einschränkung der Persönlichkeitsrechte der betroffenen Personen. Diese Beurteilung ist nur aufgrund einer Einzelfallentscheidung möglich, in die die Art und Weise des Einsatzes der Videokameras, die örtlichen Begebenheiten, die Dauer und der Zweck der Observation einfließen müssen. Für den Laien empfiehlt es sich auch an dieser Stelle, immer die Grundprinzipien des Datenschutzes zu prüfen: Zweckbindung, Transparenz und Datensparsamkeit.

## 4.2    Bewegungsprofile

Auch durch die Gefahr der Erstellung von Bewegungsprofilen durch Erhebung und Übermittlung von personenbezogenen Daten besteht ein Eingriff in das informationelle Selbstbestimmungsrecht nach Art. 2 I i. V. m. Art. 1 Abs. 1 GG (vgl. Brink 2013: Syst. C Rn. 69). Ortung und Technologien des sog. Ubiquitous Computing, wie die RFID-Technologie, können zu einer solchen Erstellung missbraucht werden. Um für die Gefahren ein Bewusstsein zu wecken, werden die datenschutzrechtlich kritischen Gesichtspunkte herausgestellt.

## 4.2.1 Ortungsdienste

Durch die weitgestreute Nutzung von Smartphones und deren Apps sind Ortungs-dienste bereits fester Bestandteil des Alltags von Veranstaltungsbesuchern und auch Gefahrenabwehrbehörden werden in Zukunft verstärkt mit Applicationen arbeiten. Daneben gibt es aber auch im Rahmen der Videoüberwachung Möglich-keiten, durch die Kopplung mit GPS-Ortungssystemen eine genaue Standort-bestimmung herzustellen. Dabei ist zu unterscheiden, wann die Nutzung selbst in dem Verantwortungsbereich des Besuchers liegt und wann der Besucher keine Einwirkungsmöglichkeit und schlimmstenfalls keine Kenntnis von der Ortung hat.

Die datenschutzrechtliche Relevanz hängt auch in diesem Fall davon ab, ob personenbezogene Daten im Sinne des § 3 Abs. 1 BDSG durch die Ortung erhoben werden. Geografische Standortdaten oder Positionsdaten wie GPS-Koordinaten sind isoliert nicht als personenbezogene Daten zu qualifizieren, können aber durch Verbindung mit anderen personenbezogenen Daten solche werden, insbesondere, wenn dadurch der Aufenthaltsort dieser bestimmbaren Person beschrieben wird oder der Ort eines Geschehens, an dem die bestimmbare Person beteiligt ist (vgl. Dammann 2014: § 3 Rn. 69). Wenn diese Verknüpfung erfolgt, fällt jegliche Er-hebung und Verwendung in den Anwendungsbereich der jeweilig anzuwendenden Datenschutzgesetze (s.o.). Die datenschutzrechtlichen Grundprinzipien müssen auch hier von den verantwortlichen Stellen berücksichtigt werden, insbesondere die Gebote der Transparenz, der Zweckbindung und die legitime Ausgestaltung etwaiger Einwilligungen.

Im Rahmen polizeilicher Arbeit wird das Global Positioning System zu repres-siven Zwecken genutzt und dabei auf § 100f Abs. 1 Nr. 2 StPO gestützt, wonach unter bestimmten Voraussetzungen neben Lichtbildern und Bildaufzeichnungen auch sonstige besondere für Observationszwecke bestimmte technische Mit-tel zur Erforschung des Sachverhalts oder zur Ermittlung des Aufenthaltsortes des Täters verwendet werden (vgl. Kutscha 2008: 481 (484)). Hinsichtlich der präventiv-polizeilichen Arbeit im Bereich von Großveranstaltungen können die oben erläuterten Videokameras mit GPS-Ortungssystemen ausgestattet werden, dadurch intensiviert sich jedoch der Grundrechtseingriff, so dass im Rahmen der Rechtfertigung aufgrund des Wesentlichkeitsgrundsatzes erhöhte Anforderungen an die Verhältnismäßigkeit, insbesondere die Angemessenheit, zu stellen sind.

## 4.2.2   RFID-Ticketing

a)  Anwendung der RFID-Technologie
    Durch Ubiquitous Computing werden Sensor-, Kommunikations- und Rechner-
    technik in Alltagsgegenständen verbunden und diese kommunikationsfähig
    gemacht. Diese Gegenstände können sich gegenseitig identifizieren, mitteilen,
    Umweltvorgänge erkennen und kontextbezogen reagieren, wodurch Datenver-
    arbeitung allgegenwärtig wird (vgl. Scholz 2014: § 3a Rn. 13). Dadurch können
    personenbezogene Daten ohne größeren Aufwand zusammengeführt, kombi-
    niert und zu umfassenden Profilen verknüpft werden und dadurch eine poten-
    ziell perfekte Überwachung ermöglichen (vgl. Roßnagel 2007: 21f.). RFID-Sys-
    teme sind Bestandteile dieses Systems der Ubiquitous Computing. Sie bestehen
    aus einem Mikro-Chip und einem Lesegerät, die mittels Funk miteinander
    kommunizieren können (vgl. Scholz 2014: § 3a Rn. 13).
    Diese Technologie wird bereits im Bereich des Ticketing bei Sportver-
    anstaltungen verwendet. Bei der Fußball-WM 2006 wurden Transponder mit
    der jeweiligen UID (Seriennummer) auf die Eintrittskarten angebracht. Bei
    der Ticketkontrolle fragten die RFID-Lesegeräte an den Eingangsschleusen
    der Stadien diese Seriennummer ab und speicherten sie, um die mehrfache
    Nutzung zu verhindern (vgl. Conrad 2005: 537 (537)). Dabei ist festzuhalten,
    dass lediglich die Seriennummer als Datum verwendet wird, dies erhält dann
    in Verbindung mit den Bestelldaten, die der Besucher beim Ticketkauf preis-
    gibt, Personenbezug. Diese Bestelldaten werden im Rahmen des § 28 Abs. 1
    Nr. 1 BDSG erhoben, wonach die Erhebung von personenbezogenen Daten von
    nicht-öffentlichen Stellen dann zulässig ist, wenn es der Zweckbestimmung
    des Vertragsverhältnisses mit dem Betroffenen dient. Da es sich um einen
    gegenseitigen Vertrag handelt, der Rechte und Pflichten auf beiden Seiten der
    Vertragsschließenden begründet, und diese Informationen zu der etwaigen
    Geltendmachung dieser Rechte notwendig sind, liegt diese Zweckbestimmung
    im Bereich des Ticketing vor (vgl. Conrad 2005: 537 (540)).
    Nutzt der Veranstalter diese Technologie im Rahmen seiner Eintrittskarten, legt
    § 6c BDSG ihm Informationspflichten zur Einhaltung der Transparenz gegen-
    über dem Betroffenen auf. Der Betroffene soll von Anfang an die Funktion
    und Verarbeitungsmöglichkeiten des Datenträgers kennen, um entscheiden zu
    können, ob er seine Daten in einem Verfahren unter Einsatz dieses Mediums
    bereitstellen will (vgl. Gola und Schomerus 2015: § 6c Rn. 2b).

b) Missbrauchsgefahren

Wie bei vielen technischen Geräten ist nicht die Ausstattung per se ein rechtliches Problem, sondern die Nutzung, beziehungsweise die Risiken datenschutzrechtlicher Natur, die diese technischen Geräte durch missbräuchliche Nutzung bergen. Ein großes Problem ist dabei insbesondere Intransparenz. Diese ist zum einen dadurch gegeben, dass die RFID-Technologie eine Mikrotechnologie ist und in verschiedener Ausführung für den Betroffenen nicht erkennbar ist. Ein weiteres Problem bildet die Tatsache, dass der Auslesevorgang für den Betroffenen nicht wahrnehmbar ist. Dadurch bergen die vielfältigen Datenerhebungsmöglichkeiten des RFID das Risiko, dass ein dichtes Netz von Lesegeräten für eine private oder staatliche Rundumüberwachung missbraucht wird (vgl. Conrad 2005: 537 (549)). Deswegen sollten Kontrollmechanismen technisch implementiert werden. Dabei ist zu berücksichtigen, dass aufgrund der technischen Komplexität des RFID-Systems dem Missbrauch technische Schranken gesetzt werden, deren Überbrückung hohe Kosten entgegenstehen. Die Missbrauchsgefahr löst wieder das Erfordernis nach einem technikoffenen Bedarf an datenschutzrechtlichen Regelungen aus. Deswegen müssen Datenschutzkonzepte angestrebt werden, durch die technische Neuheiten aufgefangen werden. Zu Recht wird gefordert, dass den Gefährdungen durch Technologien dadurch zu begegnen ist, dass diese ihrerseits zum Schutz der informationellen Selbstbestimmung genutzt werden (vgl. Scholz 2014: § 3a Rn. 15 m.w.N.).

## 5    Ausblick

Der Beitrag zeigt, dass der Informationsaustausch, Datenerhebungen und der Datenaustausch wichtige Instrumentarien für die Gewährleistung von Sicherheit bei Großveranstaltungen sind. Die Auswirkungen dieser Datenverarbeitungsvorgänge haben dabei großes Potenzial in das Selbstbestimmungsrecht der Besucher als Betroffene einzugreifen, weswegen der Gesetzgeber durch ein breites Regelungskonstrukt versucht, diese zahlreichen potenziellen Grundrechtseingriffe zu limitieren. Der Betroffene muss davor bewahrt werden, dass Datenbanken und Bewegungsprofile erstellt werden, ohne dass dies ihm transparent kommuniziert wird. Insbesondere automatisierte Datenverarbeitungsmöglichkeiten dürfen nicht missbraucht werden. Die Verantwortlichkeit für den Umgang mit personenbezogenen Daten gebührt dabei aber nicht nur den öffentlichen und nicht-öffentlichen Stellen. Der Betroffene selbst sollte die Preisgabe seiner Daten eigenverantwortlich steuern und beschränken. Eine wichtige Rolle spielen hierbei Einwilligungsmechanismen, um das Selbstbestimmungsrecht der Betroffenen zu wahren, die dieser auch wahrnehmen sollte. Außerdem ist zu beachten, dass auch Datenschutz durch Technik geschaffen und gewährleistet werden kann und diese technischen Möglichkeiten – wenn vorhanden – bei der Anwendung auch genutzt werden, wie z.b. die Schwarzschaltungen bestimmter Bereiche bei der Videoüberwachung von Großveranstaltungen. Die Entwicklung technischer Innovationen, die mehr Sicherheit bei Großveranstaltungen schaffen können, steht damit vor der gleichen Herausforderung wie der Gesetzgeber bei der Entwicklung datenschutzrechtlicher Regelungen, die den technischen Fortschritt angemessen auffangen sollen: Es muss ein steter Ausgleich zwischen Freiheit und Sicherheit gewährleistet werden, in dem die Persönlichkeits-, Informations- und Freiheitsrechte der Beteiligten vollumfänglich berücksichtigt werden.

## Literaturverzeichnis

### Zeitschriften

Balzer, Thomas/Nugel, Michael (2014): Minikameras im Straßenverkehr – Datenschutzrechtliche Grenzen und zivilprozessuale Verwertbarkeit der Videoaufnahmen, in: Neue Juristische Wochenschrift (NJW), S.1622

Conrad, Isabell (2005): RFID-Ticketing aus datenschutzrechtlicher Sicht, in : Computer und Recht (CR), Heft 07, S. 537

Däubler, Wolfgang/Klebe, Thomas/Wedde, Peter/Weichert, Thilo (2014), Bundesdatenschutzgesetz, 4. Auflage, Köln: Bund-Verlag

Durner, Wolfgang (2006): Zur Einführung: Datenschutzrecht, in: Juristische Schulung (JuS), S. 213–217

Gola, Peter/Schomerus, Rudolf (2015), Bundesdatenschutzgesetz, 12. Auflage, München: C.H.BECK

Gusy, Christoph (2014), Aufklärungsdrohnen im Polizeieinsatz, in: Kriminalpolizei, http://www.kriminalpolizei.de/nc/ausgaben/2014/detailansicht-2014/artikel/aufklaerungsdrohnen-im-polizeieinsatz.html

Kipker, Dennis-Kenji/Gärtner, Hauke (2015): Verfassungsrechtliche Anforderungen an den Einsatz polizeilicher „Body-Cams, in : Neue Juristische Woche (NJW), S. 296

Kugelmann, Dieter (2012), Polizei- und Ordnungsrecht, 2. Auflage, Berlin: Springer

Kühling, Jürgen/Seidel, Christian/Sivridis, Anastasios (2011), Datenschutzrecht, 2. Auflage, München: Verlagsgruppe Hüthig-Jehle-Rehm

Kutscha, Martin (2008): Überwachungsmaßnahmen der Sicherheitsbehörden im Fokus der Grundrechte, in: Verwaltungsrechts-Zeitschrift für die Länder Berlin I Brandenburg I Sachsen I Sachsen-Anhalt I Thüringen (LKV), S. 481

Liehr, Manuel (2013): Der Betrieb von Versammlungsstätten, in: Verwaltungsblätter für Baden-Württemberg (VBlBW), S. 169

Lisken, Hans/Denninger, Erhardt, (2012), Handbuch des Polizeirechts, 5. Auflage, München: C.F. Beck

Masing, Johannes (2012): Herausforderungen des Datenschutzes, in: Neue Juristische Woche (NJW) S. 2305

Pieroth, Bodo/Schlink, Bernhard/Kniesel, Martin (2014), Polizei- und Ordnungsrecht mit Versammlungsrecht, 8. Auflage, München: C.H.BECK

Roggan, Frederick (2011): Der Einsatz von Video-Drohnen bei Versammlungen, Neue Zeitschrift für Verwaltungsrecht (NVwZ), S. 590

Roßnagel, Alexander (2003), Handbuch Datenschutzrecht: Die neuen Grundlagen für Wirtschaft und Verwaltung, München: C.H.BECK

Ders. (2007), Datenschutz in einem informatisierten Alltag, Gutachten im Auftrag der Friedrich-Ebert-Stiftung, Berlin

Sachs, Wolfgang (2014), Grundgesetzkommentar, 7. Auflage, München: C.H.BECK

Siegel, Thorsten (2012): Grundlagen und Grenzen polizeilicher Videoüberwachung, in: Neue Zeitschrift für Verwaltungsrecht (NVwZ), S. 738

Simitis, Spiros (2014), Bundesdatenschutzgesetz, 8. Auflage, Baden-Baden: Nomos

Tetsch, Lambert/Baldarelli, Marcello (2011), Polizeigesetz des Landes Nordrhein-Westfalen, Hilden: Deutsche Polizeiliteratur

Tinnefeld, Marie-Theres/Ehrmann, Eugen/Gerling, Werner (2013), Einführung in das Datenschutzrecht, 4. Auflage, München: R. Oldenbourg Verlag

Wolf, Heinrich/Brink, Stefan (et. al) (2013), Datenschutz in Bund und Länder, 1. Auflage, München: C.F.Beck

Zitzen, Dirk (2015), Kommunale Videoüberwachung, Berlin: Duncker & Humblot

Zöller, Mark/Ihwas, Saleh (2014): Rechtliche Rahmenbedingungen des polizeilichen Flugdrohneneinsatzes, in: Neue Zeitschrift für Verwaltungsrecht (NVwZ) 2014, S. 408–414

Zöller, Mark (2005): Möglichkeiten und Grenzen polizeilicher Videoüberwachung, in: Neue Zeitschrift für Verwaltungsrecht (NVwZ), S. 1235–1241

Zöller, Mark (2002), Informationssysteme und Vorfeldmaßnahmen von Polizei, Staatsanwaltschaft und Nachrichtendiensten, 1. Auflage, München: Verlagsgruppe Hüthig-Jehle-Rehm

# Evaluation im Kontext von Großveranstaltungen

## Anna K. Schwickerath, Frank Fiedrich und Matthias Heilmann

An der Planung und Durchführung von Großveranstaltungen beteiligte Akteure sammeln im Rahmen ihrer Tätigkeiten oftmals Erfahrungen, die auf Folgeveranstaltungen übertragbar wären. Nicht immer finden diese Erfahrungen Beachtung in systematisch durchgeführten Nachbereitungen oder Evaluationen. Gerade diese Verfahren können Veranstaltern und Behördenvertretern jedoch dabei helfen, ihr Vorgehen zu professionalisieren und damit die Sicherheit auf Großveranstaltungen zu erhöhen: „Denn ohne genaue Kenntnisse der Zusammenhänge ist keine Wissenstransformation möglich." (Paul und Sakschewski 2012: 184) Aspekte der Kommunikation sind hier von zentraler Bedeutung.

Die Autoren/innen des vorliegenden Artikels geben zunächst eine Einführung in das Thema Evaluation. Anschließend werden entsprechende Hinweise ausgewählter internationaler Guidelines zur Durchführung von Veranstaltungen vorgestellt. In einem dritten Schritt werden Sicherheitskonzepte, die von Veranstaltern zur Verfügung gestellt wurden, hinsichtlich der erwähnten Thematik untersucht. Abschließend geben die Autoren Empfehlungen zur Implementierung von Evaluationskonzepten im Veranstaltungskontext.

## 1 Zur Theorie der Evaluation

Evaluationen finden in diversen gesellschaftlichen Bereichen statt und werden dazu eingesetzt, Prozesse und ihre Wirkungen zu überprüfen. Stockmann und Meyer definieren den Evaluationsbegriff wie folgt: „Evaluation [ist] ein Instru-

© Springer Fachmedien Wiesbaden GmbH, ein Teil von Springer Nature 2019
C. Groneberg (Hrsg.), *Veranstaltungskommunikation*,
https://doi.org/10.1007/978-3-658-11725-2_9

ment zur empirischen Generierung von Wissen [...], das mit einer Bewertung verknüpft wird, um zielgerichtete Entscheidungen zu treffen." (Stockmann und Meyer
2014: 72) Von besonderer Bedeutung ist dabei, dass der Fokus nicht ausschließlich
auf der Analyse und Bewertung bestehender Prozesse liegt, diese sollen zudem in
die Entwicklung neuer Strukturen integriert werden. Auf diese Weise werden Er-
fahrungswerte genutzt, um zukünftige Strategien zu entwickeln.

Im Unterschied zum Monitoring, das der Bestandsaufnahme dient, stehen bei
Evaluationen eher Wirkungen im Vordergrund. „Wissenschaftliche Evaluation
wird [...] auch als Evaluationsforschung bezeichnet. Damit meint dieser Terminus nicht, wie man leicht folgern könnte, Forschung über Evaluationen." (Holling
u. a. 2009: 14) Bortz und Döring sehen in ihr jedoch „keine eigenständige Disziplin [...], sondern eine Anwendungsvariante empirischer Forschungsmethoden auf
eine spezielle Gruppe von Fragestellungen [...]". (Bortz u. a. 2009: 96) Dies ist
auch daran erkennbar, dass „[d]as Erkenntnisinteresse der Evaluationsforschung
[...] insoweit begrenzt [ist], als lediglich der Erfolg oder Misserfolg einer Maßnahme interessiert. Dies ist bei der Grundlagenforschung anders [...]; [m]it dem
Begriff ‚Evaluationsforschung' soll zum Ausdruck gebracht werden, dass Evaluationen wissenschaftlichen Kriterien genügen müssen, die auch sonst für empirische Forschungsarbeiten gelten". (Bortz u. a. 2009: 98) Diese Kriterien gelten auch
außerhalb des wissenschaftlichen Bereichs.

Evaluationen verfügen gerade im US-amerikanischen Raum über eine lange
Tradition; dort wurden sie bereits zu Beginn des 20. Jahrhunderts eingesetzt, um
die Wirksamkeit staatlicher Programme zu überprüfen. Sie sind dort unter anderem durch die *American Evaluation Association* institutionell verankert. Diese
veröffentlichte 1994 die *Guiding Principles for Evaluators*, welche zuletzt 2004
überarbeitet beziehungsweise aktualisiert wurden:

1. *Systematic Inquiry*
   Im Rahmen von Evaluationen ist es von großer Bedeutung, systematische und
   datenbasierte Untersuchungen durchzuführen. Dabei sollen neueste Methoden
   angewandt werden, die es den Akteuren erlauben, ihre Ergebnisse verständlich
   zu vermitteln.
2. *Competence*
   Die beteiligten Personen sollten sich neben ihrer methodischen Kompetenz
   durch ein ausgeprägtes kulturelles Verständnis sowie Fortbildungsbereitschaft
   auszeichnen. Ein prozessbegleitender kollegialer Erfahrungsaustausch ist über-
   dies wünschenswert.

3. *Integrity/Honesty*
   Evaluatoren/innen sollten sowohl im Hinblick auf methodische Umstände, wie beispielsweise Kosten und finanzielle Abhängigkeiten, als auch auf Grenzen sowie zu erwartende Resultate, Abweichungen von der ursprünglichen Planung, Darstellung der Ergebnisse und Gewissenskonflikte oder Bedenken ehrlich sein.

4. *Respect for People*
   Neben der Einbeziehung kontextueller Aspekte, wie dem sozialen Umfeld, ist eine professionelle Ethik im Umgang mit vertraulichen Daten, negativen Resultaten oder der Wahrnehmung der Heterogenität innerhalb einer Gruppe von Befragten unabdingbarer Bestandteil von Evaluationen.

5. *Responsibilities for General and Public Welfare*
   Evaluatoren/innen sollten sich darum bemühen, die Perspektive von Befragten einzunehmen und die Wirkung der Resultate zu beachten. Dafür ist unter anderem von Bedeutung, eine Balance zwischen den Wünschen ihrer Klienten und dem Gemeinwohl zu erreichen. (vgl. American Evaluation Association 1994)

## 2 Zur Methodik von Evaluationen

Nach Stockmann und Meyer (vgl. 2014: 84) werden Evaluationen in der Regel ex-ante, formativ oder ex-post durchgeführt. Im Kontext von Programmentwicklungen werden ex-ante-Evaluationen vorgenommen, um Rahmenbedingungen zu untersuchen. „Bei der formativen Evaluation zielt die Interpretation der Zwischenergebnisse darauf ab, konkrete Empfehlungen für die Veränderung der Maßnahme oder ihrer Umsetzung abzuleiten." (Döring 2009: 125) Um den Umfang von Wirkungen sowie die Nachhaltigkeit von Prozessen zu untersuchen, werden ex-post-Evaluationen vorgenommen. Dabei wird nach internen und externen Evaluationen unterschieden. Interne Verfahren werden von der entsprechenden Organisation selbst durchgeführt. Für eine solche Selbstevaluation sprechen der oftmals geringere Aufwand und die inhaltlichen Kenntnisse der Evaluatoren/innen; nachteilig kann hier jedoch die fehlende Unabhängigkeit sein. Externe Evaluatoren/innen sind nicht Teil der Organisation, daher oftmals unabhängiger, jedoch fehlen hier teils entsprechende Sachkenntnisse. Häufig ist die Entscheidung für eine der Formen zudem von finanziellen Rahmenbedingungen abhängig.

Abbildung 1 zeigt die Phasen von Evaluationen anhand eines idealtypischen Verlaufs.

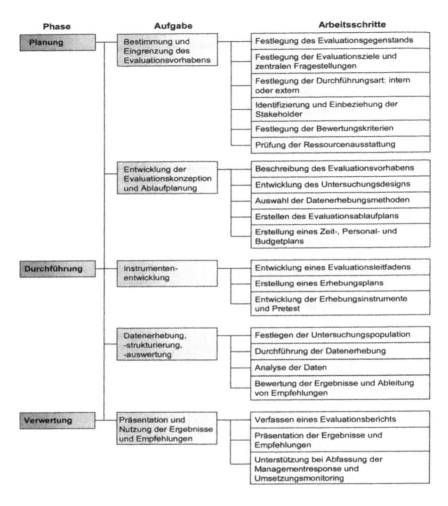

**Abbildung 1** Phasen von Evaluationen. Quelle: Stockmann und Meyer 2014: 170.

Evaluationen werden heute in einer Vielzahl gesellschaftlicher Kontexte eingesetzt; ihre Anwendbarkeit beschränkt sich daher keineswegs auf die Wissenschaft. In der Forschung besteht Einigkeit darüber, dass sie diverse Funktionen erfüllen können, so beispielsweise die der Erkenntnis, Optimierung, Kontrolle, Entscheidung oder Legitimation. Folglich können diverse Objekte, wie Personen,

Produkte, Techniken und Methoden, Projekte und Strukturen, Gegenstand von Evaluationen sein (vgl. Bortz und Döring 2009: 96–97).

Dennoch scheint der Terminus so eng mit der (universitären) Forschung verknüpft, dass ihm von Seiten der Praxis, im konkreten Fall von Akteuren, die im Veranstaltungskontext tätig sind, Skepsis entgegengebracht wird bis hin zu der Annahme, Evaluationen seien zu wissenschaftlich, um praktisch anwendbar zu sein. Holling u. a. bemerken diesbezüglich, dass die Methoden der Evaluation oftmals unter anderen Bezeichnungen eingesetzt werden. „Im ökonomischen Bereich hat Evaluation seit langem insbesondere unter dem Begriff ‚Controlling' einen festen Platz. Controlling dient dazu, Prozesse und Projekte während der Umsetzung zu kontrollieren, um sie gegebenenfalls bei auftretenden Schwierigkeiten sofort in die gewünschte Richtung zu steuern." (Holling u. a. 2009: 1–2) Dabei ist jedoch zu bedenken, dass sich „Evaluation nicht auf simple Soll-Ist-Vergleiche reduzieren lassen darf, bei denen die gewünschten Ziele mit den realisierten Zuständen verglichen werden, sondern dass Evaluation die nicht-intendierten Folgen ins Zentrum ihrer Betrachtungen stellt." (Stockmann 2008: 1–2) Dieser Aspekt ist für den Veranstaltungsbereich von besonderer Bedeutung. Oftmals werden unbeabsichtigte Vorkommnisse dort informell dokumentiert. Die Wirkungen dieser Dokumentationen sind jedoch von den Strukturen innerhalb der Entscheidungsgremien beziehungsweise der Unternehmenskultur der wirtschaftlichen Akteure abhängig. Nach Überzeugung der Autoren/innen könnte die Implementierung formalisierter Evaluationsmethoden dazu führen, dass dahingehende Standards erhöht würden; denkbar wäre hier beispielsweise eine standardisierte Dokumentation der Vorgänge aller Veranstaltungsphasen (Vorbereitung/Planung, Durchführung, Nachbereitung). Die dabei entstehenden Textdokumente könnten als eine Grundlage möglicher qualitativer oder quantitativer Inhaltsanalysen dienen. Darüber hinaus empfehlen Bortz und Döring die „Aktionsforschung, […], biographische Interviews [sowie] teilnehmende Beobachtung[en]" (Bortz u. a. 2009: 110) als geeignete Methoden. In der Forschung werden diverse Formen von Evaluationen unterschieden. „There are many models of evaluation. Models are developed to help evaluators know what steps to follow and issues to consider in designing and implementing a study. Models are not so much recipes as frameworks." (Patton 1990: 115) Michael Quinn Patton beschreibt in seinem Werk sieben zentrale Modelle; davon sind für den Veranstaltungskontext nach Ansicht der Autoren/innen unter anderem die *goal-free-* sowie die *utilization-focused*-Evaluation geeignet. Nach der *goal-free*-Methode verzichten Evaluatoren vollständig auf die Einbeziehung zuvor festgelegter Ziele; lediglich die „actual effects" werden hier betrachtet (vgl. Patton 1990: 116) Elemente dieser Methode bieten sich im Kontext von Großveranstaltungen an, da die Leistungen der betreffenden Akteure hier nicht ausschließlich danach gemessen werden, inwiefern diese ihre Ziele erreicht haben; vielmehr können Reaktionen auf unvorhergesehene Ereignisse in die Betrachtung integriert werden. Bei der *utilization-focused-Evaluation* steht im Vordergrund, welche Informationen hinsichtlich des Forschungsgegenstands von den entsprechenden Auftraggebern/innen benötigt werden. Zwischen Evaluatoren/innen und Nutzern/innen findet daher ein reger Austausch statt (vgl. Patton 1990: 21) Welche Methoden konkret angewendet werden können, ist stark von der Struktur der Veranstaltung abhängig und kann daher hier nicht abschließend geklärt werden. Sofern die finanziellen sowie zeitlichen Ressourcen dies zulassen, sind Mischmethoden empfehlenswert (vgl. Mayring 1996: 6) Inwiefern im Rahmen von Evaluationen quantitative, qualitative oder Mischmethoden zum Einsatz kommen, ist abhängig von der Zielsetzung und den finanziellen sowie zeitlichen Ressourcen. Bei quantitativen Verfahren werden beispielsweise Erhebungen mittels Fragebögen durchgeführt, wohingegen im Rahmen qualitativer Untersuchungen Einzelinterviews oder Gruppendiskussionen eingesetzt werden können. Verkürzt dargestellt liegt der Vorteil quantitativer Erhebungen in vergleichsweise hohen Fallzahlen, der qualitativer Verfahren in einer detaillierten Betrachtung von Einzelfällen.

## 3 Guidelines zur Durchführung von Großveranstaltungen

Betrachtet man Großveranstaltungen international so fällt auf, dass sich vor allem im englischsprachigen Raum sowie in dem hier betrachteten schwedischen Beispiel sogenannte Guidelines zu deren Durchführung etabliert haben; ein prominentes Beispiel dafür ist der sogenannte *Purple Guide* aus Großbritannien, der hier ebenfalls in die Analyse einbezogen wurde; dieser diente vielfach als Vorlage für Leitfäden anderer Staaten. Die Herausgeber dieser Veröffentlichungen sind üblicherweise staatliche Institutionen oder kommunale Behörden. Zwar sind diese Guidelines in der Regel rechtlich nicht verbindlich, dennoch sind sie stark verbreitet und dienen vielen Veranstaltern/innen als Hilfestellung. Oftmals sind darin Checklisten enthalten, anhand derer Akteure der Branche die entsprechende Veranstaltung kategorisieren und ihre Phasen strukturiert planen und durchführen können. Zehn der bekanntesten Guidelines wurden durch die Autoren/innen einer qualitativen Analyse in MAXQDA hinsichtlich der Frage unterzogen, inwieweit Evaluationen beziehungsweise strukturierte Nachbereitungen von Veranstaltungen darin Erwähnung finden. Dabei konnten die Begriffe *Evaluation*, *Audit* und *Review* mehrfach identifiziert werden.

In der anschließenden Codierung konnten die Kontexte, innerhalb derer die Begriffe genannt wurden, drei zentralen Kategorien zugeordnet werden. So wird die Wichtigkeit von Dokumentationen in einer Vielzahl der betrachteten Texte betont:

„Information obtained during inspections as well as a result of incidents or property damage shall be recorded in an event logbook. This logbook shall also be used to keep other records such as weather information [...] to audit and review the event later." (SABS Standards Division 2008: 25)

„Given the complexity of event organisation, it is vital that you maintain good records of the planning, implementation and evaluation process." (NSW Department of Premier and Cabinet 2010: 19)

Darüber hinaus finden sich Hinweise zur Methodik von Evaluationen:

„[...] send out an evaluation sheet to all key stakeholders [...]. You could seek feedback from suppliers, performers, venue managers and security guards as well as those directly involved with coordinating the event." (NSW Department of Premier and Cabinet 2010: 61)

„Review press reports and contact local public safety officials who were present at previous performances." (Federal Emergency Management Agency 2005: 38)

Die Dokumentation der Abläufe und Ereignisse von Veranstaltungen wird hier als unerlässlich angesehen, ohne jedoch konkrete Vorschläge hinsichtlich ihrer Ausgestaltung zu machen. Wie genau derartige Dokumentationen ausgearbeitet werden können, ist von der Größe und finanziellen beziehungsweise personellen Ausstattung der Veranstaltung abhängig.

Zudem wird die große Bedeutung von Nachbereitungen besonders für jährlich oder regelmäßig stattfindende Veranstaltungen mehrfach dargelegt:

„In the case of annual events, one year's evaluation often means the start of planing for the following year's event." (Swedish Civil Contingencies Agency 2012: 13)

„To assist in future planning, you should keep a record of the findings of the review. The record is particularly important where there are changes in the personnel responsible for crowd safety." (Health and Safety Executive 2000: 52)

Demnach sollten Evaluationen breit angelegt werden, um die größtmögliche Zahl von Akteuren zu integrieren, so dass ein umfassendes Bild der Veranstaltung gegeben werden kann.

Gleichwohl die analysierten Guidelines kaum konkrete Hinweise zu der Durchführung von Evaluationen geben, werden hier zentrale Aspekte angesprochen. Da sich der Einsatz derartiger Guidelines im deutschsprachigen Raum bisher kaum etabliert hat, ist anzunehmen, dass auch hier lediglich ein geringes Bewusstsein für die Bedeutung von Nachbereitungen beziehungsweise Evaluationen besteht. Es scheint derzeit, als würden vor allem Behörden (wie Ordnungsämter, Polizei und Feuerwehr) Evaluationen nach Großveranstaltungen durchführen; da diese jedoch eng mit Einsatzplanungen in Verbindung stehen, bleiben sie oftmals vertraulich und somit für Veranstalter/innen und weitere Akteure (auch aus anderen Kommunen) unzugänglich. Die Autoren/innen haben in Zusammenarbeit mit ihren Partnern/innen aus dem Forschungsprojekt *BaSiGo – Bausteine für die Sicherheit von Großveranstaltungen* einen Workshop zu dieser Thematik veranstaltet, in dessen Rahmen Einstellungen zu Nachbereitungen vor allem aus Sicht unterschiedlicher Institutionenvertreter diskutiert wurden. Danach befinden sich Akteure von Großveranstaltungen offenbar in einem Spannungsfeld zwischen dem Bestreben, einen zukunftsorientierten Wissenstransfer zu erreichen, ohne Interna preiszugeben.

Den Autoren/innen liegen diverse Sicherheitskonzepte vor, die ebenfalls einer Analyse unterzogen wurden, um einen ersten, keineswegs repräsentativen, Eindruck davon zu erhalten, inwieweit Evaluationen als Bestandteil der Planung und Durchführung von Großveranstaltungen etabliert sind. In diesen zwölf Sicherheitskonzepten, die den Autoren/innen von Veranstaltern/innen aus dem gesamten Bundesgebiet vertraulich übermittelt wurden, fand sich lediglich ein Hinweis, wonach das „Eintreten von sicherheitsrelevanten Szenarien" zu dokumentieren sei.

Neben der geringen Zahl mit den im englischsprachigen Raum etablierten und vergleichbaren Guidelines in der Bundesrepublik, sehen die Autoren/innen weitere Hemmnisse für die Integration von Evaluationen im Kontext von Großveranstaltungen: Es ist davon auszugehen, dass nur wenige Akteure der Branche über Sachkenntnisse in diesem Bereich verfügen. Zudem sind Evaluationen in der Regel auch mit finanziellen Aufwendungen verbunden. Darüber hinaus bestehen kaum äußere Anreize für Veranstalter, beispielsweise von Seiten der Behörden, Evaluationen in ihre Abläufe zu integrieren. Dabei könnten strukturierte Nachbereitungen von Großveranstaltungen dabei helfen, Gefahrenpotentiale aufzuzeigen und somit die Sicherheit zu erhöhen. Stockmann (2008: 3) beschreibt die Vorteile von Evaluationen allgemein: „Evaluation dient […] der Programmentwicklung, kann auf Planungs- und Implementationsdefizite aufmerksam machen und dadurch Lernpotenzial erschließen."

# 4 Zusammenfassung und Ausblick

Eine Etablierung von Evaluationen in die Veranstaltungsbranche ist grundsätzlich zu empfehlen. Gleichwohl sollte an dieser Stelle darauf hingewiesen werden, dass die Heterogenität der Branche eine allgemeine Implementierung der Verfahren unmöglich macht; so ist die Durchführung von Evaluationen beziehungsweise Nachbereitungen in der Regel von der Größe der Veranstaltung sowie der Professionalität der Veranstalter/innen abhängig. Man stelle sich exemplarisch eine Bürgerinitiative vor, die in einer mittelgroßen Stadt einmal jährlich ein Bürgerfest veranstaltet. In der Regel bestehen diese Initiativen aus wenigen, ehrenamtlich tätigen Mitgliedern. Da kommerzielle Interessen hier nicht im Vordergrund stehen, verfügen die Akteure selten über die finanziellen Mittel, die notwendig wären, um externe Beratung einkaufen zu können. Von behördlicher Seite zur Verfügung gestellte Handlungsempfehlungen, wie die oben genannten Guidelines, wären hier hilfreich. So finden sich unter anderem im Bildungsbereich diverse detailliert ausgearbeitete Evaluationskonzepte, die beispielsweise Schulen zur Verfügung gestellt werden. Eine Übertragung dieser Konzepte auf die Veranstaltungsbranche durch inhaltliche Anpassungen ist durchaus vorstellbar. Auch ein wie in den oben genannten Guidelines empfohlenes Logbuch kann ohne größere finanzielle Aufwendungen eingesetzt werden, um relevante Informationen zu bündeln und im Anschluss zu diskutieren.

Demgegenüber ist ein Szenario denkbar, in dem ein Unternehmen jährlich mehrere große Musikfestivals an unterschiedlichen Standorten veranstaltet. Mehrstufige Evaluationsverfahren, also solche, im Rahmen derer ein Evaluationskonzept erstellt wird, welches jährlich um aktuelle Daten ergänzt ausgewertet werden kann, bieten sich hier an. Für die Veranstalter bestünde dabei ein endemisches Synergiepotential. „Evaluation bietet sich sowohl als Aufklärungsinstrument an, das Licht in Entwicklungsprozesse bringt, als auch als Steuerungsinstrument, das diese Abläufe gezielt zu beeinflussen sucht." (Stockmann 2008: 1) Von besonderer Bedeutung für jegliche Evaluationen im Veranstaltungskontext ist die Integration aller beteiligten Akteure. So sollte auch bei sehr großen Veranstaltungen eine Offenheit der Leitung gegenüber allen Hierarchieebenen bestehen. Zudem sollten Unterauftragnehmer/innen bereits im Vorfeld in die Prozesse einbezogen werden. Bei jährlich stattfindenden Veranstaltungen sind die detaillierten Dokumentationen und Aufbereitungen von Evaluationsresultaten vor allem dann von Bedeutung, wenn häufige Personalwechsel stattfinden.

Die Evaluation einer Veranstaltung könnte idealtypisch in die folgenden Phasen untergliedert werden: Entscheidet man sich für eine Festlegung von Zielen der Evaluation, so sollten diese vorab definiert werden. Denkbar wäre hier beispielsweise eine Überprüfung von Kommunikationswegen; diese sollten intern und interorganisational untersucht werden.

Die Vorgehensweise sowie konkrete methodische Schritte der Evaluation sollten bereits vor der Planung der Veranstaltung abgestimmt werden, um auch diese erste Phase in die Untersuchung einbeziehen zu können. Zudem „[…] vor Projektstart ist zu analysieren, wie die Einhaltung der Evaluationsstandards während des Evaluationsprojekts sichergestellt und bei Bedarf nach Abschluss der Evaluation auch zusammenfassend bewertet werden soll." (Bortz u. a. 2009: 104)

Die Art der Dokumentation ergibt sich nicht zuletzt aus der für den Evaluationsprozess gewählten Methodik. „Die Hauptelemente der Untersuchungsplanung sind das Untersuchungsdesign, der Stichprobenplan und die Auswahl oder Entwicklung der Instrumente." (Döring 2009: 118) Dabei bietet es sich zum Teil an, für unterschiedliche Akteure verschiedene Formen der Erhebung festzulegen. Mitarbeiter/innen des hauptverantwortlichen Unternehmens (Vereins …) könnten verpflichtet werden, individuelle Fragebögen auszufüllen, wohingegen dieses Verfahren für externe Akteure wie beispielsweise Subunternehmer/innen oftmals nicht praktikabel erscheint. Hier könnte ein Kurzfragebogen eingesetzt werden, der durch eine/n Verantwortlichen/e des entsprechenden Unternehmens ausgefüllt würde. Der Einsatz von Erhebungsinstrumenten wie Fragebögen dient einer Standardisierung der Untersuchung und somit als Voraussetzung für eine anschließende Analyse. Bei der Konzeption der Instrumente ist vor allem im Kontext von Selbstevaluationen kleiner Veranstaltungen, deren Akteure über geringe Methodenkenntnisse verfügen, zu beachten, dass hier sowohl negative als auch positive Aspekte untersucht werden sollen.

Im Anschluss an die Veranstaltung sollten alle Daten, also jegliche Formen der Erhebung mittels Fragebögen sowie Material aus weiteren Dokumentationen (Fotos, Videos, Pressespiegel, Lagepläne, Ergebnisse von Besucherzählungen …), einer abschließenden Analyse und Interpretation unterzogen werden. Bei mehrtägigen Veranstaltungen können zudem Zwischenergebnisse kurzfristig in die Planung integriert werden. Entsprechend der Konzeption der Evaluation kann zwischen internen beziehungsweise vertraulichen und allgemeinen Resultaten unterschieden werden.

Vor allem im Kontext jährlich stattfindender Veranstaltungen bietet es sich an, die Resultate der Evaluation zu dokumentieren und auch externen Akteuren (wie Behördenvertreter/innen und Subunternehmer/innen) zur Verfügung zu stellen. Idealtypisch fließen die Evaluationsergebnisse in die Planung und Durchführung der Folgeveranstaltung ein.

# Literaturverzeichnis

American Evaluation Association (1994): American Evaluation Association Guiding Principles for Evaluators. American Evaluation Association. Washington. Online verfügbar unter http://www.eval.org/p/cm/ld/fid=51, zuletzt aktualisiert am 2004, zuletzt geprüft am 29.01.2015.

Bortz, Jürgen; Bortz-Döring; Döring, Nicola (2009): Forschungsmethoden und Evaluation. Für Human- und Sozialwissenschaftler ; mit 87 Tabellen. 4., überarb. Aufl., Nachdr. Heidelberg: Springer-Medizin-Verl. (Springer-Lehrbuch Bachelor, Master).

Döring, Nicola (2009): Phasen der Evaluationsforschung. In: Heinz Holling, Niels Birbaumer, Dieter Frey, Julius Kuhl, Wolfgang Schneider und Ralf Schwarzer (Hg.): Grundlagen und statistische Methoden der Evaluationsforschung. Evaluation. Göttingen, S. 99–134.

Federal Emergency Management Agency (2005): Special Events Contingency Planning. Job Aids Manual. Washington DC. Online verfügbar unter http://training.fema.gov/emiweb/downloads/is15aspecialeventsplanning-jamanual.pdf, zuletzt aktualisiert am 2010, zuletzt geprüft am 29.01.2015.

Health and Safety Executive (HSE) (2000): Managing crowds safely. A guide for organisers at events and venues. Second Edition. Sudbury: HSE Books. Online verfügbar unter http://www.worldcat.org/oclc/45991770, zuletzt geprüft am 25.10.2011.

Holling, Heinz; Birbaumer, Niels; Frey, Dieter; Kuhl, Julius; Schneider, Wolfgang; Schwarzer, Ralf (Hg.) (2009): Grundlagen und statistische Methoden der Evaluationsforschung. Evaluation. Göttingen.

Mayring, Philipp (1996): Einführung in die qualitative Sozialforschung. 3. Aufl.

NSW Department of Premier and Cabinet (Hg.) (2010): Event Starter Guide. Unter Mitarbeit von Margaret Pollard, Genevieve McCabe, Alexandra Ellinson, Katie Goodwin und Mark Taylor. Online verfügbar unter www.events.nsw.gov.au, zuletzt geprüft am 29.01.2015.

Patton, Michael Quinn (1990): Qualitative Evaluation and Research Methods. 2. Aufl. Newbury Park: Sage Publications.

Paul, Siegfried; Sakschewski, Thomas (2012): Wissensmanagement für die Veranstaltungsbranche. Besonderheiten, Barrieren und Lösungsansätze. Wiesbaden: Gabler Verlag.

SABS Standards Division (Hg.) (2008): Health and safety at events – Requirements. Pretoria. Online verfügbar unter https://law.resource.org/pub/za/ibr/za.sans.10366.2012.pdf, zuletzt geprüft am 29.01.2015.

Stockmann, Reinhard (2008): Zur gesellschaftlichen Bedeutung von Evaluation. Centrum für Evaluation. Saarbrücken. Online verfügbar unter http://www.ceval.de/typo3/fileadmin/user_upload/PDFs/workpaper15.pdf, zuletzt geprüft am 29.01.2015.

Stockmann, Reinhard; Meyer, Wolfgang (Hg.) (2014): Evaluation. Eine Einführung. 2., überarb. und aktualisierte Aufl. Opladen ⁻[u.a.]œ: Budrich (UTB, 8337 : Sozialwissenschaften).

Swedish Civil Contingencies Agency (MSB) (2012): Event Safety Guide. Karlstad (MSB364).

# Level-of-Safety-Konzept für den Fußverkehr bei Großveranstaltungen

Stefan Holl, Maik Boltes und Armin Seyfried

## 1    Einleitung

Über die Medien veröffentlichte Bilder von Unfällen mit zahlreichen Toten und Verletzten im Rahmen von Großveranstaltungen haben sich – spätestens seit den Ereignissen bei der Loveparade 2010 in Duisburg – in unser kollektives Gedächtnis eingeprägt. Welche Mängel oder Fehlentscheidungen sind aber ursächlich für diese Unfälle? Bei einer genaueren Analyse zeigt sich oft wie schwierig es ist zu ermitteln, welche Ursachen zu welchen Wirkungen und letztlich zum Schaden geführt haben. Eine mittelbare Ursache für die teils tödlichen Verletzungen ist auf den Bildern jedoch häufig zu erkennen: Die Überfüllung war so groß, dass es dem Einzelnen nicht mehr möglich war, sich dem Gedränge der Menschenmenge zu entziehen. Wann wird aber aus einem normalen Stau ein gefährliches Gedränge? Wie müssen die Verkehrsanlagen gestaltet sein, um solch ein Gedränge zu vermeiden?

Der vorliegende Beitrag soll den Stand der Wissenschaft sowie die Regeln der Technik vorstellen, auf deren Grundlage derzeit Fußverkehrsanlagen geplant werden bzw. werden sollten. Basis aller etablierten Bemessungsverfahren ist das sogenannte „Level-of-Service-Konzept", in welchem die Verkehrsqualität in Abhängigkeit von der Verkehrsdichte klassifiziert wird. Dieses Konzept dient jedoch vorrangig der Bemessung von Anlagen für den alltäglichen Verkehr mit moderaten Verkehrsdichten. Für die Anwendung bei Großveranstaltungen ist das vorhandene Bemessungskonzept nur eingeschränkt anwendbar, es fehlt die zuverlässige, empirische Datenbasis: Umfang und Qualität der in Feldbeobachtungen und Experi-

© Springer Fachmedien Wiesbaden GmbH, ein Teil von Springer Nature 2019
C. Groneberg (Hrsg.), *Veranstaltungskommunikation*,
https://doi.org/10.1007/978-3-658-11725-2_10

menten erhobenen Daten für den Verkehr bei Großveranstaltungen genügen nicht
der im Level-of-Service-Konzept vorgesehenen, feinskaligen Einteilung in Qualitätsstufen. Spätestens bei der Beurteilung bi- und multidirektionaler Personenströme hoher Dichte, wie sie bei Großveranstaltungen regelmäßig vorkommen,
stoßen die vorhandenen Regeln deshalb an ihre Grenzen. Es bedarf eines „Le-
vel-of-Safety-Konzepts", in welchem die (Sicherheits-)Anforderungen an Großveranstaltungen besondere Berücksichtigung finden. Ziel des Beitrages ist es,
den konzeptionellen Ansatz für solch eine Klassifizierung darzustellen. In einem
Ausblick sollen zusätzlich die im Forschungsprojekt „Bausteine für die Sicherheit
von Großveranstaltungen" (BaSiGo) durchgeführten Laborexperimente vorgestellt
werden. Diese Experimente sollen dazu beitragen, die vorhandenen Lücken in der
empirischen Datenbasis zu schließen.

## 2    Klassifizierungskonzept der Proxemik

Menschen haben einen Raumanspruch. In einem ersten Ansatz könnte angenommen werden, dass dieser dem Volumen des menschlichen Körpers gleich-
kommt. In der zweidimensionalen Bewegungsebene entspräche dies der senk-
rechten Projektion des Körpers auf die Grundfläche. Nach Predtetschenski und
Milinski (vgl. 1971: 42) würde dies bedeuten, dass sich mehr als acht Personen pro
Quadratmeter aufhalten können. Bewegung ist bei solch einer hohen Dichte jedoch
nicht mehr möglich. Welche Personendichten sind aber akzeptabel? Bei welchen
Dichten fühlen sich Menschen wohl? Und ab welcher Dichte wird es gefährlich?
  Der amerikanische Anthropologe und Ethnologe Edward T. Hall (1966) prägte den Begriff der Proxemik. Er beschreibt damit das soziale Raumverhalten auf
Basis einer vorwiegend nonverbalen Kommunikation und Interaktion. Hall empfiehlt, sich den Menschen im Raum so vorzustellen, als sei er von mehreren Feldern
umgeben, in welchen unterschiedliche Informationen verfügbar sind. Er definiert
vier Distanzzonen, die intime, persönliche, soziale und öffentliche Distanz. Jede
dieser Zonen wird von ihm nochmals in eine nahe und eine entfernte Phase unterteilt. Die Wahrnehmung der Distanz und des Raumes ist jedoch nicht statisch,
die Perzeption und Nutzung des Raumes hängen von den Handlungen innerhalb
des Raumes ab und korrespondieren zudem mit der kulturellen Prägung der Beteiligten (vgl. Hall 1966: 115). Tabelle 1 gibt die von Hall definierten Distanzzonen
mit einer verkürzten Beschreibung wieder.

**Tabelle 1** Distanzzonen nach Hall. Quelle: Eigene Darstellung.

| Distanz-zone | Phase | Entfernung | Beschreibung |
|---|---|---|---|
| intim | nah | $d < 0{,}15$ m | Unmittelbarer körperlicher Kontakt, meist ohne Vokalisation. Die Distanz wird mit Fremden nur beispielsweise bei Sportarten wie Ringen zugelassen. |
| | weit | $0{,}15$ m $\leq d \leq 0{,}45$ m | Hände können die Extremitäten erreichen. Stimme wird vornehmlich leise eingesetzt. Körperwärme und Geruch des Atems werden wahrgenommen. Mit Fremden ist diese Distanz z. B. in der U-Bahn möglich. |
| persön-lich | nah | $0{,}45$ m $\leq d \leq 0{,}75$ m | Das Gegenüber kann noch gefasst und gehalten werden. |
| | weit | $0{,}75$ m $\leq d \leq 1{,}20$ m | Entfernung von ein bis zwei Armlängen, so dass keine Berührung mit der Hand mehr möglich ist. Die Stimme ist mäßig laut, Körperwärme ist nicht mehr wahrnehmbar. In dieser Entfernung können Themen mit persönlichem Interesse und Engagement erörtert werden. |
| sozial | nah | $1{,}20$ m $\leq d \leq 2{,}20$ m | Die „Schranke der Herrschaft" (limit of domination) wird überschritten. In dieser Entfernung können unpersönliche Themen, in der nahen Phase noch mit mehr Engagement, erörtert werden. Diese Distanz wird z. B. meist zwischen Arbeitskollegen gewahrt. |
| | weit | $2{,}20$ m $\leq d \leq 3{,}60$ m | Das Gegenüber kann vollständig gesehen werden. Der Blickkontakt ist erforderlich, um ein Gespräch aufrecht zu erhalten. Die Stimme wird merklich lauter. Diese Distanz wird z. B. häufig zwischen Geschäftspartnern eingenommen. In dieser Entfernung ist es aber auch möglich, sich voneinander abzuwenden, ohne unhöflich zu sein. |
| öffent-lich | nah | $3{,}60$ m $\leq d \leq 7{,}50$ m | Die Stimme ist laut und akzentuiert. Ab dieser Entfernung ist es möglich, bei Bedrohung auszuweichen. |
| | weit | $d \geq 7{,}50$ m | Die Personen können sich noch wahrnehmen, mit zunehmender Entfernung löst sich die Verbindung jedoch auf. |

## 3      Der Mensch als Teil des Personenstroms

Das Klassifizierungskonzept von Hall wurde von zahlreichen Wissenschaftlern übernommen und modifiziert (vgl. Fast 1979: 29; Fruin 1971/1987; Poggendorf 2006). Die Einteilung in Distanzzonen erleichtert zwar das Verständnis über den individuellen Platzanspruch, kann jedoch noch nicht hinreichend erklären, welche die relevanten Parameter sind, um die Bewegung des Einzelnen innerhalb eines Personenstromes zu beschreiben. Diese Bewegung wird durch die Eigenschaften des Menschen selbst, aber auch durch die umgebende Gruppe/Menschenmenge sowie durch die Eigenschaften des Raumes beeinflusst. Abbildung 1 zeigt eine nicht abschließende Liste dieser Einflüsse.

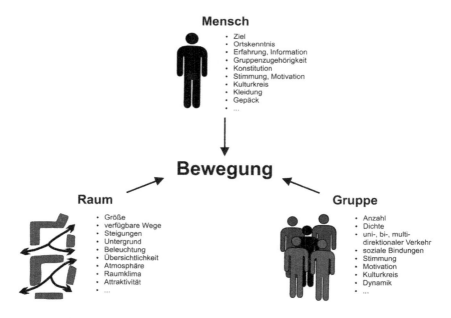

**Abbildung 1**    Einflüsse auf die Bewegung des Menschen. Quelle: Eigene Darstellung.

Die Vielzahl der in Wechselwirkung stehenden Einflüsse bedingt, dass die in anderen Disziplinen verwendeten Modellansätze für granulare Medien, Flüssigkeiten und Gase nur eingeschränkt auf die Fußgängerdynamik übertragen werden können. Die Bewegung innerhalb der Menschenmenge muss vielmehr als komplexes System „selbstgetriebener Teilchen" verstanden werden, welches Phänomene der Selbstorganisation sowie Nichtgleichgewichtseffekte aufweist. Bislang wurde aber nur ein kleiner Bruchteil der genannten Einflüsse und Wechselwirkungen wissenschaftlich untersucht. Erst in den letzten Jahren gab es Ansätze einer interdisziplinären Forschung unter Beteiligung von Ingenieur-, Natur- und Sozialwissenschaftlern.

# 4    Grundlagen der Fußverkehrsplanung

Schon in der Antike wurden Anlagen für Fußgänger sorgfältig geplant. Beispiel hierfür ist das Kolosseum in Rom, welches nach knapp zehnjähriger Bauzeit im Jahr 80 n. Chr. eröffnet wurde: Mit einem ausgeklügelten System an Verkehrswegen war es möglich, die bis zu 50.000 Besucher in wenigen Minuten ein- bzw. auszulassen. Auch nach heutigen Kriterien gilt die verkehrstechnische Gestaltung des Kolosseums als vorbildlich.

In Folge mehrerer dramatischer Theaterbrände in Europa und den USA in der zweiten Hälfte des neunzehnten und beginnenden zwanzigsten Jahrhunderts wurde die Notwendigkeit zur wissenschaftlichen Erforschung der Anforderungen an die Anlagen des Fußverkehrs erkannt. Grundlegende Untersuchungen wurden beispielsweise von Dieckmann (1911) und Fischer (1933) duchgeführt. Wenige Jahre nachdem Greenshields (1934) das „Fundamentaldiagramm" als Ergebnis seiner Untersuchungen zum motorisierten Straßenverkehr präsentierte, veröffentlichte Reimer (1947) ein solches auch für den Fußverkehr. Der Begriff „Fundamentaldiagramm" bringt zum Ausdruck, dass der dargestellte Zusammenhang zwischen Dichte und Fluss, alternativ auch zwischen Dichte und Geschwindigkeit, von Ingenieuren und Naturwissenschaftlern als grundlegend für die Beschreibung der Verkehrsqualität angesehen wird. Reimer (1947: 122) führt sein Diagramm noch zurückhaltend als „wahrscheinliche[n] Verlauf der Abhängigkeit" zwischen „Strömungsgeschwindigkeit" und „Dichte der Masse" ein. Abbildung 2 zeigt, dass er mit seinem Kurvenverlauf deutlich oberhalb aller in den nachfolgenden Jahren veröffentlichten Fundamentaldiagramme liegt und er selbst korrigiert die genannten Werte bereits einige Jahre später nach unten (vgl. Reimer 1953). Für konkrete Fragestellungen, wie beispielsweise den Ausbau des Londoner U-Bahn-Netzes (vgl. Hankin und Wright 1958) oder den Fußverkehr auf Gehwegen an Einkaufsstraßen (Older 1968) wurden in den folgenden Jahren Feldstudien und zum Teil auch Experimente durchgeführt und weitere Fundamentaldiagramme veröffentlicht.

Ein Meilenstein in der Erforschung der Fußgängerdynamik setzte Oeding (1963). Er untersuchte systematisch den Zusammenhang zwischen Verkehrsdichte und Gehgeschwindigkeit in Personenströmen. Hierfür führte er Feldstudien durch, in welchen er, neben dem Berufs-, Einkaufs- und Werkverkehr auch Veranstaltungsverkehre untersuchte. Da besonders hohe Dichten im Alltag selten auftreten, ergänzte Oeding seine Feldstudien durch Experimente, bei welchen mehr als 250 Studenten als Probanden mitwirkten. In Abbildung 2 sind die von Oeding (vgl. 1963: 4)ermittelten Fundamentaldiagramme dargestellt. Die von Oeding verwendeten Einheiten wurden für die Darstellung in das SI-System überführt. $J_s$ steht für den spezifischen Fluss in der Einheit $ms^{-1}$ und p für die Personendichte in der Einheit $m^{-2}$. Die zugehörigen Geschwindigkeiten v wurden in Form eines Nomogramms als Geraden in das Diagramm eingefügt. Die Kurven repräsentieren die Höchstwerte der von Oeding gemessenen Leistungsfähigkeiten.

Anfang der 1970er Jahre veröffentlichte Fruin die erste Auflage seines Buchs "pedestrian planing and design", eine überarbeitete Auflage folgte im Jahr 1987. In diesem umfassenden und häufig zitierten Handbuch beschreibt Fruin die Grundlagen des Gehens, gibt aber auch sehr konkrete Empfehlungen für die Planung von Fußverkehrsanlagen.

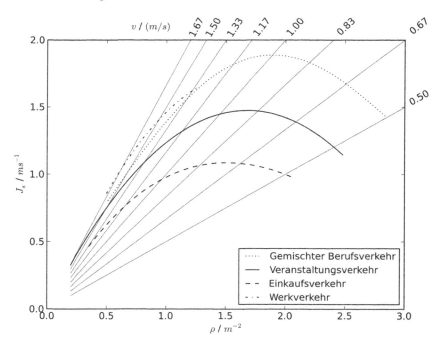

**Abbildung 2**    Fundamentaldiagramme nach Oeding. Quelle: Eigene Darstellung.

Er führt ein Konzept von den Körper umgebenden Pufferzonen, das "personal body buffer zone concept" (Fruin 1971/1987: 20ff.), ein, welches auf den von Hall definierten Distanzzonen basiert. Als wesentliche Kriterien für die Bemessung von Verkehrsanlagen benennt er die Möglichkeit des Fußgängers, sich im Rahmen seiner normalen Geschwindigkeit zu bewegen, langsamere Personen zu überholen und entgegenkommenden oder kreuzenden Personen auszuweichen. Das Unterbrechen der normalen Gangart, das Stoppen und zu nahe Konfrontationen mit anderen Personen werden als Konflikte definiert (vgl. Fruin 1971/1987: 48).

Im Gegensatz zu Oeding empfiehlt Fruin, im Fundamentaldiagramm die Geschwindigkeit bzw. den Fluss nicht in Abhängigkeit von der Personendichte p, sondern als Funktion der verfügbaren Fläche $A = 1/\varrho$ auszudrücken. Abbildung 3 zeigt das Fundamentaldiagramm nach Fruin für den unidirektionalen Verkehr. Die in der Originaldarstellung von Fruin verwendeten angloamerikanischen Maße wurden für die Darstellung in das metrische Maßsystem umgerechnet. Auf der unteren Abszissenachse ist die verfügbare Fläche A, auf der oberen die zugehörige Dichte $\varrho = 1/A$ aufgetragen. Die linke Ordinatenachse zeigt die Geschwindigkeit v, die rechte den spezifischen Fluss $J_s$. Abbildung 3 zeigt das Fundamentaldiagramm nach Fruin auch in der Darstellungsform, wie sie von Oeding und den meisten anderen Autoren verwendet wird. Die von Fruin gezeigten Kurven beziehen sich auf den Ein-Richtungsverkehr, er geht jedoch davon aus, dass sich bei bi- und multidirektionalen Verkehren die Geschwindigkeit und der Personenfluss „nicht drastisch reduziert" (Fruin 1971/1987: 43).

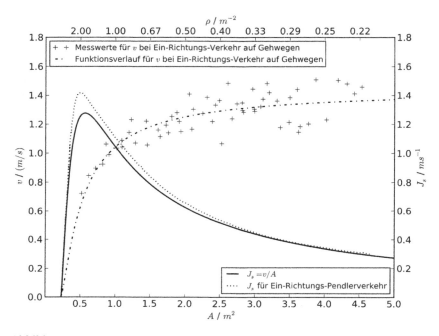

**Abbildung 3**   Fundamentaldiagramme nach Fruin. Quelle: Eigene Darstellung.

## 5      Level-of-Service-Konzept

Durch Oeding (1963) wurden erstmals Qualitätsstufen für Fußverkehrsanlagen definiert. Dieses Konzept der Klassifizierung wurde von Fruin als „Level-of-Service-Konzept" (1970; 1971/1987) übernommen und in den folgenden Jahren durch zahlreiche Autoren adaptiert (Henson 2000; Knoflacher 1995; Predtetschenski und Milinski 1971; Pushkarev und Zupan 1975; Weidmann 1993). Auch die nationalen und internationalen Regelwerke (Chartered Institution of Building Services Engineers 2010; Forschungsgesellschaft für Straßen- und Verkehrswesen e.V. 2001; Transportation Research Board 2000) basieren bis heute auf diesem weitgehend unveränderten Konzept.

Nach Weidmann, der „gegen 200 Veröffentlichungen zum Fussgängerverkehr" (Weidmann 1993: 6) auswertete, haben sich für die Bewertung der Verkehrsqualität die folgenden Kriterien etabliert (ebd.: 75):

K1   Möglichkeit zur freien Geschwindigkeitswahl
K2   Häufigkeit eines erzwungenen Geschwindigkeitswechsels
K3   Zwang zur Beachtung anderer Fussgänger
K4   Häufigkeit eines erzwungenen Richtungswechsels
K5   Behinderung bei Querung eines Fussgängerstromes
K6   Behinderung bei entgegengesetzter Bewegungsrichtung
K7   Behinderung beim Ueberholen
K8   Häufigkeit unbeabsichtigter Berührungen

Tabelle 2 zeigt die von Weidmann gewählte und durch Knoflacher (1995: 91f.) unverändert übernommene, sehr kompakte Darstellungsform für die „Levels of Service beim Gehen in der Ebene". Für die Kriterien werden die Erfüllungsgrade „gut" (+), „mittelmäßig" (=) und „schlecht" (-) gewählt.

**Tabelle 2**   Level-of-Service-Kategorien nach Weidmann und Knoflacher. Quelle: Eigene Darstellung.

| LOS | Dichte P/m² | K1 | K2 | K3 | K4 | K5 | K6 | K7 | K8 | Gesamtcharakterisierung |
|-----|-------------|----|----|----|----|----|----|----|----|-------------------------|
| A | 0,00 – 0,10 | + | + | + | + | + | + | + | + | absolut freie Bewegung |
| B | 0,10 – 0,30 | + | + | = | + | + | + | + | + | freie Bewegung |
| C | 0,30 – 0,45 | = | + | = | = | = | = | = | + | schwache Behinderung |
| D | 0,45 – 0,60 | = | = | = | = | - | - | - | + | mäßige Behinderung |
| E | 0,60 – 0,75 | - | - | - | = | - | - | - | + | starke Behinderung |
| F | 0,75 – 1,00 | - | - | - | - | - | - | - | + | dichter Verkehr |
| G | 1,00 – 1,50 | - | - | - | - | - | - | - | = | mäßiges Gedränge |
| H | 1,50 – 2,00 | - | - | - | - | - | - | - | - | starkes Gedränge |
| I | 2,00 – 5,40 | - | - | - | - | - | - | - | - | massives Gedränge |

Auch wenn bezüglich des Prinzips der Klassifizierung ein weitgehender Konsens zwischen den oben genannten Autoren zu erkennen ist, gibt es bei den Grenzen der gewählten Qualitätsstufen, aber auch deren Beschreibungen deutliche Unterschiede: es fehlen einheitliche Maße und Begriffe für die Quantifizierung der Verkehrsqualität. Die Tabelle gibt eine Übersicht über die in verschiedenen Veröffentlichungen genannten Grenzwerte der Personendichte p in der Einheit m⁻² für die Level-of-Service-Kategorien. Vereinfachend wird hier der Begriff „Level-of-Service" (LOS) auch für solche Veröffentlichungen verwendet, in welchen bspw. von „Stufe" (Oeding 1963) oder „Bereiche für die Bewegungsform von Personenströmen" (Predtetschenski und Milinski 1971) gesprochen wird. Die Definitionen der dichteabhängigen Verkehrsqualitäten erfolgen in der Regel verbal, die teils umfangreichen Beschreibungen täuschen aber leicht darüber hinweg, dass die dynamischen Wechselwirkungen innerhalb eines Personenstromes bis heute nicht hinreichend erforscht sind. Tabelle 3 zeigt, dass schon bei niedrigen Dichten die Qualität der Fortbewegung sehr unterschiedlich bewertet wird, für Personenströme hoher Dichte erscheint die Wahl der Grenzwerte beinahe beliebig, bi- und multidirektionale Verkehre können ebenfalls nicht zuverlässig bewertet werden: Es fehlt ein praktikables Konzept für die Kategorisierung der Verkehrsqualitäten.

Ein Vergleich der in Abbildung 4 zusammengestellten, häufig zitierten Fundamentaldiagramme erklärt die signifikanten Abweichungen in den Grenzwerten und belegt zugleich den bestehenden Forschungsbedarf.

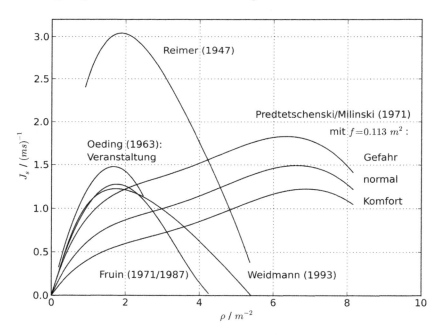

**Abbildung 4**   Vergleich häufig zitierter Fundamentaldiagramme. Quelle: Eigene Darstellung.

**Tabelle 3** Grenzwerte der Personendichte in den Level-of-Service-Kategorien verschiedener Veröffentlichungen

| Grenzwerte der Personendichte für LOS A bis I | $\varrho_A$ /m⁻² | $\varrho_B$ /m⁻² | $\varrho_C$ /m⁻² | $\varrho_D$ /m⁻² | $\varrho_E$ /m⁻² | $\varrho_F$ /m⁻² | $\varrho_G$ /m⁻² | $\varrho_H$ /m⁻² | $\varrho_I$ /m⁻² |
|---|---|---|---|---|---|---|---|---|---|
| Oeding (1963) | ≤ 0,30 | ≤ 0,60 | ≤ 1,00 | ≤ 1,50 | > 1,50 | | | | |
| (Fruin, 1971/1987) | ≤ 0,31 | ≤ 0,43 | ≤ 0,72 | ≤ 1,08 | ≤ 2,15 | ≥ 2,15 | | | |
| Predetschenski and Milinski (1971) mit f = 0,113 m² | ≤ 0,44 | ≤ 1,33 | ≤ 3,54 | ≤ 6,64 | ≤ 8,14 | ≤ 9,20 | ≤ 10,18 | | |
| Pushkarev and Zupan (1975) | < 0,27 | ≤ 0,43 | ≤ 0,60 | ≤ 0,72 | ≤ 0,98 | ≤ 1,54 | ≤ 2,15 | ≤ 5,38 | > 5,38 |
| Transportation Research Board (1985) | ≤ 0,08 | ≤ 0,27 | ≤ 0,45 | ≤ 0,72 | ≤ 1,79 | ≥ 1,79 | | | |
| Weidmann (1993) | ≤ 0,10 | ≤ 0,30 | ≤ 0,45 | ≤ 0,60 | ≤ 0,75 | ≤ 1,00 | ≤ 1,50 | ≤ 2,00 | ≤ 5,00 |
| Knoflacher (1995) | ≤ 0,10 | ≤ 0,30 | ≤ 0,45 | ≤ 0,60 | ≤ 0,75 | ≤ 1,00 | ≤ 1,50 | ≤ 2,00 | ≤ 5,00 |
| Henson (2000) | ≤ 0,54 | ≤ 0,71 | ≤ 1,08 | ≤ 1,54 | ≤ 2,63 | > 2,63 | | | |
| Forschungsges. für Straßen- und Verkehrswesen (2001) | ≤ 0,10 | ≤ 0,25 | ≤ 0,40 | ≤ 0,70 | ≤ 1,80 | > 1,80 | | (für Einrichtungsverkehr) | |
| | ≤ 1,00 | ≤ 1,50 | ≤ 2,00 | ≤ 3,00 | ≤ 6,00 | ≤ 6,00 | (für Wartesituationen) | | |
| Transportation Research Board (2000) | < 0,18 | < 0,27 | < 0,45 | < 0,72 | < 1,35 | ≥ 1,35 | | | |

# 6 Level-of-Safety-Konzept

Die Anzahl der Qualitätsstufen des Level-of-Service-Konzepts variiert in den genannten Veröffentlichungen zwischen fünf und neun. Für das Level-of-Safety-Konzept wird vorgeschlagen, nur drei elementare Qualitätsstufen zu verwenden und diese entsprechend eines Ampelsystems zu kennzeichnen:

• GRÜN: Es können gegenseitige Beeinflussungen zwischen den Fußgängern auftreten, die freie Wahl der Gehgeschwindigkeit wird aber nicht wesentlich beeinträchtigt.
• GELB: Die Fußgänger werden häufig zu Änderungen ihrer Geschwindigkeit gezwungen. Lokale Störungen können sich bereits auf den Verkehrsfluss als Ganzes auswirken.
• ROT: Das Verkehrsaufkommen überschreitet die Kapazität der Anlage. Es kann zu erheblichen Behinderungen und Staus kommen. Mit sicherheitskritischen Situationen muss gerechnet werden.

Abbildung 5 zeigt den prinzipiellen Verlauf eines Fundamentaldiagramms am Beispiel des unidirektionalen Verkehrs. Die verschiedenen Phasen innerhalb des Kurvenverlaufs können wie folgt erklärt werden: Bei sehr geringen Personendichten (GRÜN) können die Personen weitgehend ihre eigene Geschwindigkeit wählen. Der Freiflussast des Graphen weist am Übergang zum „gebundenen Verkehr" (GELB) einen leichten Knick auf. Die Wechselwirkungen zwischen den Fußgängern nehmen zu, so dass Anpassungen der Geschwindigkeit und ggf. auch der Richtung erforderlich werden. Mit zunehmender Personendichte kann zunächst der Personenfluss weiter erhöht werden, nahe der Kapazitätsgrenze findet jedoch ein Übergang vom Freifluss- zum gestauten Ast (ROT) statt. Bei einer weiteren Erhöhung der Personendichte findet eine Separation der Verkehrszustände statt. Ein Teil der Personen wird zum Stillstand, zum Teil auch mit Rückwärtsbewegungen, gezwungen, andere können sich mit langsamer Geschwindigkeit weiterbewegen (Stop-and-go-Wellen). Ziel jeder Bemessung muss es sein, Verkehrszustände im Bereich des gestauten Astes zu vermeiden oder zumindest die Dauer, in der eine Person in diesem Zustand verbleibt, möglichst gering zu halten.

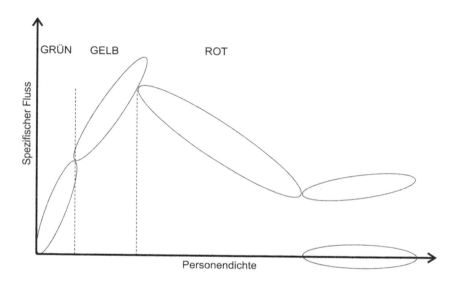

**Abbildung 5**  Prinzipieller Verlauf des Fundamentaldiagramms für unidirektionalen Verkehr. Quelle: Eigene Darstellung.

## 7 Ermittlung von Besucherzahl und Personendichte bei Großveranstaltungen

Voraussetzung für eine Bewertung der Verkehrsqualität – gleichgültig, ob mit dem Level-of-Service- oder dem Level-of-Safety-Konzept – ist die Kenntnis über das zu erwartende Verkehrsaufkommen. Im Idealfall erfolgt die Nachfrageermittlung im Rahmen der Projektplanung. Als Verfahren für die Berechnung der Verkehrs-nachfrage kann die im Handbuch für die Bemessung von Straßenverkehrsanlagen (Forschungsgesellschaft für Straßen- und Verkehrswesen e.V. 2001) beschriebene Vorgehensweise empfohlen werden. Der Idealfall ist aber leider nicht der Regelfall. Aus diesem Grund soll nachfolgend auf die Vor-Ort-Ermittlung von Besucherzahl und Personendichte eingegangen werden. Im Rahmen der Veranstaltungs-Nach-bereitung sollten die ermittelten Werte dokumentiert werden und als Grundlage für die Planung später stattfindender Veranstaltungen Verwendung finden.

Für Großveranstaltungen, bei denen keine Personenzählung an den Ein- und Ausgängen durchgeführt werden (z.B. durch Ticket-/Einlasskontrollen oder auto-matische Zählsysteme), werden zumeist vom Veranstalter und der Polizei Teilnehmerzahlen geschätzt. Die Ermittlung der Besucherzahl dient zum einen der Sicherheit, insbesondere der Vermeidung einer Überfüllung, sie ist aber ebenfalls Grundlage für statistische Erhebungen und das Marketing der Veranstaltung selbst. So ist es nicht verwunderlich, dass die Teilnehmerzahlen des Veranstalters häufig über denen liegen, die von der Polizei ermittelt werden: je größer die ausgewiesene Teilnehmerzahl, desto höher die gesellschaftliche Relevanz der Veranstaltung.

Bei ortsgebundenen Veranstaltungen kann für eine dem Anschein nach repräsentative Teilfläche $A_{teil}$ des Veranstaltungsgeländes die Anzahl der Besucher $N_{teil}$ ausgezählt und mit der Verhältniszahl zwischen Gesamtfläche $A_{ges}$ und Teilfläche $A_{teil}$ multipliziert werden:

$$N_{ges} = N_{teil} \frac{A_{ges}}{A_{teil}}$$

Die Vorgehensweise gilt analog auch für Festumzüge, als Teilfläche $A_{teil}$ wird hier sinnvollerweise die Grundfläche einer der vorbeiziehenden Reihen gewählt. Die Dichte $\varrho$ berechnet sich in beiden Fällen als

$$\varrho_{ges} = \frac{N_{ges}}{A_{ges}} \qquad \text{bzw.} \qquad \varrho_{teil} = \frac{N_{teil}}{A_{teil}}$$

Während die Größe der Veranstaltungsfläche – bei entsprechender Vorbereitung an Hand von Planunterlagen – bekannt sein sollte, fällt es selbst erfahrenen Einsatzleitern der Polizei und der Feuerwehr schwer, die Größe einer repräsentativen Teilfläche und die Anzahl der auf dieser Teilfläche anwesenden Personen zuverlässig zu ermitteln. Die visuelle Ermittlung der Personenanzahl und -dichte wird beispielsweise erschwert durch:

- Verdeckungen durch Gebäude, Aufbauten, Fahrzeuge etc.
- Verdeckungen durch Personen bei hoher Dichte in Folge der Schrägsicht
- Abhängigkeit des sichtbaren Kopfabstandes vom Betrachtungswinkel
- Unzureichende oder wechselnde Lichtverhältnisse
- Fluktuationen innerhalb der Menschenmenge
- Unzureichende geometrische Referenzen für die Bestimmung der Grundfläche

Im Falle der Verfügbarkeit von Bild- bzw. Videomaterial wird deren Darstellung u. a. durch die Entfernung zur Menschenmenge, die Perspektive bzw. den Blickwinkel und den Bildwinkel (maximal einzusehender Öffnungswinkel der Kamera) beeinflusst. Um für die Schätzung der Personendichte eine Hilfestellung zu geben, wurden die weiter unten vorgestellten Laborexperimente im Projekt „Ba-SiGo" dafür genutzt, exakte Personendichten ϱ aus verschiedenen Abständen δ von der Kamera zum Kopf in der Bildmitte, Blickwinkeln a zur Bewegungsebene und horizontalen Bildwinkeln β zu dokumentieren. Diese Aufnahmen können als Referenzwerte oder zu Trainingszwecken genutzt werden.

Die Abbildungen 6 bis 9 zeigen vier verschiedene Dichten ϱ bei gleich-bleibendem Abstand d sowie Blick- und Bildwinkel α und β.

**Abbildung 6**   ϱ = 1,04/m², δ = 5,7 m, α = 90°, β = 80°. Quelle: Eigene Darstellung.

**Abbildung 7**  $\varrho = 2{,}05/m^2$, $\delta = 5{,}7$ m, $\alpha = 90°$, $\beta = 80°$. Quelle: Eigene Darstellung.

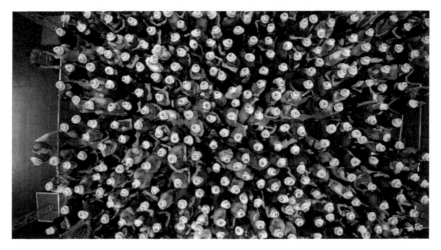

**Abbildung 8**  $\varrho = 4{,}02/m^2$, $\delta = 5{,}7$ m, $\alpha = 90°$, $\beta = 80°$. Quelle: Eigene Darstellung.

**Abbildung 9** $\varrho = 5{,}86/m^2$, $\delta = 5{,}7$ m, $\alpha = 90°$, $\beta = 80°$. Quelle: Eigene Darstellung.

Die Abbildungen 10 bis 12 zeigen dreimal dieselbe Dichte $\varrho = 4{,}02/m^2$ mit variierenden Parametern für den Abstand $\delta$ sowie die Blick- und Bildwinkel $\alpha$ und $\beta$.

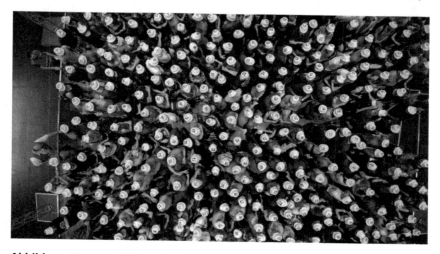

**Abbildung 10** $\varrho = 4{,}02/m^2$, $\delta = 5{,}7$ m, $\alpha = 90°$, $\beta = 80°$. Quelle: Eigene Darstellung.

**Abbildung 11**   $\varrho = 4{,}02/m^2$, $\delta = 12{,}2$ m, $\alpha = 45°$, $\beta = 116°$. Quelle: Eigene Darstellung.

**Abbildung 12**   $\varrho = 4{,}02/m^2$, $\delta = 2{,}6$ m, $\alpha = 40°$, $\beta = 116°$. Quelle: Eigene Darstellung.

Die Abbildungen 13 und 14 zeigen dieselbe Dichte $\varrho = 4{,}02/m^2$. In beiden Bildern beträgt der Abstand $\delta = 5{,}7$ m und der Blickwinkel $\alpha = 90°$. Nur der horizontalen Bildwinkel $\beta$ variiert.

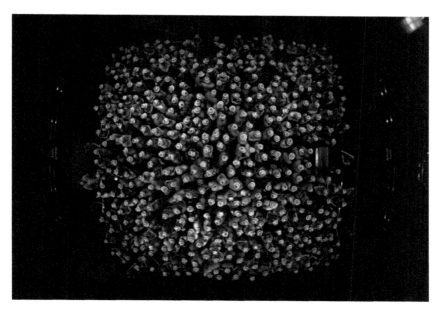

**Abbildung 13** $\varrho = 4{,}02/m^2$, $\delta = 5{,}7$ m, $\alpha = 90°$, $\beta = 97°$. Quelle: Eigene Darstellung.

**Abbildung 14** $\varrho = 4{,}02/m^2$, $\delta = 5{,}7$ m, $\alpha = 90°$, $\beta = 40°$. Quelle: Eigene Darstellung.

Auf Grund der vorgenannten Schwierigkeiten bei der visuellen Abschätzung der Personenzahl und -dichte werden seit einigen Jahren zunehmend Verfahren eingesetzt, welche die Sendeinformationen der mitgeführten Mobiltelefone (Bluetooth, GSM (global system for mobile communications), WLAN (wireless local area network)) interpretieren oder auf der RFID-Technik (radio-frequency identification) basieren (vgl. Boltes 2015: 41). Die Auswertung der Mobilfunk-Daten wirft jedoch zahlreiche Fragen hinsichtlich des Datenschutzes auf. Voraussetzung für eine quantitative Auswertung ist zudem, dass der Anteil der Personen, deren Mobilgeräte die entsprechenden Informationen senden, bekannt ist oder zuverlässig abgeschätzt werden kann. Der Einsatz von RFID setzt voraus, dass von den Personen ein aus Kostengründen meist passiver Transponder, z.B. an Eintrittskarte oder Armband, mitgeführt wird.

## 8    Datenerfassung als Basis der Forschung

Im Sinne der von Burke (vgl. 2014) definierten, elementaren Wissenspraktiken (sammeln, analysieren, verbreiten und anwenden des Wissens) gründet auch die Forschung im Bereich der Fußgängerdynamik auf einer strukturierten Beobachtung von Personenströmen sowie der Möglichkeit, die relevanten Daten zu erfassen. Entsprechend des erforderlichen Detaillierungsgrades können die Beobachtungen wie folgt unterteilt werden, mit steigender Ordnungszahl steigen auch die Anforderungen an die Datenerfassung (vgl. Boltes 2015: 16):

1. Menschenmenge als Ganzes (Anwesenheit von Personen in bestimmten Bereichen)
2. Dynamik innerhalb der Menschenmenge (Geschwindigkeiten, Flussrichtung) ohne Unterscheidung von Einzelpersonen
3. Laufwege von Einzelpersonen mit nur groben Orts-/Zeitangaben
4. Laufwege von Einzelpersonen mit fein aufgelösten Orts-/Zeitangaben (Trajektorien)
5. Identifizierte Einzelpersonen (individualisierte Trajektorien)
6. Körper (Kopfausrichtung, Bewegung von Gliedmaßen des Körpers etc.)
7. Körperdetails (Bewegung von Fingern, Blickrichtung)

Die oben angesprochene Vor-Ort-Ermittlung der Besucherzahl und der Personendichte bei Großveranstaltungen entspricht „nur" dem erstgenannten Detaillierungs- und Anforderungsgrad. Um die Kräfte und Wechselwirkungen innerhalb eines Personenstromes verstehen und beschreiben zu können, bedarf es weitergehender Werkzeuge und Beobachtungsmethoden, welche es erlauben, die örtlich und zeitlich aufgelösten Laufwege jeder einzelnen Person (Trajektorien) zu erfassen. Während den oben zitierten Autoren für ihre Studien zum Fußverkehr nur Stoppuhren, Foto- und Filmkameras zur Verfügung standen, werden seit einigen Jahren im Bereich der experimentellen Forschung moderne Erfassungsmethoden eingesetzt, welche nicht nur eine makroskopische Verkehrsbeobachtung, sondern auch eine mikroskopische Analysen der dynamischen Prozesse innerhalb des Personenstroms erlauben.

Seit dem Jahr 2005 führt das Forschungszentrum Jülich mit verschiedenen Forschungspartnern Experimente zur Fußgängerdynamik durch. Nachdem in den ersten Jahren die Erfassung der Trajektorien noch von Hand bzw. halbautomatisch erfolgte, steht seit einigen Jahren die in Jülich entwickelte Software „PeTrack" (Boltes und Seyfried 2013) für die automatische Extraktion zur Verfügung. Tabelle 1 zeigt eine Übersicht der durchgeführten Experimente.

**Tabelle 4** Laborexperimente des Forschungszentrums Jülich seit 2005

| Jahr | Ort | Projekt | $N_{Probanden}$ | Auswerteverfahren |
|------|-----|---------|----------------|-------------------|
| 2005 | Jülich | Eigenforschung | 34 | manuell |
| 2005 | Jülich | Eigenforschung | 60 | manuell |
| 2006 | Düsseldorf | DFG-Projekt | 200 | automatisch |
| 2008 | Indien | Eigenforschung | 64 | manuell |
| 2008 | Wuppertal | DFG-Projekt | 50 | manuell |
| 2009 | Düsseldorf | BMBF-Projekt „Hermes" | ca. 400 | automatisch |
| 2013 | Düsseldorf | BMBF-Projekt „BaSiGo" | ca. 1.000 | automatisch |

## 9 Laborexperimente im Projekt BaSiGo

Im Rahmen des Projektes BaSiGo wurden in Zusammenarbeit mit der Universität Siegen und der IBIT GmbH großskalige Laborexperimente realisiert. An insgesamt vier Tagen haben etwa 2.000 Personen als Probanden teilgenommen. In etwa 200 Versuchsdurchläufen wurde die Personendichte bei den Experimenten soweit erhöht, dass die Entstehung kritischer Zustände untersucht werden kann. Es wurden die uni- und bidirektionalen Fußgängerströme an Kreuzungen, Ecken und Korridoren, aber auch in Eingangssituationen, wie sie häufig bei Veranstaltungen auftreten, untersucht.

Bei den Experimenten wurden auch spezielle Geometrien und die Entscheidungen der Probanden, z.B. bei der Auswahl von Ausgangstüren, sowie die Wirkung sozialer Gruppen berücksichtigt. Die Kommunikation mit den Probanden wurde während der Versuche mit Hilfe von Lautsprecherdurchsagen und Hinweisschildern gewährleistet, die Interaktionen zwischen den Probanden mit Brillenkameras und mitgeführten Tonaufzeichnungsgeräten erfasst. Darüber hinaus wurde der Laufweg jeder einzelnen Person detektiert. Durch die individuelle Markierung aller Probanden (Abbildung 15) können zuvor abgefragte Eigenschaften, wie z.B. die Gruppenzugehörigkeit, das Alter oder die „Erfahrung" mit Großveranstaltungen, zugeordnet und bei den Analysen berücksichtigt werden.

**Abbildung 15**   Individuelle Marker im Projekt BaSiGo. Bild: Marc Strunz.

Ziel der durchgeführten Experimente war es, für unterschiedliche Szenarien aussagekräftige Kennwerte zur Erstellung von Planungshilfen für Großveranstaltungen zu erhalten. Auch wenn die Auswertung der Experimente bis dato noch nicht abgeschlossen werden konnte, sollen nachfolgend zwei der Versuchsaufbauten, in denen der Aspekt der „Kommunikation" besondere Berücksichtigung fand, vorgestellt werden. In diesen Experimenten sollte untersucht werden, inwiefern besondere Verhaltensregeln erkannt, akzeptiert und umgesetzt werden.

Abbildung 16 zeigt eine perspektivische Projektion des Aufbaus für das Experiment „CROSSING_90". Jeder der Zugänge hat eine Breite von 4 m x 4 m = 16 m², so dass der Kernbereich der Kreuzung eine bestimmte Grundfläche aufweist. Die in der Mitte des Kernbereichs dargestellte Säule (ø = 60 cm) konnte für die einzelnen Versuchsdurchläufe aufgebaut bzw. entfernt werden. Über die an den Zugängen installierten Monitore konnten „Verkehrsregeln" visualisiert, durch die Regelung der Zugangsbreiten konnte die Personendichte im Kernbereich der Kreuzung variiert werden.

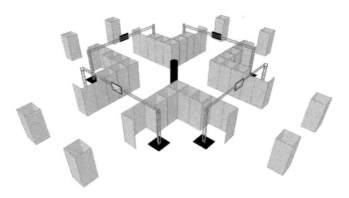

**Abbildung 16**   Aufbau für das Experiment „CROSSING_90". Quelle: Eigene Darstellung.

Abbildung 17 zeigt eine Isometrie für das Experiment „BARRIER". Die Grundfläche von ca. 100 m² wurde durch Bühnenabsperrungen realisiert, wie sie auch bei Veranstaltungen zum Einsatz kommen. Über die Monitore an den 1,2 m breiten Türen wurde den Probanden angezeigt, welche Ausgänge genutzt werden sollen. Die Anzahl der teilnehmenden Personen wurde in mehreren Versuchsdurchläufen sukzessive erhöht, bis schließlich eine Personendichte von annähernd 6/m² erreicht wurde.

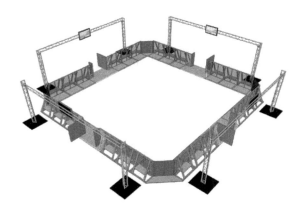

**Abbildung 17**  Aufbau für das Experiment „BARRIER". Quelle: Eigene Darstellung.

## Literaturverzeichnis

Boltes, M. (2015). *Automatische Erfassung präziser Trajektorien in Personenströmen hoher Dichte* (Dissertation). Mathematisch-Naturwissenschaftliche Fakultät der Universität zu Köln.

Boltes, M., & Seyfried, A. (2013). Collecting pedestrian trajectories. *Neurocomputing, 100*(0), 127–133.

Burke, P. (2014). *Die Explosion des Wissens: Von der Encyclopédie bis Wikipedia*. Berlin: Wagenbach.

Chartered Institution of Building Services Engineers. (2010). *Transportation systems in buildings: CIBSE guide D: 2010* (4th ed): CIBSE.

Dieckmann, D. (1911). *Die Feuersicherheit in Theatern*. München: Jung.

Fast, J. (1979). *Körpersprache. Rororo sachbuch: Vol. 7244*. Reinbek: Rowohlt.

Fischer, H. (1933). *Über die Leistungsfähigkeit von Türen, Gängen und Treppen bei ruhigem, dichtem Verkehr*. Technische Hochschule Dresden.

Forschungsgesellschaft für Straßen- und Verkehrswesen e.V. (2001). *Handbuch für die Bemessung von Straßenverkehrsanlagen: HBS/Forschungsgesellschaft für Straßen- und Verkehrswesen*. Köln: FGSV.

Fruin, J. J. (1970). *Designing for Pedestrians: A Level of Service Concept* (PhD dissertation). Polytechnic University of Brooklyn.

Fruin, J. J. (1987). *pedestrian planning and design* (Revised Edition): Elevator World (Original work published 1971).

Greenshields, B. D. (1934). The photographic method of studying traffic behavior. In R. W. Crum (Ed.), *Proceedings of the Thirteenth Annual Meeting of the Highway Research Board, Part I* (S. 382–399).

Hall, E. T. (1966). *The hidden dimension*. New York: Doubleday and Company.

Hankin, B. D., & Wright, R. A. (1958). Passenger Flow in Subways, *9*(2), 81–88.

Henson, C. (2000). Levels of service for pedestrians. *ITE Journal, 70*(9), 26–30.

Knoflacher, H. (1995). *Fussgeher- und Fahrradverkehr: Planungsprinzipien.* Wien: Böhlau.

Oeding, D. (1963). *Verkehrsbelastung und Dimensionierung von Gehwegen und anderen Anlagen des Fussgängerverkehrs. Straßenbau und Straßenverkehrstechnik: Vol. 22.* Bonn: Bundesministerium für Verkehr, Abt. Straßenbau.

Older, S. J. (1968). Movement of pedestrians on footways in shopping streets. *Traffic Engineering and Control, 10,* 160–163.

Poggendorf, A. (2006). Proxemik – Raumverhalten und Raumbedeutung. *Umwelt und Gesundheit,* (4), 137–140.

Predtetschenski, W. M., & Milinski, A. I. (1971). *Personenströme in Gebäuden: Berechnungsmethoden für die Projektierung.* Leipzig: Staatsverlag der DDR.

Pushkarev, B., & Zupan, J. M. (1975). Capacity of walkways. *Transportation Research Record, 538,* 1–15.

Reimer, K. (1947). Die Bewegung der Menschenmassen in Verkehrsräumen. *Glasers Annalen, 71*(7), 121–131.

Reimer, K. (1953). Bewegungsvorgänge auf Bahnsteigen des großstädtischen Schnellverkehrs. *Glasers Annalen, 77*(11), 338–341.

Transportation Research Board. (1985). *Highway capacity manual: Special Report 209.* Washington, D.C.

Transportation Research Board. (2000). *Highway capacity manual.* Washington, D.C.

Weidmann, U. (1993). *Transporttechnik der Fussgänger: Transporttechnische Eigenschaften des Fussgängerverkehrs (Literaturauswertung)* (Schriftenreihe des IVT No. 90). Zürich.

# Einsatz von Medien und Kommunikation zur Sicherheit von Großveranstaltungen

## Frank Altenbrunn

Berlin ist einer der Veranstaltungsmagnete in Deutschland. Jedes Jahr finden hier tausende Veranstaltungen unterschiedlicher Größe statt. Die größeren von ihnen erreichen zehntausend bis mehrere hunderttausend Besucher. Der überwiegende Teil sind Veranstaltungen in hierfür vorgesehenen Gebäuden und Einrichtungen, wie Sportstätten, Konzert- und Messehallen, für die es entsprechende Regelungen und Genehmigungen gibt (vgl. Senatsverwaltung für Stadtentwicklung 2005, 2010). In Berlin fanden 2013 allein 14 größere Messen und Kongresse mit zusammen mehr als 1,1 Mio. Besuchern (Messe Berlin, 2014) und ungefähr 9.500 Vorstellungen auf Berliner Bühnen mit 2,9 Mio. Besuchern statt (vgl. Amt für Statistik 2014). Die Aufzählung könnte mit den unzähligen Sport- oder Musikveranstaltungen weiter fortgeführt werden.

Eine gesonderte Rolle spielen Veranstaltungen im Freien außerhalb von hierfür vorgesehenen Veranstaltungsflächen, die einer entsprechenden Einzelgenehmigung bedürfen und daher einem gesonderten Verfahren unterliegen. Hierzu gehören die Straßenfeste und zahlreichen Weihnachtsmärkte genauso wie der Berlin-Marathon oder die große Silvesterfeier am Brandenburger Tor. Im Jahr 2013 kamen über 50 Veranstaltungen mit jeweils mehr als 70.000 Besuchern zustande. Die zuständigen Genehmigungsbehörden sind dabei genauso vielfältig wie die Veranstaltungsbreite. Abhängig vom konkreten Veranstaltungsort sind entweder die 12 kommunalen Stadtbezirksverwaltungen mit ihren zugehörigen Ämtern oder mit der Verkehrslenkung Berlin eine nachgeordnete Behörde der Senatsverwaltung für Stadtentwicklung die federführende Behörde.

© Springer Fachmedien Wiesbaden GmbH, ein Teil von Springer Nature 2019
C. Groneberg (Hrsg.), *Veranstaltungskommunikation*,
https://doi.org/10.1007/978-3-658-11725-2_11

Um allen Besuchern und Teilnehmern die größtmögliche Sicherheit zu gewährleisten, haben sich die Verantwortlichen in Berlin gemeinsam auf grundlegende
Verfahrensabläufe und Bewertungen sowie einheitliche Unterlagen verständigt
(vgl. Serviceportal Berlin 2015). Für die Großveranstaltungen an speziellen Orten,
wie im Bezirk Mitte am Brandenburger Tor oder mit überregionaler Bedeutung,
wie beim Karneval der Kulturen, wurde zusätzlich eine gemeinsame Arbeitsgruppe von Gefahrenabwehrbehörden, Bezirken und Berliner Senat gegründet, die
für die abgestimmte und vergleichbare Bearbeitung von Veranstaltungsanträgen
weitere auf die Erfahrungen der bisherigen Veranstaltungen aufbauende und an
die Berliner Gegebenheiten angepasste Empfehlungen in einem „Leitfaden Groß-
und Sonderveranstaltungen" erarbeitet (vgl. Bezirksamt Mitte 2015). Anhand ihrer
Größe und ihrer allgemeinen Ausrichtung werden die Veranstaltungen zur Gefährdungsbeurteilung pauschal in Risikogruppen eingestuft, die einen Einfluss
auf den Personalansatz im Sicherheitsbereich in der Antragsstellung haben. Die
finale Risikofestlegung erfolgt nach einem intensiven Austausch zwischen dem
Veranstalter und den zuständigen Behörden.

In den letzten Jahren gab es eine Reihe von Publikationen der Öffentlichen
Hand zum Thema Veranstaltungssicherheit. Dabei wurden sowohl von Bundesländern als auch einzelnen Großstädten allgemeine Leitfäden für Großveranstaltungen herausgegeben (vgl. Ministerium für Inneres und Kommunales 2012;
Ministerium für Inneres und Sport 2012; Hessisches Ministerium des Innern und
für Sport 2013; Stuttgart 2014). Internationale Leitfäden enthalten ähnliche Vorgaben von den Behörden für die Durchführung sicherer Veranstaltungen (vgl. HSE
1999; Ministry of Civil Defence and Emergency Management 2003; Department
of Health 2011; British Columbia 2014). Der noch nicht veröffentliche Berliner
Leitfaden schließt sich mit seinen Inhalten dieser Reihe an. Neben Angaben zu
den rechtlichen Rahmenbedingungen und Rollenbeschreibungen wichtiger Akteure werden Vorgaben zum Genehmigungsverfahren für diese Veranstaltungen
gemacht und durch Hinweise zu den Unterlagen die Grundlagen für die erfolgreiche Beantragung der Veranstaltung gelegt. Dazu werden das Veranstaltungs-
und Sicherheitskonzept inklusive einer Notfallplanung genauso vorgegeben wie
die an die Risikoeinteilung gekoppelten Personalansätze im Bereich Sanitätsdienst, Brandsicherheitswache und Sicherheitsdienst (vgl. Senatsverwaltung für
Inneres und Sport 2013). Eine Besonderheit ist die Vorgabe zur Nutzung der Berliner Rasterkarte. Der Berliner Innenstadtbereich um den Großen Tiergarten wurde
mit einem zusätzlichen Gitternetz hinterlegt, so dass alle wichtigen Punkte einer
Veranstaltung für das schnelle Auffinden im Schadensfall mit einer eindeutigen
Koordinate hinterlegt werden können. Die Kommunikationsprozesse spielen trotz
ihrer Bedeutung für den Erfolg in den Dokumenten nur eine untergeordnete Rolle

und werden oftmals nicht weiter beschrieben. Oftmals werden nur die Fristen zum Einreichen der Unterlagen bei festgelegten Behörden und Einrichtungen genannt. Eine Herausforderung für alle Beteiligten stellen die Veranstaltungen auf der Straße des 17. Juni dar. Seit Mitte der 90er Jahre wird die Bundesstraße, die eine wichtige Berliner Verkehrsachse ist, zunehmend für Veranstaltungen genutzt und immer wieder kurzfristig gesperrt (vgl. Schönball 2014). Die Veranstaltungen werden häufig von mehreren hunderttausend Gästen zeitgleich besucht (vgl. taz 2013) und verursachen im Infrastrukturbereich einige Probleme. Gerade im Kommunikationsbereich treten immer wieder Ausfälle und Verzögerungen auf, die die Sicherheit der Gäste gefährden können. Durch einen permanenten Ausbau sowie temporäre Verstärkungen in den Bereichen der Versorgungsinfrastrukturen und des Mobilfunks wird versucht dem entgegen zu wirken (vgl. Aulich 2012; dpa 2013; Vodafone 2014).

Die Gründe für die Attraktivität des Veranstaltungsgeländes liegen vor allem in der zentralen Lage in der Stadt und in der Symbolik angrenzender Gebäude (vgl. Traxler 2011). Der Bereich zwischen Brandenburger Tor und Siegessäule führt in Ost-West-Richtung auf einer Länge von 2 km (Abbildung 1) durch den Großen Tiergarten, der im Notfall die Veranstaltungteilnehmer aufnehmen kann und in das Fluchtwegekonzept eingebunden ist. Im nördlichen Bereich befinden sich mit dem Bundeskanzleramt und dem Bundestag sowie dem Bundespräsidialamt wichtige Regierungseinrichtungen. Zusätzlich liegen hier mit der französischen, britischen, amerikanischen und russischen Botschaft im östlichen Umfeld gleich mehrere besondere Objekte. Verkehrstechnisch ist das Gelände über die Knotenpunkte Berliner Hauptbahnhof im Norden und Potsdamer Platz im Süden in einer Entfernung von 1 km angebunden. Direkt am östlichen Ende befindet sich der Bahnhof Brandenburger Tor, der allerdings aus Sicherheitsgründen während der Veranstaltung geschlossen wird. Eine Anreise mit dem mobilen Individualverkehr ist nur bedingt möglich, da im Umfeld des Veranstaltungsgeländes keine Parkflächen zur Verfügung stehen.

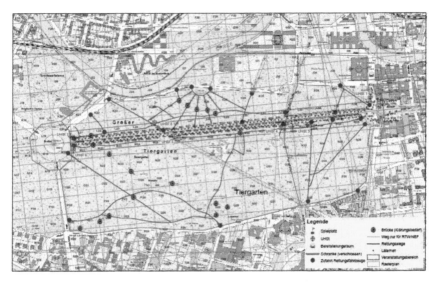

**Abbildung 1**   Berliner Rasterkarte für das Veranstaltungsgelände Straße des 17. Juni mit
Vorgaben für Sicherheitseinrichtungen. Quelle: Vermessungsamt Berlin.

Sicherheitsbehörden, wie Polizeipräsident in Berlin oder die Berliner Feuerwehr
müssen beim Prüfen und Festlegen der Sicherheitsmaßnahmen beachten, dass die
Veranstaltung möglichst wenig Einfluss auf die bereits vorhandene Sicherheits-
infrastruktur – Beachtung der Schutzziele – in Berlin hat. Dabei bewegen sie sich
immer zwischen der größtmöglichen Sicherheit auf der Veranstaltung und der
Sicherstellung der normalen Notfallversorgung für die Berliner Bevölkerung.

Die Sicherheit von Großveranstaltungen wird auf mehreren Wegen angestrebt.
Zum einen kommuniziert der Veranstalter direkt mit den Besuchern und Teilnehmern. Bereits deutlich vor der Veranstaltung werden erste Informationen im
Internet auf unterschiedlichen Kanälen verbreitet. Zu den dort verbreiteten Sicherheitsaspekten gehören auch die Hinweise zu verbotenen Gegenständen, ein Lage-
plan und der Veranstaltungsablauf (z. B. Marathon 2014, Silvester 2014, Brandenburger Tor 2014). Bei Sportveranstaltungen werden zusätzlich noch weitere
Hinweise zur körperlichen Gesundheit gegeben. Eine eigene Veranstaltungs-App
wird bisher nicht eingesetzt. Unterstützt wird dies durch das große mediale Interesse an den Veranstaltungen, welches eine regelmäßige Berichterstattung im
Vorfeld ermöglicht.

Während der eigentlichen Veranstaltung wird der Veranstalter bei der Durchführung seiner Sicherheitsmaßnahmen von den Behörden auf bestmögliche Weise unterstützt. Damit hier eine schnelle und direkte Kommunikation jederzeit möglich ist, wird eine ortsfeste Koordinierungsstelle, in der die Kommunikationskanäle des Veranstalters mit seinem Sicherheits- und Sanitätsdienst zusammenlaufen, eingerichtet und in der Regel mit Behördenvertretern dauerhaft besetzt. Die Koordinierungsstelle verfügt über einen eigenen Zugangsbereich und liegt für eine ungestörte Arbeit etwas Abseits auf dem Veranstaltungsgelände. Sie ist nach den Vorgaben der Behörden ausgestattet und verfügt über einzelne Festnetztelefonleitungen und Internetzugang für alle Mitwirkenden. Die Signale der Videokameras vom Veranstaltungsgelände und das Bühnenprogramm werden hier auf einer Vielzahl von Monitoren zusammengeführt, damit alle einen permanenten Überblick über die Veranstaltung haben. Ebenso befindet sich hier eine Karte des Veranstaltungsgeländes mit dem Berliner Raster sowie der Kennzeichnung markanter Punkte, Aufbauten, Infrastruktureinrichtungen und Wege im Raum.

Neben den Vertretern der Genehmigungsbehörde, der Berliner Feuerwehr und des Polizeipräsidenten in Berlin ist auch ein Ansprechpartner der Bundespolizei anwesend. So können Informationen über die Veranstaltungen von der Bundespolizei direkt an die Leitstelle der S-Bahn Berlin weitergegeben werden. Eine Informationsweitergabe erfolgt auch an das Berliner Verkehrsunternehmen BVG und die Medienpartner des Veranstalters. Über die Bahnhofsanzeigen und Lautsprecherdurchsagen werden die Besucher schon auf der Anfahrt benachrichtigt und können ihre Fahrt entsprechend anpassen. Umgekehrt erhält der Veranstalter eine Rückkopplung über die Auslastung des Öffentlichen Nahverkehrs auf den Anfahrtsrouten und kann so eine mögliche Besucherauslastung seiner Veranstaltung hochrechnen sowie frühzeitig notwendige Maßnahmen, wie die teilweise Schließung von Eingängen zum Veranstaltungsgelände, einleiten.

Die Sicherheitskommunikation vom Veranstalter mit den Teilnehmenden wird auf dem Gelände auf unterschiedlichen Kanälen fortgesetzt. An allen Eingängen befinden sich noch einmal mehrsprachige Hinweisschilder zu verbotenen Gegenständen. Die Einhaltung wird durch Personenkontrollen sichergestellt. Weiterhin wird veranstaltungsübergreifend auf eine einheitliche Beschilderung und Lage der Notausgänge inklusive Wegführung im Großen Tiergarten geachtet. Hierfür werden seitens der Genehmigungsbehörden auch entsprechende Vorgaben zur Gestaltung gemacht. Selbiges gilt auch für die immer gleichen Standorte des Sanitätsdienstes und der Brandsicherheitswache (Abbildung 1). Diese sind aus einsatztaktischer Sicht festgelegt. Sie müssen das gesamte Veranstaltungsgelände in einer angemessenen Zeitspane abdecken und dürfen für eine dauerhafte Einsatzfähig-

keit nicht überlastet sein. Zusätzlich sollen sie jederzeit mit einem Einsatzfahr-
zeug schnell erreichbar sein, um einen eventuell notwendigen Patiententransport
durchzuführen.

Über die zentralen Beschallungsanlagen werden neben dem Veranstaltungs-
programm weitere Sicherheitsinformationen an die Besucher weitergegeben. Zu
diesem Zweck können vorgefertigte Durchsagen, die mit den Behörden im Vorfeld abgestimmt sind, aus der Koordinierungsstelle eingespielt werden. Auch die
installierten Videoleinwände, die zur Übertragung des Bühnenprogramms oder
von Live-Bildern genutzt werden, sind in das Kommunikationskonzept mit eingebunden. Bei der Silvesterveranstaltung oder der Fan-Meile werden auf dem Veranstaltungsgelände weitere Segmentierungen vorgenommen, um einen zu hohen
Personendruck an der Hauptbühne zu vermeiden. Die nachströmenden Besucher
in den hinteren Bereichen werden über den gesperrten Bereich entsprechend mit
einer Anzeige auf der Videowand informiert und gebeten nicht weiter in diese
Richtungen zu strömen. Dies hat den Vorteil, dass die Information nicht vom
Lärmpegel beeinträchtigt wird und durch die Höhe von sehr vielen Gästen in den
hinteren Bereichen wahrgenommen werden kann.

Eine völlig andere Kommunikation, die im Rahmen der Sicherheit von Großveranstaltungen betrachtet werden muss, findet innerhalb der Gefahrenabwehrbehörden statt. Sie ist von viel mehr Formalien geprägt. In der Literatur sind mit
den Hinweisen und Richtlinien der Arbeitsgemeinschaft der Leiter der Berufsfeuerwehren in Deutschland (vgl. 2009), des dänischen Katastrophenschutzes
(vgl. 2010) oder dem Department of Health von West-Australien (vgl. 2009) für
die nichtpolizeiliche Gefahrenabwehr oder dem U.S. Department of Justice (vgl.
2007) und dem Ottawa Police Service (vgl. 2005) für die polizeiliche Gefahren-
wehr die möglichen Stellschrauben zur Risikoreduktion beschrieben. Genaue Angaben zu konkreten Maßnahmen werden aber nicht gegeben, da diese aus Sicherheitsgründen häufig nur innerhalb der Behörden verbreitet werden und einen sehr
starken Bezug zur eigentlichen Veranstaltung haben.

Grundlage aller Planungen der Einsatzorganisationen ist eine schnelle und adäquate Reaktion auf mögliche Einsatzfälle auf dem Veranstaltungsgelände, die
nicht eigenständig vom Veranstalter gelöst werden können beziehungsweise bei
denen er eine Unterstützung benötigt. Als gängige Variante zur Schaffung von
Bezugsgrößen für die einzuleitenden Maßnahmen hat sich die Annahme eines
„Worst-Case-Szenarios" und die ständige Einarbeitung der Erfahrungen vor-
heriger oder ähnlicher Veranstaltungen in die aktuellen Vorgaben etabliert.

Bei den hier im Mittelpunkt stehenden Veranstaltungen auf der Straße des 17.
Juni übernimmt innerhalb der Berliner Feuerwehr die Serviceeinheit Einsatzlenkung die Federführung für die nichtpolizeiliche Gefahrenabwehr. Sie ist in den

Genehmigungsprozess als Fachbehörde mit eingebunden und erhält so eine frühzeitige Information über die Veranstaltung.

Mit der Kenntnis der Veranstaltung beginnen innerhalb der Berliner Feuerwehr neben der Beteiligung am Genehmigungsverfahren die Vorbereitungen für das Dienstgeschehen während der Veranstaltung. Hierzu zählt die Prüfung auf Beeinträchtigungen in den betroffenen Ausrückebereichen durch die Sperrung des Veranstaltungsgeländes und des Umfeldes. Als Konsequenz daraus, können sich die Zuständigkeitsbereiche für die Sicherstellung des Grundschutzes gerade im Rettungsdienst leicht verschieben. So ist während des Berlin-Marathons davon auszugehen, dass die Laufstrecke nur in äußersten Ausnahmefällen passiert werden kann. Deswegen wird zwischen den Standorten innerhalb und außerhalb der Laufstrecke unterschieden. Für die Aufrechterhaltung des Grundschutzes werden deswegen temporär Einheiten verlegt oder zusätzlich aktiviert.

Ein weiterer Aspekt den die Berliner Feuerwehr in Vorbereitung auf den Event betrachtet, ist die Auslastung der Leitstelle, die für die gesamte Notrufabwicklung der nichtpolizeilichen Gefahrenabwehr in Berlin zuständig ist. Das Personal wird in Abhängigkeit von den zu erwartenden Anrufen entsprechend aufgestockt. Da auch immer wieder Notrufe vom Veranstaltungsgelände in der Leitstelle eingehen und um kommunikative Missverständnisse im Ablauf zu vermeiden, wird hierbei durch den Zusatz der Veranstaltung zum Stichwort zwischen veranstaltungsbezogenen Einsätzen und anderen Einsätzen unterschieden. Die Zuordnung zur Veranstaltung erfolgt auch, weil primär der Sanitätsdienst für die Bearbeitung auf dem Veranstaltungsgelände zuständig ist. Zu diesem Zweck entsendet dieser eine Verbindungskraft in die Leitstelle, die dort die Notrufe an die vor Ort befindlichen Kräfte umgehend weiterleitet. Umgekehrt werden auch Anforderungen des Sanitätsdienstes, die in der Regel den Patiententransport betreffen, über die Verbindungsperson an die Feuerwehr übermittelt. Auch dann erhält der Einsatz den Veranstaltungszusatz, um den anfahrenden Kräften zu zeigen, dass es sich hierbei um einen Patienten handelt, der bereits medizinisch versorgt wird. In der Nachbereitung der Veranstaltung kann auf diese Weise auch sehr einfach herausgefiltert werden, wie viele Personen weitergehende medizinische Versorgung benötigten.

Die Berliner Feuerwehr ist gemäß der Sonderbetriebstättenverordnung auch für die Stellung einer Brandsicherheitswache auf Großveranstaltungen verantwortlich. Für eine schnelle Reaktionsfähigkeit sind bei den Veranstaltungen auf der Straße des 17. Juni zwei Löschhilfeleistungsfahrzeuge der Berufsfeuerwehr sowie ein Führungsdienst des gehobenen Dienstes vor Ort stationiert. Ein separater Führungsdienst des höheren Dienstes steht als zusätzlicher Einsatzleiter für Großschadensereignisse auf dem Veranstaltungsgelände gegebenenfalls in Bereitschaft zur Verfügung. Er ist in das weitere Einsatzgeschehen in Berlin nicht eingebunden.

Bei mehrtägigen Veranstaltungen wird eine Personalplanung mit entsprechenden Wachwechseln vorgenommen. Dabei wird eine möglichst gleichmäßige Belastung des Personalpools angestrebt. Im Einzelfall kann auch eine Urlaubssperre verhängt werden (vgl. Würker 2006).

Als Standorte für die Einsatzkräfte haben sich die Siegessäule und das Brandenburger Tor etabliert. Zwei geeignete Gebäude in diesen Bereichen werden für die permanente Erreichbarkeit im Vorfeld der Veranstaltung an das Behördennetz der Berliner Feuerwehr angeschlossen und als temporäre Einrichtungen im Leitstellenrechner eingepflegt. Dazu gehört auch die Festlegung der Funkkanäle im Digitalfunk.

Für eine schnelle Verfügbarkeit im Veranstaltungsumfeld werden zusätzliche Rettungswagen an diesen beiden Standorten stationiert. Durch eine räumliche Trennung zu den ebenfalls dort vorhandenen Sanitätsdiensteinrichtungen wird eine Vermischung bei der Aufgabenwahrnehmung vermieden. Im Einsatzfall begeben sich die Einsatzkräfte auf vorher festgelegten und in Plänen verzeichneten Routen auf das Veranstaltungsgelände. Diese sind zwischen der Serviceeinheit Einsatzlenkung und dem Veranstalter abgestimmt. Hierbei wird seitens der Berliner Feuerwehr auf ein funktionierendes Einbahnstraßensystem und die Nutzbarkeit für Großfahrzeuge geachtet, um eine jederzeitige Abfahrt von Rettungsmitteln zu gewährleisten.

Zum Informationsmanagement der Serviceeinheit Einsatzlenkung gehört neben der Bereitstellung der Unterlagen für die Einsatzkräfte vor Ort auch eine Informationsveranstaltung für alle Führungskräfte der Berliner Feuerwehr sowie Einsatzleiter der Hilfsorganisationen und des THW kurz vor der geplanten Großveranstaltung. Auf dieser werden die geplanten Maßnahmen noch einmal erläutert und letzte Details geklärt. Diese Informationen werden zusätzlich in komprimierter Form auf einem internen Server für alle Einsatzkräfte bereit gestellt. Auf diese Weise wird ermöglicht, dass sich die Einsatzkräfte bereits im Vorfeld mit den Besonderheiten, die durch die Großveranstaltungen erzeugt werden, befassen können.

Die Sicherheit von Großveranstaltungen wird in Berlin durch vielfältige Maßnahmen erreicht. Die Kommunikation zwischen allen Beteiligten ist dabei ein zentrales Schlüsselelement. Nur durch eine gegenseitige Abstimmung und transparente Entscheidungen kann ein für alle Seiten tragbares und zufrieden stellendes Ergebnis herbeigeführt sowie ein bewusster Umgang mit den Risiken einer Großveranstaltung erzeugt werden.

Die Sicherheitsbehörden wie die Berliner Feuerwehr oder der Polizeipräsident in Berlin nehmen bei Großveranstaltungen eine besondere Rolle ein. Zum einen treten sie im Genehmigungsverfahren als Fachbehörde auf und wollen die Veranstaltungen nicht verhindern. Zum anderen haben sie mit der eigentlichen Veranstaltung unter Umständen nur wenige Berührungspunkte und müssen aber trotzdem Planungen für mögliche Schadensereignisse auf den Veranstaltungen vornehmen und sich entsprechend vorbereiten. Hierzu zählt eine enge Kooperation mit dem Sanitätsdienst und dem Sicherheitsdienst auf der Veranstaltung genauso wie eine angepasste Personalplanung in allen Bereichen der Einsatzorganisation. Dabei muss auf ein umfassendes Informationsmanagement innerhalb der Behörden geachtet werden, um Missverständnisse im Ernstfall zu vermeiden. Veranstaltungsübergreifende Standards, wie identische Beschilderungen, gleiche Standorte der Sicherheitseinrichtungen sind ein weiteres wichtiges Element für die Akzeptanz von Sicherheitsmaßnahmen und Berücksichtigung bei den Gästen.

Der Besucher ist derzeit häufig ein passiver Konsument der Sicherheitskommunikation. Die Bestrebungen dies durch die Einbindung neuer Medien zu verändern, kommen bei den Beteiligten immer stärker ins Bewusstsein. Die ersten Versuche sind durch einen spezielle Facebook oder Twitter-Accounts bereits vorhanden. Es gilt aber noch begründete Bedenken für eine permanente Nutzung auszuräumen. Die Auslösung eines Notrufes bedarf mehr Informationen als nur des bloßen Drückens auf einen Button. Im Zuge der technischen Weiterentwicklung, wie der Einführung des E-Call in Fahrzeugen, wird aber an entsprechenden Lösungen gearbeitet, die sicherlich auch bei Veranstaltungen genutzt werden können.

## Literaturverzeichnis

AGBF, Arbeitsgemeinschaft der Leiter der Berufsfeuerwehr, Arbeitskreis Grundsatz (2009). Einsatzplanung Großveranstaltungen (vfdb-Richtlinie 03–03). http://www.agbf.de/

Amt für Statistik Berlin-Brandenburg (2013). Statistisches Jahrbuch 2013. https://www.statistik-berlin-brandenburg.de/produkte/produkte_jahrbuch.asp

Aulich, U. (2012). Berliner Zeitung vom 19. August 2012. http://www.berliner-zeitung.de/berlin/strasse-des-17--juni-berlins-partymeile-wird-ausgebaut,10809148,16921022.html

Berlin Marathon (2014). www.bmw-berlin-marathon.com/

Bezirksamt Mitte (2015, unveröffentlicht), Leitfaden Groß- und Sonderveranstaltungen

Brandenburger Tor (2014). http://brandenburger-tor-berlin.de/

British Columbia (2014). Major Planned Events Guidelines. Canada. http://www.embc.gov.bc.ca/em/Community/MajorPlannedEventsGuidelines.pdf

Danish Emergency Management Agency (2010). Guidelines for fire safety at major events. http://brs.dk/forebyggelse/brand/Documents/Vejledning_om_brandsikkerhed_ved_storre_arrangementer_ENGELSK.pdf

Department of Health (2009). Guidelines for concerts, events and organised gatherings. Government of Western Australia. http://www.rgl.wa.gov.au/resourcefiles/publications/eventsguide2009.pdf

Department of Health (2011). Code of practice for running safer music festivals and events. State of Victoria, Australien. http://docs.health.vic.gov.au/docs/doc/Code-of-practice-for-running-safer-music-festivals-and-events-(2013)

dpa (2013). Morgenpost vom 02. Januar. http://www.morgenpost.de/berlin-aktuell/article112354280/Ausbau-an-Strasse-des-17-Juni-moeglichst-schon-im-Februar.html

Hessisches Ministerium des Innern und für Sport (2013). Leitfaden „Sicherheit bei Großveranstaltungen". https://innen.hessen.de/sites/default/files/media/hmdis/leitfaden_sicherheit_bei_grossveranstaltungen.pdf

HSE, Health and Safety Executive (1999). The Event safety guide. http://www.qub.ac.uk/safety-reps/sr_webpages/safety_downloads/event_safety_guide.pdf

Messe Berlin (2014). Geschäftsbericht 2013. http://www.messe-berlin.de/Unternehmen/MesseBerlinGmbH/Geschaeftsbericht/

Ministerium des Innern und Kommunales des Landes Nordrhein-Westfalen (2012), Orientierungsrahmen des Ministeriums für Inneres und Kommunales NRW für die kommunale Planung, Genehmigung, Durchführung und Nachbereitung von Großveranstaltungen im Freien. http://www.mik.nrw.de/themen-aufgaben/gefahrenabwehr-feuerwehr-katastrophenschutz/grossveranstaltungen.html

Ministerium für Inneres und Sport Sachsen (2012). Sicherheitskonzepte für Großveranstaltungen: Leitfaden für die kommunale Praxis. http://mobile.behoerden-spiegel.de/icc/internet/sub/034/binarywriterservlet?imgUid=88060f85–45ff-ca31-eed1–712607b988f2&uBasVariant=11111111–1111-1111–1111-111111111111

Ministry of Civil Defence and Emergency Management (2003). Safety Planning Guidelines for Events. New Zealand. http://www.waitakere.govt.nz/Frefor/pdf/event-safety-guidelines-osh-200104.pdf

Ottawa Police Service (2005). Major Event Planning, http://www.attorneygeneral.jus.gov.on.ca/inquiries/ipperwash/policy_part/meetings/pdf/Hayes.pdf

Schönball, Ralf (2014). Tagesspiegel vom 03.Januar. http://www.tagesspiegel.de/berlin/strasse-des-17-juni-in-berlin-mitte-partymeile-statt-verkehrsachse/9281224.html

Senatsverwaltung für Inneres und Sport Berlin (2013). „Sanitätsdienst bei Großveranstaltungen". http://www.berlin.de/sen/inneres/sicherheit/katastrophenschutz/sanitaetsdienst-bei-grossveranstaltungen/

Senatsverwaltung für Stadtentwicklung Berlin (2005). Sonderbau-Betriebsverordnung (SoBeVO). https://www.umwelt-online.de/recht/bau/laender/berlin/sobevo_ges.htm

Senatsverwaltung für Stadtentwicklung Berlin (2010), Betriebsverordnung (BetrVO). http://www.stadtentwicklung.berlin.de/service/gesetzestexte/de/download/bauen/BetrV.pdf

Serviceportal Berlin (2015). https://service.berlin.de/dienstleistung/324911/

Silvester (2014). http://www.berliner-silvester.de/feiern/992578–990341-silvesteram brandenburgertor.html

Stuttgart (2014), Leitfaden „Organisation von Veranstaltungen auf öffentlichen Flächen". http://www.stuttgart.de/item/show/320065/1/publ/4343

Traxler, R. (2011). Identitätsort Berlin: Die politische Hauptstadtarchitektur und ihre symbolische Funktion im Prozess nationaler Identitätsbildung. Dissertation. FU Berlin

taz (2013). taz vom 31.Dezember. http://www.taz.de/!130161/

U.S. Department of Justice (2007). Planning and Managing Security for Major Special Events. http://www.cops.usdoj.gov/Publications/e07071299_web.pdf

Vermessungsamt Berlin. http://www.berlin.de/vermessungsaemter/

Vodafone (2014). Netzausbau hinter den Kulissen: So versorgt Vodafone die WM-Fanmeile in Berlin. http://www.teltarif.de/vodafone-berlin-fanmeile-17-juni-netz-ueberlastung-ausbau-umts/news/55943.html

Würker, D. (2006). Die WM in der Hauptstadt, ein einmalige Fußballfest. *Bevölkerungsschutzmagazin. 04.* 11–14.

# Einsatz von Medien und Kommunikation zur Sicherheit von Großveranstaltungen

## Kommunikation im Krisenfall – das Modell der Landeshauptstadt München

Dennis Vosteen

## 1 Einleitung

Die Sicherheit von Veranstaltungen wird in Deutschland bereits seit Ende des 19. Jahrhunderts in Gesetzen und Verordnungen geregelt und geht in ihren Ursprüngen auf die Sicherheit von Theateraufführungen zurück (vgl. Eckart u. a. 2013: 6). Dennoch gibt es im föderalen System der Bundesrepublik, trotz dieser langen historischen Tradition, außerhalb des Geltungsbereichs der Versammlungsstättenverordnungen der Länder, keine gesonderten Vorschriften. Ob eine Orientierung außerhalb des Geltungsbereichs erfolgen soll, muss dem Einzelfall überlassen werden.

Ungeachtet dessen erfreuen sich große Freiluftveranstaltungen, nicht zuletzt im Nachgang des „Sommermärchens" während der Fussball-Weltmeisterschaft 2006 in Deutschland (Abbildung 1), einer zunehmenden Beliebtheit. Dies führt dazu, dass Kommunen um Prestige und wirtschaftlich einträgliche Veranstaltungen buhlen und gleichzeitig immer neue Veranstaltungskonzepte entstehen. Einher mit diesen neuen Veranstaltungsarten gehen die gesteigerten Anforderungen an die Akteure der Veranstaltungssicherheit. Nicht zuletzt die Geschehnisse auf der Love Parade in Duisburg im Jahre 2010 und der folgenden rechtlichen Verantwortungsbestimmung durch die Justiz, haben die Anforderungen an die Veranstaltungs-

© Springer Fachmedien Wiesbaden GmbH, ein Teil von Springer Nature 2019
C. Groneberg (Hrsg.), *Veranstaltungskommunikation*,
https://doi.org/10.1007/978-3-658-11725-2_12

sicherheit erhöht und vermehrt zu der Forderung von Sicherheitskonzepten für
Veranstaltungen geführt.

**Abbildung 1**   Fanfest München im Olympiapark bei der FIFA Fussball-Weltmeisterschaft 2006 in Deutschland. Mit freundlicher Genehmigung von © Berufsfeuerwehr München – Einsatzvorbeugung, 2015. All Rights Reserved.

Die Branddirektion München hat daher ihre Erfahrungen mit der Bearbeitung
von jährlich über 2.000 Veranstaltungen und 70 Sicherheitskonzepten gebündelt
und im April 2012 eine 2. Auflage der „Handreichung zur Sicherheit von Großveranstaltungen" veröffentlicht (vgl. Landeshauptstadt München 2012). Die
Handreichung definiert die Beteiligung der Akteure und etabliert eine gezielte
Krisenkommunikation unterhalb des Stabsaufbaus der Gefahrenabwehr. Die Etablierung dieser Form der Kommunikation bei allen in der Landeshauptstadt München durchgeführten Veranstaltungen, bei denen durch Polizei, Feuerwehr oder
Sicherheitsbehörde/Ordnungsamt ein Sicherheitskonzept gefordert wird, ist eine
erforderliche Struktur zur abgestimmten Kommunikation im Krisenfall. Anders
ausgedrückt: die rechtzeitige Festlegung und Abstimmung der Kommunikation
aller für die Sicherheit einer Veranstaltung zuständigen Akteure im Vorfeld, ver-

kürzt die nach Eintritt eines Abstimmungsbedürftigen Veranstaltungsereignisses oder Krisenfalls zwangsläufig entstehende Chaosphase merklich.

Eine bundesweit einheitliche Struktur hat sich bisher aufgrund der eingangs geschilderten Ausgangssituation nicht entwickeln können. Die in München etablierte Form der Kommunikation hat sich jedoch bewährt und ist vor allem eine für unterschiedlichste Veranstaltungsarten anwendbare Methode. Die Vielzahl an Veranstaltungen, die jedes Jahr in Deutschland geplant, genehmigt und durchgeführt sowie von nahezu jedem in Deutschland lebenden Menschen besucht werden, führen dazu, dass die Kommunikation im Krisenfall während einer Veranstaltung und damit die zugrunde liegende Struktur, ein allgemeingesellschaftliches Interesse erzeugen.

Der Fokus des vorliegenden Beitrags liegt auf der praktischen Umsetzung der Veranstaltungssicherheit am Beispiel der Landeshauptstadt München und der bundesweiten Umsetzbarkeit der Münchener Struktur im urbanen und ruralen Raum. Die intentionsleitende zentrale Fragestellung des vorliegenden Artikels lautet daher: Welche kommunikativen Herausforderungen ergeben sich bei der praktischen Umsetzung der Veranstaltungssicherheit? Es wird dabei von der These ausgegangen, dass die Kommunikation der beteiligten Akteure der entscheidende Faktor ist, um die Sicherheit im Krisenfall zu ermöglichen.

Um die zentrale Frage zu beantworten und der praktischen Umsetzung der Kommunikation in der Veranstaltungssicherheit in der Landeshauptstadt München einer genaueren Betrachtung zu unterziehen, werden zuerst allgemeine Vorüberlegungen zur Verwirklichung von Veranstaltungen durchgeführt. Im Anschluss werden die an einer Veranstaltung beteiligten Akteursgruppen und ihr Verhältnis zueinander kurz dargestellt. Nachfolgend wird die Struktur der Veranstaltungssicherheit in München mit dem *Sicherheitskreis* und *Koordinierungskreis* des Veranstalters und die Einordnung der Veranstaltungsdurchführung in *Betriebsarten* dargestellt. In der Folge wird die kommunikative Einbindung dieser Struktur im Krisenfall erläutert. Vor dem abschließenden Fazit wird in einem Exkurs die Arbeitsweise der Gefahrenabwehr in Einsatzleitungen dargestellt, um die Verbindung zum Koordinierungskreis aufzuzeigen.

## 2    Einordnung des Begriffs Kommunikation

### 2.1    Allgemein

Der Begriff der Kommunikation ist weit verbreitet und wird, je nach wissenschaftlicher Disziplin oder Notwendigkeit im Alltag, unterschiedlich verwendet. Als allgemein kann jedoch angesehen werden, dass durch Kommunikation Informationen übermittelt und dadurch die Einstellung von anderen Akteuren beeinflusst werden kann. Gleichzeitig führt die Beeinflussung zu einer Erwartungshaltung der Akteure untereinander und hat damit direkte oder indirekte Auswirkungen auf deren Handeln. Kommunikation ist also ein wichtiger Beitrag in der unmittelbaren und mittelbaren Aufrechterhaltung der Sicherheit sowie der Abarbeitung von Schadensfällen einer Veranstaltung indem Kooperation und Interaktion ermöglicht werden.

In diesem Beitrag soll Kommunikation nicht als engstehender Begriff definiert werden, sondern wird als ein gezielter und ungezielter verbaler und nonverbaler Austausch von Informationen und daraus resultierenden Handlungserwartungen und den darauf zurückzuführenden Reaktionen aller an der Veranstaltungssicherheit beteiligten Akteuren (mit dem Ziel der Abwehr von Gefahren für Menschen und Sachgüter) verstanden.

## 2.2   Kommunikation vor und in der Krise

In Kapitel 5 wird die Kommunikation im Krisenfall erläutert. Zum besseren Verständnis soll daher zwischen der Kommunikation vor und in der Krise unterschieden werden. Hierfür werden die Begriffe Risikokommunikation und Krisenkommunikation verwendet, wie sie im Bereich des Bevölkerungsschutzes eingeführt sind (vgl. Dickmann u. a. 2007: 325).

Risikokommunikation ist die langfristige Kommunikation über Risiken. Im Falle einer Veranstaltung wären hierunter beispielsweise veranstaltungsbezogene Krisenfälle und die Handlungsweise der Gefahrenabwehr zu verstehen. Eine Risikokommunikation kann zum Beispiel durch gemeinsame Übungen und Ausbildungen der operativ-handelnden Akteure der Gefahrenabwehr und der Mitglieder des Koordinierungskreises erfolgen und ist bereits durch die Branddirektion München in Form eines Symposiums erfolgreich umgesetzt worden (vgl. Vosteen 2014b).

Hingegen ist Krisenkommunikation kurzfristig und bezieht sich auf Informationen, die sich unmittelbar auf einen bevorstehenden Krisenfall bzw. Schadenseintritt beziehen. Das Ziel der Krisenkommunikation ist es, alle Beteiligten dabei zu unterstützen, ihr vorhandenes Vor- und Fachwissen bestmöglich umsetzen und anwenden zu können, dieses der Situation anzupassen und im Falle von Veranstaltungen miteinander abzustimmen (vgl. Dickmann u. a. 2007: 325). Anders ausgedrückt bereitet der objektive Bezug und die Fähigkeit zur subjektiven Einschätzung durch die Bereitstellung von Informationen durch die langfristig ausgelegte „Risikokommunikation [...] somit den fruchtbaren Boden, auf den dann Krisenkommunikation fallen soll" (ebd.: 327).

## 2.3 Anmerkung zur Verwendung der Begriffe Sicherheits-kreis und Koordinierungskreis

Dieser Text verwendet die Begrifflichkeiten *Sicherheitskreis* und *Koordinierungskreis* der 2015 erschienenen Neuauflage der Handreichung der Branddirektion. In der 2. Auflage von 2012 wurden noch die Begriffe *Sicherheitsstab* und *Krisenstab* genutzt. Aufgrund von Begriffsdoppelungen außerhalb Bayerns wurden die Begriffe im Sinne einer bundesweiten Anwendbarkeit jedoch ersetzt.

## 3 Vorüberlegungen

Veranstaltungen sind komplexe Systeme, in denen die Kooperation von privaten (d.h. nicht öffentlichen) und staatlichen Akteuren (d.h. Träger öffentlicher Belange zum Vollzug von Gesetzten, Verordnungen etc.) trotz einer am eigenen Vorteil orientierten Zusammenarbeit, zum Wohle aller und zum Wohle des Systems selbst, erfolgen kann. Ein solcher Systemnutzen der interorganisationalen Zusammenarbeit konnte bereits für den deutschen Bevölkerungsschutz anhand einer Netzwerktheorie nachgewiesen werden (vgl. Vosteen 2009). Der dort aufgezeigte Prozess des durch Verhandlungen angestrebten Interessenausgleichs kann aufgrund der für die tägliche Gefahrenabwehr ursächlichen Gesetzeslage (vgl. Bayerische Staatsregierung 2014a; 2014b) nicht übertragen werden. Dennoch zeigt die Netzwerktheorie, dass durch eine Einbindung privater Akteure die Reichweite und Qualität des staatlichen Handelns – in diesem Fall die Abwehr der Gefahr – im Sinne der Effektivität ausgeweitet werden kann. Gleichzeitig lohnt sich die Beteiligung der privaten Akteure – allen voran des Veranstalters – für sie selbst, da auch sie vom Netzwerknutzen – in Form der schnellen Krisenbewältigung zum Schutz der Besucher, erheblicher Sachwerte und letztlich der Veranstaltung selbst – entscheidend profitieren. Die Komplexität und Vernetzung des Systems bedingt die Einbindung verschiedenartiger Sicherheitsakteure. Diese unterscheiden sich jedoch beispielsweise durch ihre Ausbildung, Organisationsstruktur, Aufgaben, Ziele und ihr Vokabular. Darüber hinaus pflegen sie mitunter Vorurteile untereinander. Die jeweils gelebte Sicherheitskultur, wie etwa die ursächliche, aufgrund geopolitischer Gegebenheiten notwendige, enge Verbindung des Katastrophenschutzes (erweiterte alltägliche nichtpolizeiliche Gefahrenabwehrstruktur)

zum Zivilschutz (nichtmilitärische Gefahrenabwehrstruktur im Verteidigungs-
oder Spannungsfall), kann zu einer Beeinträchtigung der interorganisationalen
Zusammenarbeit führen. Die positive Bereitschaft zur Zusammenarbeit mit anderen Akteuren ist jedoch Grundvoraussetzung für den Netzwerknutzen und damit
eine erfolgreiche, weil sichere, Veranstaltungsdurchführung. Im Rahmen der Zusammenarbeit der unterschiedlichen Akteure stellt der Informationsaustausch
und damit die Kommunikation unter den Akteuren der Veranstaltungssicherheit
einen wesentlichen Erfolgsfaktor dar. Die Kooperation untereinander erfordert,
der Netzwerktheorie folgend, das gegenseitige Vertrauen der Akteure im „Veranstaltungsnetzwerk". Die Akteure treten daher in eine persönliche, willentliche
Vorleistung um Kommunikation zu ermöglichen. Gleichzeitig muss die Erkenntnis
stehen, dass Schädigungen des Gegenübers eine Schädigung des Netzwerkes nach
sich ziehen und der Netzwerknutzen dadurch sinkt. Gegenseitige Schädigungen
sind für die Akteure daher aus rein rationaler Sicht zu unterlassen. Die Einbindung
der einzelnen Akteure – sowohl aus dem staatlichen, wie privaten Bereich – sorgt
für eine erhöhte Akzeptanz im Sinne der Legitimität der in Bezug auf die Sicher-
heitsinhalte getroffenen Entscheidungen (vgl. ebd.: 17), nicht nur bei den Akteuren
selbst, sondern wie im weiteren Verlauf ausgeführt wird, auch bei den Besuchern
einer Veranstaltung. Mit anderen Worten: Die Veranstaltungsplanung muss gewissenhaft erfolgen und die unterschiedlichen Akteure müssen mit unterschied-
lichem Fachwissen aufrichtig in die Planung, Durchführung und Kommunikation
integriert werden – dies gewährleistet ein Maximum an Sicherheit.

Die Rollen im Veranstaltungsnetzwerk, also die Rechte und Pflichten der
einzelnen Akteure, können jedoch, je nach Veranstaltung, stark variieren und sehr
komplex sein. Dies erschwert eine gewissenhafte Einbindung. Die einzelnen Akteure müssen sich daher ihrer eigenen Rolle im Netzwerk sicher sein, um zielgerichtet kommunizieren zu können und vor allem keine notwendige Kommunikation bewusst oder unbewusst zu verhindern. Die Rollenklarheit im Netzwerk
gilt insbesondere, wenn eine Institution mehrere Funktionen im Veranstaltungsnetzwerk einnimmt. Ein häufiges Beispiel sind Kommunen, die nicht nur Geneh-
migungs- und Sicherheitsbehörde, sondern selbst Veranstalter sind. Die Netzwerk-
rollen müssen daher genau definiert und möglichst namentlich benannt, d.h. mit
einer ladungsfähigen persönlichen Anschrift bekannt sein. Insbesondere gilt dies
für die Person des Veranstalters – dies schafft Verantwortung.

Das „Aufspannen" des Netzwerkes, also die Festlegung der Rollen sowie
die Benennung von Schnittstellen im Vorfeld, ist essentiell zur Verkürzung der
Chaosphase bei einem Abstimmungsbedürftigen Veranstaltungsereignis bzw. im
Krisenfall. Weder Behörden noch Unternehmen arbeiten bundesweit identisch, so
dass das Aufspannen je nach Veranstaltung und Durchführungsort unterschied-

lich sein kann. Gemeinsame Grundlage von Gefahrenabwehr und Veranstaltungssicherheit und damit das Ziel des komplexen Veranstaltungsnetzwerkes ist primär
der Schutz der Besucher: Die Prävention von bzw. die Reaktion bei Eintritt auf
Personenschäden durch die Aufrechterhaltung einer permanent sicheren Entfluchtung und Verhinderung unkontrollierter Besucherreaktionen sowie die Ein-
griffsmöglichkeit von Kräften der Gefahrenabwehr und der Dienstleister, müssen
immer gegeben sein. Sekundäres Ziel ist der Schutz von Sachwerten auf der Veranstaltung. Tertiär letztlich die Durchführung der Veranstaltung selbst, da die Investitionen des Veranstalters ebenfalls einen zu schützenden Sachwert darstellen.
Besondere Berücksichtigung muss bei allen an der Sicherheit beteiligten Akteuren
finden, dass ein Schadenereignis oder eine Gefahrenlage weiter anwachsen kann
und durch präventive Maßnahmen die Selbstrettungsfähigkeit der Besucher und
die Eingriffsmöglichkeiten der Gefahrenabwehr nicht verschlechtert werden. Beispielsweise mag die ursächliche Wirkung eines Terroranschlags gering sein, in der
Folge kann die Zahl der Betroffenen, durch unzureichende Flucht- und Rettungswege in Folge einer zum Schutz aufgestellten Geländeumzäunung, aber sehr hoch
sein und damit große Auswirkungen haben.

### Beispiel Branddirektion München
Zur Verdeutlichung sollen an dieser Stelle die im Geschäftsverteilungsplan der
Landeshauptstadt München festgelegten, vielfältigen Rollen der Branddirektion
im Veranstaltungsnetzwerk aufgezeigt werden. Je nach Veranstaltungsphase, bei-
spielsweise der Durchführung der Veranstaltung selbst, unterscheiden sich die
Rollen erheblich von einander:

Fachbehörde (Brandschutzdienststelle und Katastrophenschutzbehörde)
* Veranstaltungsauflagen
* Prüfung von Sicherheitskonzepten
* Beratung bei der Veranstaltungsplanung
* Bemessung der Brandsicherheitswache und des Sanitätsdienstes

Genehmigungsbehörde
* Bestuhlungs-, Rettungsweg- und Aufbaupläne
* Pyrotechnik und feuergefährliche Handlungen
* Veranstaltungsabnahme

Einsatzdienst
• Einsatzplanung
• Abwehrender Brandschutz
• Notarztdienst
• Katastrophenschutz

Diese unterschiedlichen Funktionen erfordern von den Mitarbeitern der Branddirektion die Kenntnis des gesamten Veranstaltungsnetzwerkes und der jeweiligen
eigenen Rolle, die eine Anpassung in der Form der Kommunikation, insbesondere
im Umgang mit den weiteren Netzwerkakteuren erfordert. Als Fach- und Genehmigungsbehörde werden beispielsweise Auflagen erstellt, die eingefordert
werden müssen, wohingegen die Beratung von Veranstaltern als Dienstleistung
erfolgt.

**Abbildung 2**   Einsatzfahrzeuge der Berufsfeuerwehr München bei einer Veranstaltung
im Olympiapark. Mit freundlicher Genehmigung von © Berufsfeuerwehr
München – Einsatzvorbeugung, 2015. All Rights Reserved.

# 4    Akteure einer Veranstaltung

Die an der Sicherheit also der Widerstandsfähigkeit gegenüber Gefährdungen auf und rund um die Veranstaltung mitwirkenden bzw. beteiligten Personen und Organisationen lassen sich in vier Akteursgruppen unterteilen:

- Veranstalter (inkl. Dienstleister: Sanitäts-, Ordnungsdienst etc.)
- nichtpolizeiliche Gefahrenabwehr (Feuerwehr, Rettungsdienst, Katastrophenschutz etc.)
- polizeiliche Gefahrenabwehr (Landespolizei, Bundespolizei etc.)
- Behörden (Genehmigungsbehörde, Fachdienststellen wie Brandschutzdienststelle, Verkehrsbehörde etc.)

Häufig nicht im Zusammenhang mit der Sicherheit genannt, aber ebenfalls aufgrund einer Betroffenheit im Krisenfall in die Kommunikation mit einzubeziehen sind:

- Dritte (Öffentlicher Personen(nah)verkehr, Künstler etc.) und letztlich die
- Besucher

Der Schwerpunkt dieses Artikels liegt jedoch auf Umsetzung der Münchener Struktur und fokussiert daher die ersten vier Akteursgruppen. Der Veranstalter ist grundlegend für die Sicherheit der eigenen Veranstaltung und sofern kommunal nicht anders festgelegt, für die Einbeziehung der einzelnen Akteure in das Veranstaltungsnetzwerk verantwortlich. Unterstützt wird er hierbei durch seine Dienstleister, die in einzelnen Bereichen zuarbeiten können (z.B. in Form der Erstellung des Sanitätsdienstkonzeptes).

Die Genehmigungsbehörde kann wiederum unter Einbindung der Fachbehörden entsprechend der gesetzlichen Grundlagen (z.B. § 29 Straßenverkehrsordnung oder § 19 Landesstraf- und Verordnungsgesetz Bayern) ein Tun, Dulden oder Unterlassen durch das Aussprechen von Auflagen vom Veranstalter verlangen. Bei der Auflagenbeschreibung durch die Fachbehörden müssen diese die Anforderungen der operativ-taktischer Einheiten (Zugänglichkeit zum Gelände, Brandschutz auf dem Gelände etc.) in ihrem Zuständigkeitsbereich berücksichtigen. Bereits während der Planung der Veranstaltung spielt Kommunikation eine wichtige Rolle, da die Akteure über die unterschiedlichen Interessen und gesetzlichen Anforderungen informiert werden müssen und eine Reaktion von ihnen erwartet wird.

**Abbildung 3**   Punktuelle Überfüllung im Garten eines Festzeltes. Wie können die Besucher in die Kommunikation eingebunden werden? Mit freundlicher Genehmigung von © Berufsfeuerwehr München – Einsatzvorbeugung, 2015.
All Rights Reserved.

## 5      Struktur der Veranstaltungssicherheit in München

Den durch das Aufspannen des Veranstaltungsnetzwerkes festgelegten Rollen der
beteiligten Akteure obliegt es, das Sicherheitsniveau der Veranstaltung im Vorfeld
zu definieren und während der Durchführung der Veranstaltung auszufüllen. Die
staatlichen Akteure legen dazu das Minimum des Tuns und Unterlassens in den
Nebenbestimmung eines Verwaltungsaktes fest. Diese Auflagen müssen durch den
Veranstalter erfüllt und die Umsetzung anschließend durch die staatlichen Akteure überprüft werden. Das geforderte Sicherheitsniveau der Veranstaltung wird auf
diese Weise definiert.

   Die Aufrechterhaltung des Sicherheitsniveaus erfordert während der Durchführung der Veranstaltung die Beteiligung unterschiedlicher Akteure. Diese Be-

teiligung hat die Branddirektion für München in eine Struktur zusammengefasst (vgl. Landeshauptstadt München 2012: 23):

- Sicherheitskreis des Veranstalters
- Koordinierungskreis des Veranstalters
- Einsatzleitung der Gefahrenabwehr
- Gefahrenabwehrleitung der Landeshauptstadt München (im Katastrophenfall)

Eine fehlgeleitete Kommunikation, auch innerhalb von Teilen dieser Struktur, kann stark negative Auswirkungen auf die Veranstaltungssicherheit haben, da Einzelentscheidungen eines Akteurs mitunter Einfluss auf das gesamte Netzwerk nehmen und sich auf die Planung weiterer Netzwerkakteure auswirken: Beispielsweise kann das Schließen von Zugängen zu einer Ansammlung von Menschen führen, die weiterhin auf das Veranstaltungsgelände wollen. Diese Ansammlung kann jedoch die Flucht- und Rettungswege beeinflussen. Eine unterlassene Kommunikation kann in diesem Fall zu einer gewollten oder ungewollten Schädigung der weiteren Akteure führen, da die Reichweite des Netzwerknutzens und damit des definierten Sicherheitsniveaus sinkt.

In der Praxis der Veranstaltungsdurchführung in der Landeshauptstadt München wird daher, zur besseren Einordnung der Struktur und der daraus folgenden operativen Anforderungen, der Veranstaltungsbetrieb spezifiziert. Hierfür hat sich eine dreiteilige Einstufung bewährt. Diese *Betriebsarten der Veranstaltung* erfordern eine unterschiedliche Beteiligung der Netzwerkakteure und haben damit Auswirkungen auf deren Kommunikation. Zur Einordnung insbesondere des *Sicherheits-* und *Koordinierungskreises* einer Veranstaltung unterhalb der Stabsstruktur der Gefahrenabwehr in München, werden die Betriebsarten sowie die Einbindung der Akteure im Folgenden dargestellt. Um die Betriebsarten visuell einprägsam zu gestalten, werden diese den Farben und der symbolischen Bedeutung einer Ampel zugeordnet (vgl. Bachmeier u. a. 2014: 19).

## 5.1    Betriebsarten einer Veranstaltung

### 5.1.1   Regelbetrieb – Ampelphase: grün

**Abbildung 4**    Ampel grün. Mit freundlicher Genehmigung von © Berufsfeuerwehr München – Einsatzvorbeugung, 2015. All Rights Reserved.

Im Regelbetrieb läuft die Veranstaltung wie geplant ab. Die Vorgaben des Sicherheitskonzeptes werden umgesetzt, es entstehen keine sicherheitsrelevanten Kom-
plikationen. Die sich entwickelnden Problemstellungen betreffen die Struktur
des Veranstalters – die Gefahrenprävention sowie beispielsweise untergeordnete
Logistikprobleme, Programmänderungen, Wünsche von VIPs – so dass eine Beteiligung der staatlichen Akteure nicht erforderlich ist. Die Verantwortlichkeit für
den reibungslosen Veranstaltungsablauf liegt im Regelbetrieb beim Veranstalter,
der allerdings im informativen Austausch mit von ihm ausgewählten Mitarbeitern
und Dienstleistern, z.B. den Sanitäts- und Ordnungsdienstleitern, die Handlungsoptionen beraten kann.

Dies wird in München als *Sicherheitskreis des Veranstalters* bezeichnet. Er
kann dauerhaft, turnusmäßig oder anlassbezogen einberufen werden und entscheidet unterhalb einer Schwelle, ab der eine informative oder operative Beteiligung der staatlichen Akteure, also ein behördliches Eingreifen, erforderlich
ist. Die Kommunikation der privaten Akteure geht nicht über eine alltägliche
Kommunikation hinaus.

## 5.1.2 Abstimmungsbedürftiges Veranstaltungsereignis (im Regelbetrieb) – Ampelphase: gelb

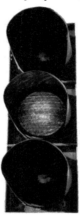

**Abbildung 5**  Ampel gelb. Mit freundlicher Genehmigung von © Berufsfeuerwehr München – Einsatzvorbeugung, 2015. All Rights Reserved.

Ein Ereignis, das einen Austausch von Informationen sowie eine Reaktion von Veranstalter, Sicherheitskreis und staatlichen Akteuren erfordert – ein kritisch hoher Befüllungsgrad der Veranstaltung (der die selbstbestimmte Fortbewegung einschränkt), besondere Witterungsbedingungen (z. B. ein Sturm) etc. – hat einen Effekt auf den Regelbetrieb und wird damit abstimmungsbedürftig. Die Auswirkungen führen zunächst zu keiner signifikanten Beeinflussung des Veranstaltungsablaufes, das Ereignis kann sich jedoch im weiteren Verlauf zu einer signifikanten Störung – gegebenenfalls inklusive Personen- und Sachschäden – entwickeln, so dass eine gemeinsame, koordinierte Kommunikation der privaten und staatlichen Sicherheitsakteure notwendig wird. Dies dient dem Zweck, informativ vor die bestehende Situation, die sogenannte „Lage", zu kommen. Der Veranstalter als privater Akteur bleibt weiterhin für den Ablauf der Veranstaltung verantwortlich, die staatlichen Akteure übernehmen zunächst lediglich eine beratende und unterstützende Funktion.

Dies wird in München als *Koordinierungskreis des Veranstalters* bezeichnet. Der Koordinierungskreis kann das Ereignis eigenständig unter der Verwendung einer die relevanten Akteure einbindenden Kommunikation bearbeiten oder führt bis zum Eintreffen externer Einsatzkräfte notwendige/lageabhängige Erstmaßnahmen durch. Die Kommunikation der privaten und staatlichen Akteure untereinander erfolgt zu diesem Zeitpunkt gemäß den alltäglichen Kommunikations-regeln.

Einen Zwischenschritt zur roten Ampelphase stellt der Krisenfall ohne Ein-tritt eines Schadensereignisses dar (a), der ebenfalls in der Ampelphase gelb ab-zuarbeiten ist. Hierbei handelt es sich um ein Ereignis, bei dem zwar (noch) kein konkreter Schadensfall eingetreten ist, jedoch Personen- und Sachschäden nicht auszuließen sind, sofern keine Gegenmaßnahmen ergriffen werden. Als Beispiel sei die Überfüllung eines Festzeltes (Abbildung 44) genannt, aus der sich, ohne eingeleitete Gegenmaßnamen, ein Krisenfall mit Eintritt eines Schadensereig-nisses (b) entwickeln kann.

Die vorgenommene Unterteilung in (a) und (b) ist als Gedankenstütze sinnvoll und hilfreich: ein Krisenfall besteht bereits vor einem Schadenseintritt und die Bearbeitung kann den Schadenseintritt verhindern. Dies hat jedoch keine Aus-wirkungen auf die Reaktionen auf die Betriebsart selbst. Es ist von einem mög-lichen Schadensfall mit Personen- und Sachschäden auszugehen, zumal Einsatz-kräfte der Gefahrenabwehr zum Teil einen zeitlichen Vorlauf benötigen.

Die zuständige Behörde sollte bereits in dieser Vorstufe die Leitung des Ko-ordinierungskreises entsprechend den gesetzlichen Grundlagen bei Eintritt des Krisenfalls übernehmen. Geschieht dies, gelten weiterhin die Regeln der alltäg-lichen Kommunikation, jedoch kann die positive Bereitschaft zur Zusammen-arbeit auch auf Grundlage von Anordnungen eingefordert werden.

### 5.1.3    Krisenfall – Ampelphase: rot

**Abbildung 6**    Ampel rot. Mit freundlicher Genehmigung von © Berufsfeuerwehr Mün-chen – Einsatzvorbeugung, 2015. All Rights Reserved.

Der Krisenfall ist dadurch gekennzeichnet, dass der geplante Ablauf der Veranstaltung durch ein Ereignis signifikant beeinflusst wird, beziehungsweise die darauf folgenden Maßnahmen der Behörden einen erheblichen Umfang haben. Die zuständige Behörde (in der Regel die polizeiliche oder nichtpolizeiliche Gefahrenabwehr) schreitet zur Aufrechterhaltung bzw. Wiederherstellung von Sicherheit und Ordnung entsprechend den gültigen gesetzlichen Grundlagen (Feuerwehr-, Polizei-, Rettungsdienst- und Katastrophenschutzgesetze der Länder) ein, da es zu Personen- und/oder Sachschäden gekommen ist.

Mit Eintreffen der Einsatzkräfte unterstützt der Koordinierungskreis diese bei der Umsetzung der notwendigen Maßnahmen. Der Koordinierungskreis ist dabei die operativ-kommunikative Schnittstelle zwischen der netzwerksexternen Einsatzleitung der Gefahrenabwehr und dem Veranstaltungsnetzwerk, die über die Lageentwicklung fortlaufend informiert (Abbildung 7). Die privaten und staatlichen Akteure des Veranstaltungsnetzwerkes fungieren als (Fach-)Berater beziehungsweise Verbindungspersonen der Einsatzleitung der Gefahrenabwehr und unterstützen bei der Bewältigung der entsprechenden Lage (vgl. Ausschuss für Feuerwehrangelegenheiten, Katastrophenschutz und zivile Verteidigung 1999: 14). Der Sicherheits- und der Koordinierungskreis der Veranstaltung bleiben jedoch bestehen. Dies gilt ebenfalls bei Feststellung des Katastrophenfalls durch den Hauptverwaltungsbeamten und der operativ-taktischen Einsatzführung durch die Gefahrenabwehrleitung der Landeshauptstadt, die Bestandteil der Führungsgruppe Katastrophenschutz ist.

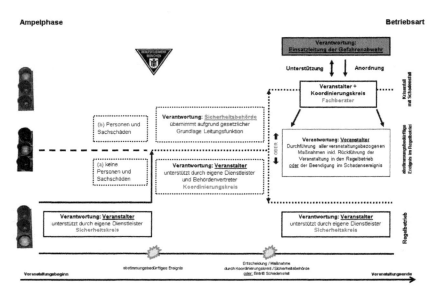

**Abbildung 7**  Betriebsarten einer Veranstaltung und Einbindung von Sicherheits- und
Koordinierungskreis des Veranstalters in den Veranstaltungsablauf. Mit
freundlicher Genehmigung von © Dennis Vosteen, Berufsfeuerwehr München – Einsatzvorbeugung, 2015. All Rights Reserved.

## 5.2    Koordinierungskreis des Veranstalters

Der Koordinierungskreis erleichtert die Umsetzung des Veranstaltungsschutzes
und minimiert das Risiko für Personen- und Sachschäden durch die Einbindung
der Ressourcen strategischer Netzwerkakteure. Diese Einbindung des Koordinierungskreises als Fachberater in das kommunikative Gefüge der Gefahrenabwehr führt zu einer Erhöhung der Reichweite des Netzwerks, da zusätzliche
Informationen genutzt werden können und die zielorientierte Reaktionsfähigkeit
verbessert wird. Eine direkte Arbeitsfähigkeit der Gefahrenabwehrstrukturen
durch lagebezogenes Wissen des Koordinierungskreises wird erreicht und dieser
kann als Vorstufe einer Einsatzleitung der Gefahrenabwehr genutzt werden. Dies
ermöglicht eine schnelle Abarbeitung des Krisenfalls und eine frühestmögliche
Rückführung in den Regelbetrieb.

**Abbildung 8**  Zusammentreffen der Gefahrenabwehrleitung der Landeshauptstadt München zur Kalten Lage. Ähnlich kann auch die Einberufung des Koordinierungskreises gestaltet sein. Mit freundlicher Genehmigung von © Berufsfeuerwehr München – Einsatzvorbeugung, 2015. All Rights Reserved.

## 5.2.1 Grundlagen für die Kommunikation des Koordinierungskreises

Die Grundlage, um eine Kommunikation zu ermöglichen ist Rollenklarheit. Die Akteure müssen die mit ihrer Rolle verbundenen Pflichten und Rechte kennen und diese annehmen. Daneben ist die Kenntnis der Veranstaltungsunterlagen (vor allem des Sicherheitskonzeptes nebst Anlagen) und der eigenen Arbeitsumgebung (technische Ausstattung der Räumlichkeiten des Koordinierungskreises, verwendete Computerprogramme etc.) zwingend notwendig.

Der Netzwerknutzen der Ressourceneffektivität durch die kommunikative Einbindung des Koordinierungskreises zur Erzielung stetiger, effizienter und qualitativ hochwertiger Entscheidungen, wird allerdings durch eine zu große Akteursanzahl reduziert (vgl. Vosteen 2009: 15). Die Zusammensetzung des Koordinierungskreises muss daher gewissenhaft nach dem Prinzip „so viele wie nötig, so wenig wie möglich" erfolgen: Nur qualifizierte und entscheidungsbefugte

Akteure, die konstruktiv an Problemstellungen mitarbeiten können, sollen in diesem Kreis vertreten sein. Dies ermöglicht die operative Führung aller Maß-nahmen im Falle eines abstimmungsbedürftigen Veranstaltungsereignisses – unter Beachtung der Zuständigkeiten der polizeilichen und nichtpolizeilichen Gefahren-abwehr – und die Kommunikation mit den Besuchern und Mitwirkenden der Ver-anstaltung sowie deren Information die Sicherheit betreffende Maßnahmen. Mit-glieder des Koordinierungskreises sind daher regelmäßig: der Veranstalter, der Veranstaltungsleiter, der Ordnungsdienstleiter, der Leiter Sanitätsdienst, der ver-antwortliche Veranstaltungstechniker, Vertreter der Polizei und Feuerwehr sowie das Ordnungsamt als Genehmigungsbehörde.

Die Einbindung in die Kommunikationsstruktur der Gefahrenabwehr (Ab-bildung 8) erfordert darüber hinaus eine Vorbereitung. Ein Informationsaus-tausch und Abgleich – bezüglich der Erreichbarkeiten, möglicher Gefährdungen etc. – vor Beginn der Veranstaltung bzw. des Veranstaltungstages ist notwendig. Dies geschieht in der „Kalten Lage", die der Veranstalter durchführt und die dem Kennenlernen der jeweiligen Netzwerkakteure und dem Treffen von Absprachen für das abstimmungsbedürftige Veranstaltungsereignis bzw. den Krisenfall dient. Während der laufenden Veranstaltung kann es sinnvoll und/oder notwendig sein, weitere (regelmäßige) Lagebesprechungen anzusetzen, um die Weitergabe von In-formationen an alle beteiligten Akteure sicherzustellen. Im Folgenden soll daher auf die Voraussetzungen, die für eine erfolgreiche netzinterne und -externe Kom-munikation notwendig sind, eingegangen werden.

## 5.2.2  Technische Grundlagen

Der Koordinierungskreis muss über einen Raum verfügen, der über eine zeit-gemäße Kommunikationstechnik verfügt und die Kommunikation mit Akteuren außerhalb des Koordinierungskreises ermöglicht. Zur kommunikationstechnischen Ausstattung dieser Koordinierungsstelle gehören daher standardmäßig ein Fest-netztelefon und ein Internetzugang. Darüber hinaus ist ein Fax oder Funkgerät für die Kommunikation, insbesondere mit den Leitstellen von Polizei und Feuer-wehr, sinnvoll. Die Koordinierungsstelle muss darüber hinaus leicht durch die Mitglieder des Koordinierungskreises erreichbar und vor Witterungseinflüssen geschützt sein. Im Idealfall verfügt die Koordinierungsstelle über eine optische und akustische Verbindung zur Veranstaltung, um verbale und nonverbale Infor-mationen über die Veranstaltung erheben zu können.

Die Kommunikation des Koordinierungskreises, insbesondere seine Alarmie-rung, muss grundsätzlich über zwei von einander unabhängige Wege möglich sein. Diese sind im Vorfeld verbindlich festzulegen und allen beteiligten Akteuren zu kommunizieren. Bei der Alarmierung über Mobiltelefone besteht die Gefahr, dass bei einer Überlastung der Mobilfunknetze dieser Alarmierungsweg ausfällt. Gerade auf Veranstaltungen ist die Gefahr des Ausfalls groß, da viele Menschen telefonieren oder Datenmengen (vor allem Bilder) ins Internet hochladen wollen. Besonders in ruralen Bereichen, in denen die Netzinfrastruktur nicht für viele Verbindungen und große Datenmengen ausgelegt ist, sollte die Kommunikation des Koordinierungskreises nicht durch Nutzung des Mobilfunknetzes sichergestellt werden. Behördliche Vorrangschaltungen können bei einer Überlastung des Netzes die Kommunikation nicht sicherstellen.

Die Alarmierung kann akustisch und optisch (Lautsprecheranlagen, Videoleinwände etc.) erfolgen. Bei Alarmierungsarten, die für Zuschauer wahrnehmbar sind, sollten allerdings Codewörter festgelegt werden, um eine Angstreaktion der Besucher zu vermeiden.

Eine verlässliche Redundanz zur Sicherstellung der Kommunikation des Koordinierungskreises muss vorgeplant und umgesetzt werden. Fehlende Vorplanung führt in den Ampelphasen „gelb" und „rot" zur unzureichenden Reaktionsfähigkeit und der Netzwerknutzen der schnellstmöglichen Gefahrenbeseitigung wird blockiert.

### 5.2.3  Kommunikative Grundlagen

Die Grundlage für eine zielorientierte Kommunikation im Koordinierungskreis stellen die persönliche Teamfähigkeit der beteiligten Akteure sowie deren fachliche Ausbildung und das Wissen über den Veranstaltungsablauf dar. Die Beteiligung qualifizierter und entscheidungsbefugter Akteure garantiert eine zielgerichtete Kommunikation unter Experten und vermeidet Zeitverlust durch Erläuterungen. Die Netzwerkakteure sollten dementsprechend argumentativ in der Lage sein, Probleme zu benennen und die veranstaltungsbezogenen Unterlagen – vor allem das Sicherheitskonzept nebst Anlagen – innerhalb der Betriebsarten umsetzen können. Wenn Bedenken zu Entwicklungen der Veranstaltung geäußert werden, sind diese argumentativ durch Fakten zu untermauern und Lösungsvorschläge zu benennen. Eine situationsgerechte Antizipationsfähigkeit der Unterlagen entsprechend der auftretenden Störungen und die kommunikative Vermittlung der Anpassung sind entscheidende Faktoren für die Besetzung des Koordinierungskreises.

Die beteiligten Akteure müssen psychisch gefestigt sein, da es im Abstimmungsbedürftigen Veranstaltungsereignis bzw. im Krisenfall zu hohen psychischen (z.B. Zeitdruck in der Entscheidungsfindung ohne ausreichende Informationen) und körperlichen Belastungen (z.B. durch Nachtarbeit unter Stress) – auch für die Mitglieder des Koordinierungskreises – kommen kann. Die Kommunikation der

Akteure untereinander und damit die Handlungsfähigkeit des Koordinierungskreises im und außerhalb des Netzwerkes darf nicht eingeschränkt sein. Eine individuelle Vorbereitung der beteiligten Akteure auf ihre jeweilige Aufgabe und die Informationsvermittlung sowie Reaktionsfähigkeit ist zwingend geboten, um an der Entscheidungsfindung und deren Umsetzung durch den Koordinierungskreis bedarfsgerecht partizipieren zu können.

Die Kommunikation im Koordinierungskreis kann in komplexen Situationen unter der Verkettung von verursachenden Faktoren und unter einem hohen Zeitdruck notwendig werden. Die Unklarheit über diese Faktoren und eine mögliche Gefahr für Personen und/oder Sachwerte, stellen ebenfalls eine sowohl psychische als auch physisch belastende Situation dar, die negative Auswirkungen auf die Kommunikation untereinander und damit den Handlungserfolg verursachen kann.

In Anbetracht des interorganisationalen Austausches sowie der individuellen Vorbereitung auf die Arbeit im Koordinierungskreis, sollte das Wissen und die Erfahrung der einzelnen Akteure durch Hospitation und gemeinsame Fortbildungen ausgebaut werden. Die Evaluation des durch die Branddirektion München im Mai 2014 durchgeführten Symposiums „Genehmigt?! – Planung, Umsetzung, Zusammenarbeit – Gemeinsame Wege zur sicheren Veranstaltung" zeigt deutlich, dass der Wunsch sowie die Notwendigkeit hiernach besteht (vgl. Landeshauptstadt München 2014).

Die Erreichbarkeit – Festnetznummer etc. – der benannten Akteure muss zu jeder Zeit der Veranstaltung vorliegen und vor allem möglich sein. Hierfür empfiehlt sich ein Kommunikationsplan, der vor Veranstaltungsbeginn (zum Beispiel in der täglichen „Kalten Lage") unter den anwesenden Koordinierungskreismitgliedern abzugleichen und einzuhalten ist. Es gibt für die Umsetzung des Kommunikationsplans keine verbindlichen Standards. Im Sinne der gegenseitigen Information und Erwartung bzw. Notwendigkeit der Reaktion auf die Information, sollten mindestens der Name, die (tatsächliche) Funktion und die bilaterale Erreichbarkeit auf dem Plan enthalten sein.

Die Alarmierung des Koordinierungskreises muss grundsätzlich durch jedes Mitglied und in eigener Verantwortung möglich sein. Das physische Zusammentreffen der Akteure muss binnen Minuten gewährleistet sein, damit eine direkte Kommunikation mit allen an der Sicherheit beteiligten Akteuren stattfinden kann. Die Mitglieder des Koordinierungskreises sollten sich dauerhaft auf der Veranstaltung aufhalten, um ein „Gefühl" für diese zu bekommen.

## 5.2.4  Kommunikative Aufgaben und Herausforderungen

Kommunikation bildet die Grundlage jedes kooperativen Zusammenarbeitens, ist allerdings viel mehr, als lediglich das gesprochene Wort. Die Unmöglichkeit der Nichtkommunikation (vgl. Watzlawick u. a. 2011) und das „vier Seiten Modell" zur zwischenmenschlichen Kommunikation (vgl. Schulz von Thun 2010) sind hinlänglich bekannt und sollen an dieser Stelle nicht weiter erläutert werden, jedoch bilden sie die Grundlage der Kommunikation im Koordinierungskreis.

Aufgrund der Komplexität von Kommunikation kann es leicht zu Störungen in der Verständigung der Akteure des Koordinierungskreises kommen, denn: „Die Ausrichtung an den Reaktionen des anderen erfordert hohe Flexibilität in sozialen Situationen und gute Kenntnis der adäquaten Rollenerwartungen. Fehlt Flexibilität, so kommt es schnell zu gestörten Interaktionen" (Schweickhardt und Fritzsche, 2007: 66). Zu diesen Störungen kann es aufgrund einer unzureichenden sozialen Kompetenz der Teilnehmer des Koordinierungskreises kommen. Soziale Kompetenz wird in diesem Zusammenhang verstanden, als die Fähigkeit im Austausch mit den weiteren Akteuren die zielgerichtete Arbeit des Koordinierungskreises zu ermöglichen beziehungsweise zu fördern und unter starker Belastung weiterhin den Austausch von Informationen und deren Umsetzung gewährleisten zu können.

Mangelnde Teamfähigkeit durch eine bewusste oder unbewusste Fixierung auf die eigene Position, die vor allem die Projizierung des Handelns auf die eigene Problemstellung und Verantwortung umfasst, ist ein weiterer Störungsgrund. Eine Verweigerungshaltung in Bezug auf die Problemstellungen weiterer Akteure und damit eine Abkehr vom gemeinsamen Lösungsanspruch des Veranstaltungsnetzwerkes, schließt, der Kausalität folgend, die Akteure vom Netzwerk aus. Das Ergebnis ist eine Reduktion des Netzwerknutzens, da die Reichweite verkürzt wird (vgl. Vosteen 2009: 15). Mangelnde Teamfähigkeit führt lediglich zu einer verzerrten Wahrnehmung der eigenen Rolle und damit der Wahrnehmung des eigenen Sozialverhaltens durch die Netzwerkakteure. Problematisch kann die Notwendigkeit zur Teamfähigkeit insbesondere für Akteure werden, die im Koordinierungskreis eine kooperative Rolle einnehmen müssen, ansonsten aber eine hierarchisch herausgehobene Position, z. B. als Führungskraft, gewohnt sind. Zur Teamfähigkeit gehört nicht nur die Anerkennung der Problemstellungen, sondern ebenfalls die verständliche Kommunikation hierüber: Es ist darauf zu achten, welche Informationen bei den anderen Akteuren ankommen, um diese in die Position der Reaktion zu versetzen. Als plastisches Beispiel soll an dieser Stelle ein Notfalleinsatz des Rettungsdienstes genutzt werden: Ein guter Notarzt geht auf seine Patienten und deren Bedürfnisse ein und kommuniziert offen mit diesen über seine (Verdachts-)Diagnose, die Maßnahmen die durchgeführt werden und die angestrebte

Behandlung. Er versichert sich, dass der Patient ihn verstanden hat und lässt die Möglichkeit für Rückfragen zu. Die Kommunikation mit dem aufnehmenden Arzt sowie den Gesundheits- und Krankenpflegern in der Notaufnahme erfolgt ebenfalls in für den Patienten verständlicher Sprache. Die Patienten erhalten dadurch nicht den Eindruck man wolle etwas vor ihnen verheimlichen. Ein schlechter Notarzt hingegen, unterlässt die Möglichkeit seine Patienten umfassend zu informieren, setzt die soziale und fachliche Kompetenz der Patienten voraus oder ignoriert sie und fixiert sich auf die eigenen kommunikativen Bedürfnisse. Er unterliegt somit einer verzehrten Wahrnehmung seines eigenen Sozialverhaltens und dem positiven Ergebnis des Gesprächs.

Dieses Beispiel lässt sich auf die Kommunikation im Koordinierungskreis übertragen: Alle Akteure verfügen über ein großes Wissen, verwenden jedoch jeweils zur Kommunikation in Ihren eigenen Kreisen eine eigene Sprache. In der nichtpolizeilichen Gefahrenabwehr ist dies gut zu beobachten: Gespräche sind häufig durch Abkürzungen geprägt. Für die beteiligten Einsatzkräfte ist dies gut verständlich und sie wissen um den Einsatzwert, also die Stärken und Schwächen, des jeweils besprochenen. Gerade bei nationalen oder gar internationalen Produktionen kann dies jedoch sehr problematisch sein – dies belegt alleine der Name und die Zuständigkeit des Koordinierungskreises, der kein feststehender Begriff ist – beispielsweise wird das Forum in Nordrhein-Westfalen als „Koordinierungsgremium", in Bayern vielfach noch als „Krisenstab des Veranstalters" bezeichnet – und dementsprechend unterschiedliche Aufgaben wahrnimmt.

Die Kommunikation im Koordinierungskreis sollte demzufolge einer einfachen und damit für jeden verständlichen Sprache folgen. Gegebenenfalls ist eine Anpassung an die soziale (Interaktions-)Kompetenz und das vorhandene Vorwissen der Teilnehmer notwendig. Fachbegriffe sollten im Vorfeld – z.B. im Glossar des Sicherheitskonzeptes – verbindlich festgelegt werden. Die Begriffe müssen sich jedoch an den regionalen Begebenheiten der Veranstaltungsdurchführung orientieren, da im abstimmungsbedürftigen Veranstaltungsereignis oder Krisenfall eine enge Zusammenarbeit mit Einsatzkräften außerhalb des Netzwerkes stattfinden muss (Abbildung 7).

Die Identifikation und Antizipation der Gefährdung, wie auch der Abwehr der Gefahr, müssen sich bei den beteiligten Akteuren decken. Die Kommunikation im Netzwerk ist daher der entscheidende Faktor, dass alle einen gemeinsamen Ausgangspunkt für die eigene Handlungsfähigkeit besitzen. Um dies zu gewährleisten, wird in der Gefahrenabwehr bei länger andauernden und personell wie räumlich bedeutungsvollen Einsatzlagen, beispielsweise ein „Lagevortrag zur Information" (bzw. Entscheidung) durchgeführt, um alle beteiligten Einsatzkräfte zu einem bestimmten Zeitpunkt umfassend zu informieren und damit reaktionsfähig zu machen. Die visuelle Umsetzung der Informationen, durch beispielsweise den Einsatz von Graphiken, Zeichnungen, Videos oder Lagekarten der Gefahrenabwehr, kann die Vermittlung der Informationen unterstützen (vgl. Ausschuss für Feuerwehrangelegenheiten, Katastrophenschutz und zivile Verteidigung 1999:. 25, 42, 64).

Die universell verständliche Vermittlung der allgemeinen und der eigenen Lage (Situation) stärkt das gegenseitige Verständnis und hilft Ängste und Befürchtungen, die durch eine unklare Rollenklärung ausgelöst werden können (also „wer ist wann wieso für was zuständig?"), abzubauen. Die Ängste und Befürchtungen oder daraus resultierende Missverständnisse können zu Störungen in der Kommunikation führen und haben damit direkte Auswirkungen auf die sichere Veranstaltungsdurchführung, beispielsweise durch das Unterlassen von Maßnahmen bzw. den Verzicht auf die Weitergabe von Informationen über relevante Ereignisse.

Im Koordinierungskreis besteht kein hierarchisches Unterstellungsverhältnis, die (Fach-)Berater unterstützen den Veranstalter lediglich. Dieser leitet den Koordinierungskreis, bis die staatlichen Akteure die Leitungsfunktion übernehmen. Der Veranstalter wird dann gegenüber den staatlichen Akteuren auskunftspflichtig. Dennoch muss im Sinne des Netzwerknutzen gewährleistet sein, dass Informationen, die Veranstaltungssicherheit betreffend, an alle Mitglieder des Koordinierungskreises weitergegeben werden und beispielsweise die Informationen über Störversuche gegnerischer Fans, Verkehrsbeeinträchtigungen in Folge eines Feuerwehreinsatzes oder die Schließung von Zugangsmöglichkeiten durch den Sicherheitsdienst aufgrund einer Überfüllung des Veranstaltungsgeländes, alle Akteure erreichen.

Die Kommunikation im Koordinierungskreis muss als partnerschaftliches Modell (vgl. Schweickhardt und Fritzsche 2007: 31) und unter dem Diktat der Ehrlichkeit erfolgen, da eine Abkehr im Krisenfall lediglich zu Hektik durch falsche Informationen und damit verbundenen irregulären Erwartungshaltungen führt. Bestehende Hierarchien aufgrund privatrechtlicher Verträge und rechtlicher Grundlagen (Gesetze, Verordnungen etc.) dürfen die Nutzung der vorhandenen Netzwerkressourcen nicht negativ beeinflussen. Das Netzwerk beruht auf einer klaren Rollenaufteilung und führt durch die Zusammenarbeit der sich ergänzenden Fachexpertisen von Veranstalter, Dienstleistern und Gefahrenabwehr zu einer qualitativen Erhöhung der Sicherheit und damit zu einer erfolgreichen Veranstaltungsdurchführung.

Eine besondere Herausforderung für die Mitglieder des Koordinierungskreises stellen die „Heißen Lagen", also der Wechsel der Betriebsart in die Ampelphase „gelb" bzw. „rot", dar. Diese Lagen sind verbunden mit Stress, Anspannung und einer enormen Verantwortung, die gegebenenfalls durch Einflüsse von Außen – Anrufe, Personen kommen in den Raum des Koordinierungskreises etc. – erschwert werden. Am ehesten mag diese Situation für die Akteure der polizeilichen und nichtpolizeilichen Gefahrenabwehr vertraut sein, da sie die Reaktion auf und Kommunikation in diesen Lagen gewohnt sind: Aus der Ruhephase heraus erfolgt nach spätestens einer Minute die Kommunikation mit der Einsatzleitstelle. Nach durchschnittlich acht Minuten Ausrücke- und Anfahrtzeit (vgl. Arbeitsgemeinschaft der Leiter der Berufsfeuerwehren in der Bundesrepublik Deutschland 1998: 4) erfolgt dann die Grundlage der weitergehenden Kommunikation durch Erkundung zur Informationsgewinnung. Dennoch ist der Wechsel der Betriebsart eine Herausforderung auch für die Akteure der Gefahrenabwehr: Wie oft gab es bereits Einsätze auf einer Veranstaltung, die nicht durch einzelne Einheiten abgearbeitet werden konnten?

Zusätzlich unterliegt die Kommunikation im Einsatz einer klaren Struktur und Hierarchie – letztere entfällt im Koordinierungskreis, dem lediglich der Veranstalter formal vorsitzt. Ebenfalls ist die Kommunikationsstruktur nicht mit der der Gefahrenabwehr identisch, jedoch ein wesentlicher Punkt für die Einsatzabarbeitung. Es ist daher notwendig, dass jeder Akteur die Informationen so weitergibt, wie er selbst unterrichtet werden möchte und Rückfragen zulässt. Vorbedingung der Kommunikation im Koordinierungskreis ist daher, insbesondere bei internationalen Produktionen, dass diese in deutscher Sprache stattfindet und die Akteure des Koordinierungskreises fließend deutschsprachig sind.

## 5.2.5   Informationsübermittlung

„Alle Personen, die an einem Einsatz beteiligt sind, bringen spezifische Kommunikationsbedürfnisse mit sich [...]. Im Team helfen geregelte Kommunikationswege professionell zu kommunizieren" (Krill 2012: 10). Diese sollten sich an den üblichen Regeln eines Gesprächs orientieren: Die Akteure sollen aktiv zuhören, d.h. andere Ausreden und jeden zu Wort kommen lassen und berücksichtigen, dass die eigene Körpersprache entscheidend zur Übermittlung der Information beiträgt bzw. dem Gegenüber das aktive Zuhören verdeutlicht.

Die Kommunikation muss dementsprechend geordnet, allgemein verständlich und zielgerichtet ohne nichtssagende Inhalte erfolgen. Die Inhalte orientieren sich an dem Ereignis, das zur Einberufung des Koordinierungskreises geführt hat. In jedem Fall sollten daher einleitend die aktuelle Lage sowie mögliche Auswirkungen auf den weiteren Veranstaltungsablauf dargestellt werden. Dies geschieht durch den Veranstalter oder situativ durch einen Vertreter der Gefahrenabwehr. Es sollte darüber hinaus reihum durch die weiteren Mitglieder die eigene Lage dargestellt werden, um etwaige Kompensationsmaßnahmen durch den Koordinierungskreis einleiten zu können (z.B. temporäre Unterstützung des Sanitätsdienstes durch den öffentlichen Rettungsdienst). Die durch das Ereignis aufgetretenen Probleme müssen einzeln und gezielt angesprochen werden, jedoch sollte darauf verzichtet werden, Bedenken zu äußern, ohne einen Lösungsvorschlag benennen zu können. Die Auswahl der am Koordinierungskreis beteiligten Personen ist daher wichtig: Wie im vorherigen Kapitel ausgeführt, müssen diese vor allem handlungsbefugt und fachkompetent sein. Für eine professionelle Interaktion, sollte insbesondere eine negative Kommunikation, d.h. eine Kommunikation die nicht lösungsorientiert ist und beispielsweise nur aus Lippenbekenntnissen besteht, vermieden werden (vgl. Brandl 2010: 190).

Dies gilt nicht nur in der „Kalten Lage", sondern vor allem im Krisenfall. In dieser Einsatzsituation sollte eine Fokussierung auf die Probleme erfolgen und eine direkte Ansprache an den jeweils adressierten Akteur erfolgen. Anschließend sollte das Gesagte als Gegenprobe wiederholt werden, um die Wirkung zu überprüfen. Dies wird beispielsweise im Funkverkehr der nichtpolizeilichen Gefahrenabwehr oder in der Luftfahrt praktiziert. In der „Heißen Lage" sollte durch den Veranstalter direkt an den Akteur übergeben werden, der die Sitzung einberufen hat, um gezielt Informationen über die Lage zu erhalten. Je nach Ereignis sind anschließend die nichtpolizeiliche (z.B. bei einem Brandereignis) und/oder die polizeiliche Gefahrenabwehr (z.B. bei rivalisierenden Fans) anzuhören.

Am Ende des Zusammentreffens sollten durch den Veranstalter als Sitzungsleiter noch einmal alle getroffenen Absprachen allgemeinverständlich zusammengefasst und eine Rückfragemöglichkeit für alle Teilnehmer ermöglicht werden. Diese Maßnahme verkleinert den Raum zur Interpretation durch die betroffenen Akteure. Die Akteure sind anschließend für die Umsetzung der Maßnahmen verantwortlich und müssen sicherstellen, dass es zu keinem Informationsverlust in den nachgeordneten Ebenen kommt und die eingeleiteten Maßnahmen des Koordinierungskreises und die damit verbunden Änderungen, insbesondere der Lage, über die Einsatzleitung der Gefahrenabwehr unmittelbar und umfassend erfolgt.

# 6 Kommunikation im Krisenfall

Kommunikation kann Gefahren und mögliche negative Auswirkungen verhindern und den Menschen helfen sich präventiv zu verhalten, da eine schnelle Informationsübermittlung erfolgt. Damit ist Kommunikation ein entscheidender Bestandteil des Managements einer Veranstaltung und vor allem während des Auftretens eines Krisenfalls unverzichtbar (vgl. Dickmann 2014: 93), da dieser durch Informationsdefizite und durch die Notwendigkeit der Entscheidungsfindung unter Zeitdruck steht: „Krisen sind dadurch oft Kommunikationskrisen" (ebd.: 97). Zur

Koordination der Kommunikation erfolgt gemäß alltäglich erprobter Praxis in der Regel die Einrichtung einer Einsatzleitung (vgl. Ausschuss für Feuerwehrangelegenheiten, Katastrophenschutz und zivile Verteidigung 1999: 6) durch den Einsatzleiter der Gefahrenabwehr. Der Koordinierungskreis wird dann häufig als Fachberater der Veranstaltung durch den Einsatzleiter eingebunden (vgl. ebd.: 13). Im folgenden Abschnitt soll daher die Kommunikationsgrundlage der Gefahrenabwehr im Krisenfall erläutert und die kommunikativen Herausforderungen in der Zusammenarbeit von Koordinierungskreis und operativen Einheiten beschrieben werden.

Die Struktur der Gefahrenabwehr ist hierarchisch gegliedert, wohingegen es in der in Deutschland dominierenden demokratischen, freiheitlichen und pazifistischen gesellschaftlichen Grundüberzeugung „[...] ungeheuer schwierig [ist], ‚plötzlich' eine andere Handlungs- und Entscheidungsform – von demokratisch-selbstbestimmt zu hierarchisch-direktiv – durchsetzen zu wollen" (Dickmann u. a. 2007: 328). Es ist daher notwendig, diese Gliederung der Gefahrenabwehr und damit das Prinzip des Befehls, den nicht im Bevölkerungsschutz organisierten Akteuren zu vermitteln und die Akzeptanz und das Wissen hierüber zu erhöhen, da es zu Unstimmigkeiten in der Krisenkommunikation der Veranstaltung führen kann.

Der Befehl ist Grundlage der Kommunikation der Gefahrenabwehr, insbesondere im Krisenfall, also „im Einsatz". Er ist definiert als „[...] die Anordnung an die Einsatzkräfte, Maßnahmen zur Gefahrenabwehr und zur Schadenbegrenzung auszuführen. Durch den Befehl wird der Entschluss in die Tat umgesetzt" (Ausschuss für Feuerwehrangelegenheiten, Katastrophenschutz und zivile Verteidigung 1999: 35) und erfolgt unter der Voraussetzung der Befehlsumsetzung, denn „Befehle werden mit dem Anspruch auf Gehorsam erteilt" (ebd.: 35). Die Kommunikation im Einsatz der Gefahrenabwehr unterscheidet sich also von den klassischen Grundsätzen der zwischenmenschlichen Interaktion und stellt einen notwendigen Teil der zielorientierten Kommunikationsstruktur der Gefahrenabwehr dar.

Die Unmissverständlichkeit der Kommunikation im Einsatzfall durch in der Regel schriftliche oder mündliche Befehle der Führungskraft, ist zur erfolgreichen Zielerreichung jedoch notwendig und erfolgt auf Grundlage der Dienstpflicht der Einsatzkräfte (vgl. Bayerische Staatsregierung 2014b). Diese Mitwirkungspflicht gilt unisono zwingend für den Koordinierungskreis und kann durch den Einsatzleiter gesetzlich gesichert angeordnet werden (vgl. beispielsweise § 24 Bayerische Staatsregierung 2014b). Die Kommunikationsstruktur der Gefahrenabwehr im Krisenfall (Abbildung 50) hat an dieser Stelle also eine direkte Auswirkung auf die Arbeit des Koordinierungskreises – er kann Befehle erhalten und muss diese umsetzen.

Umgekehrt stellen sich für den Einsatzleiter der Gefahrenabwehr, neben dem
Auftrag der Verhinderung der Gefahr für die Veranstaltung, die im Kapitel 4 genannten kommunikativen Herausforderungen. Diese können für ihn selbst mitunter
ungewohnt sein, insbesondere im Umgang mit den nicht im Bevölkerungsschutz
organisierten Akteuren. Die Verbindungspersonen der Gefahrenabwehr im Koordinierungskreis müssen daher sachlich die Krisenkommunikation mit dem Veranstalter unterstützen und gegebenenfalls als Bindeglied zu den teilweise ehren-
amtlichen Strukturen der Gefahrenabwehr dienen sowie auf deren Notwendigkeit
der Mitwirkung und etwaige Konsequenzen bei Ablehnung hinweisen.

**Abbildung 9**   Feuerwehreinsatz bei einer Veranstaltung zur 850-Jahr-Feier Münchens im
Bereich der Ludwigsbrücke in München. Mit freundlicher Genehmigung
von © Berufsfeuerwehr München – Einsatzvorbeugung, 2015. All Rights
Reserved.

Die notwendigen Voraussetzungen, um diesen Prozess zu unterstützen, können
durch die im Vorfeld der Veranstaltung stattfindende Risikokommunikation, vermittelt werden. Die Etablierung dieser ist im Bereich einer Veranstaltung vergleichsweise einfach umzusetzen, da es sich um einen kleinen Adressatenkreis
handelt. Dennoch muss sich der Einsatzleiter der Gefahrenabwehr im Sinne einer
nachhaltigen Kommunikation darüber bewusst sein, dass die im Einsatz übliche
Befehlsstruktur zu Missverständnissen, Frust oder sogar Ärger bei nicht im Be-

völkerungsschutz organisierten Akteuren führen kann und die erfolgreiche Kommunikation vereitelt oder doch zumindest unterdrückt wird: „Die befehlende Führungskraft muss sich in die Lage der Empfänger versetzen und ihre Befehle dem Kenntnisstand der Nachgeordneten anpassen" (Ausschuss für Feuerwehrangelegenheiten, Katastrophenschutz und zivile Verteidigung 1999: 38). Bei Nichtberücksichtigung kann dies zu einem Informationsstau oder sogar -verlust führen. Der Einsatzleiter der Gefahrenabwehr muss daher Respekt vor dem fachlichen Wissen und Hintergrund sowie dem Können und der Meinungen „Dritter" haben und bei der Entscheidungsfindung berücksichtigen.

Andererseits sind verantwortungsbewusste Akteure im Koordinierungskreis notwendig, die über eine Fachlichkeit verfügen und diese – auch bei starker psychischer Beanspruchung – zielgerichtet im Sinne von Thuns „Vier Seiten Modell" kommunizieren können. Die Akteure des Koordinierungskreises haben daher die Pflicht, sich in die Absicht des Einsatzleiters hineinzudenken und bei Unklarheit oder einer dem Befehl entgegensprechender Lage, nachzufragen bzw. darauf hinzuweisen (vgl. ebd.).

Eine Kompetenz ablehnende, impulsive Kommunikation, die durch ein übertriebenes, in der vermeintlichen Gewissheit der eigenen Unverwundbarkeit sich bestätigendes, Selbstbewusstsein geprägt ist, ist im Krisenfall ebenso kontraproduktiv für den Netzwerknutzen, wie eine Autorität ablehnende Haltung oder durch Resignation geprägte hierarchische Unterordnung (vgl. Schmöller 2014: 4, 9): Eine erfolgreiche Krisenkommunikation kann nur durch interorganisationale Kooperation erfolgen. In dieser Interaktion müssen Konsequenzen klar aufgezeigt, Drohungen, als weitere kommunikative Todsünde (vgl. Cole 2004: 158–166), jedoch im Sinne der erfolgreichen Zielerreichung unterlassen werden.

Der Einsatzleiter der Gefahrenabwehr sollte daher überlegen, ob zur Umsetzung und Anwendung des bei den nicht im Bevölkerungsschutz organisierten Akteuren vorhandenen Vorwissens, die allgemein verständliche, knappe Begründung der Maßnahmen erfolgen kann, sofern dies nicht im Widerspruch zur Einsatztaktik steht. Die Befriedigung des natürlichen Informationsbedürfnisses kann sogar eine wichtige Voraussetzung für eine rationale Risikobewertung durch den Koordinierungskreis sein (vgl. Dickmann 2014: 94). Die notwendige Stringenz darf jedoch nicht vernachlässigt werden, da eine Verzögerung der Anordnungsumsetzung durch unnötige Erläuterungen, Diskussionen oder unbegründeten Widerspruch im Sinne der erfolgreichen Krisenkommunikation und damit der Erreichung des Netzwerknutzens unbedingt zu vermeiden ist. Die Entscheidungsbefugnis im Krisenfall liegt allein beim Einsatzleiter der Gefahrenabwehr und Anordnungen sind direkt vom Koordinierungskreis umzusetzen: „Klare Unterstellungs- und Befehlsverhältnisse sind eine wesentliche Voraussetzung für die reibungslose Zusammenarbeit" (Ausschuss für Feuerwehrangelegenheiten, Katastrophenschutz und zivile Verteidigung 1999: 35) und haben sich als effektivste Kommunikationsstruktur im Krisen- und Schadensfall erwiesen.

Eine weitere Grundbedingung im Krisenfall ist der Anspruch der Kommunikationsdisziplin, der ebenfalls durch den Koordinierungskreis in seiner Verantwortung umgesetzt und eingehalten werden muss. Kommunikationsdisziplin wird in diesem Zusammenhang verstanden, als die ausschließliche dienstliche und den Krisenfall betreffende Kommunikation, die diszipliniert – also sachlich, so kurz wie möglich, geordnet, nacheinander und nur in dringlichen Fällen – erfolgt. Oder anders formuliert: „Krisenkommunikation ist eine Kommunikation unter Zeitdruck und daher schnell, kurz und im Stil befehlsartig" (Dickmann 2014: 98).

Die einzige Ausnahme der Einhaltung dieser Kommunikationsdisziplin, bilden Informationen zum Schutz von Menschenleben – diese sind sofort weiterzugeben. Nicht notwendige Rückfragen, Informationen oder die unnötige Verhinderung von Kommunikation durch Nichtbeachtung der Kommunikationswege und -hierarchien müssen unterbleiben. Diskussions- und Kritikpunkte, die nicht das Verständnis des Befehls oder die Lage betreffen, sollten durch die Akteure des Koordinierungskreises schriftlich festgehalten werden, um die subjektive Einschätzung in der Nachbereitung der Veranstaltung bzw. des Einsatzes besprechen zu können. Die Umsetzung der Kommunikationsdisziplin im Koordinierungskreis selbst, wie auch in den nachgeordneten Bereichen der Veranstaltungsstruktur – beispielsweise Einsatzabschnitt „Bühne" des Sanitätsdienstes oder die Parkplatzeinweiser des Ordnungsdienstes – stellt einen wichtigen Aufgabenpunkt für die Akteure des Koordinierungskreises dar, um die eigene Erreichbarkeit und Arbeitsfähigkeit sicherzustellen und gegebenenfalls Anforderungen der Einsatzleitung direkt bearbeiten zu können.

„Damit in der nächsten Krise nicht die gleichen Fehler gemacht werden wie in einer früheren Krise, ist es wichtig, Krisenkommunikation und Krisenmanagement zu evaluieren und auch interdisziplinär zu reflektieren und zu diskutieren" (Dickmann 2014: 100). Mit anderen Worten: Nach erfolgter Abarbeitung des Krisenfalls bzw. Beendigung der Veranstaltung selbst, sollte dem Grundprinzip der Akzeptanz- und Wissensvermittlung der Risikokommunikation folgend, eine Einsatznachbereitung stattfinden. Die aufgetretenen Diskussions- und Kritikpunkte, die aufgrund des Stringenzgebotes nicht angesprochen werden konnten, sollten unter Einbeziehung aller Mitglieder des Koordinierungskreises angesprochen werden. Dies fördert das gegenseitige Verständnis und die zukünftige interorganisationale Kommunikation der Akteure. In dieser Nachbereitungsphase der Veranstaltung sollten sowohl positive wie negative Aspekte des Einsatzes und der Krisenkommunikation offen angesprochen werden, da die Akteure in der Regel bei der nächsten Veranstaltung wieder zusammenarbeiten. Nach der erfolgreichen Abwehr der Gefahr ist ausreichend Zeit für diesen Austausch vorhanden.

Es empfiehlt sich, die Nachbetrachtung als „Fehlermelde- und Verbesserungssystem" aufzufassen und explizit den „menschlichen Faktor" zu berücksichtigen sowie Maßnahmen zur Stärkung der Resilienz dieses Faktors als Voraussetzung für eine Optimierung der Kommunikation umzusetzen (vgl. Brandl 2010: 214):

- Die Rollen der Akteure müssen bereits vor der Durchführung der (nächsten) Veranstaltung für die unterschiedlichen Betriebsarten klar definiert sein.
- Auf den Eintritt von Stresssituationen kann, gemäß der Risikokommunikation, durch klare Strukturen, Planungen und Übungen eine Vorbereitung stattfinden. In der Gefahrenabwehr werden Extremsituationen (z.B. eine Reanimation oder die Einsatzleitung an einer Großschadensstelle) regelmäßig trainiert.
- Gegenseitige Akzeptanz und Verständnis für die Situation der weiteren Akteure muss gefördert, Selbstherrlichkeit vermieden werden.
- Die Idee des „Führungsvorgangs" der Dienstvorschriften der polizeilichen und nichtpolizeilichen Gefahrenabwehr (vgl. Ausschuss für Feuerwehrangelegenheiten, Katastrophenschutz und zivile Verteidigung 1999: 6) als ständigen Kreislauf aufgreifend, muss nach der Durchführung der Maßnahme eine gemeinsame Bewertung der Umsetzung dieser erfolgen. Die Kontrolle des Resultats führt zu einer neuen Feststellung der (aktuellen) Lage. Darauf aufbauend kann dann erneut eine Planung und Umsetzung von Maßnahmen erfolgen, die im Anschluss wieder bewertet und kontrolliert werden und der Kreislauf von Neuem beginnt.
- Die Gestaltung einer zielgerichteten Kommunikation durch Konzentration auf das Wesentliche muss gefördert werden: Wer nichts zu sagen hat, sollte lediglich aufmerksam zuhören.
- Umsetzung einer offenen Fehlerkultur zur Qualitätssicherung: Fehler müssen angesprochen werden, um identische Fehler und Probleme in Zukunft zu vermeiden. Der Austausch von Erfahrungen und Lösungsansätzen soll Fehler sichtbar machen und diese nicht als Ausdruck fehlender Intelligenz und Umsetzungskraft verstanden werden.
- Die Bereitschaft zur Verbesserung der Sicherheit der Veranstaltung muss durch den Wunsch einer Verbesserung des eigenen Handelns begründet sein.

Die an der Veranstaltungssicherheit beteiligten Akteure (Koordinierungskreis sowie operative Ebene der Gefahrenabwehr) sollten daher im Sinne einer gelebten Fehlerkultur offen kommunizieren. Der für alle Beteiligten nicht alltägliche Sonderfall „Krisenfall während einer Veranstaltung" kann durch die Etablierung der Nachbetrachtung eine zukünftige Kommunikation unterstützen und weiterentwickeln helfen. Dies wird unter anderem in der Medizin umgesetzt, damit begangene Behandlungsfehler sich nicht wiederholen (vgl. Schmöller 2014: 12).

Dieses Kapitel abschließend soll auf die Notwendigkeit einer abgestimmten Öffentlichkeitsarbeit für eine erfolgreiche Krisenkommunikation hingewiesen werden. Aufgrund der Komplexität des Themas kann dies an dieser Stelle jedoch nur kurz erläutert werden. Ein proaktives „vor die Lage kommen" im Sinne des Informationsangebotes, der offensiven Informationsweitergabe und -verfügbarkeit sowie der Koordination, also die Universalität der Reichweite und Sachlichkeit der Information, ist notwendig, um der psychischen und sozialen Destabilisierung der Bevölkerung in der Risikokommunikation (vgl. Dickmann u. a. 2007: 328) und der Krisenkommunikation (vgl. Dickmann 2014: 100) entgegenwirken zu können. Im Fall einer Veranstaltung mit nationalem oder sogar internationalem (Medien-) Interesse, wie es beispielsweise die Love Parade 2010 in Duisburg war, kann die Krisenkommunikation aufgrund eines sehr hohen externen Informationsbedarfs einem hohen Druck unterliegen. Erfolgt daher keine wahrheitsgetreue Krisenkommunikation, kommt es zu einem Vertrauensdefizit und eigene Informationen werden dezentral gesammelt und verbreitet. Das Unterlassen der Weitergabe von verlässlichen und vor allem durch den Koordinierungskreis und die Einsatzleitung abgestimmten Informationen führt sehr schnell zum Verlust der Informationshoheit – Koordinierungskreis und Einsatzleitung dürfen daher keine widersprüchlichen Informationen herausgeben, sondern müssen einheitliche Aussagen tätigen.

Ein Großteil der Bevölkerung in Deutschland nutzt darüber hinaus internetfähige Mobiltelefone und ist damit grundsätzlich in der Lage, mobile Kommunikationsinstrumente, wie beispielsweise Facebook, zu nutzen. Die Nutzung als Informationsmedium erfolgt gerade bei Großereignissen und Krisenfällen (vgl. Busemann, 2013, S. 392) und wird auch genutzt, um eigene, subjektive Informationen weiterzugeben. Diese Informationen werden wiederum durch Journalisten genutzt und weiterverarbeitet: Es kommt zu einer nichtsteuerbaren Weitergabe subjektiver Angaben. Soziale Medien tragen damit zu einer Verselbstständigung und Verwässerung des zwischen Koordinierungskreis und Einsatzleitung abgestimmten Informationsangebotes bei. Dieser Umstand muss durch den Koordinierungskreis und die Einsatzleitung der Gefahrenabwehr berücksichtigt werden und gilt unterschiedslos für den eigenen Einsatz dieses Kommunikationsmittels (vgl. Steiger u. a. 2014).

# 7 Exkurs: Einsatzleitung der Gefahrenabwehr

Die Arbeit von Koordinierungskreis und Einsatzleitung der Gefahrenabwehr erfolgt insbesondere im Krisenfall unter gleichen Voraussetzungen und einer identischen Zielsetzung. In diesem Abschnitt soll die Einordnung in den Krisenfall einer Veranstaltung gemäß Abbildung 48 kurz dargestellt werden, um die Schnittstellen aufzuzeigen und einen Einblick in die Arbeitsweise der Gefahrenabwehr zu geben.

Kommt es zu einem Krisenfall, kann formal in eine polizeiliche – Bombendrohung, Einsatz von Waffen etc. – und nichtpolizeiliche Lage – Feuer, Massenanfall von Verletzten etc. – unterschieden werden. Die Einsatzleitung(en) der Gefahrenabwehr hat (haben) dann „[…] bei ihren Einsätzen die Aufgabe, auf der Basis meist lückenhafter Informationen, eine oder gleichzeitig mehrere Gefahren zu bekämpfen" (Ausschuss für Feuerwehrangelegenheiten, Katastrophenschutz und zivile Verteidigung 1999: 6). Das Schadenereignis bzw. die Gefahrenlage kann im Rahmen des Einsatzes anwachsen, wie bei einem Großbrand oder Hochwasser, oder originär abgeschlossen sein, wie im Falle eines Zugunfalls oder Erdbebens. Hieraus können erhebliche Maßnahmen der Gefahrenabwehr resultieren (vgl. ebd.). Die Grundvoraussetzungen für die Arbeit von Koordinierungskreis und Einsatzleitung der Gefahrenabwehr unterscheiden sich also erst einmal nicht. Die Zuständigkeit des Koordinierungskreises, der Gefahr bzw. deren Ausbreitung durch die Umsetzung eigener Maßnahmen entgegenwirken, besteht so lange, bis durch die zuständige Behörde festgestellt wird, dass die Möglichkeiten des Koordinierungskreises nicht mehr ausreichend sind. Die Gefahrenabwehr hat dann den gesetzlichen Auftrag (vgl. § 1 Abs. 2 Bayerische Staatsregierung 2014a) einzuschreiten, wenn Leben, Gesundheit oder erhebliche Sachwerte bedroht sind:

> „Die Einsatzleitung hat die Aufgabe, alle Maßnahmen zur Abwehr der Gefahren und zur Begrenzung der Schäden zu veranlassen. Insbesondere gilt es, die Einsatzkräfte möglichst wirkungsvoll an meist unbekannten Orten und bei nicht vollständig bekanntem oder erkundetem Schadenumfang einzusetzen. Die Einsatzleitung muss daher die Lage schnell erfassen und sie beurteilen. Der Einsatzerfolg hängt wesentlich vom reibungslosen Funktionieren der Einsatzleitung ab. Als Grundlage dient hierzu ein Führungssystem" (Ausschuss für Feuerwehrangelegenheiten, Katastrophenschutz und zivile Verteidigung 1999: 6).

Bei Eintritt eines Krisenfalls ist der Veranstalter jedoch weiterhin für den Ablauf der Veranstaltung verantwortlich, die Gefahrenabwehr übernimmt nur die Einsatzstelle. Die Aufgabe des Veranstalters ist dann, unter Nutzung der Potentiale des Koordinierungskreises die Einsatzleitung bei der Gefahrenabwehr zu unterstützen und die Anordnungen dieser umzusetzen. Eine wichtige Aufgabe ist die Kommunikation der Einsatzleitung der Gefahrenabwehr mit den Kräften der Dienstleister des Veranstalters, insbesondere des Sanitäts- und Ordnungsdienstes, sicherzustellen. Dies kann beispielsweise durch den Fachberater im Koordinierungskreis des Veranstalters geschehen.

# 8 Fazit

Die Kommunikation im Krisenfall ist ein wesentlicher Bestandteil des Risikomanagements einer Großveranstaltung und braucht zur zielorientierten Einbindung der relevanten Akteure eine verlässliche Struktur. Die in München angewandte Spezifikation der Veranstaltungsdurchführung in Betriebsarten sowie die Etablierung der veranstaltungsbezogenen Struktur des *Sicherheits-* und *Koordinierungskreises* hat sich bei der Bearbeitung bewährt. Die Struktur unterstützt die Rollenklärung der Akteure und kann bei jeder Veranstaltungsart in Deutschland umgesetzt werden: vom kleinen Schützenfest, über das Open-Air Konzert bis zum Oktoberfest als größtem Volksfest der Welt. Der Informationsaustausch und die Reaktionsfähigkeit der an der Sicherheit der Veranstaltung beteiligten Akteure wird durch die Struktur vereinfacht und führt damit zu einer langfristigen Qualitätssicherung: Durch Kommunikation werden unerwünschte Entwicklungen verhindert bzw. reduziert. Der These, dass die Kommunikation der beteiligten Akteure der entscheidende Faktor ist, kann daher zugestimmt werden. Die Veranstaltungssicherheit kann der These folgend, mit der Luftfahrt verglichen werden: Durch die Einführung einer strukturierten Zusammenarbeit von Piloten, Bordtechnikern etc. (dem sogenannten „Crew Resource Management") konnte die Flugsicherheit entscheidend verbessert werden und das regelmäßige Training ist mittlerweile gesetzlich vorgeschrieben (vgl. Europäische Union 2012: 49). Unter der Bezeichnung „Team Resource Management" werden Kommunikation und standardisierte Abläufe ebenfalls in der Medizin bei der Betreuung von Traumpatienten oder der Einsatzführung der Gefahrenabwehr vereinheitlicht (vgl. Schmöller 2014; Brandl 2010: 213). Diese Erfahrungen können auf Veranstaltungen übertragen werden.

Als zentrale kommunikative Herausforderung kann daher im Sinne der Fragestellung dieses Beitrages konstatiert werden, dass die einzelnen beteiligten Akteure ihre Rollen kennen, diese im Netzwerk der Veranstaltung ausfüllen müssen und hierzu sowohl fachlich in der Lage als auch willentlich sind. Die Etablierung einer Struktur unterhalb der Einsatz- und Führungsstäbe der Gefahrenabwehr kann daher die Veranstaltungssicherheit durch Spezifikation der Kommunikation verbessern, Vorurteile abbauen helfen und damit die Reichweite des Netzwerkes erhöhen.

## Literaturverzeichnis

Arbeitsgemeinschaft der Leiter der Berufsfeuerwehren in der Bundesrepublik Deutschland (Hrsg.) (1998): Empfehlungen der Arbeitsgemeinschaft der Leiter der Berufsfeuerwehren für Qualitätskriterien für die Bedarfsplanung von Feuerwehren in Städten, Berlin. Im Internet: http://www.agbf.de/pdf/qualitaetskriterien_fuer_bedarfsplanung_von_feuerwehren_in_staedten.pdf. Abgerufen am: 20.11.2014.

Ausschuss für Feuerwehrangelegenheiten, Katastrophenschutz und zivile Verteidigung (AFKzV) (Hrsg.) (1999): Feuerwehr-Dienstvorschrift 100 (FwDV 100) Führung und Leitung im Einsatz – Führungssystem; Empfehlung zur Einführung in den Ländern, Berlin.

Bachmeier, Peter; Thomann, Johannes; Vosteen, Dennis (2014): Sicherheit bei wiederkehrenden Großveranstaltungen am Beispiel des Oktoberfestes in München; in: Bevölkerungsschutz, 1/2014, S. 19–23.

Bayerische Staatsregierung (2014a): Bayerisches Katastrophenschutzgesetz (BayKSG) vom 24. Juli 1996 unter Berücksichtigung der Änderung vom 22.07.2014. Im Internet: http://www.gesetze-bayern.de/jportal/portal/page/bsbayprod.psml?showdoccase=1&doc.id=jlr-KatSchGBY1996rahmen&doc.part=X, abgerufen am 21.01.2015.

Bayerische Staatsregierung (2014b): Bayerisches Feuerwehrgesetz (BayFwG) vom 23. Dezember 1981 unter Berücksichtigung der Änderung vom 22.7.2014. Im Internet: http://www.gesetze-bayern.de/jportal/portal/page/bsbayprod.psml?showdoccase=1&doc.id=jlr-FeuerwGBYrahmen&doc.part=X, abgerufen am 21.01.2015.

Brandl, Klaus Peter (2010): Crash Kommunikation: Warum Piloten versagen und Manager Fehler machen, 3. Auflage, Offenbach (Gabal).

Busemann, Katrin (2013): Ergebnisse der ARD/ZDF-Onlinestudie 2013. Wer nutzt was im Social Web? In: ARD-Werbung SALES & SERVICES GmbH (Hrsg.): Media Perspektiven 7(8), 2013, 391 – 399. Im Internet: www.ard-zdf-onlinestudie.de/fileadmin/Onlinestudie/PDF/Busemann.pdf. Abgerufen am 12.11.2014.

Cole, Kris (2003): Kommunikation klipp und klar. Besser verstehen und verstanden werden, 4. völlig überarbeitete Auflage, Weinheim u.a. (Beltz)

Dickmann, Petra; Wildner, Manfred; Dombrowsky, Wolf R. (2007): Risikokommunikation; in: Bundesamt für Bevölkerungsschutz und Katastrophenhilfe; Robert Koch-Institut (Hrsg.): Biologische Gefahren I – Handbuch zum Bevölkerungsschutz, 3. Vollständig überarbeitete Auflage, Rheinbach (Moser), S. 323–330.

Dickmann, Petra (2014): Grundlagen der Risiko- und Krisenkommunikation, in: Schreiber, Jürgen (Hrsg.): Sicherheit und Gefahrenabwehr bei Großveranstaltungen, 2. Komplett überarbeitete Auflage, Weinheim (Stumpf + Kossendey), S. 93–101.

Eckart, Herbert; Buschoff, Christian A.; Scherer, Harald (2013): Kultur der Verantwortung; in: Deutscher Städte- und Gemeindebund; Arbeitsgruppe Veranstaltungssicherheit der Fachhochschule Köln; Deutsche Theatertechnische Gesellschaft (Hrsg.): DStGB Dokumentation No. 115, Besuchersicherheit – Veranstaltungen zeitgemäß umsetzen – Herausforderungen für kleine und mittlere Kommunen, Burgwedel (Winkler & Stenzel), S. 5–7.

Europäische Union (2012): Verordnung (EU) Nr. 965/2012 der Kommission vom 5. Oktober 2012 zur Festlegung technischer Vorschriften und von Verwaltungsverfahren in Bezug auf den Flugbetrieb gemäß der Verordnung (EG) Nr. 216/2008 des Europäischen Parlaments und des Rates, in: Amtsblatt der Europäischen Union L296. Im Internet: http://

eur-lex.europa.eu/legal-content/DE/TXT/?uri=OJ:L:2012:296:TOC.    Abgerufen    am:
22.01.2015.
Heyne, Tim (2009): Teamwork im Rettungseinsatz – gemeinsam gegen die Zeit; Fachvor-
trag auf dem 3. Seminar für Feuerwehren in Böblingen. Im Internet: http://www.feu-
erwehr-boeblingen.de/fileadmin/downloads/public/Seminare/TH-Seminar%202009/
Dr.%20Tim%20Heye%20-%20Teamwork%20bei%20Rettungseinsaetzen.pdf.    Abgerufen am: 08.10.2014.
Krill, Regina (2012): Mehr als „nur reden" – So gelingt Kommunikation; in: Retten! Das
Fachmagazin für den Rettungsdienst, 1/2012, S. 7–10.
Landeshauptstadt München, Kreisverwaltungsreferat HA IV – Branddirektion, Einsatzvorbeugung (Hrsg.) (2012): Sicherheit von Großveranstaltungen – Teil B: Handreichung
für Sicherheitsbehörden, Polizei und Brandschutzdienststellen, 2. Auflage, München.
Im Internet: www.muenchen.de/rathaus/dms/Home/Stadtverwaltung/Kreisverwaltungs-
referat/fachspezifisch/HA-IV/Dokumente/VB/Veranstaltungen/Sicherheit-Gro-veran-
staltungen-Beh-rden/sicherheit_von_grossveranstaltungen_teil_b.pdf.    Abgerufen am:
10.10.2014.
Landeshauptstadt München, Kreisverwaltungsreferat HA IV – Branddirektion, Einsatzvorbeugung (Hrsg.) (2014): Symposium „Genehmigt?! – Planung, Umsetzung, Zusammenarbeit – Gemeinsame Wege zur sicheren Veranstaltung"; Präsentation zur Auswertung
der qualitativen Evaluation des Symposiums, München.
Schmöller, Gerhard (2014): Team-Ressource-Management; Begleitskript zum Unterricht
beim B IV-Lehrgang Teil 2 – Oktober/November 2014 der Staatlichen Feuerwehrschule
Geretsried am Trainingszentrum für Rettungsmedizin der Feuerwehr München, München.
Schweickhardt, Axel; Fritzsche Kurt (2007): Kursbuch ärztliche Kommunikation. Grund-
lagen und Fallbeispiele aus Klinik und Praxis, Köln (Deutscher Ärzte-Verlag).
Steiger, Saskia; Schiller, Jochen; Gerhhold, Lars (2014): Aktive Risiko- und Krisen-
kommunikation in Social Media; in: Bevölkerungsschutz 3/2014, S. 14–16.
Vosteen, Dennis (2009): Neue Sicherheitspolitische Herausforderungen im 21. Jahrhundert –
Kooperation, Netzwerke und kollektives Handeln im deutschen Bevölkerungsschutz;
Diplomarbeit im Rahmen des Studiums der Politikwissenschaft, Universität Bremen.
Vosteen, Dennis (2014a): Forschen für die Praxis; in: Rettungs-Magazin 3/2014, S. 66–70.
Vosteen, Dennis (2014b): Sichere Veranstaltungen – Erfolgreiches Symposium „Ge-
meinsame Wege zur sicheren Veranstaltung" der Berufsfeuerwehr München – Hand-
reichung für Kommunen und Feuerwehren"; in: Brandwacht 3 /2014, S. 98–99.

**Weiterführende Literatur**
Schulz von Thun, Friedemann (2010): Miteinander reden. Band 1: Störungen und Klärun-
gen. 48. Auflage, Reinbek (Rowohlt).
Watzlawick, Paul; Beavin, Janet; Jackson, Don (2011): Menschliche Kommunikation – Formen, Störungen, Paradoxien. 12. unveränderte Auflage, Bern (Hans Huber).

**Abbildungs- und Grafiknachweis**
Branddirektion München
Alle im Beitrag verwendeten Abbildungen und Grafiken unterliegen dem Urheberrecht der
Branddirektion München und dürfen ohne vorherige Freigabe nicht weiterverwendet
werden.